『여원』 연구
— 여성·교양·매체 —

『여원』 연구
— 여성 · 교양 · 매체 —

지은이 | 한국여성문학학회 『여원』 연구모임
인쇄일 | 초판1쇄 2008, 10, 08
발행일 | 초판1쇄 2008, 10, 13
펴낸이 | 정구형

제작 | 박지연, 한미애
마케팅 | 정찬용, 한창남
디자인 | 김숙희, 노재영
관리 | 박종일, 이은미
펴낸곳 | 국학자료원

등록일 2006, 11, 02 제324-2006-0041호
서울시 강동구 성내동 447-11 현영빌딩 2층
Tel 442-4623~4 Fax 442-4625
www.kookhak.co.kr
kookhak2001@hanmail.net

ISBN | 978-89-6137-405-7 *23070
가격 | 23,000원

| 저자와의 협의하에 인지는 생략합니다.

『여원』 연구
— 여성 · 교양 · 매체 —

한국여성문학학회
『여원』 연구모임

국학자료원

『여원』 1956년 7월 　　　『여원』 1959년 12월 　　　『여원』 1966년 1월

『여원』은 전후 대표적인 여성 잡지로서 표지화로 여성인물을 내세워 당대 여성의 욕망과 꿈을 대변했다.

여성들의 적극적인 사회 진출에 관한 특집과 건축 현장에 선 대학생의 모습. 사회의 각 분야로, 세계로 진출할 수 있는 기회의 장을 확보해야 한다는 시대적 목소리, 여성의 욕망이 엿보인다.

『여원』 1958년 4월

『현대여성생활전서 14 영양』 1960년

『현대여성생활전서 11 주택』 1960년

『현대여성생활전서 10 가정』 1960년

『현대여성생활전서 9 서한』 1960년

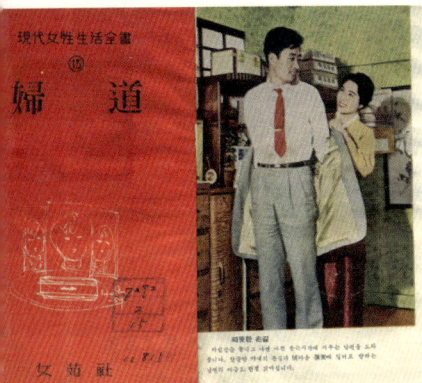

『현대여성생활전서 15 부도』 1960년

여원사 간행 현대여성생활 전서 15권 중 영양, 주택, 가정, 서한, 부도 편. 해방 후 여성교양 개념은 남/녀, 안/밖, 일/가정의 이분법을 바탕으로 여성의 역할을 고정한 채 구축되었다.

「여원」 1966년 11월   「여원」 1960년 1월

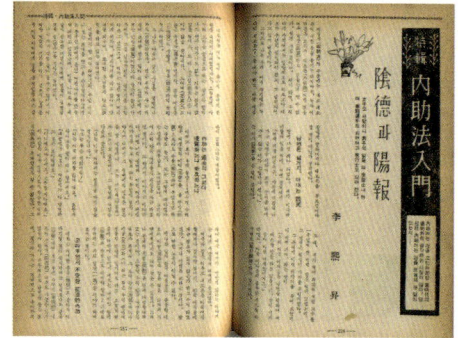

「여원」 1959년 12월

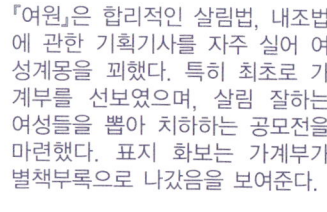

『여원』은 합리적인 살림법, 내조법에 관한 기획기사를 자주 실어 여성계몽을 꾀했다. 특히 최초로 가계부를 선보였으며, 살림 잘하는 여성들을 뽑아 치하하는 공모전을 마련했다. 표지 화보는 가계부가 별책부록으로 나갔음을 보여준다.

「여원」 1958년 4월

도시 남녀의 세태 풍속을 풍자한 만화들

『여원』 1967년 5월 　　　　『여원』 1966년 5월

　『여원』은 혼전의 성관계에 대한 혐오한 것과 달리 특집, 기획, 상담 등 여러 코너 등을 통해 부부의 적극적이고 상호적인 성 성생활의 필요성을 옹호했다. 다른 한편으로 매독 등 성병이 사회적 문제가 되었기 때문에 성은 의학적, 과학적 인식대상이 되었다.

『현대여성생활전서 3 취미』 1959년 　　『현대여성생활전서 13 수예』 1960년

　교양 있는 여성들의 취미활동으로 독서, 수예, 꽃꽂이 등 중산층 여성들이나 즐길법한 여가 활동들이 권장되었다. 취미는 계급과 성별을 차이짓는 기호였다.

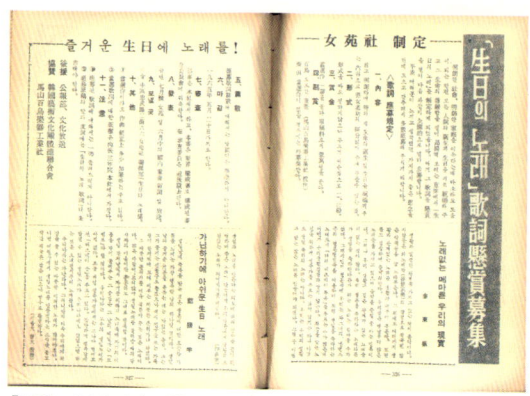

『여원』 1965년 4월

『여원』은 생일의 노래, 홈송 등 이례적인 공모전을 개최해 물질적으로 풍요롭고 화목한 근대적 스위트홈에 대한 대중의 선망을 통해 근대화의 필요성을 강조했다. 행복한 가정은 개인이 꿈꿀 수 있는 최고의 가치로 자리 잡기 시작했다.

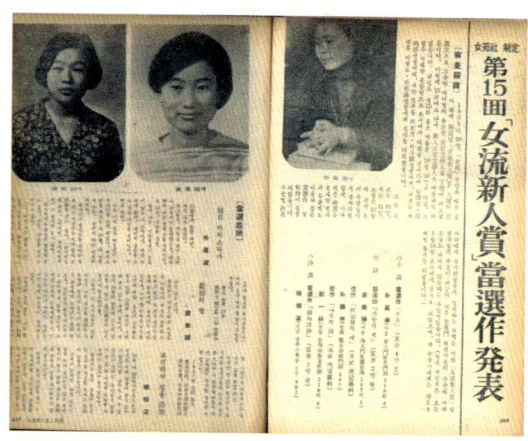

『여원』 1970년 1월

'여류신인상'은 여성잡지로서는 최초의 여성 문인들의 문단 진출 경로였다. 강은교, 박기원 등을 제외하고는 이렇다 할 후속 활동을 하지 않았지만, 여성들에게 문인 혹은 주부 작가의 꿈을 안겨주며, 여성 문단을 활성화했다.

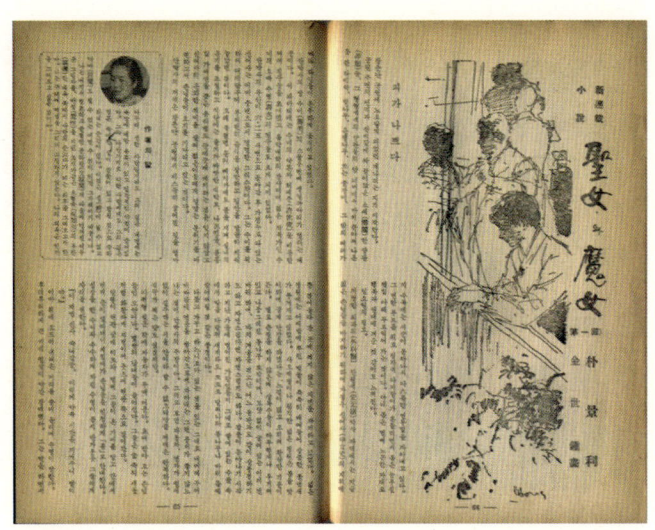

『여원』 1960년 4월

박경리의 『성녀와 마녀』 연재 첫 페이지(60.4)와 작가의 말. 박경리는 여러 편의 에세이, 회고담, 단편, 장편을 발표하고 좌담에 참여했을 뿐 아니라, 독자문예공모의 심사위원을 맡는 등 『여원』을 통해 적극적인 문학활동을 했다. 『성녀와 마녀』는 박경리를 대중에게 널리 알린 작품으로 이후 영화로도 만들어졌다.

제1회 여류문학상 수상작 『인간사』(1964)의 속 표지 사진. 『여원』은 기성 여성문인의 작품을 대상으로 한 여류문학상 제도를 신설하는 등 여성작가들의 창작활동을 적극적으로 유도했다. 최정희, 강신재, 박경리, 손장순 등 당대 대표적인 여성작가들이 이 상을 수상했다.

『여원』 1960년 1월

최정희, 박화성, 강신재, 박경리, 한말숙 등 당대 대표적인 여성작가들의 모습을 한 눈에 볼 수 있다. 여류작가들의 저녁 모임.

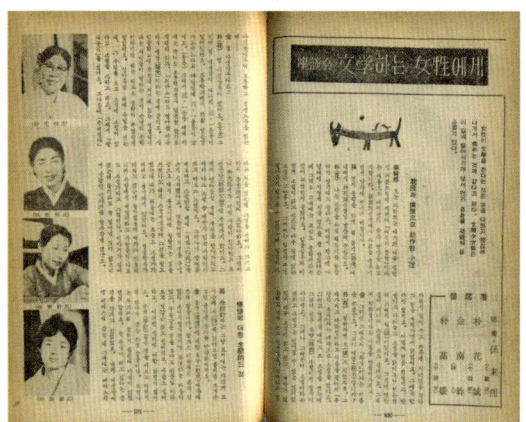

『여원』 1960년 10월

『여원』은 여성 문인 좌담회를 개최하고, 여성 작가들의 행사 소식 등을 알리는 등 여성문학의 저변을 확대하기 위한 다양한 기획을 선보였다.

『나는 코리안의 아내』 단행본 속 표지, 여원사 1959년 12월 간행

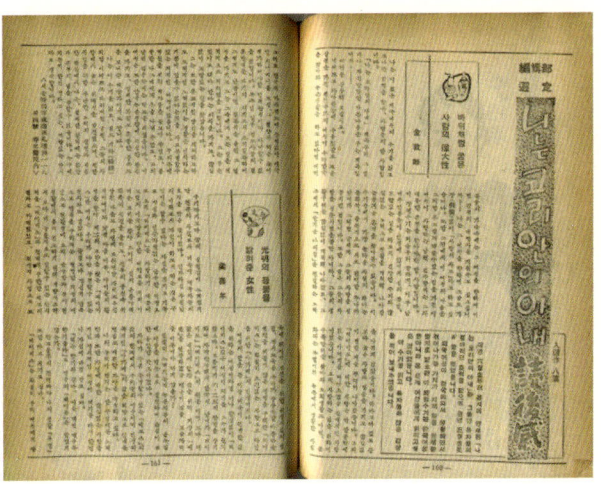

『여원』 1958년 4월

『나는 코리아 아내』는 중산층 출신의 미국여성이 가난한 한국 남성과 결혼해 시어머니를 모시며 체험한 한국 이야기를 담은 수기로 『여원』에 연재되었다. 『여원』은 이 수기를 단행본으로 발간했을 뿐 아니라, 여성 독자들의 독후감을 공모해 입선작들을 싣는 등 수기와 관련된 다양한 사업을 펼쳤다.

| 책을 내며

『여원』은 본격적인 상업지의 체제를 갖춘 국내 최초의 여성잡지로, 1955년 10월에 창간되어 1970년 4월 통권 175호로 종간되었다. 『여원』은 당대 최고의 잡지로 부상하며 『여성동아』, 『주부생활』, 『여성중앙』 등으로 이어지는 여성잡지의 시대를 연 것으로 보인다. 『여원』만의 선명하고 세련된 표지와 화보에 대한 칭찬이 실린 독자투고란이나, 발간되자마자 동이 나듯 팔렸고 독자의 인기에 힘입어 증면을 거듭했다는 편집자 후기 등 『여원』의 세련미와 그로 인한 대중독자의 열광의 증거는 많다. 즉 『여원』은 규모, 판매부수, 인지도 면에서 명실상부한 해방 이후 대표 여성잡지인 것이다. 그러나 그간 여성 연구 분야에서 『여원』이 1950·60년대 지식 여성들의 대표적인 여성교양잡지로서 근대성과 여성문화의 관련성이나 여성주체 형성의 일상문화적 맥락 혹은 구조를 엿보게 하는 대표적 텍스트인 점은 간과되어 왔다. 중산층 여성교양잡지 『여원』은 전후 국가재건의 과정에서 여성 주체의 동의와 이탈, 참여와 배제, 주체화와 타자화의 이율배반적 양상 혹은 근대 체험의 복수적 의미를 보여준다. 이 책은 여성 문화와 문학, 담론의 측면에서 『여원』을 본격적으로 다룬 최초의 연구서이다.

1부 '전후 여성교양과 젠더 정치'는 교양 개념의 내포 및 변모 과정, 중산층 주부의 개념과 자질, 식모나 여차장 등 여성 하위 주체, 시각적 표상으로서의 여성, 신흥 중간층 직업여성 등을 키워드로 내세워 여성담론의 거시적 지형을 그리기 위한 총론격의 글을 실었다. 다섯 편의 논문은 성별 혹은 여성이 고정된 상수가 아니라 대도시, 계급, 일터, 가정 등 다양한 영역을 불연속적으로 이으면서 구축된 개념임을 암시한다. 여성에 관한 다양한 담론들은 여성교양 담론으로 수렴되는데, 여성교양 개념의 구체적 내포 및 변모과정은 1950·60년대 여성 정체성과 근대성의 개념이 고정된 집합체가 아니라 상호의존적 집단들 간의 끊임없는 소통 및 권력의 구성체로서 젠더화된 것으로서, 언제나 정치적 과정과 연결되어 있었음을 증명한다. 따라서 이 논문들은 각론이 아니라 하나로서 읽혀질 때 그 의미가 더욱 살아날 것이다.

2부 '전후 성별의 문화정치'는 1950·60년대 대표적인 여성문화 양식으로 떠오른 수기의 쓰기/읽기를 매개로 이루어지는 순응/저항, 식민/피식민의 이분법적 구조를 보여준다. 물론 '수기'가 여성의 경험을 자기서사화하고 여성들 간의 연대의식을 형성하게 한다는 점을 무시할 수 없다. 그러나 국가재건 사업에 적극적으로 동참하되 여성은 가정에 머물면서 생활의 문제를 합리적으로 개선하는 조정자 역할을 해야 한다는 식의 성별 이분법을 내면화한 것이 수기이다. 다른 한편 간통, 아프레 걸 담론은 여성의 몸과 섹슈얼리티가 욕망하는 여성과 가부장제 간의 첨예한 갈등과 대립의 장임을 암시한다. 간통과 관련된 담론의 지형은 성에 대한 이중 잣대가 남성의 외도에는 관대한 데 비해 경제적으로 풍요로우면서 성적으로 독립적인 여성들을 감시하고 처벌하는 역할을 했다는 점을 단적으로 보여준다. 아프레 걸 담론 역시 봉건적 젠더 규범에 반발하는 도시 여성들의 근대적 주체성을 과잉성애화함으로써 가부장제에 대한 전복 의지를 무력화시킨다.

3부 '전후 여성문학 제도와 여성 소설'은 『여원』이 1950·60년대 여성문학 장의 형성에 미친 영향력을 여류현상문예나 여류문학상 제정 등 제도의 측면에서 조명한 글들과 『여원』 수록 작품들의 여성문학적 특성을 규명한 글들을 실었다. 1950·60년대는 식민지 시기 여성문학 장의 계보를 잇는 동시에 신진 여성작가들이 대거 등장함으로써 여성문학 장을 확장한 의미있는 시기이다. 『여원』은 그런 여성문학 장의 변화를 능동적으로 주도한 매체로서 박화성, 최정희, 장덕조, 박경리 등 여러 여성작가들이 연재소설을 통해 대중과 소통할 수 있는 장을 마련했을 뿐만 아니라 여류현상문예를 제정하여 신진 여성작가들을 배출하기도 했다. 이처럼 여성문학(사)에 미친 『여원』의 영향력을 다양한 각도에서 파악하기 위해 여성문학 장의 형성원리 내지 제도에 관한 연구, 여류현상문예에 대한 실증적 자료 제시에 근거해 작품 경향을 분석한 연구를 실었다. 또한 『여원』에 연재된 여성작가 작품들의 주된 경향을 연애나 성담론의 형상화로 파악하여 텍스트를 세밀하게 분석한 글들은 당대 여성문학의 지형을 실감하는 데 도움을 줄 것이다.

　이 책은 〈한국여성문학학회〉의 〈『여원』 연구모임〉에서 진행한 연구 결과물을 모은 것이라는 점에서 더욱 의미가 깊다. 2006년 1월 겨울에 시작해 2007년 8월 한여름에 책씻이를 하게 되었으니, 『여원』을 읽는 데만 일 년 반 이상의 시간이 소요된 셈이다. 그 사이 전국 각지에서 여성문학 연구에 뜻을 둔 여러 연구자들이 이 장구한 독해의 여정에 참여해 주셨다. 먼 곳에서 이른 아침에 기차나 고속버스에 몸을 싣고 격주마다 토요일의 연구모임에 참석한 선생님들의 열정이 아니었다면 사전 두께를 방불할 뿐 아니라 175호에 달하는 방대한 양의 잡지를 읽어 내는 일은 불가능했을 것이다. 그런 점에서 〈『여원』 연구모임〉은 공동 연구의 가능성을 실험한 긍정적 사례를 제시했다고 자부한다.

　또한 본 연구모임은 학회의 몸집을 부풀려 허명을 누리는 대신 공부하고 연구함으로써 학회 본래의 의미와 목적에 부합하고자 했다. 『여원』에 이어 『여상』, 『사상계』를 꾸준히 강독하고 있으며, 1950·60년대 여성 작가의 작품 읽기 모임도 함께 진행 중이다. 모두 연구자들의 결속력과 자발성이 튼실하게 뒷받침된 덕이다. 무엇보다 점차 연구자나 학술 대중의 관심이 줄어들고 있는 여성문학, 여성문화, 여성 매체 등 국문학 분야에서 젠더 연구를 활성화할 수 있는 기회가 마련된 것 같아 다행스럽다.

　마지막으로 어려운 사정에도 불구하고 책 발간의 취지를 이해하여 흔쾌히 출판을 약속해 주신 정구형 사장님과 편집부 여러분, 특히 박지연 님께 고개 숙여 감사드린다.

2008년 9월
한국여성문학학회 『여원』 연구모임

차례

책을 내며

1부 전후 여성교양과 젠더정치

전후 여성 교양의 재배치와 젠더 정치 / 김복순
1. 전후의 화두 '여성교양'과 남성 중심적 계몽 | 23
2. 시민교양으로서의 여성교양과 역사적 상대성의 인식 | 28
   1) 남성젠더의 여성교양 : 긍정적 특수성의 인정 하 지배전략의 이중성 | 30
   2) 여성젠더의 여성교양 : 역사적 상대성의 주장과 여성 열등성의 거부 | 44
3. 국가·사회·시민과 페미니즘과의 불행하지 않은 결합 | 53

1950년대 여성잡지와 '제도로서의 주부'의 탄생 / 김현주
1. 대중 여성잡지와 젠더 정치학 | 56
2. 자유 민주주의 이념과 '제도로서의 주부' | 59
3. 여성 젠더의 내적원리 | 66
   1) 전인교육의 담당자가 된 위대한 모성 | 66
   2) '능부'와 섹슈얼리티의 재현자로서 양처 | 71
   3) 가정의 신성화(domesticity)와 배타적 위계화 | 75
4. 1950년대 주부담론의 의미 | 80

주변부 여성계층에 대한 소외담론 형성 양상 연구 / 서연주
1. 1960년대 근대화 프로젝트와 도시 중산층 여성의 잡지『여원』| 83
2. 근대화 프로젝트의 흔적 | 86
   1) 이상적인 가정의 불순물: 식모 | 86
   2) 천박한 노동의 손: 여공, 여차장 | 90
   3) 감시와 처벌의 대상: 윤락여성 | 97
3.『여원』의 정체성-근대화 프로젝트의 매개체 | 108

1950·60년대 여성지의 서사만화 연구 / 장미영
1. 『여원』의 서사만화 | 111
2. 여성 담론의 도시적 시각화 | 114
   1) 여성 교양과 도시 공간 | 114
   2) 사적 영역과 교양의 젠더화 | 116
3. 여성 교양과 상품 문화 | 120
4. 여성 대중의 창출 | 125
5. 감정노동과 가사노동의 젠더화 | 128
6. 훼손된 전통과 선망의 양풍 | 134
7. 볼거리가 된 여성의 일상 | 139

신흥 중간계급 직업여성 담론 연구 / 이상화
1. 신흥 중간계급 여성의 아비투스 형성과 『여원』 | 142
2. 신흥 중간계급 직업여성의 젠더화 과정과 담론화 양상 | 147
3. 신흥 중간계급 직업여성의 교양교육 담론 | 154
4. 직장연애와 결혼의 문화담론 | 158
5. 기혼 직업여성의 사회진출 담론 | 161
6. 직업여성의 사회복지 담론 | 164
7. 맺음말 | 165

2부 전후 성별의 문화정치
여성 자기서사의 특성 연구 / 장미영
1. 여성의 삶과 이야기 | 169
2. 자기 경험의 고백과 공감의 서사 | 175
3. 사회적 동의와 저항의 서사 | 180
4. 성 모럴의 선택과 배제의 서사 | 186
5. 맺음말 | 192

『나는 코리안의 아내』의 담론 분석과 『여원』의 매체적 전략 / 김정숙
1. 텍스트에 대한 몇 가지 의문점 | 195
2. 언술의 두 층위에 나타난 지배자의 (무)의식적 욕망 | 198
   1) 서구 기혼여성의 엘리트의식과 근대적 계몽 담론 | 198
   2) 사랑의 절대화와 모성 담론 | 203

3. 수기의 활성화와 독자응모를 통한 『여원』의 동일화 전략 | 207
4. 징후적 독해를 경유한 매체의 무의식 읽기 | 215

1950·60년대 간통의 섹슈얼리티 연구 / 임은희
1. 전복적 성과 낭만적 사랑, 간통 | 218
2. 여성 간통, 저항과 배제의 역학 | 224
   1) 경제적 주체자 '마담뱅크'에서 탕녀 '마담족'으로 타자화 | 224
   2) 육체 해방과 '신생부인족' 탄생과 타락의 고착화 | 229
3. 남성 간통, 합리화와 승인 | 234
   1) 낭만적 사랑의 수호자 '나비족'과 쾌락의 대상으로서 양가적 아내 | 234
   2) 경제적 주체로서의 '탕자'와 거세된 여성성 '아크메' | 238
4. 간통의 렌즈로 바라본 성과 사랑 | 241

전후 국가 근대화와 '아프레 걸(전후여성)' 표상의 의미 / 김은하
1. 1950년대와 기호화된 여성 그리고 여성잡지 | 244
2. 여성잡지와 젠더의 재정의 | 249
3. 한국적 발전모델과 공공의 적 '아프레 걸' | 256
4. 아프레 걸의 교화 : 숭고한 사랑과 연애의 에티켓화 | 262
5. 맺음말 | 270

3부 전후 여성문학 제도와 여성 소설

전후 여성문학 장의 형성
– 여성잡지와 여성문학의 공생을 중심으로 / 김양선
1. 여성문학 제도라는 문제 설정 | 275
2. 전후 여성문단의 형성과 『여원』의 전략 | 279
3. 『여원』과 여성문학 장의 형성 | 285
4. 한국여류문학상과 여성문학전집, 여성문학 정전의 형성 원리 | 291
5. 여성지와 여성문학의 공생 | 303

'여류현상문예'와 주부 담론의 균열 / 이선옥
1. 여류현상문예의 등장 | 305
2. 문인지망생 주부의 양산과 여성 독자의 형성 | 308

3. 여류현상문예의 소설 당선작 분석 | 312
　1) 결혼제도의 위기와 경제적 불안의 소설화 | 318
　2) 욕망의 발견과 불안 | 325
4. 주부 담론과의 균열과 갈등 | 331

1960년대 연애소설 연구
-『여원』연재소설을 중심으로 / 송인화

1. 1960년대와 연애소설 | 339
2. 청년의 사랑, 성찰적 근대성의 성취 | 343
3. 연애의 멜로화, '가정(home)'이데올로기의 구성 | 357
4. 기대에서 체념으로 | 370

박경리의『성녀와 마녀』에 나타난 전후의 성담론 수정 양상 / 이상진

1. 전후의 성 담론과 여성형상화 | 374
2. 멜로드라마의 전략과 전후의 가부장 담론 | 377
　1) 등장인물의 유형성과 과장된 행동패턴 | 379
　2) 서구지향성과 체제 유지적 가치 추구 | 382
3. 비극적 구조와 반어의 서사 | 385
　1) 예고된 운명, 비극적 구조 | 386
　2) 충동과 불안, 위악과 반어의 서사 | 389
4. 탕녀의 발견과 추방으로서의 글쓰기 | 395
　1) 탕녀의 징벌과 도덕적 자존심 회복 | 397
　2) 나쁜 피, 혹은 운명에 대한 저항 | 400
5. 맺음말 | 403

필자 소개 | 407

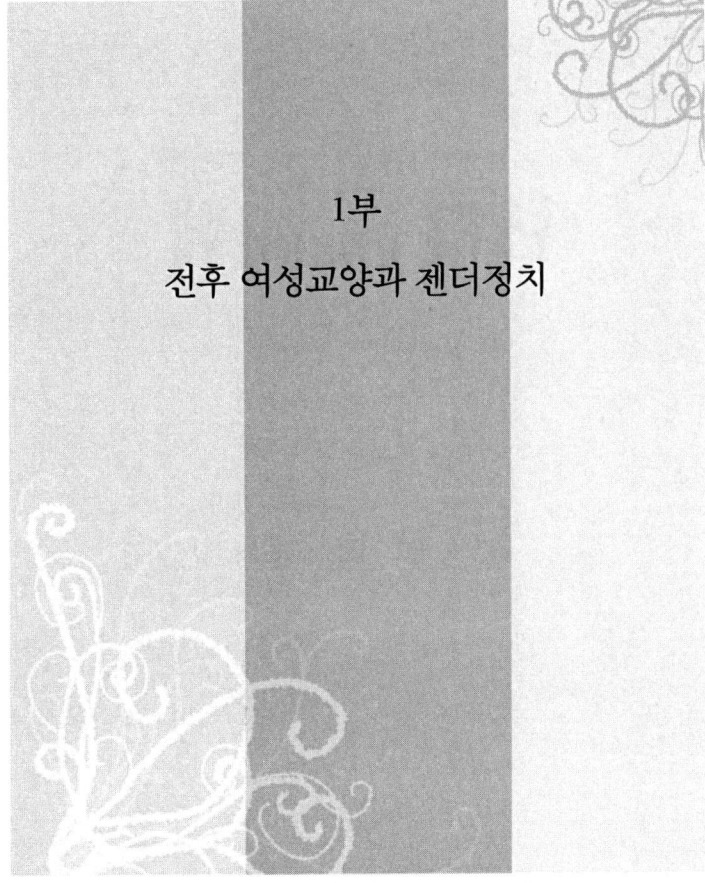

1부
전후 여성교양과 젠더정치

전후 여성교양의 재배치와 젠더정치

김 복 순

1. 전후의 화두 '여성교양'과 남성 중심적 계몽

교양(culture, Bildung)은 '사회 구성원이 사회의 동력으로서 갖는/요구되는 힘'으로서, 자질, 덕성, 능력 등의 내적·외적 형식 및 가치를 말하며, 인격 배양을 위한 보편적 지식으로서 일반적 지식과 연관된다. 개별 인간의 차원에서 교양은 개인적 정체성과 가치관, 지식, 품성으로 구성되(하)는 것이지만, 그보다는 구성원의 관계적 행동에 관한 문화적 차원의 개념에 더 가깝다고 할 수 있다.

서구에서 '근대적 교양' 개념은 근대적 지(知)의 구성요소 중 하나로서, 이전 계급사회의 '신분' '혈통' 또는 '종교'의 대체물이었다. 서구에서 중세적 지식의 대상은 '신'이었으며, 조선시대의 경우 그 대상은 '가(家)' 및 '가'와 연결된 '국(國)'이었다.

그런데 서구의 근대적 교양개념이나 서구의 교양 개념이 의존하고 있는 '개인', '교양의 일반화'에는 여성젠더가 소거되어 있다. 뿐만 아니라 근대적 교양 개념에는 부르주아적 속성과 체제순응적 속성 및 개인적 차원에서의 자기규제적 성격이 지배적으로 함유되어 있으며, 경우에 따라서는 권위와 동일시되고, 나아가서는 국가와 동일시되어 국가를 국민 전체의 완성의 대행자로 천거한다.

따라서 페미니즘 시각으로 교양/여성교양에 대해 논의한다는 것은 기존의 교양 개념에 배제되어 있는 젠더를 불러 들여, 젠더 불평등 상황 및 구조, 젠더의 배치과정 등을 검토하는 것이다. 이는 교양/여성교양을 생산/재생산하는 제도 및 구조에 대해 다시 성찰하는 것을 의미하며, 필연적으로 체제변혁성을 갖는다. 따라서 페미니즘 시각으로 여성교양을 논의한다는 것은 남성 중심적 사회의 아비투스를 가로지르는 상징투쟁이 된다. 여성교양은 일종의 상징자본, 문화자본인 동시에 문화적 재생산 과정을 '거스르고' '저항하는' 대항담론의 성격 및 기능을 갖는 것이다.[1]

이는 교양/ 여성교양의 주체가 남성이며, 계몽의 방식 또한 남성 중심적임을 의미한다. 계몽의 남성 중심성 하에서 여성문제는 인식과 실천의 양 측면에서 왜곡될 수밖에 없다. 계몽이 젠더정치의 측면을 갖고 있어, 계몽의 '동일적 목적지향적 성격'과 '남성 중심적 성격'은 같은 지배의 원리가 작동하기[2] 때문이다.

따라서 교양 개념을 재 젠더화 하는 동시에, 여성교양 개념에 내포되어 있는 젠더질서를 다시 고찰할 필요가 있다. 남성 중심적 계몽은 교양개념을 가치중립적인 것으로 환원하고, 결과적으로 남성 중심주

---

[1] 이상은 김복순, 「근대초기 여성교양의 성립과 파트너십 문화론의 계보」, 『여성문학연구』 17호, 한국여성문학학회, 2007, 179~185면 참조.
[2] 이종하, 「남성적 계몽의 해석학」, 『철학연구』제74집, 철학연구회, 2006, 64면.

의를 견지하며 재생산하기 때문이다. 따라서 '교양'을 '공통감각에 기초한 포괄적 지식'이란 의미로 사용하면서, '모든 분과학을 가로지르는 공통기반으로서의 앎을 의미한다'3)고 볼 수 없다. 기존 연구에서 확인한 바, 남성젠더와 여성젠더의 여성교양 개념은 확연히 달랐으며,4) 이는 인식의 방법 차원에서 볼 때 다른 범주보다 성 범주가 우선성이었음을 확인시킨다.

또한 교양의 개념에서 culture와 Bildung의 차이5)도 구분할 필요가 있다. 근대초기의 교양 개념은 culture보다 Bildung에 가까와서, '완성된 지적 체계의 전수'라기보다 '수양을 쌓아 습득하는 지식'이라는 의미가 강하였다. 근대초기의 남성젠더의 여성교양 개념이 Bildung에 가깝다면 여성젠더의 여성교양 개념은 culture에 가까웠다. 1950·60년대 교양 개념은 어느 면의 개념으로 소통되었는지도 검토해 보아야 한다. 또 '엘리트 지식인들의 중핵문화'로 받아들여졌는지, '일반대중의 수양주의'에 더 가까웠는지도 검토해볼 필요가 있다.6)

본 논문은 여성교양에 대한 남성 중심적 독해의 편향성을 지향하고,

---

3) 고미숙, 「근대적 '앎'의 배치와 '국민교양의 탄생'」, 『인문연구』, 영남대 인문과학연구소, 2005. 고미숙의 '공통감각'에는 젠더가 소거되어 있어 남성 중심적 계몽 개념에 입각해 있음을 알 수 있다. 고미숙의 공통감각에서 '공통'은 '남녀 공통'이 아니라 '남성들의 공통'을 의미한다.
4) 근대초기 남성젠더의 여성교양이 남성 중심적 보편성 하의 긍정적 특수성을 인정하는 것이었다면, 여성젠더의 여성교양은 부정적 특수성에서 새로운 보편성을 구성하는 것이었다. 자세한 것은 김복순, 앞의 글 참조.
5) 독일의 Bildung과 영국의 culture는 '수양을 쌓아 습득하는 지식'과 '완성된 지적 체계의 전수'라는 뜻으로 차이가 있다. 신인섭, 「교양개념의 변용을 통해 본 일본 근대문학의 전개 양상 연구-다이쇼 교양주의와 일본근대문학」, 『일본어문학』제23집, 한국일본어문학회, 2004.
6) 일본의 교양주의는 '엘리트 지식인들의 중핵문화'로, '일반 대중의 수양주의'와는 다르다는 연구가 있다. 근대초기의 경우, 일본의 다이쇼(大正)교양주의는 철학이나 역사, 문학 등의 인문서 독서를 통한 인격주의로, 다이쇼 시대에서부터 구제 고등학교를 중심으로 형성된 엘리트문화를 일컫는다고 확인된다. 신인섭, 위의 글.

차이를 차이로 받아들이며 동시 변증법을 모색하고자 한다. 비여성주의= 남성 중심주의라고 호도해서도 곤란하며, 차이와 보편성과의 관계를 검토하면서 차이의 합리적 조정과 적용에 대한 현실사회의 내적 연관을 검토해 보고자 한다. 또한 전후 1950년대가 과도기·침체기에 불과한 것인지, 1960·70년대에 이르는 한국의 근대화프로젝트가 여성을 타자적으로 편입시키는 방식으로만 이루어져 왔는지[7]도 검토할 것이다. 또 조안 스콧이 언급한 바 여성이 사회·역사적 제도화의 산물이거나 담론의 효과[8]이기만 한지도 자세히 검토할 것이다.

전후의 우리 사회는 전쟁의 참상을 수습하고 혼란과 동요를 극복하여 새로운 사회를 건설하고자 하는 의욕과 희망이 넘쳐 났다. 이러한 의욕은 특히 전쟁을 통해 공적 영역에 진출하면서 그 지위가 상승 일로에 있는 여성을 주 대상으로, '이미 유령이 되다시피 몰락해 버린 교양을 부활시킬'[9] 담론을 추동하게 하였으며, 긍정적이건 부정적이건 '여성교양'은 전후의 '화두'로서 새로운 제도화의 메카니즘의 주요 요

---

[7] 이 시기를 다룬 김은실, 김현미, 문승숙, 이수자 등의 선행연구는 한국의 근대화프로젝트의 성격을 이와 같이 분석하였다(김은미, 「한국의 근대화프로젝트의 문화논리와 성별 정치학」, 한국여성연구원편, 『동아시아의 근대성과 성의 정치학』, 푸른사상, 2001. ; 김현미, 「한국의 근대성과 여성의 노동권」, 한국여성연구원 편, 『동아시아의 근대성과 성의 정치학』, 푸른사상, 2001. ; 문승숙, 「민족공동체 만들기」, 최정무 외 저, 박은미 역, 『위험한 여성:젠더와 한국 민족주의』, 삼인, 2001. ; 이수자, 「한국사회의 근대성에 대한 여성주의 문화론적 성찰」, 『여성연구논총』 제15집, 서울여대 여성연구소, 2000).
이들의 연구에서 여성의 자율성은 뚜렷한 독립변수가 되지 못하고 남성지배라는 거대한 사회적 종속으로 이어지는 종속적 변수에 가깝다. 그 결과 여성은 아무리 노력해도 사회변혁에 주체적으로 동참할 수 없으며, 결코 그런 역사도 없고, 그 결과 또한 현재와 마찬가지로 남성지배의 거대한 사회적 종속 상태일 뿐이라는 패배주의에 이르게 하는 **방법론적 결함**을 갖고 있다. 필자는 그간의 연구에서 끊임없이 제기해온 바 조그만 차이일지라도 제대로 읽어내는 것이 진정한 페미니즘 방법론이라고 본다. 그렇지 않으면 현재의 해방적 요소의 쟁취는 남성들의 시혜에 의한 것이란 결론이 도출되기 때문이다.
[8] J. SAcott, 荻野美穗 역, 『ジェンダーと歷史學』, 平凡社, 1992, 2002. 제1부, pp.31~86.
[9] 주요섭, 「교양이라는 유령」, 『사상계』, 1957.7, 256, 260면.

인이었다.

이러한 관점 하에 전후 1950년대부터 1960년대에 이르기까지 당대 최고의 여성교양지 중 하나로 인식되었던 월간 잡지『여원』을 중심으로, 여성교양의 개념이 젠더별로 어떤 차이를 보이며, 어떻게 변모되는지, 구체적 내포와 아울러 계몽의 대상과 주체의 변모과정을 추적할 것이다.

약 16년 간의 이 시기는 크게 1962년을 중심으로 대분된다. 1962년 이전(1기)은 4·19를 중심으로 소시기 구분이 가능하며, 1962년 이후(2기)는 1965년부터 소시기 구분[10]이 가능하다. 이들 시기를 중심으로, 각 시기별 여성교양의 내포와 주체의 우선성이 어떻게 달라지는지를 검토할 것이다.[11]

젠더별,[12] 시기별, 계층별, 지방별로 분화되기 시작하는 교양 개념

---

10) 경제적으로 1차 경제개발계획이 마무리되고, 정치적으로 한일회담 및 군사적으로 월남 파병 문제가 일단락 되는 시점이다. 사회 방면에서의 이러한 변화는 담론의 변화를 야기한다.
11) 기존의 논의에서는 이 시기를 연속적으로 검토하지 못하였다. 기존의 논의는 4·19를 일종의 결절점으로 파악하여, 전후와 1960년대를 각각 논의하는데 그치고 그 연속성 및 연관성을 짚어내는데는 소홀하였다. 전후는 주로 자유부인, 아프레 걸과 관련하여 논의되었다면 1960년대는 전업주부의 등장을 유의미하게 다루는데 그쳤다. 이는 최근의 연구에서도 확인되는 현상이다.(장미경,「1960~70년대 가정주부(아내)의 형성과 젠더정치」,『사회과학연구』제15집 1호, 서강대학교 사회과학연구소, 2007, 142~184면)
이러한 경향의 연구에서는 전후의 의미가 상대적으로 축소된다. 하지만 1950년대는 4·19의 동력이기도 했다는 점, 여전히 여러 '민주적 지향'들이 활발하게 논의되고 있다는 점에서 새롭게 평가되어야 한다. 비록 소규모일지라도 1950년대의 이러한 지향들을 1950년대의 시대적 한계가 안고 있는 일종의 '차이'로 읽어내지 못하는 한 지배담론 위주의, 거대사 중심의 인식에서 더 나아갈 수 없다. 이러한 분석 태도는 사실과도 맞지 않을 뿐더러 올바른 분석 태도도 아니라고 판단한다.
12) 여성젠더, 남성젠더로 분리하여 이론화 하는 이유는 섹스-젠더체계의 중첩성 때문이다. 원래 젠더라는 개념은 생물학적 성(sex) 개념과 다른 '문화적으로 구성된 성' 개념을 부각시키고 차별화하기 위해서였다. 하지만 이 개념이 가지고 있는 가장 큰 약점은 섹스-젠더 체계의 중첩성을 간과하고 있다는 점이다. 생물학적 남성의 경우에도 남성젠더

뿐 아니라 전후의 여성의 권력/지식관계의 총체적 재편 및 여성 동원 방식의 재편도 아울러 살펴 볼 것이다. 여기에는 여가-매너의 젠더화 과정도 포함된다. 이 시기는 해방 후 우리 사회의 각종 기원이라는 점에서 현 사회에 대한 비판적 접근이라는 의미도 포함한다. 페미니즘 시각으로 여성교양을 논한다는 것은 여성교양 및 여성노동에 관한 근대인식론 및 근대경제학의 패러다임을 새롭게 제시하고자 하는 근본적인 문제제기를 담고 있다.

2. 시민교양으로서의 여성교양과 역사적 상대성의 인식

해방과 전쟁을 통해 우리나라는 인구의 도시 집중 현상을 겪게 된다. 이러한 도시 집중 현상은 도시의 공업화로 말미암은 것이 아니라 사회적 혼란과 전쟁을 겪으면서 생명과 재산을 보전하기 위해 방위력을 구비한 도시를 거주지로 선택한 것에서 비롯되었다. 인구의 도시 집중은 시민 계층을 대두시켰는데, 새로이 대두한 시민 계층은 해방 전과는 다른, 시민적 참여적 정치 사회 문화를 추구하고 발달시켰다.

여성들 또한 이 과정에서 여성 시민으로 등장한다.[13] 미군정 시기에

와 여성젠더가 있으며, 생물학적 여성의 경우에도 남성젠더와 여성젠더가 분명히 있다. 또 어떤 때는 경계선 상에만 있을 때도 있다. 실제로 이러한 중첩성은 '존재' '의식' 뿐 아니라 글과 말 등으로 표현-재현되는 모든 저작물에서 항상 발견된다. 하지만 여태까지는 이러한 점을 이론화 하지 못하였다. 따라서 섹스-젠더체계의 중첩성을 고려한 젠더체계 내의 하위범주 구성은 이론적 정교화를 위하여 꼭 진척되어야 할 부분이다. 그렇지 않을 경우 분리주의의 우려가 상존한다.

13) 시민 및 시민사회의 개념은 논자별로 큰 차이를 보인다. 헤겔로부터 마르크스, 그람시, 하버마스에 이르기까지 그들이 사용하는 시민 및 시민사회 개념은 내포가 상당히 다르다(한국사회학회·한국정치학회 편, 『한국의 국가와 시민사회』, 한울, 1992; 오장미경, 「시민사회론과 페미니즘」, 『여성과사회』8호, 한국여성연구소, 1997, 255~275면 참

인신매매 금지령(1946.5)과 공창폐지령(1947.10)에 이어 1948년 제정헌법에서 남녀평등의 원칙이 천명된 후 여성에게도 참정권이 부여되어 선거권 및 피선거권을 갖게 되면서 남녀평등의 법적 장치는 마련되었다. 비록 실질적 평등에는 미치지 못하는, 제도적 형식적 평등에 머물렀으나 1950년대 한국 사회는 특히 여성과 관련하여서는 평등주의로 변화한 획기적인 전환점이었다.

민족을 분단하는 이데올로기 전쟁이 끝날 무렵 이 사회에는 여러 가지 모색들이 제시되기 시작한다. 잡지『사상』의 창간[14]과 함께,『희망』등 자유 민주 사회를 건설하고자 하는 열망들이 그 모습을 드러내게 된다. 이들 잡지는 '종합지'라고 소개되었으나, '종합'이라기보다는 '남성 중심적'이었고,『사상계』의 경우는 교양지라기보다 지식인을 위한 '학술지'였다.[15] 이들의 국민, 시민의 개념은 남성 중심적 국민, 남성 중심적 시민 개념에 입각해 있었으며, 교양 개념 또한 남성 중심적이었다. 전후의 새로운 민족 민주적 지향에서 여성은 배제되어 있었다.[16] '여성' 범주는 거의 고려되지 않았고 여성교양 개념이 거의 언급되지도 않았다.

이에 반해 여성교양지들은 처음부터 여성교양 문제를 거론하지 않을 수 없었다. 전후 여성교양지들의 여성교양 개념은 남성교양 또는 일반교양 개념과 차별화된 지점이 있었다. 여성 범주를 적극적으로 고

조). 여기서는 개인주의적인 경계의 시민을 말하는 자유주의적 시민 개념에 입각한다.
14) 1952년 9월 창간되고, 1953년 4월『사상계』로 속간된다. 창간시의 편집 겸 발행인은 이교승이었으나, 속간시는 장준하로 교체된다.
15) 1953년 5월호 표지를 보면 '종합학술지'로 자기개념규정이 이루어져 있다.
16) '여성'이 배제되어 있어도 여성 주체화의 매개하는 가능성은 있을 수 있다.『사상계』의 이러한 가능성 및 전후 여성지와 일본 여성지와의 관련성에 대해서는 후속 논문에서 다루기로 한다.

려하였으며, 일반교양 또는 남성교양과 때로는 동일하게 때로는 다르게 구성하고 배치하였다.17)

전후의 대표적인 여성교양지로는 『여성계』와 『여원』이 있는데, 이들의 성격은 대체적으로 유사하였다. 잡지의 목표나 상정하고 있는 독자층 면에서 서로 차별화 되지 않는다. 따라서 두 잡지의 기획도 거의 차별화 되지 않는다.18)

1) 남성젠더의 여성교양 : 긍정적 특수성의 인정 하 지배전략의 이중성

전후 1950년대에는 여성도 시민으로 편입되어 시민의 자질 및 역할

---

17) 『여성계』는 1952년 7월 남성교양지 『희망』을 간행하는 희망사에서 나온 여성교양지였는데, 이 둘을 검토하면 시민의 젠더화, 교양의 젠더화 양상을 쉽게 발견할 수 있다. 『여원』을 간행한 여원사도 남성 교양지 『현대』(1957.11)를 간행하였으나 6호로 종간되고 만다(1958.5의 '편집실에서'에서 확인). 그 이유는 『사상계』와의 차별화를 꾀하지 못한 것이 가장 핵심적 요인으로 파악된다. 『현대』의 기사를 일별하면 『현대』와 『여원』의 차이가 금방 확인된다. 『현대』의 키워드를 들면 문명, 선거, 한국적 현대, 무기 등 전체적으로 정치 경제 사회에 관한 것이 주를 이루었다.

『사상계』의 내용도 여성지와는 상당히 다르다. '교양'란을 보면, 「한비자」, 「실존주의의 몰락」, 「파리문학통신」(이상 1955.3)으로 구성되어 있으며, 1957.7월호에서는 '교양'특집을 다루는데, 「교수대에 선 진리」, 「아이브즈의 음악과 생활」, 「교양이라는 유령」, 「관료정치의 생태」의 네 편의 논문과 '교양연재'라는 연재물로 「누가 반역자이며 누가 애국자인가」, 「파스칼」, 「실천이성비판」, 「근대경제학」, 「법이론비판」 등이 실렸다. 남성교양의 내포는 음악 등의 예술적인 것 외에 인문, 사회, 정치, 철학, 경제에 관한 폭넓은 지식과 연관되어 있음을 알 수 있다.

18) 『여성계』는 1952년 12월 임영신이 인수하고 조경희를 편집장으로 두었다. 1952년 창간 시에는 여대생보다 여고생에 초점을 맞추어 독자대상을 설정하였으며, 이후 여대생으로 옮겨 간다. 1954년까지 국내 정치에 관한 기사도 적지 않게 다루었는데, 이는 『여원』이 세계정치 기사는 상당수 소개하면서도 국내 정치 기사는 거의 다루지 않았던 점과 대조된다. 하지만 『여성계』도 1955년 10월 『여원』이 발간된 후에는 정치보다는 문화면으로 기사의 영역을 이동한다. 두 잡지 모두 문화 중심이라고 보아도 큰 무리는 없다. 조경희는 『여성계』 주간, 이무현은 한국 최초의 여편집장으로 『여원』에 입사하나(1958.7) 전체적인 논조는 그 이전과 달라지지 않은 것으로 확인된다. 당시의 여편집장의 역할은 뚜렷이 차별화되어 확인되지 않는다. 이는 여편집장의 '남성젠더'성을 확인시킨다. 이러한 현상은 1920년 『신여자』의 여성 편집자의 의미와 상당히 다르다.

기대가 요구되었다. 전후의 여성 시민에게 요구되었던 자질들, 즉 여성교양은 시민교양으로서의 여성교양이었다. 이등 시민으로 국한시키는 경우도 있었지만, 여성교양을 쌓으면 보편적 인간 범주로 편입될 것임을 기대하고 꿈꿀 수 있던 시기이며, 여성교양을 착실히 온축하여 시민사회의 일원으로서 편입될 수 있다는 기대치를 온전히 지닐 수 있던 시기였다. 즉 남성 중심적 보편성 하에서 여성자질이라는 긍정적 특수성이 인정되어 남성적 보편성에 편입되거나 역사적 상대성을 확보할 수 있다는 기대를 지닐 수 있던 시기였다.

여성을 시민으로 인정한다는 것은 여성을 사적 개인이면서도 공적 개인으로 인식한다는 것을 의미한다. 식민지 시대에도 자유주의 여성론이 대두된 적이 있었으나 실제 현실세계에서 여성을 사적 개인이면서도 공적 개인으로 인식하고 호명한 것은 전후에 이르러서이다.

새로운 시민사회에서는 여성의 경박, 무식, 무능이 퇴치되어 자신의 사회적 위치, 환경, 시대를 아는 지성을 가지고 있어야 한다고 주장되었다. 『여원』을 중심으로 볼 때, 여성교양의 개념은 크게 다음과 같이 분류된다. 즉 일반 시민적 교양에 해당하는 시민으로서의 자각, 인간에 대한 이해, 문학 음악 미술 영화 등 예술적 이해, 세계의 정치 문화 사회에 대한 이해, 과학적 합리적 지식 등을 기본 내용으로 하면서, 여성이라는 '특수'에 해당하는 각종 지식과 인격, 예절에 관한 것이 부가되었다.

전후 여성 시민의 개념은 남성젠더와 여성젠더에게 각각 다르게 수용되었다. 잡지라는 매체에서의 남성젠더란 편집자와 필자 중 일부가 해당된다. 『여원』의 필자는 대개 사회지도층 인사로서 교수, 전문인,

문학예술가 등이었다.

> 민주주의의 파도는 여성에게도 밀려와 눈부신 각성에서 '여성해방'의 구호는 쉴사이 없이 부르짖어졌다.
> 그러나 해방 10년을 맞이하는 오늘, 과연 어느 정도의 남녀동권은 획득되었으며, 우리나라의 민주주의 발전에 여성으로서의 이바지함은 얼마나 컸었는가를 돌이켜 생각해 볼 때 무언가 공허함을 느끼지 않을 수 없음이 솔직한 생각이다.
> 그 이유를 살피건대 여성의 문화의식이 높지 못하다는 결론에 용이히 도달하게 된다.
> 어느 나라든 여성의 문화의식이 얕고서 그 국가사회의 번영발달을 바랄 수 없음은 더 말할 나위 없다.……
> 이에 본사에서는……모든 여성들의 지적 향상을 꾀함과 아울러 부드럽고 향기로운 정서를 부어드리며, 새로운 시대사조를 소개 공급코자 하는 데에 그 미의(微意)가 있다. (55.10, 25면)

「여성의 문화의식 향상을 위하여」라는 제목의 창간사(사장 김익달)로서, 주요 내용은 여성해방과 남녀동권 획득, 여성의 문화의식 향상이다. 정치 경제 사회면에 대한 관심은 배제되어 있으며 문화 중심으로 국한시키고 있고, 여성을 '부드럽고 향기로운 정서'로 구획짓고 있음을 알 수 있다. 이러한 창간사의 의도는 이후 『여원』 전체의 주조였다.

여성에 대한 이러한 인식은 당시 사회전반 및 남성젠더에게 일반적으로 통용되는 논리였다. 남성과 달리 '부드럽고 향기로운 정서'의 담당자이며, 지적 향상이 필요한 열등한 존재라는 것이다. 남성젠더에게 여성은 열등한 시민으로 이해되어 있었다. 이때의 열등성은 '생물학적 열등성'과 결부된 '문화적 열등성'으로 지식과 교양의 부족이었으며, 문화적으로 열등한 여성들은 지식과 교양을 흡수하고 연마하여 시민으로서의 의무에 소홀함이 없어야 한다는 것이 주된 논리였다. 즉 남성젠더의 여성교양은 남성 중심적 보편성 하의 긍정적 특수성을 인정하는 방향이었으며, 교양을 흡수하여 연마한다면 남성과 동일하게는 아니어도 여성-인간으로서의 위치는 가질 수 있다는 것이었다.

정비석은 여성들이 '인생에 대한 교양과 지식이 부족'하다(57.11)고 하면서, 여성들은 끊임없이 자기향상을 꾀해야 한다고 역설하였다. 이덕근은 여성들의 무교양이 여성미의 비극(60.11)이라 하였고, 여성의 지적 수준이 떨어지는 것은 국가의 형태가 불구적인 형태임을 의미(60.7), 여성은 사고력의 깊이가 부족(60.12)하다고 보았다.

이러한 무교양의 상태에서 벗어나려면 끊임없는 자기향상 노력과 수양, 연마가 요청되는데, 조풍연은 「여대생과 교양」에서 교양이란 교육과 수양으로서, 교육(지성)이 없어서는 교양이 빚어지지 않지만, 그 교육은 수양이란 약물과 더불어 잘 반죽이 되어야 하는 것이라면서, 여대생이 교양을 축적함으로써 여성의 권리뿐 아니라 민도(民度), 즉 민족의 교양도 향상되는 것(55.12)이라고 말하였다. 장경학도 교양의 문제는 여성이 남성과 평등하게 되려는 가장 중요한 전제조건이라 말한 바 있다.(59.6)

이와 같은 의도 하에 『여원』은 시민으로서의 교양을 함양하기 위한 다양한 특집 및 기사를 게재하였다. 세계 여성지도자들을 소개한다거나, 세계의 움직임을 순발력있게 소개하는 '상식 콘사이스' '세계의 움직임', 세계여성편력, 문학 및 여성에 대한 소개 및 이해, 기본 지식을 위한 독서 관련 지침들[19]들은 여성에게 이러한 교양을 습득케 해주는

---

[19] 직장여성을 위한 독서써클(57.10), 독서경향 재검토(57.10), 독서와 미(57.9), 독서안내(57.11,), 주부를 위한 문장 강화(58.1), 독자싸롱(58.2) 등은 여성의 독서가 교양의 지름길이라고 판단하여 기획된 것들이다.

매개체로서의 『여원』의 사명이었다. 실제로 『여원』은 창간사에서 새로운 시대사조의 공급을 목표로 하고 있다고 거듭 강조한다. 『여원』이 창간 1주년 기념 5대 사업계획 중 『현대여성교양총서』 10권의 내용이 『여성과 문학』, 『여성과 취미』, 『여성과 건강』, 『여성과 육아』, 『연애와 결혼』, 『새로운 의식주』, 『여성과 예절』, 『여성과 행복』, 『여성과 경제』, 『여성과 교육』으로 구성된 것도 이러한 맥락과 닿아 있다.

하지만 위 교양총서에 정치 경제 학문 및 지식에 관한 내용은 빠져 있다는 점에서 기획자로서의 『여원』의 여성교양의 함의는 '인간-여성'이면서 동시에 남성과 다른, 남성이 아닌 '여성/남성' 개념에 입각해 있으며, 여성 지식의 젠더화가 목도된다.

남성젠더에게 남성교양은 지혜와 인격이 겸비된 것이지만 남성의 매력은 '힘'에서, 여성의 매력은 '아름다움'에서 비롯되는 것인 바, 남성의 교양은 학식, 지성, 현실비판, 비타협의 정신이지만, 여성교양은 아름답지 않으면 안 된다(박명성 60.11). 즉 여성교양과 지식은 성별 역할분담론에 정확하게 고착되어 있으며, 여성의 '차이'는 남성들의 '보편성'에 미치지 못하는 것이었다.

가장을 돌보지 않는 것(58.3), 자유는 누리면서 의무는 소홀히 하는 것(김기우, 59.6), 내조를 제대로 하지 않는 것(박종화, 59.8), 가족계획에 동참하지 않아 적당한 인구를 유지하려는 시민사회의 요구에 부응하지 않는 것(심연섭, 59.9), 화장·의복·언어사용·대화에서 에티켓을 지키지 않는 것(58.1. 58.10 등), 무분별한 외국어 사용(이건호, 58.11), 자녀교육에 힘쓰지 않는 것, 외국문화 문물에 무분별하게 추종하는 자세(춤바람), 계·직장생활 등을 통한 경제활동 참여, 남성문화를 받아들여 중성화(남성화) 되는 여성 등은 무교양, 비교양, 가짜교양으로 언급된다. 심지어 서제숙은 감정 노출 안 하기, 아첨하지 않고 상대 기쁘게 하기, 비위 맞추기, 환심사기, 귀엽게 보이려는 태도, 아량 등을 여성교양이라 언급하기까지 한다(57.11).

남성젠더의 여성교양은 남성 중심적 보편성 하의 여성의 긍정적 특수성을 인정하는 것이었지만, 어디까지나 하위 파트너십으로만 여성을 인정하는 것이었고, 자유와 자아, 인격, 예절(에티켓, 매너)의 개념도 젠더화 하여 이해한 것이었다. 이 과정에서 시민으로서의 자유와 '여성의 자유', 인간의 자아와 '여성의 자아', 에티켓과 '여성의 에티켓'은 다른 개념으로 정착되고 양식화되었다. 애국, 안정, 자유는 전후의 중요한 세 가치인데 이때 여성의 자유는 남성적 자유를 침해하지 않는 것이어야 하고, 여성도 독자성과 자율성을 지녀야 하지만 그것은 어디까지나 남성과 다른 것이어야 했다. 이는 당시『여원』보다 먼저 발간된『여성계』에서도 동일하게 드러나는 현상이었다.[20]

이러한 인식에는 전후 여성들의 사회진출에 대한 남성들의 불안과 두려움, 여성에 대한 경계가 은폐되어 있다고 할 수 있다. 바야흐로 가정에서의 경제권, 상권, 교육권까지 모두 장악하고 있는 '위험한 여성들'을 재배치하려는 남성지배 전략의 일종으로서 여성들에 대한 일종의 위치짓기(positioning)를 시도하는 것이다.

이러한 위치짓기를 시도하는 남성지배의 전략은 이중성을 드러낸다. 이중성은 세 가지 측면에서 확인된다. 첫째는 교양 개념과 관련된 이중적 시선으로서, 여성 전체를 시민으로 호명하면서 시민교양으로

---

[20] 이규갑,「여자의 권리」(54.11), 양기석,「여성이 요구하는 자유」(54.12) 참조.

서의 여성교양을 언급하고 있지만 교양이란 용어가 '대상'과 만나는 지점은 주로 '여성'과 '여대생'이었다. 즉 여성교양, 여대생 교양으로는 쓰였지만, 주부교양, 식모교양, 어머니교양이란 용어는 당시에 쓰이지 않았다. 물론 '양처인 여성의 교양', '주부로서 갖추어야 할 여성의 교양' 등으로는 쓰였지만 주부교양, 어머니교양으로는 쓰이지 않았다. 자녀교양[21]이라는 용어는 사용되었음에도 주부교양, 어머니교양이란 용어는 등장하지 않는다. 또 직장여성에게도 교양이란 용어를 붙이지 않았다. 직장여성은 교양의 일부분인 '에티켓'과 결합된다.

이는 사회적 책무를 진 계층을 여대생과 직장여성으로 보는 '계층별 인식'을 드러낸다. 즉 전체 여성계층을 대상으로 시민적 교양을 쌓아야 한다고 한편으로는 언급하면서도 실제로는 계층을 전제로 한 개념으로 교양 개념을 사용하고 있었으며, 상/하 또는 신세대/구세대로 여성을 분리하는 이중성을 드러내는 것이다. 이러한 인식에서 계층별, 세대별 여성교양의 분화를 읽어낼 수 있다. 즉 직장여성의 교양은 에티켓으로, 주부에게는 요리·꽃꽂이 등 의식주 및 가정문화와 관련된 가정 내적 교양 및 여가활용 등으로, 여대생에게는 여대생 교양으로 여성교양이 분화되기 시작하였다.

에티켓은 전후에 집중적으로 강조되었다. 사회가 요구하는 신사회질서 및 신생활 운동에 동참해야 하는데, 이중 에티켓은 전후의 모든 시민에게 요구되는 예절 덕목[22]이었지만 특히 직장여성에게 더욱 철

---

21) 여성교양이 '자녀교양'을 위해 요청된다(이순애, 59.5)는 기사는 근대초기 이후 지속되는 논리 가운데 하나이다. 김복순, 「근대초기 모성담론의 형성과 젠더화 전략」, 『한국고전여성문학연구』제14집, 한국고전여성문학회, 2007.
22) 에티켓의 실천은 전후 풍속도를 가늠하는 중요한 지표 중 하나였다. 심지어 맞선 에티켓, 약혼시절 에티켓, 결혼 당일 에티켓, 신혼여행 에티켓 등도 소개되었다.

저히 요구되었다. 이는 직장여성의 경제적 자립을 에티켓으로 제어하려는 남성들의 욕구가 반영된 것이라 할 수 있다.

에티켓은 2호(55.11)부터 꾸준히 제기되어 왔다. '에티켓이 데모크라시에서 자라난다'고 함으로써 민주주의·개인주의와의 연관 속에서 언급하는데, 이를 '모랄'로 인식하는 기사는 1957년 1월에 특집으로 다루어진다. 여기서 에티켓은 '모랄'로서, '몸에 지닌 교양'으로 정의된다. 에티켓은 공인된 사회생활의 예절, 인습 및 기준형식으로서 세상에서 마땅히 서야 할 자리와 해야 할 일을 가리킨다. 인내에 견디는 지성인은 모든 것을 교양으로써 이겨나갈 수 있어야 하는데, 이는 하나의 균형의식이며, 동양의 미덕 중 중용과 통하는 말이다. 에티켓은 가정교육과 일반적 교양을 통하여 그 '사람'에서부터 우러나오는 것으로서 '몸에 지닌 교양'이어야 한다(106면). 여기서 교양은 대 사회적으로 자기규제적 성격을 강하게 드러내며, '몸에 지닌' 것으로서 신체화되어 아비투스가 된다.

에티켓이란 '생각하고 느끼고 행동하는 방식'이며, '육체와 물리적 생존에 대한 감수성'과 연관된다. 이는 상호의존적 인간들의 결합체를 전제로 상호 의존관계 및 역학관계의 추이를 드러내며, 문명화 문화화 과정과 연관된다.[23] '사람과 사람 사이를 조화시키는 것'(57.1, 76면)으로도 볼 수 있지만, '사회 생활상 반드시 있는 것'으로서 지켜야 하는 것이므로 일상에 대한 자(타)율적 통제와 만나는 지점, 즉 사회적 제재의 내면화로 이어진다. 에티켓은 섬세한 감수성과 세련성의 모델을 형성하고, 이에 위반되는 것은 비교양, 심지어는 '사회적 낙오'를 의미하

---

[23] 노버트 엘리아스, 유희수 옮김, 『문명화 과정 : 매너의 역사』, 신서원, 2001, 제1장 참조.

기도 하기 때문에 새로운 사회적 관계망 속에서 고도한 자제 및 은폐된 형태의 폭력으로 인식되기도 한다.

이전 시기까지만 해도 특권층에 국한되었던 에티켓이 여성-직장여성 계층과 결합되면서 에티켓은 시민적 성격을 띤다. 즉 에티켓의 민주화가 이루어졌다고 할 수 있다. 남성의 에티켓이 거리에서 침뱉기, 담배 피는 자세, 극장 관람시 꼴불견 등 흡연법, 담화법, 보행법, 식사법 외에 학식·지성·현실비판 정신 등이 언급되는(박명성, 60.11) 반면, 여성의 에티켓은 화장, 의복, 언어사용, 대화, 인사법, 호칭 등 일상생활과 관련된다. 일상생활에 국한된다24)는 점에서 에티켓의 젠더화도 확인할 수 있다.25) 직장여성 에티켓, 숙녀에티켓으로 호명되는 부분에서는 기성세대와 가정주부가 배제의 대상임을 알 수 있다.

남성보다 여성에게 에티켓이 더 강조되었다는 것은 여성을 통제의 수단으로 일종의 사회적 동원 대상으로 인식하였다는 것을 의미한다. 하지만 다른 한편으로는 여성을 사회구성원으로 인정한 것이며, 이 과정에서 여성의 자의식 및 사회의식이 확장되었다는 점에서 에티켓이 전후 한국 사회에서 차지하는 의미를 부정적으로만 보아서는 곤란하다. 여성 개인의 독특한 성격(차이 등)을 에티켓이라는 이름으로 호명하는 가운데 여성들은 이등 시민이 아닌 동등한 시민으로서의 존재의 성격을 부여받는 것이기 때문이다. 즉 에티켓은 여성이 사회에 연루되는 방식 중 하나로서, 여성을 아류적 가치에서 동등한 가치로 호명하는 일종의 사회장치로 기능하였다.

---

24) 여성의 에티켓은 57.1, 58.1, 58.10, 59.9 등에서 꾸준히 언급되고 있다.
25) 한국 사회에서의 에티켓의 발생과 젠더화에 관하여는 후속 논문에서 상세하게 고찰할 것이다.

두 번째의 이중성은 남성젠더의 여성교양이 여성들 간의 상호 타자화 전략을 구사하는 지점에서 확인된다. 남성젠더는 도시/지방, 가정 안/밖, 여대생/직장여성, 현대여성/기성세대, 유한여성/노동여성, 주부/식모, 본처/첩, 미혼/기혼(올드미스와 독신) 등 끊임없는 이분법을 통해 여성 차별화 전략 및 여성 간 상호 견제 전략을 구사하였다. 전자를 들어 후자를 타자화 하고, 후자를 통해 전자를 제어하면서 상황에 따라 계층별, 세대별, 젠더별로 포섭, 배제, 동원의 전략을 차별화 구사하면서, 교양이란 이름으로 여성/여성 간을 위치짓기 하였다.

도시여성들은 지방여성들보다 사치하며, 지방여성은 도시여성에 비해 문화적으로 후진적이다. 직업(장)여성[26]은 중성화되어서 문제이고, 여대생들은 직장생활을 통해 사회에 기여해야 한지만 에티켓이 없는 직장여성은 민주시민이 아니라고 배제한다(57.1). 한편으로는 직장여성의 불만을 다루며 이해를 해주고(57.3) 직장여성이 여성 전체의 교양과 지식을 측량하는 바로메타(조연현, 57.10)라고 하며, 직장여성들도 노조에 가입해야 한다고 두둔하다가도(차동환, 57.5), 직장여성은 가정을 등한시하여 문제(56.9)여서 결혼할 때는 직장을 가지지 않은 여성을 원한다는 비율이 60%나 된다(57.3).

주부들은 식모에게만 가사를 맡기지 말고 남편과 자식을 위해 직접 의식주에 참여하고 식모의 인권을 보호해 줄 줄 알아야 하며, 반면 식모들은 자신들의 인권을 확보하기 위해 식모조합 결성해야 할 필요가 있다(58.8 좌담회 '식모'). 주종관계에서 벗어나 식모 일을 하나의 직책

---

[26] 1950년대에는 직장여성과 직업여성의 개념이 분화되지 않고 혼용되었다. 1965년 이후 이 두 개념은 서로 다른 개념으로 정착되기 시작하는데, 1970년대에 이르면 직업여성은 매춘 등 여성의 몸을 대상으로 하는 직업을 가진 여성을 의미하게 된다.

으로 판단하고 신성한 직업으로, 부(副)주부로의 인식하는 일이 필요하다(안춘근, 58.9).

'현모양처는 학벌과 무관하다'(이덕근, 58.12)는 말은 여성의 학벌(력)이 여성에게 요구되는 의무와 무관하다는 지적으로서, 여성들 간의 새로운 이분법을 만들어 남성지배를 관철하고자 하는 의지를 노골적으로 확인시킨다. '최고의 교양을 쌓아도 여자가 돌아갈 곳은 가정이다'란 말과 더불어 사회가 요구하는 것은 지식있는 여성이라기보다 현모양처이며, 현모양처가 아닌 경우 학벌 있는 여성이라 할지라도 쓸모있는 여성이 아니라는 함의를 유포한다. 현모양처/ 비현모양처, 유식/무식의 이분법을 만들어 전자를 들어 후자를 타자화 하는 가운데 남성 또는 사회의 요구를 유식과 교양(사회)보다 현모양처(가정)에 있음을 강조하는 것이다.

이중성의 세 번째는 여성교양의 서구화 경향과 연관되어 있다. 남성젠더의 여성교양에서 무엇보다도 중요한 지점은 여성교양의 서구화 경향이다. 남성젠더의 여성교양의 함의인 시민으로서의 자각, 인간에 대한 이해, 문학 음악 미술 영화 등 예술적 이해, 세계의 정치 문화 사회에 대한 이해, 과학적 합리적 지식은 지극히 서구적인 것이었다. 서구 시민 개념에 입각한 자각이었고, 서구적 인간 이해 방식이었으며, 예술적 이해 또한 서구적인 내용들로 대부분 형성되었다. 한편으로는 '외풍에 젖어 몰지각한 행위를 자행하지 말라'(한창우, 56.1), '양풍에 물들어' '영화구경 땐스 등에 무비판적으로 휩쓸려 들어'간다면서(김내성, 57.4)도 정작 여성잡지가 제시하는 여성교양의 내포는 서구적인 것으로 위치짓는 이중적 자세를 드러내고 있었다.[27]

1950년대 예술 영역에서 주류였던 분야는 문학이었고, 영화는 새로운 대중장르로 부각되고 있었는데,[28] 『여원』에 소개된 문학들은 소위 세계문학, 명작이란 이름 하에 서구의 문학들이 대거 공급되었다. 영화 또한 주 생산자인 미국의 영화가 대거 유입되어 소개되었고, 영화 주인공의 헤어 스타일(헵번 스타일) 등이 대유행처럼 여성사회를 휩쓸고 지나갔다.

하지만 이때까지는 아직 미국 중심적이지는 않았다. 비록 유럽문화보다 미국문화가 대거 유입, 소비되기 시작하고 미국이 자유민주주의 및 물질문명, 선진국, 현대화의 표상으로 인식되기 시작하였지만 미국 중심적인 것은 아니었다.[29] 이때까지는 유럽의 철학, 영화 문화 등이

---

27) 대표적인 기사로는 「미국인의 한국여성촌평」(58.1)을 들 수 있다. 미국인의 시선으로 세대별 한국여성의 특징 및 문제점을 지적하면서 고쳐 나갈 것을 권유한다. 너무 수줍어하는 것도 병, 솔직하여 상냥한 기분이 없는 것도 병이라고 지적한다.

28) 55년의 '문화예술계'는 문학이 주였으나(55.12), 56년부터는 예술계의 배치에서 문학보다 영화가 앞서 제시되기 시작하였고(56.1) 영화 특집이 부쩍 늘기 시작한다. 「영화와 현대인」 특집(56.4)에서는 영화가 '이미 하나의 생활화가 되어 있다'고 말한다. 이후 「『여원』극장」, 「『여원』명화관」 코너가 상설화되고 이에 할애되는 지면도 증가되기 시작한다. 58.8호는 「영화 스타와 현대인의 생활」을 특집으로 다루는데 책의 2/5가 영화특집으로 할애되었다.
그럼에도 예술적 교양에서 문학교양이 차지하는 비중은 여전히 제일 높았다. 각종 세계문학 소개 특집, 「문학사를 통해 본 여성의 비극」(56.7), 「세계문학에 나타난 사랑의 서한집」(56.9), 「한국현대문학 반세기」(56.7), 「현대 세계문학의 동향」(56.7), 「영미의 여류작가들」(56.7), 「한국여성의 독서경향 재검토」(57.10) 등 문학관련 글은 다른 분야보다 압도적으로 많았다.

29) 상허학회의 2006년 11월 「1950년대 미디어와 미국표상」 특집호(제18집)는 1950년대에 이미 미국 중심이 되었다고 본다. 이 특집에 실린 이은주, 김세령, 이선미, 강소연, 김현숙의 5편의 논문 가운데 이러한 관점이 두드러진 것은 강소연, 「1950년대 여성잡지에 표상된 미국문화와 여성담론」이다. 상허학회, 『1950년대 미디어와 미국표상』, 깊은샘, 2006, 107~136면 참조.
이러한 시각은 2007년 현재 한국 사회의 미국 중심성을 역추적하여 그 기원을 확보하려는 노력으로서 부분적으로 인정할 수는 있지만, 실제 1950년대의 '사실'에는 맞지 않는다. 강소연은 '1950년대 여성지가 미군정부 등으로 인해 미국의 지대한 영향력 하에서 문화지도를 그려나간 매체'(위의 글, 112면)라고까지 언급하고 있지만, 구체적인 경제적

아직 미국과 동궤에서 유입되고 소개되었으며, 가치의 측면에서도 폄하되지 않았다.30)

이는 『사상』, 『사상계』, 『현대』 등의 남성지가 미국적인 것에 경도되지 않고 서양과 관련하여서도 유럽의 철학 정치 경제 학문 문화 등에 '더' 비중을 할애하였고, 전통 또는 한국적 특수성에 대한 긍정적 시선을 버리지 않고 있었다는 점과 비교할 때 커다란 차이가 발견되는 지점이다. 『사상계』는 1955년 10월부터 '현대사상강좌'라는 특집을 마련하여 동서고금의 사상을 아울러 소개하며, 동양적 인간관과 서양적 인간관을 비교한다(55.10). '종교의 기원'이란 특집에서도 동서양을 모두 대상으로 하고 있으며, '아시아민족해방운동'(57.4), '동양의 재발견'(57.8)을 싣는다. 여원사에서 낸 남성교양지 『현대』도 『사상계』만큼 철학, 사상 등에 비중을 두지 않았지만 역시 미국 중심은 아니었으며, 전통 또는 한국적 특수성에 관한 시선을 유지하고 있었다(창간호의 '한국적 현대').

남성지와 비교할 때 여성지의 서구화 경향은 뚜렷이 목도되는 것으로서 1950년대 남성젠더의 여성교양 및 지식의 젠더화 경향은 서구화

정치적 연관관계는 제시하지 못하였다. 또한 강소연은 '1950년대 중반의 여성지에서 사회의 주체로서 전문적 능력을 인정받은 여성은 찾아보기 힘들다'(위의 글, 114면)고 언급하고 있으나 이도 사실과 다르다(본고의 2장 2절의 정충량 부분 참조). 또한 여성지에서 주류를 이루는 여성상의 두 줄기를 '미국의 외적 이미지를 좇기에 급급한 미혼여성과 미국의 에티켓을 겸비한 정숙하고 교양있는 기혼여성'으로 분류하고 있는데 『여원』을 중심으로 본다면 이와 같은 분류도 사실과 맞지 않는다. 『여원』은 여대생의 교양, 직장여성의 에티켓(즉 미혼 여성)을 상당히 중시하고 있어 여성교양의 대상을 기혼여성에 국한시키고 있지 않다.

30) '우리는 미국식을 버리고 독일식을 채택하여야만 살 수 있다'는 견해도 등장한다(이문호, 58.2). 58.8의 영화특집에도 2개의 글이 불란서 영화 소개였다. 시사코너 및 세계정치 소개, 상식 콘사이스 등에서는 아랍을 비롯하여 아프리카, 아시아 등도 적극적으로 다루고 있다.

임이 확인된다. 다시 말하자면 남성젠더의 여성교양은 서구화된 교양, 타자화된 교양을 전후의 보편적 가치로 제시하는 것이었고, 특히 『여원』 등의 여성잡지에 드러나는 내포는 교양이라는 이름 하에 서구적 교양이 자본에 포섭되어 '소비'되는 것이었다. 특히 예술적 교양 중 영화의 경우 '소비되는 교양'의 의미가 가장 강하게 부각되었다. 교양의 '소비'는 대중잡지가 자본의 영역에서 교양을 '생산'하는 방식이다. 요시미 슌야의 지적처럼, 이때의 소비는 표면적인 소비의 측면만 관심을 가져서는 안 되며, 소비되는 중층적 양태를 밝혀야 한다.31) 소비가 곧 생산의 방식이며, 내면화의 방식, 아비투스의 방식이기 때문이다.

남성젠더의 여성교양, 즉 문화적 교양, 예술적 교양, 서구적 교양, 에티켓 등은 이미 공적 영역에 진출한 여성에게 다시 '전통' 또는 '전통적' 가치를 거론하며 예전의 현모양처로 돌아가라고 할 수 없었던 남성젠더들이 여성을 제도화 하는 방식이었다. 이것이 1950년대 남성젠더가 '여성교양'이라는 이름 하에 여성들을 호명하는 방식이다. 남성지배 전략의 이중성은 남성젠더가 여성을 계몽의 주체로 인식하지 않고 계몽의 대상으로만 인식하였다는 증좌이며, '위험한 여성'들을 미지의 서구적 교양으로 유인하면서 흐려진 젠더 경계를 다시 세우고 젠더질서를 재편하여 새로운 '남성의 역사'를 쓰고자 하는 남성의 숨겨진 욕망을 드러내는 것이었다.32)

---

31) 요시미 슌야, 「냉전체제와 미국의 소비」, 『문화과학』42호, 문화과학사, 2005. 6, 171면.
32) 새로운 젠더재편과 관련하여 『여원』에서는 남성 특집이 무수히 다루어진다. 「남성 연구」(56.9), 「주부의 궁금중 풀이」(56.8), 「가장론」(57.1), 「미혼남의 여성관」(57.9), 「남성의 매력」(57.11), 「아내여 남편을 아는가」(58.2), 「남편의 신경질」(58.9), 「한국남성의 매력」(60.11) 등 남성 연구, 또는 남성 관련 특집들이 끊임없이 제공되었다. 여러 가지 측면에서 전후 1950년대는 '남성사의 출발'로 자리매김 될 수 있다. 이에 대해서는 후속 논문에서 자세히 고찰할 것이다.

교양이 엘리트의 독점물이나 특권층의 자기변호를 위한 도구가 되지 않기 위해서는 자신과 주위를 내부와 외부에서 동시에 조망하는 '타자' 영역의 설정[33])이 불가피하다. 하지만 전후 남성젠더의 여성교양은 '타자' 영역 설정의 의도적 불철저 상태로서 남성 중심적 체제유지 또는 변호의 도구로 기능하였다.

2) 여성젠더의 여성교양: 역사적 상대성의 주장과 여성 열등성의 거부

여성이 여성해방 또는 인간해방에서 항상 '대상'으로만 존재했던 것은 아니다. 전후에 여성들은 이미 공적 영역으로 진출하여 각 사회분야에서 그 능력을 일정 정도 확인한 바 자신들도 사회에 기여할 수 있으며 역사를 다시 쓰고 새로운 사회를 만들 수 있다는 자신에 넘쳤던, 한마디로 역동적인 시기였다. 식민지 시대에 그 능력을 인정받은 여성들이 일부 엘리트 계층에 국한되었다면, 전후에는 '여성 전반'이 자신에 대해 역동적인 인식을 할 수 있었던, 여성과 관련하여서는 특히 전환기적 성격의 시기라 할 수 있다.

이 시기 여성들은 자신들도 나름대로의 삶을 도모하고 계획할 수 있는 자유와 권리 및 능력이 있다고 생각하였으며, 합리적 정신으로 전후의 불안정하고 혼란한 사회를 극복할 수 있다는 자기 믿음을 지니고 있었다. 여성 대중들이 여성잡지를 열렬하게 구독[34])했던 것도 새로운

---

33) 서경식·노마 필드·카토 슈이치, 이목 옮김, 『교양, 모든 것의 시작』, 노마드북스, 2007, 179면.
34) 『여원』의 독자호응도는 대단해서 거의 매호 매진될 정도였다. 서울 뿐 아니라 시골에서도 잡지가 일찍 매진되니 더 많은 부수를 보내달라는 요구도 있었고, 58.8에는 동경 지국까지 창설하게 된다. 이때에는 아내에게 『여원』을 선물하는 것이 교양있는 남성의 아내 사랑법으로 인식되기도 하였다.

모색에 필요한 지식의 공급과 능력 확충, 자아 신장, 인격 도야 등의 자발적 실천과 연관되어 있다.

여성들은 역사적 사회적 삶의 기반이 남성과 달랐던 만큼 남성과 좀 다른 견해를 도출하였다. 남성젠더의 여성교양과 별로 다를 바 없는 견해도 많았으나 그와 다른 견해도 분명 있었다. 이는 남성과 여성을 본질화 하는 본질주의적 시선이 아니라 당시의 '사실'을 '사실대로 읽는' 작업이다.

(여성)시민성(citizenship)이란 (여성들이) 형식적 권리를 얻기 위해 자발적으로 투쟁하는 시민들의 물질적 비물질적 유형의 정치적 구성원의 성격[35]을 의미한다. 1950년대 (여성)시민성의 등장은 1987년의 민주화 이후와는 그 성격을 달리하는 것으로, 대중동원의 결과라기보다 일부 지식인 여성 계층의 자각에 의해 전개된 결과였다.

역사적 상대성이란 남성 중심적 보편성이라는 폐쇄적 일원론에서 탈피하여, 사회적으로 '구성'되어 온 여성의 역사성을 인정하고 상대적 가치를 수용하는 관점을 의미한다. 여성을 남성과 대등하게 비교의 대상으로 파악하면서, 여성을 남성의 하위 파트너로만 인식하는 시각

---

[35] 문승숙, 이현정 옮김,『군사주의에 갇힌 근대』, 또하나의 문화, 2007, 16면의 내용을 일부 수정하여 사용하였다. 문승숙은 시민성의 등장을 1988년으로 보고 있으며, 박정희 정권의 성별에 따라 구분된 대중동원의 의도하지 않은, 변증법적 결과였다고 주장한다. 필자는 자유주의적 시민성 개념을 사용할 경우 시민성의 등장을 1950년대부터로 볼 수 있다는 판단이다. 자유주의적 시민성 개념은 절대적 권력으로부터의 시민의 자유권을 핵심으로 하여 개인의 사상과 자유, 정부와 종교로부터의 자유, 생존권과 사유재산권, 자유로운 경제활동, 법에 의한 이들 자유와 평등의 보장을 강조한다(조형,「여성주의 시민화 시대의 시티즌십과 시민사회」,『여성주의 시티즌십의 모색』, 이화여대출판부, 2007, 23면). 조형은 이 글에서 Nash의 글을 인용하면서, 자유주의 시민론에서 여성은 이중적이고 불명확한 위치를 점하고 있다고 보았다. 여성은 한편으로는 자유롭고 평등한 존재이며, 동시에 부인이나 어머니로서 종속적인 존재라고 하는 모순적이고 애매한 (undecidable) 위치가 부여되곤 한다는 것이다. Nash의 지적에 대한 대안은 본 논문의 3장 2절 참조.

에서 벗어나 인간-여성으로서 남성 대 여성을 대등하게 위치지으려는 관점이다. 즉 여성의 위치설정이 바뀌는 것이다.

이러한 관점은 남성젠더에게서도 가끔 발견되지만 여성젠더의 논의에서 좀더 빈번하고 정치하게 제출된다. 물론 여성논자 가운데서도 남성 논자들의 관점에 밀착된 경우도 많았다. 비록 빈도수는 많지 않더라도 이러한 움직임은 소중하게 취급할 필요가 있다.36)

이 시기 여성젠더들도 물론 모두 여성의 열등성을 전면 부정한 것은 아니었다. 하지만 남성젠더와 달리 역사적 상대성의 측면을 좀더 강조하고 있음이 확인된다.37)

김활란은 제2호 권두언에서 '주관을 세워 가지는 여성, 자기 주관에서 나온 자기 생각을 흔들림없이 가질 줄 아는 여성'을 요구하면서 '이런 여성을 사회와 국가, 가정에서도 요구한다'면서 참된 민주주의는 이런 여성에서 건설될 것이라 역설하였다.(55.11, 27면)

전후 대표적인 여성 사회평론가인 정충량38)은 「신문은 여성독자를

---

36) 전쟁 전에도 여성교양에 대해 역사적 상대성의 편린을 보이는 여성젠더의 글이 간헐적으로 보인다. 김향안은 「현대여성과 교양의 미」(『부인경향』, 1950년 7월)에서 '스스로 억제하고 조종할 수 있는 수양이 교양'인데, 아내·어머니로서가 아닌 '사람'으로서 '자기의 개성에다 적당히 농도를 맞추는 것이 곧 교양'이라고 함으로써 참다운 현대여성의 조건으로 교양을 언급하였다. 김경민도 「여권의 확립 : 지정의의 조화」(『부인경향』 창간호)에서 식민지 시대의 분과학문적 교육, 형식에 치중한 교육의 폐해를 거론하면서 지·정·의의 조화인 교양이 종합교육과 실무교육을 이루어 줄 수 있다고 강조하였다. 현재의 여성이 이러한 교육의 결과라고 봄으로써 김경민에게서는 역사적 상대성의 인식이 확인된다.
37) 한 예로 56.9의 「직장여성들에게 보내는 특집」에서 필자의 성별로 내용을 검토해 보면, 남성과 여성 필자의 인식의 차이 및 논조의 차이가 확연하게 드러난다. 총 9편의 글이 실렸는데 남성필자의 글은 '여성의 직장 진출을 반드시 찬미할 것은 아니다', '여성의 직장은 임시정류장인가', '주부가 직장을 갖는 경우 가정에 미치는 영향이 크다', '직장 간부로서 직업여성에게 부탁하는 말' 등 여성의 직장생활 또는 진출을 비호의적으로 서술하고 있다. 이에 반해 여성 필자들은 '더 개척할 수 있는 여성직장', '후배 직장여성에게 주는 글', '직장에서의 남녀교제방법' 등 호의적인 내용으로 쓰고 있다.

경시하고 있다」는 글(57.6)에서 신문이 교양의 쏘스인 동시에 여성들에게 문화적 의의를 베푸는 매체임을 강조하면서 '이 나라 문화책임의 반을 담당할 일천만 여성'에게 지면을 확장하여 계몽할 것을 강조한다. 고지식한 가정란을 혁신하고 지식의 불균형을 해소해야 하며, 허다한 무식을 타파하는 일차적 책임이 신문에 있다고 일갈한다(64~65면). 정충량 역시 여성의 열등성을 부정한 것은 아니나 여성을 남성과 대등하게 역사적 상대성 범주로 설정하려는 인식의 편린이 드러난다.

정충량은 여성들에 '의한' 신생활운동을 주도하면서, 여성 자신이 자신의 위치와 환경, 시대를 아는 지성 및 교양을 지녀야 한다고 역설하면서, 개개인 중심이 아니라 '단체' 중심으로 여성의 연대를 강조하였다.39) 정충량에 의하면 여성교양이란 자기화할 줄 아는 지식과 능력, 즉 외래풍의 자기화, 유행의 단순 추수가 아닌 자기화, 신·구의 조화능력, 가사에서 벗어나지 못하는 좁은 시야 타파, 각 개인의 자중을 의미한다. 정충량이 생활의 간소화를 외치는 이유는 여성 개인의 교양 및 지식을 쌓기 위한 개인 시간 확보와 연관되어 있기 때문이다. 부엌살림을 비롯한 가사노동이 합리적, 과학적으로 개선되어야 여성들이 각자 시간을 확보할 수 있고, 시간이 확보될 때 여성들의 지적 노력이 가능해진다고 보기 때문이다(57.6). 여기서 여가와 레크레이션 개념이 파생되어 나온다.40)

---

38) '김애리사 송계월… 등도 신문 잡지에 평론을 썼으나 전문적 평론을 쓴 것은 정충량이 최초.…1959년 평론집 마음의 꽃밭을 출간'. 조풍연, 「고독하지 않은 논객·평론가 정충량」, (「한국최초의 여성들」 특집), 66.10, 176면.
39) 정충량, 『마음의 꽃밭』, 서울고시학회, 1959, 243면. 이 책은 총11장으로 구성되어 있으며, 제9장이 (여성)교양 장이다. 신생활운동과 주부, 교육이념의 반성, 내일이 없는 생활, 독서, 여성독자, 유행, 현대여성과 영화, 영화감상 등의 소제목으로 되어 있다.
40) 여가는 여성의 일과 노동을 취미와 구분짓게 하는 주 개념이다.

정충량이 가장 돋보이는 부분은 '자기화'라는 개념을 통해 전통과 교양의 의미를 주체적으로 인식하려 했다는 점이다. 「전통과 교양」이란 글에서 정충량은 전통을 소화하지 못한 채 외래풍의 모방에 머문 교양을 '가짜교양'이라 지적한 후 한국의 전통을 지닌 교양, 보이지 않는 미를 풍기는 것이 '진짜교양'이라고 언급한다. 전통과 교양은 역사를 배경으로 하는 것이고, 전통을 발판으로 각자 지감을 훈련하여 높은 교양에 도달하야 한다[41]고 역설하였다. 정충량의 진짜교양은 한국적 특수성, 현대적 특수성, 여성의 특수성, 개인적 특수성의 요소가 모두 내포되는 교양이라는 점에서 가치가 있으며, 남성젠더의 여성교양이 서구화 경향을 드러내는 것과 비교되는 부분이다.

손소희는 「미혼남성의 여성관 비판」(57.9)에서 현대 한국의 대표적인 신랑감들의 정조관, 연애관, 결혼관을 묻는 설문조사 결과를 보고, 남성들의 이기적이며 소극적인 준열한 보수주의를 비판한다. 입으로 민주주의를 예찬하고 마음으로도 믿으면서 실천하지 못하고 있다는 것, 민주주의 원칙에 있어서의 여성의 지위를 모르고 있으며, 새로운 민주주의가 요구됨에도 남성의 영원한 지배욕과 독선주의 이기주의에서 벗어나지 못하고 있다고 지적한다. 가정문제도 이와 유사한 상황이라는 것이 손소희의 생각이다(92~93면). 손소희는 민주주의에서는 여성과 남성이 대등한 지위를 가진 존재라는 전제를 갖고 있다.

강신재는 「주부의 인종을 조화로 바꾸자」(57.10)에서 '새 시대의 가정의 조건'을 언급하는 가운데 자유를 직수입할 수는 없으나 여성들도 소화할 수 있다고 하면서, 개인주의 자유주의에 입각한 새 가정을 주

---

41) 정충량, 「전통과 교양」, 『여성계』 1956.8, 124~127면.

장한다. 남녀동권 및 가정 내에서의 남녀 의사의 상호 존중을 역설한다. 강신재는 '완전한 자유' 속에서 개인주의를 발전시키는 것이 현안(90~92면)이라 보면서 여성의 자유가 개인주의 속에서 남성과 동등하게 실생활 영역인 가정에서 이룩되어야 한다고 주장하였다.

『여원』이 여성 개인을 중심 단위로 인식하면서 여성의 자립성, 여성의 생활력, 자수성가 사례 등을 특집으로 집중적으로 소개하는 것은 1958년부터이다. 전숙희는 「직장연애」(58.8)란 글에서 '남자에게만 경제적 책임을 지우는 것은 스스로 대등한 입장을 포기하는 것'이라 일갈한다. 조경희는 「자유부인은 남편이 만든다」(58.9)에서 서양풍 문화를 자기화 하지 못한 자유부인의 여주인공 오선영을 '천박한 교양'이라 비판하면서 남녀 모두 과거의 여성관 남성관에서 벗어나 새로운 시대의 문화 자유의 승리자가 되어야 한다고 강조한다. 노라 노도 「남성본위의 불평이다」(60.2)에서 '외국여성에 비해 한국여성이 멋·교양이 없고 소극적이라 하는 것은 남성 본위의 비평'이라 비판하였다(60.3). 모윤숙은 여성들의 교양을 높이는 조직의 필요성을 역설하면서, '한양여성클럽'을 조직하고 여성 문제를 아시아문제로 폭넓게 인식할 것을 제안하였다.

정충량과 함께 이 시기를 대표하는 논자로 전혜린을 들 수 있다. 전혜린은 1959년말 귀국 후 1964년까지 자유주의 여성시민 개념에 입각한 견해를 여러 번 제출한다. 전혜린은 여성의 약점으로 생 전반에 대한 비본연적 태도를 들면서 자기자신을 순간순간마다 의식하고 사회와 세계에 대해서 자기를 투기하고 초월하면서 사는 것이 본연적 태도인데 여성은 그렇지 못하다고 비판한다.

이렇게 비본질적 존재로 여성을 만든 것은 여성의 지능 지수도 생리도 아니고 다만 사회의 상황인 것으로 사회와 가정은 여성을 가능한 한 비본질적으로 교육하기에 전력을 다해 왔다.

여성의 자주성을 찾으려는 가장 조그만 움직임이나 생각까지도 조소되고 비난받아 왔고 두 사람의 합의에 의해서 공동하게 생활을 건설해 가고 둘이 다 자아의 생장을 지속시켜 가는 공동체라고 보아야 할 결혼을 사회는 여자의 궁극적인 숙명, 여자의 자아발족과 발전의 무덤으로써 또 어떤 절대적인 영광스러운 예속으로써 가르쳐 주어 왔다.

말하자면 비진정하면 할수록 여자다운 여자일 수 있다.····이 모든 렛텔은 남성들의 사회에서 남성들에 의해서 붙여진 렛텔이다.

그러나 사회상의 변화에 의해서 남녀가 정말로 동등한 입장이 되고 여자도 남자와 마찬가지로 세계에 향해서 자신을 초월하는 행위 속에 자기를 찾을 수 있을 때까지 여성은 개인적으로라도 무서운 고독과 절망과 싸우면서 자아를 찾는 길을 걸어가지 않을 수 없으며······(60.12, 206~208면)

남성사회의 예속적 정책과 여성들의 무분별한 추종이 현 여성들의 지위를 형성케 하였다고 보면서 전혜린은 여성들의 자주성과 개인적 자아찾기가 무엇보다도 중요함을 역설하고 있다. 정충량이 여성의 열등성을 인정하는 전제 하에, 여성의 역할분담 영역을 간접적으로 설정[42]하는 것과 다르게 전혜린은 여성의 열등성도 남성들이 사회적으로 구성해 온 구성물임을 설파한다. 열등성 전제를 거부하고 여성교양 및 그 실천을 언급하고 있다는 점에서 돋보인다. 전혜린이 말하는 자주성은 남성의 예속적 존재성을 완전히 탈각한 동등성을 의미하며, 여성들의 자발적 예속은 남성 중심성을 더욱 공고히 할 것임도 강조하고

---

42) 예를 들어 신문 잡지들이 여성란을 확장해야 한다면서, 여성의 실생활 및 일상사에 밀접하게 연관된 지식을 다양하게 제공해야 한다고 강조하는데, 여기서 예로 소개되는 내용은 판자집 설계연구, 밀가루를 이용한 주식대용법, 조리의 과학화를 위한 영양 정보 등 의식주 관련으로 국한되어 있다. 57.6, 64면.

있다. 전혜린이 이 시기 최고의 여성 평론가인 것은 역사적 상대성 개념을 도입하면서 여성의 열등성을 거부하고, 여성교양의 불철저 문제를 여성 개인이 아니라 사회와 남성에게 있음을 분명히 했다는 점에 있다.

같은 12월호의 펄벅의 강연 내용은 전혜린의 주장을 더욱 돋보이게 해준다. 비록 외국 여성작가의 글이지만, 펄벅은 여성도 한 나라의 국민일 뿐 아니라 시민이면서 세계의 인간인 것을 알아야 한다면서, 자유를 확보하려면 자기 개인의 교양, 자기 교양 문제가 동반되어야 한다고 역설한다.

> 사회에는…권력의 불균형이 있을 것인데…여인의 위대한 힘이 아직도 반영되지 않았다는 점(60.12, 149면)…자유는 한 사람 한사람이 책임을 짐으로써 비로소 완성되는 것입니다.…인간 공동 사회를 같이 행복하게 만드려고 하는 인간성의 하나의 규정, 인간성의 룰 그것이 근본적으로 필요한 것입니다.(156~157면)

펄벅은 여성이 열등하거나 부족한 것이 아니라 아직 기회를 얻지 못해 여성들의 능력이 발휘되고 반영되지 않았음을 강조하면서, 여성도 시민이며, 세계시민이라는 점, 자유 및 인간성이 하나의 규정, 하나의 룰에 입각해야 함을 설파한다.

이상에서 검토한 바, 여성젠더의 여성교양은 역사적 상대성을 강조하였다. 여성을 남성의 하위 파트너십으로 보기보다 대등한 존재로서 관계설정 하고 있으며, 여성이기 이전에 '인간이며, 남성과 동일한 민주 시민사회의 구성원으로 보고 민주사회의 구성원에게 요청되는 여성교양을 역설하고 있다. 개인주의와 민주주의 하에서 여성도 독립된 개인이며(박순녀, 60.8), 민주를 실천하는 인물이다.

물론 여성젠더의 여성교양에도 예술적 교양에 머물거나, 자기규제적인 교양 개념에 그치는 인식도 있으나(전숙희, 60.11), 남성젠더의 여성교양에 비해 여성 개인의 자각과 실천을 교양이라는 측면에서 언급하고 있었다. 이는 근대초기부터 일관되게 드러난 현상으로서, 남성지배 전략과 여성들의 저항이라는 관점에서 이해될 수 있다. 남성들은 여성들을 아직도 가부장적 문화 안에 배치하고 사회에 동원할 때는 하위 파트너십까지만 허용하는 것이다. 이에 반해 여성들은 대등한, 진정한 파트너십의 주체로서, 남성과 대등한 민주 시민 사회의 일 구성원인 개인으로서 자신의 자유 및 권리를 확보하고자 하였다.[43]

남성젠더의 여성교양이 Bildung의 내포를 더 확보하고 있는 반면, 여성젠더의 여성교양은 culture에 가까웠다. 하위 파트너로만 인정하려는 남성들은 남성지배를 위해 여성에게 끊임없이 남성 중심적 계몽의 Bildung을 역설하는 반면, 여성들은 수천년 이어져 온 장기지속의 그와 같은 문화를 culture로 이해하면서 그에 대한 수정으로서의 새로운 민주주의 시민 문화를 조성하려는 노력의 일단으로 이해된다.

전후 여성젠더는 자유·평등·권리를 획득하기 위한 여성의 자각, 실천을 여성교양으로 호명하였으며, 여성지식인의 자율적인 방식을 통해 시민성을 획득하고자 하였다. 때로는 조직의 필요성(모윤숙) 또는

---

[43] 이 시기 여성독자들의 욕구 역시 '인간—여성'으로서의 측면을 강하게 유지하고 있었다. 창간호 간행 이후 「『여원』싸롱」 또는 「독자투고」란에는 '우리들 여성들의 교양지가 아직 우리 잡지계에는 전연 없었는데'(55.11, 212면)로부터, '원컨대 교양지로서의 수준을 상실하지 마십시오. 앞으로 더욱 수준을 올려 주십시오. 특히 창간호에 있던 예술과 인생같은 종류의 론설을 원합니다'(충남 장익순, 55.11, 213면), '국내외 정치 경제 문화계 소식을 대폭 확충해 달라' '「세계의 움직임」란을 늘려 달라', '사회생활에 필요한 실질적 기사를 더 많이 실어 달라'(59.4) 등이 있었다.

연대의 필요성(정충량)이 요청되기도 하였으나 각 개인의 자율적이고 개인적인 방식이 주된 것이었다.44) 남성젠더에게 여성은 계몽의 대상에 그쳤으나, 여성젠더의 여성교양은 여성이 계몽의 대상이면서 주체임을 확인시킨다.

여성젠더의 계몽대상은 일정한 교육을 받은 여고생 이상의 여성들(범박하게 중상층)이 주 대상이었다. 남성젠더가 계층, 세대, 계급별 차이 없이 여성전반을 대상으로 삼았던데 반해 여성젠더는 중상층 여성을 시민으로 위치지으려는 전략을 채택하고 있었다.『여원』의 여성젠더 필자들은 중상층 여성을 대상으로 자율적, 개인적 방식으로 활용하였다.

여성들은 남성젠더에게 수동적으로 동원당한 것만도 아니었으며, 서구 문화를 일방적으로 모방하기만 한 것도 아니었다. 여성젠더들도 나름대로 해석하는 행위력을 가지고 새로운 패러다임을 모색하고 있었다.

3. 국가·사회·시민과 페미니즘과의 불행하지 않은 결합

『여원』을 중심으로, 여성교양의 개념의 구체적 내포 및 변모과정을 추적한 결과 다음과 같은 사실이 확인되었다. 1950·60년대 여성 정체성과 근대성의 개념은 고정된 집합체가 아니라 상호의존적 집단들 간의 끊임없는 소통 및 권력의 구성체로서 젠더화 된 것으로서, 언제나 정치적 과정과 연결되어 있었다.

---

44) 이 점이 1980년대 후반 이후의 여성시민성과 다른 점이다.

전후에도 남성과 여성은 서로 다른 방식으로 만들어지고 있었으며, 여성교양은 사회조건이 여성이라는 성 범주라는 맥락에서 선택적으로 이용되고 재구성된 것이었다. 여성교양은 젠더별, 세대별, 시기별로 다른 내포를 띠고 있었다.

1950년대에는 여성도 시민으로 편입되어 시민의 자질 및 역할기대가 요구되었다. 전후의 여성 시민에게 요구되었던 자질들, 즉 여성교양은 시민교양으로서의 여성교양이었다. 일반 시민적 교양에 해당하는 시민으로서의 자각, 인간에 대한 이해, 문학·음악·미술·영화 등 예술적 이해, 세계의 정치 문화 사회에 대한 이해, 과학적 합리적 지식을 기본 내용으로 하면서, 여성이라는 '특수'에게 부과되는 각종 지식과 인격, 예절에 관한 것이 추가되었다.

남성젠더의 여성교양은 남성 중심적 보편성 하에서 여성자질이라는 긍정적 특수성을 인정하지만 하위 파트너로만 여성을 인정하는 것이었음에 반해, 여성젠더의 여성교양은 여성의 열등성을 거부하고 역사적 상대성 범주로 위치시킬 것을 강조하였다. 이 시기에는 지식과 교양의 젠더화가 급속도로 이루어졌는데, 남성교양이 민족, 민주, 사회와 연관되는 학식, 지식이었다면 여성 지식과 교양은 주로 문화적인 것으로 정착되었다.

여성교양을 통한 남성젠더의 지배전략의 이중성은 교양개념의 계층별 적용, 여성 간 상호 타자화 전략, 여성교양의 서구화 경향에서 목도되었다. 남성젠더의 여성교양은 문화적 교양, 예술적 교양, 서구적 교양, 에티켓 등으로서, 이미 공적 영역에 진출한 여성에게 다시 '전통' 또는 '전통적' 가치를 거론할 수 없었던 남성젠더들이 여성을 제도화하는 기제로 사용한 방식이었다. 이것이 1950년대 남성젠더가 '여성교양'이라는 이름 하에 여성들을 호명하는 방식이었다. '위험한 여성'들을 미지의 서구적 교양으로 유인하면서 흐려진 젠더 경계를 다시 세우고 젠더질서를 재편하여 새로운 '남성의 역사'를 쓰고자 하는 남성의 숨겨진 욕망을 드러내는 기제였다.

반면 여성젠더의 여성교양은 역사적 상대성을 강조하였다. 여성을 남성과 대등한 존재로서 관계설정 하면서, 남성과 동일한 민주 시민사회의 구성원으로 보고 민주사회의 구성원에게 요청되는 여성교양을 역설하였다.

남성젠더의 여성교양이 Bildung의 내포를 확보하고 있었다면, 여성젠더의 여성교양은 culture에 가까웠다. 남성젠더에게 여성은 계몽의 대상에 그쳤으나, 여성젠더의 여성교양은 여성이 계몽의 대상이면서 주체였음을 확인시켜 주었다.

이상에서 검토한 바, 1950년대는 '해방 전후기와 군부독재기 사이에 낀' 과도기나 침체기, 반동기가 아니라 민족의 미래를 새롭게 변형시킬 수 있는 가능성을 담지한 획기적인 전환점이었으며, 1960년대에 이르는 한국의 근대화프로젝트가 여성을 타자적으로 편입시키는 방식으로만 이루어진 것은 아니라는 점이 확인되었다. 즉 1950년대는 여성젠더에 의한 역사적 상대성의 발견이라는 점에서 국가·사회·시민과 페미니즘의 '불행하지 않은 결합'이 이루어진 시기였다.

1950년대 여성잡지와 '제도로서의 주부'의 탄생

김 현 주

1. 대중 여성잡지와 젠더 정치학

한국에서 여성 대중을 독자로 한 여성잡지는 1906년 6월 『가뎡잡지』[1]를 필두로 발간되기 시작한다. 이후 여성잡지는 '여성'이라는 제한적 독자대중을 상정하고 편집·유통되면서 여성을 근대적으로 계몽하는 종합 교양지로서 역할을 수행해 왔다. 여성잡지가 한국 사회에서 권위 있는 매스 미디어로 자리 잡지 못하고 마이너리티로 존재한 것은 사실이지만, 여성의 이미지나 아이덴티티를 문화적으로 반영하고 여성이라는 젠더적 담론을 구성하여 소망스러운 여성성을 욕망함과 동시에 주체화하도록 하는 기능을 수행해 왔다는 점은 부정할 수 없다. 즉 여성잡지는 어느 사회화 과정보다도 강력하게 여성성의 젠더 담론 구성과 그것의 주체화에 절대적인 영향을 주었다. 그런데 여성잡지는 대부분 전통적인 여성상을 바람직한 여성상이라고 왜곡하는 황색 저널리

---

[1] 『가뎡잡지』는 상동청년회 기관지 형식으로, 1906년 6월에 창간된 한국 최초의 여성잡지이다. 초기에는 유일선, 후에는 신채호가 편집인이 되어 1908년 3월까지 총 10호가 발행된다.

즘이라고 비판받기도 한다.2) 이는 역설적으로 여성잡지가 표상하는 문화나 문화적 욕망이 여성의 의식과 인식에 잠재적이지만 강력한 효과와 파급력을 지니고 있음을 반증하는 사례로 이해할 수 있다. 이런 점에서 여성잡지는 객관적 실체로서만 존재하는 것이 아니라 주관적 상징체로서 필자와 매체 그리고 독자가 상호 소통하는 살아있는 문화적 텍스트라 할 수 있다. 여성들은 여성잡지를 통해 새롭게 자기를 규정하고 새로운 정보와 전문적인 지식을 획득하고 그것을 실천하는 주체가 되기도 하고, 그것에 의해 규정받는 타자가 되기도 한다. 그러므로 여성잡지를 분석한다는 것은 여성 담론이 어떻게 형성되고 있는지 그리고 그것이 어떠한 방식으로 소통되는지를 파악할 수 있는 중요한 거점이 된다.

1950년대 여성잡지는 주로 여성 지식인층을 구독대상으로 삼았지만 점차적으로 성별이나 계층, 지역까지 초월하는 양상을 띠게 된다.3) 더욱이 1950년대는 전쟁의 여진이 아직 가시지 않은 폐허 속에서 많은 수의 남성들이 사망하거나 실종되고 또는 부상을 당하여 사회를 유지시키는 인력의 공백이 초래되었으며, 그 사회적 빈 공간에 여성이 떠밀려 들어와 여성의 '사회 진출'이 증가한 시기이다. 이처럼 여성의 역할이 급격히 변화되고 있는 상황에서, 『여원』은 주로 '새로운 여성상',

---

2) G. Tuchman, "Women's depictions by the Mass Media", *Sign*, 4(3), 1979, p. 530. 김선남, 「여성잡지에 대한 수용자의 의식 연구」, 『출판학연구』제41호, 1999.12, 169면에서 재인용.
3) 1956년 1월 남녀 대학생 설문조사에 의하면, 여자 대학생은 『여원』, 『사상계』, 『현대문학』 순으로, 남자 대학생은 『현대문학』, 『사상계』, 『여원』 순으로 잡지를 읽고 있음을 알 수 있다. 그리고 『여원』은 독자 수기나 편집자에게 보내는 글을 보면, 남성, 외국으로 이민 간 여성, 하층 계층의 여성의 글이 종종 소개되고 동경 판매처까지 확보하고 있을 정도로, 성·계층·지역을 초월하여 광범위한 독자대중을 확보하고 있었다. 이 글에서 『여원』 인용 시, 세세한 서지가 불필요할 경우는 연월만을 명기한다.

'새로운 주부', '새로운 어머니', '새로운 현모양처' 등을 기사화하였으며 이들 기사들은 광범위한 독자 대중과 소통하면서 여성성을 재규정하고 재생산하였다. 물론 이들 기사들은 잡지 편집인의 기획에 따라 게재된 것이지만, 여성잡지가 역사적 변혁기에 여성의 욕구를 표출하고 여성의 정체성을 구성하는 주요한 소통의 장 역할을 하였다는 사실을 입증한다.

따라서 이 글에서는 1950년대 여성잡지 『여원』에서 자주 등장하는 '주부'가 어떠한 사회·역사적 맥락에서 어떻게 '새롭게' 규정되고 구성되는지를 살펴보고자 한다.4) 1950년대 주부 담론을 살펴보는 데에는 오랜 기간 지속적으로 발간된 여성잡지의 대명사격인 『여원』이 가장 적합한 텍스트라고 할 수 있다. 우선 『여원』은 1955년 10월부터 발간되면서, "여대생에서 가정주부에 이르기까지 모든 지성 여성들의 필수품"이 되었고, 창간 3년 만에 4만부라는 경이로운 발행부수를 기록할 정도로 여성뿐만 아니라 광범위한 독자 대중과 소통이 활발했던 잡지였다.5) 게다가 『여원』은 상호텍스트성(intertextuality)에 의해 의미를 생성하는 대중적인 문화 텍스트였다.6) 『여원』은 동시대의 여성잡지와 상호 의존적으로 의미가 교차되면서 담론을 구성하고 있다는 점과 필자군(群)의 유사성도 이를 입증하는 증거이다. 따라서 『여원』만

---

4) 자유당 시대는 미국의 경제원조에도 불구하고 인플레가 극심하였다. 이에 4·19 이후 1960년 8월 23일 제2공화국 들어선 장면 내각이 '경제재건제일주의'를 내걸었으나 미국의 극동전략 때문에 실효를 거둘 수는 없었다. 山本剛士, 「1·2차 경제개발계획과 고도성장의 문제점」, 『1960년대』, 거름, 1984, 27~275면. 그러나 박정희의 경제제일주의적 정책과 그 기조가 유사하기에, 본고는 장면 내각이 수립되기 전까지를 50년대라는 역사적 범주에 넣었다.
5) 김시철, 「당시의 잡지계: 몇몇 잡지사와 문인들」, 『격랑과 낭만』, 청아출판사, 1999. 더욱이 1950년대 여성잡지 중 현재 전권을 파악할 수 있는 잡지도 『여원』뿐이다.
6) 김현주, 「1970년대 대중소설 연구」, 연세대학교 박사학위논문, 2003.8, 16면.

다루어도 여타의 여성잡지에서 소통되는 주부 담론을 총체적으로 파악할 수 있다.

그러므로 이 글에서는 1950년대 여성잡지 『여원』에서 구성하는 주부 담론 구성의 내적 논리를 밝힘으로써 1950년대 젠더 정치학을 생생하게 파악하고자 한다. 이는 젠더화된 재현 체계가 어떠한 위계화 과정을 거쳐 구성되고 있는지 그것이 어떻게 정당화되고 재생산되고 있는지, 그리고 어떻게 은폐되는지를 고찰함으로써 가능할 것이다.

2. 자유 민주주의 이념과 '제도로서의 주부'

해방 후 '주부'는 서구 부르주아적 가정을 욕망하는 기제이며, 동시에 여성들이 자기를 새롭게 규정하는 주체적인 아이덴티티의 성격을 띤다는 점에서 새로운 현상이다. 물론 주부란 용어는 한국 최초의 여성잡지인 『가뎡잡지』나 1920·30년대 『신가정』, 『여성』 등에서도 사용되었다. 이때 '주부'라는 용어는 때로는 남편의 보필적 위치로, 때로는 자식의 보호자로, 때로는 총후부인으로 호명되기도 하지만, 그것은 공적 영역인 '국가' 이념에서만 호명되었다. 그러나 1950년대 전후에는 개인/국가, 가족/개인의 정체성 문제가 자유 민주주의의 실현과 맞물리면서 새롭게 구상되는 가운데, '주부'라는 집단은 사적 영역의 주체로 구성된다는 점이 특징적이다.

해방 후 수립된 국가 체계는 자유 민주주의의 이념을 기조로 하여 한편으로 미국의 원조를 토대로 한 국가 재건 프로젝트가 가동되면서도[7], 다른 한편으로는 일본 제국주의의 산물을 쇄신하는 가운데 수립된다. 근대 이후 한국 사회에서 미국에 대한 열망은 줄곧 근대화의 모델이었으며, 선망의 대상이었지만,[8] 그것의 본격적인 수용과 실험은 1945년 해방이후라 할 수 있다.[9] 그 결과 한국에서 자유 민주주의 이념은 해방자로서 미국의 이상과 체제를 모방하면서 수립된다.[10] 예컨대 우리 영화가 개인 생활에 모험도 없고 단순한 데 비해 미국이나 구미 영화는 현대생활을 진지하게 묘사하는데 신선한 매력이 있고 기이한 생활풍속이 외화 팬을 황홀케 한다는 정충량의 글에서 알 수 있듯이,[11] 미국문화는 전쟁 후 경제적 궁핍 속에서 황홀한 문명이며 새로운 타자이자, 우방이라는 이름으로 포장되어 한국인의 의식 속에 긍정적으로 수용된다.

한국이라는 독립국가의 인식적 지도그리기를 위한 담론들은 서구, 특히 미국 문화가 모방해야 할 완결적 이상태로서 작용한다. 그러나 이 과정에서 미국 문화를 그대로 차용되는 것이 아니라, 한국 전통문화나 기존의 제도와 길항 작용을 하는 과정에서 착종하게 된다. 그들의 문화나 제도에 대한 맹목적인 추종에 대해서는 부정하면서 동시에 국가 재건에 유용한 근대적인 제도를 수용하려고 노력한다. 1950년대

---

7) "1958년까지도 원조가 우리나라 재정의 세입에서 조세수입보다 더 큰 비중을 차지하고 있었"을 국가 경제는 원조 공영에 기초한다 할 수 있다. 곽태원, 「한국 조세정책 50년/제1권 조세정책의 평가/제1편 시대별 조세정책/제1장 국가 및 경제재건시대의 조세정책(광복 이후 1950년대까지)」, 『한국의 조세정책』1권, 1997, 37면.
8) 김덕호, 「해방이후 한국 사회의 미국화와 탈미국화 : 해방 이후 한국에서의 소비와 미국화 문제」, 『미국학논집』제37권 3호, 한국아메리카학회, 2005, 157면.
9) 강정인, 「민주주의의 한국적 수용 : 서구중심주의에 비쳐진 한국의 민주화」, 『한국정치학회보』제34권 2호, 한국정치학회, 2000, 70~77면. 특히 1930년대 한국과 일본에서 진행되었던 근대초극론은 동양을 세계의 주류를 만들고자하는 담론으로, 미국을 포함한 서양을 극복하는 것이 과제였다.
10) 김병익, 「진보주의의 문학적 전개 양상」, 『사상과 정책』제3권 3호, 1986. 173면.
11) 정충량, 「왜 현대인은 영화에 매혹되나」, 『여원』, 1956.4, 196~201면.

주부 담론은 이러한 국가 재건의 기획과 맞물려 소통되기 시작한다.

근대 초기는 사적 영역과 공적 영역이 미분화된 사회였으므로, 주부의 위치는 늘 불안정한 상태였다. 그런데 1950년대 사적 영역이 공적 영역과 급속하게 분리되면서 사적 영역의 담당자 즉 '제도로서의 주부'[12]가 탄생하게 된다.

제도로서의 주부의 탄생은 전쟁이 끝난 후 남성들이 사회와 가족으로 복귀하자, 가부장적 젠더 관계가 재질서화되면서 진행된다. "국가는 가정의 확대이고, 민족은 가정의 연장"[13]이라는 언술에서 보듯, 국가 재건의 기초가 가정 재건이 된다. 따라서 『여원』의 주부 담론은 전쟁으로 인해 가족이 해체된 가운데 가족을 재건하고 가치관을 재편성하고자 하는 욕구에서 전면화된다. 이 시기에 호명된 주부는 당연히 가족을 재편성해야 하는 국가 재건 프로젝트와 관련이 깊다.

전쟁으로 인해 남성들이 대규모로 동원되면서 남성과 비교해서 여성의 경제 활동률이 50%에 육박할 정도였고,[14] "오늘에서 부의 창조자"이며 "생산적 담당자"라고까지 지칭될 정도로,[15] 1950년대는 여성들의 경제 활동이 활발했던 시기였다. 전쟁터에 나간 남성을 대신하여 여성들은 가족의 생계까지 책임지는 가장의 역할을 떠안게 되면서 가족 구성원으로서가 아닌 여성 개인으로 사회로부터 인정받게 된다. 이러한 활동을 토대로 이들은 가계의 책임자이며 가정의 주관자로 등장

---

12) 김복순은 근대초기 주부 담론에서 제도로서의 주부가 본격적으로 등장한 것은 아니지만, 요구되었다고 주장한다. 김복순, 「근대초기 모성담론의 형성과 젠더화 전략」, 『한국고전여성문학연구』제14집, 한국고전여성문학회, 2007.6, 29면.
13) 서중석, 「일민주의와 파시즘」, 『이승만의 정치이데올로기』, 역사비평사, 2005, 90면.
14) 이임하, 「한국전쟁과 여성노동의 확대」, 『한국사학보』14권, 고려사학회, 2003, 251~260면.
15) 백경훈, 「경제적 관념의 빈곤성」, 『여원』, 1960.6, 91면.

한다.

그러나 사회에 진출했던 여성들에게 "전후의 실업난 속에서 사회는 우선적으로 남성들에게 일자리를 제공하려 하며 그래서 여성들을 생산영역이 아닌 가정이라는 재생산 영역으로 귀환시키고자 한다."[16]는 귀환의 목소리가 「여성을 가정에 안착시켜라」(57.3)라는 단호한 메시지로 나타난다. 이 목소리는 전쟁으로부터 귀환한 남성의 일자리가 부족한 상황에서 여성들 자신의 선택이라기보다는 강제적 선택을 강요해 여성을 가정으로 불러들이려는 사회적 상황과 관련이 있다.[17] 이 과정에서 가족은 국가/가족의 위계화를 통해 남성/여성의 성별 위계화로 재편되고, 주부 담론은 성적 영역을 분할하고 그것의 이데올로기적 기능을 충실히 수행하게 된다. 예컨대 "겸손하고 남편과 협력하고 남편이 죽은 뒤에는 좋은 어머니로서 연구에 바친 퀴리 부인, 남편 뒤에 숨어 있다가 남편이 죽은 뒤 눈부시게 활동한 루즈벨트 부인들이 새로운 의미의 여걸"이라는 점을 인정하면서도, 이런 '자유로운 개인'은 예외적인 걸물이지 모든 여성들이 본따서는 안 된다는 점을 강조한다.[18] 전쟁으로 인해 남성이 부재한 가정에서만 여성의 사회적 활동이 허용될 뿐이었다.

이때『여원』에는 당시 외래풍조에 젖어 있는 여성들에 관한 기사가 자주 거론되면서, 그 원인으로 가치관의 혼란이 제기되고, 계몽의 모

---

16) 김소영,『근대성의 유령들』, 씨앗을 뿌리는 사람, 2000, 143면.
17) 전쟁터에서 돌아온 남성들에게 보장된 일자리와 안정적 가정이라는 보상을 기대할 이유가 충분히 있다고 생각한 여성들은 자발적으로 가정으로 귀환했다. 그렇지 않은 여성은 직장생활을 지속했으나, 정부와 기업, 그리고 여성잡지가 선전한 가정 이데올로기가 강화되면서 강제적으로 귀환하게 된다. 매릴린 옐롬, 이호영 옮김,『순종 혹은 반항의 역사 아내』, 시공사, 2003, 576~582면.
18) 조용만,「여걸, 여장부, 여사를 해부한다」,『여원』, 1958.4, 87~90면.

델로 '현모양처' 이념이 제시된다. 이 현모양처 이념이 계몽의 이데올로기로 동원되면서 제도로서의 주부는 비로소 의미화된다. 현모양처 이념은 주부라는 아이덴티티를 구성하는 원리와 지향점으로 기능하며, 우리네에게 고유한 전통적인 것으로 재창조된다. 이 시기 새롭게 구성된 현모양처 이념이 '제도로서의 주부'의 원동력으로 작동된다.[19] 이에 따라 외국영화나 외국문화 수용에는 적극적이면서도, 댄스홀에 다니거나 계를 하는 여성은 몰지각한 여성으로 비판하거나 사회활동을 적극적으로 하는 여성에 대해서는 거리를 두는 수사법을 취한다. 이러한 담론 구성 방식은 가부장제의 규율권력 방식으로서, 남녀 간의 불평등한 권력관계를 각인시키고 여성을 남성에 종속시키는 기능을 담당한다.

그런데 1950년대 중반 이후 『여원』에서 호명되고 있는 주부는 서구식 스위트 홈인 서구의 부르주아 핵가족을 규범으로 삼고 있지만,[20] 이 시기는 아직 남편의 수입만으로 생계를 꾸릴 수 있는 전업주부 집단이 대규모로 형성되어 있는 시기는 아니었다. 주부 담론은 남성들의 일자리를 보장하기 위해 여성들을 가정으로 귀환시키려는 국가 사회적 담론에 의해서 기획되었지만, 실제로 이 시기 여성들은 가정에만 안주할 정도로 행복한 물적 토대를 소유하고 있지 못했다. 따라서 주

---

19) 1930년대 제기된 현모양처 이데올로기는 일본의 제국주의의 지배원리와 착종된다. 일본의 경우 메이지 유신이후 혈통의 '家' 대신 '國家'를 강조하고, 가정을 국가의 기초로 자리매김하는 맥락에서 현모양처 이데올로기가 발명되어 동원된다. 김수진, 「1920~30년대 신여성담론과 상징의 구성」, 서울대학교 박사학위논문, 2005.8, 67~72면.
20) 58년 1월 <독자의 편지>를 보면, 「夜來香」을 연재하고 있는 정비석에게 독자가 주인공이 연애에서 결혼에 골인하여 스위트홈을 이룩하기를 소망하는 대목이 있다. 이처럼 스위트 홈은 1900년대부터 국민들의 소망이었지만, 그것의 실현 가능성은 1950년대부터 보이기 시작한다.

부 담론이 확산되면서, 안정적인 직업을 유지할 수 있는 여성 경제활동인구는 현저히 급감하는 대신 생계를 책임져야 할 여성들의 경제 활동인구는 증가하게 된다.21) 『여원』에 다양한 여성의 직업이 소개되고 그에 따른 품성 개선이나 교양교육의 필요성이 제기되는 글들이 자주 실리는 것도 이러한 현실적 이유에서이다.22) 이러한 실례에서도 증명되듯, 1950년대는 국가/개인, 남성/여성의 위계화를 통해 가부장제적 젠더 질서로 재편되어 가는 시기였으며, 주부 담론이 이에 기여했음을 알 수 있다.

박종화가 1920·30년대 신여성들과 달리, 해방 이후 여성들의 지위는 경제력과 교육 정도 등 남성의 지위를 위협할 정도라고 우려하면서, 동양과 서양의 가치가 절충되는 인간상으로 "새로운 현모양처형"을 제시한 것도 이러한 맥락에서 이해할 수 있다.23) 이 '새로운' 현모양처 이념은 여성 교육의 지도 이념으로 자리매김되는데, 전국 여자중·고등학교 교장회의에서 "시대에 맞는 민주주의적 현모양처의 교육방안이 진지하게 검토되"24)고, 대학의 여성교육 역시 현모양처 이념을 목표로 삼는다.25) 현모양처 이념이 여성을 젠더화된 몸으로 만드는 미시권력으로서 가부장제의 규율권력을 재생산하고 있음을 알 수 있다.

요컨대 1950년대 주부 담론은 현모양처 이념을 내적원리로 하여 가

---

21) 안정적인 직업이었던 공무자유업에 종사하는 여성의 수는 1952년 188,625명에서 1958년 70,937명으로 감소하였으나, 5인 이상 기업체에 종사하는 인원수도 절대수가 감소하였다. 대신 5인 미만의 종업원을 사용하는 소규모 영세 사업장이나 상업, 식모 등 일용노동자의 수는 증가하였다. 이임하, 「한국전쟁과 여성노동의 확대」, 앞의 책, 257면.
22) 「당신의 꿈을 찬란히 꽃피우기 위하여」라는 특집으로 이병헌의 「여류학자가 되려는 분에게」 외 13개 직업 영역이 소개된다. 『여원』, 1956.1, 180~203면.
23) 박종화, 「특집 우리 문화의 세 단면: 한국의 새 여인상—새로운 현모양처형」, 『여원』, 1957.6, 134면.
24) 현병진, 「성교육의 실정과 개선의 길」, 『여원』, 1956.11, 54면.
25) 김두헌, 「여자대학교육의 당면문제」, 『여원』, 1959.11, 81면.

부장제의 미시권력으로서 그 기능을 수행하고 있다. 따라서 자녀의 인격 형성과 입신양명을 지향하는 교육방식은 현모의 성향으로 인식하고, 신사임당 등 한국의 역사적 전통으로부터 어머니를 호명하는 방식으로 어머니상을 각인시켜 간다. 또한 자유경쟁을 지향하는 입시경쟁에서 자식을 승자로 키우기 위한 현모의 교육방식은 서구의 근대적 가족모델로부터 호명되는 방식으로 어머니의 교육방식을 구성해 간다. 반면에 에티켓 등 합리적으로 가정 관리를 할 수 있을 근대적 교양을 지닌 여성을 양처상으로 각인시켜 간다. 이러한 내적 원리가 가동되면서 여성이라면 누구나 어머니가 되고 양육도 책임져야 하고 남편도 보필해야 한다는 현모이념이 자연스럽게 '주부'의 상으로 수렴되고, 다른 한편으로 "완고한 구식 시어머니를 미국식 부인으로 개조해 가는 노력"[26]이라는 표현에서 알 수 있듯이 미국식 가정의 주부를 모델로 가족을 재편한다.

이처럼 가부장적 젠더관계의 재질서화와 부르주아적 가정을 동경하는 가운데 파생된 주부 담론은 여성 자신의 정체성을 확인하는 담론으로 전경화된다. 즉 1950년대 주부는 사적 영역의 담당자로 재편된 것이지만, 단순히 계몽의 대상자로 존재하는 것이 아니라 자신의 존재를 주부로서 확인하고 그 정체성을 구성하기 위해서 스스로를 훈육하는 주체로 정립해나가는 자율적인 존재로 드러난다.[27] 이러한 변화에 따라 대중매체도 주부의 실생활에 실질적인 도움이 되는 지식이나 정

---

[26] 강신재, 「주부의 인종을 조화로 바꾸자―자유를 유입할 수는 없으나 소화할 수는 있다」, 『여원』, 1957.10, 90면.
[27] 여성 독자의 편지글에서 보면, "개성과 상관없이 한 가정의 현모양처로 인정받을 때 가장 행복"하다고 고백한다. 「미혼여성에게 보내는 결혼특집」, 『여원』, 1956.2, 92~139면.

보를 교환하는 장소로 탈바꿈한다.28) 그런 의미에서 1950년대는 자율적인 권한을 가진 '주부의 탄생' 시기이며 가족 제도에서 '주부'를 사적영역의 '제도'로 정착시킨 시기라 할 수 있다.

그렇다면 '현모양처'의 이념을 그 원동력으로 삼는 주부 담론이 가부장제적 젠더질서를 은폐하기 위해 현모와 양처를 어떻게 구성하고 현모와 양처는 어떻게 서열화 되는지, 그리고 그것이 어떤 방식으로 작동되는지 내적 원리를 파악해 볼 필요가 있다.

3. 여성 젠더의 내적원리

1) 전인교육의 담당자가 된 위대한 모성

모성(motherhood)은 근대의 창안물로서, 근대 이후 자연적 실재를 벗어나 민족이나 국가의 이름으로 호명되면서 다른 요소와 통합·배제되기도 하는 사회적 실재로 작동된다. 1940년 전후 조선 사회가 "여자 또는 아내에서 어머니의 세대로 이행"29)되는 시기라고 한다면, 1950년대는 주부로 호명되는 모성이 양처와 마찬가지로 두드러지게 표상되는 시기이다. 이는 1920년대 모성이 양처주의에 부속된 임무였던 것과는 뚜렷한 차이가 있다.30)

---

28) 정충량은 "신문의 <가정란>이 계몽의도에서 탈피하여 실생활에 도움을 줄 수 있는 정보를 제공하기 위해 혁신해야 한다"고 주장한다. 정충량, 「신문은 여성독자를 경계하고 있다」, 『여원』, 1957.6, 63~65면.
29) 송연옥, 「조선 '신여성'의 내셔널리즘과 젠더」, 문옥표 외, 『신여성』, 청년사, 2003, 102면.
30) 김수진, 앞의 논문, 342~354면.

가정주부 자신들이 급변하는 풍조에 맹종하고, 오랜 우리나라 생활을 성에 맞지 않는 외풍에 젖어 몰지각(沒知覺)한 행위를 자행(恣行)함으로써 감염(感染) 되기 쉬운 발육기(發育期)의 자녀들의 그릇된 감정을 유발(誘發)케 하여 과오를 조장(助長)케 하고 있는 것은 자녀 교육에 커다란 맹점이라고 아니할 수 없다.
자녀 교육이란 결코 학교에만 의존해서 이루어지지 않는 것은 누구나 다 아는 사실이고 보면 가정주부들의 자각과 아울러 재인식을 촉구하고 싶다.31)

이 글에서는 주부인 어머니가 자녀 교육의 담당자임을 밝히고 있다. 자유 민주주의 이념에 부응하는 한편 부르주아적 가정을 모델로 하여 자녀 양육과 교육의 담당자가 어머니로 규정되고 있다. 특히 미국식 의미의 여성교양의 효과는 자녀 양육과 교육에 헌신할 수 있는 지·덕·체를 갖춘 모성상에서 극대화된다.32) 『여원』에 실린 알린 백크(최민순 역)의 「아내·남편·사내아이·계집아이·가족」(59. 5)이라는 기사글은 외국의 가정을 소개하면서 모성이 작동하는 방식을 잘 보여준다. 이 글은 가족을 부모와 자식으로 수직적이면서도 수평적으로 배치하여 위계화시킨 후, 출산에 "처음부터 끝까지 실제로 종사한 것은 모성뿐"이며, 어머니가 "가정 속에 그 가족과 함께 있는 것"으로써 가족의 최종적인 위안처이기에 위대하다고 예찬하고 있다.

그런데 핵가족을 기반으로 한 이러한 서구적 모성 담론은 아직도 대가족적 구속력이 현실적 힘을 발휘하는 한국 사회에 모델로 작동되면서, 손쉽게 가부장제 이데올로기와 결합한다. 이 결합은 곧 가족 내의 내부적 위계화로 이어져, 남/녀, 어머니와 자식 간의 위계화로 구성된

---

31) 한창우, 「대학생과 가정」, 『여원』, 1956.1, 29면.
32) 당시 여성 필자 중에서 비중 있는 글을 게재하고 있던 정충량은 「남성의 매력을 구성하는 것」(57.11)에서 남성의 매력이 힘이라면, 여성의 매력은 모성이라고 규정하고 있다. 즉 여성성의 핵심은 모성이라는 점을 강조하고 있다.

다. 박종화는 여성의 호칭을 딸-아내-어머니로 세대별로 구분하여 어머니가 "여성 가치의 완성이며, 하느님이 보내신 사랑"이라고 극찬한다.33) 이하윤 역시 같은 특집란에서 어머니의 역할이 가장 찬미 받아야 할 존재임을 재차 확인시켜주고 있다.34) 다른 작가의 다른 글에서도 '모성 예찬'이 반복되면서, 모성은 여성의 최고의 가치라는 사실을 자연스럽게 인지하도록 유도한다.

'위대한 모성'성으로 예찬받게 된 주부는 자녀 교육의 지·덕·체의 담당자에서 '자기'를 확인하는 것을 기꺼이 수용한다. 서구 가정의 자녀 교육 모델이 소개되고, 주몽의 어머니인 유화부인이나 이율곡의 어머니인 신사임당 등과 같은 한국의 전통적 어머니상이 소개되는 가운데 새로운 어머니상이 창조된다.

『여원』은 어머니를 정서적 자녀 교육 방식뿐만 아니라 제도교육과 관련된 교육방법과 교육시기, 교육내용의 선택자이며 담당자로 규정하고, 그 역할을 표준화하고 규범화하려고 시도한다. 규범화되고 표준화된 모성은 동화 구송자35), 독서교육, 과외지도, 만화나 영화를 보는 아이들의 훈육 등과 같이 교육자의 역할을, 여름철 물놀이, 학교 가기 전에 건강 지도 등 건강 관리사 역할을, 그리고 열등감을 치료하는 심리치료사36)나 성상담자의 역할까지 수행하는 전인교육의 담당자로 규정된다. 모성의 역할이 새롭게 구성되는 것이다. 1956년 9월부터

---

33) 박종화, 「특집 남성은 이렇게 여성을 찬미한다-여성에게 영광 있으라」, 『여원』, 1958.3, 54~57면.
34) 이하윤, 「현대여성의 일곱 가지 미덕」, 『여원』, 1958.3, 62~65면.
35) 임인수, 「어머니가 아기에게 읽어주는 페이지-동화 「산속에 오는 봄」」, 『여원』, 1958.3. 231면.
36) 『여원』 1958년 12월에 실린 「특집: 열등감을 어떻게 극복할 것인가」 중 김기숙의 「어린이의 열등감은 어머니가 만든다」를 보면, 어린이의 심리교육도 모성의 역할로 강조한다.

「어머니 학교」37)라는 고정란이 배치되는데, 이를 통해『여원』은 모성의 기능을 혁신적이면서도 전문적으로 교육시킨다. 그 외에도 매호 어머니와 관련된 기사를 특집38)이나 일반 코너, 또는 화보 등으로 싣게 되는데, 이 역시 다양한 역할자로서의 모성의 중요성을 강화시킨다.

이러한 배치와 전략은 '여성=주부≒어머니'로 등치시키는 데 일조한다. 간혹 필자들의 남/녀 젠더적 편차나 개인별 편차가 드러나기도 하지만, 여성의 주체성이나 자아 확장의 욕구에 부응하는 것이 아니라 잡지 기획의 의도대로 기사나 화보를 배치하여 사적영역=주부≒모성이라는 이데올로기를 재생산한다. 이와 같이『여원』은 모성의 역할과 기능을 보다 세분화하고 전문화하면서 여성의 자율권을 확장시켜 나간다. 이를 통해 여성은 자기를 확인하고 구성함으로써 사적 영역의 자율적인 주체로 자신의 위치를 격상시킨다.

모성의 전문화와 세분화는 이처럼 여성을 사적 영역의 전문가이자 책임있는 주체로 구성하는 계기가 되지만, 다른 한편으로 공적 영역=남성, 사적 영역=여성이라고 성별 위계화를 강화시키고 공사의 영역을 제한하는 성 장치로 작동하게 된다는 점에서 문제적이다. 예컨대 모윤숙의 경우 딸의 성장과정에서 환희를 느꼈다는 개인적 '모성' 경험을 통해 주부 나아가 여성의 정체성을 확인하고 있다.39) 이는 기꺼이 사적 영역에서 위안감을 일시적으로 느끼는 '작가' 모윤숙의 자기

---

37)「어머니 학교」라는 코너는『여원』에 1956년 9월에 실리고 다시 57년 1월에 실린 후, 63년 1월까지 줄곧 고정란으로 배치되어 있다.
38)「자녀교육을 위한 특집」(56.9.),「특집 젊은 어머니를 위하여」(57.3),「딸과 어머니의 대화」(57.8),「어머니회상」(58.2~58.5, 60.1),「입학기를 치르고 난 어머님들에게」(59.4),「아들 딸을 성공시키는 비결」(60.3~60.8)
39) 모윤숙,「특집 여성의 환희-어머니로서의 여성의 환희」,『여원』, 1956.8, 57~60면.

긍정이며 예찬이다. 그러나 공적 영역으로의 길이 타율적으로 폐쇄된 여성에게 모성이 자기 위안을 주는 수사로 기능한다면, 그것은 공적 영역에서 타자를 확인하는 자리가 될 것이다. 단지 주부를 진정한 모성으로부터 소외시키는 원리로 작용할 뿐이다. 생물학적 모성애를 여성의 자연적인 필요가 아닌 억압적인 목적을 가진 신화, 문화적 구성물로 제한한 결과이다. 이 경우 자녀를 잉태하고 양육하려는 여성의 욕망이 가정이나 아이들을 진정으로 좋아해서 보살피는 것이라기보다는 자아 확장 욕구가 폐쇄된 상황에서 가사일과 모성애로 강제적으로 '전이'된 결과이다. 이처럼 성별화된 보살핌의 가치가 가부장제의 규율질서를 내면화한 것이라면 여성의 자기 희생을 강요하는 왜곡된 도덕의식을 초래할 수 있다.

그러나 『여원』에 실린 모성 담론은 이것을 은폐한 채, 모성을 통해 여성이 자긍심을 가지면서 사적 영역의 주체로 자기를 확인하는 것에만 의미를 두고 있다. 즉 '자유'라는 이념에 따라 사적 영역에서의 모성의 '자율권'이 확장된 것을 현시화하는 대신, 국가/남성의 타자로 여성이 재편되고 있음은 은폐하고 있다. 따라서 여성잡지라는 대중적 매체를 통해, 미국을 모델로 한 새로운 교육에서 요구되는 자발성의 강조가 아이들을 태만하게 한다는 등[40]의 지적을 받는다. 하지만 『여원』은 구체적인 대안 없이 서구적 가정교육 모델과 한국 가정교육의 균열만 드러낸 채 '위대한 모성'으로 주부 담론을 구성해 간다.[41]

---

40) 이수남 담당, 「어머니 학교」, 『여원』, 1958.6, 322면.
41) 이 시기에 모성을 보다 안전하고 완벽하게 수행하기 위해서 산아제한이 조심스럽게 논의되기 시작한다. 일정한 흐름을 유지하지 못하지만, 산아제한은 다산의 공포에 휩싸여 있는 여성에게 새로운 가능성을 주는 것으로 받아들이기도 한다. 이예행은 「산아제한 찬부토론—사회적 견지에서의 찬성론」(56.2)에서, "여자는 생산하는 기구와 같은 관념

2) '능부'와 섹슈얼리티의 재현자로서 양처

『여원』에서 양처의 기능은 모성만큼 비중 있게 다루어지고 있다. 1956년 10월 개설된 고정 코너인 「레이디스 스퀘어」를 보면, 양처의 역할을 편지, 위생, 호소, 영화, 음악, 미술, 취미, 유행, 화장, 요리, 가사, 양재 등으로 항목화하여 상세하게 서술하고 있다. 1957년 3월 특집인 「새로운 주부수첩」 역시 이와 유사한 항목들을 제시하고 있다.[42] 모성과 마찬가지로 이 다양한 역할을 수행해야만 하는 것이 1950년대 양처의 위치였다. 이때 남편을 보필하고 남편의 짜증까지도 용납하는 정숙한 아내, 현대적 교양과 지식을 지닌 여성 등의 조건을 골고루 갖춘 데다가 가정의 경제 담당자로서의 조건까지 함께 갖춘 '능부'가 양처의 이상적인 상으로 제시된다.

> 남자들은 여성이 가정에 들어앉아서 자녀 교육이나 하고 가정생활에 모든 시간을 소비하는 것을 원했으며 여성 스스로도 집안일에 비중을 들였기 때문에 여성은 퇴보하는 것이다. 근래에는 현모양처가 이상적인 여성상에 대한 인식에서 벗어나 현모양처와 능부로 바뀌었다.[43]

"여성들만은 아수라장 같은 속에서 집안을 유지해야 하고 가계를 세워야 하고 자녀를 가르"치면서 가정을 유지하고, "이제는 웬만큼, 똑

이 없어진 오늘날 참다운 인생을 영위하고 참된 모성으로서의 그 임무를 완수하기 위하여 다산만이 결혼 생활의 목표는 아니다"라고 말한다. 그외 이숙종의 「사회학적 견지에서의 반대론」(56.2), 「피임에 대한 우리의 실정과 선후책」(58.5), 좌담회 「현대부부는 무엇을 요구하는가」(59.10) 등이 있다.

42) 「의식주 생활의 재검토」(56.10)라는 특집으로 마해송의 「여성의 비극」, 천관우의 「우리 의식주의 모순」, 표경조의 「우선 고쳐야 할 몇 가지」, 정충량의 「생활양식의 새로운 설계」 등이 게재되었다.

43) 「좌담회2: 직장여성의 불만」, 『여원』, 1957.3, 68~71면.

똑지 못한 남성은 여인의 손에서 얻어먹고 살게 되었다. 정히 「여인천하」의 감이 있다."44)고 박종화가 서술할 정도로 일시적일지라도 여성의 사회적 활동이 자유로웠고, 사회적 지위가 격상되었던 당시 시대적 상황에 부응하여 능부가 요구된 것이다. 인용문을 보면 '근래에는(…) 현모양처와 능부로 바뀌었다'라고 서술하고 있다. 이는 "기혼 여성도 얼마든지 그들의 능력에 따라 활발히 일할 수 있을 뿐더러 오히려 그것은 한 사회인으로서 의무"45)라고 여성의 사회적 활동을 범박하게 서술한 것과는 차이가 있다. 『여원』에서 언급하고 있는 능부는 사회적 활동, 요부, 내조로 표상되기 때문이다.

여성의 사회적 활동은 이전 시기에 비해서 활발해졌으나, 직장여성과 관련된 담론에서 보듯이 결혼 전에는 주부 수련장, 결혼 후에는 가정 경제의 보조적 수단으로서만 의미를 두고 있다는 점에서 이전 시기와 별다른 차이점을 발견할 수 없다. 그러나 섹슈얼리티도 능부의 조건으로 인식된다는 점이 이전 시기의 양처론의 성격과 확연히 구별되는 점이다. 따라서 '성의 발견' 등 섹슈얼리티에 대해서 『여원』은 자주 그리고 상세하게 다루고 있다.46) 미국 가정의 적나라한 성생활을 공개한 킨제이 보고서는 성을 담론화하는 것을 금기시했던 한국적 관습을 와해시키는 외부적 계기가 된다.47) 전쟁 이후 성문화가 개방적으로 변화되었음에도 불구하고, 그동안 한국 사회에서 성담론은 금기시되었

---

44) 박종화, 「해방 후의 한국여성」, 『여원』, 1959.8, 73면.
45) 김희수, 「근로에서도 남녀동등을 찾자」, 『여원』, 1959.1, 97면.
46) 「특집 성의 발견」(56.6.)으로 장문경의 「여성의 성욕」 외 4편, 김남조의 「연인·아내로서의 여성의 환희」(56.7) 등이 있다.
47) 「특집 성과 교육」(56.11)으로 윤태림의 「「킨제이」가 남기고 간 것」 외에 9편이 게재됨. 이 특집에는 부부간의 성행위를 구체적으로 밝힌 미국의 「킨제이 보고서」를 소개하고, 성행위에서 남녀평등권을 주장하는 진보적 성향의 글이 있다.

으며 성적 충동이나 성행위의 결정권은 모두 남성에게만 해당되는 것으로 여겨졌다. 그러나 『여원』은 여성도 성적 충동을 느끼기도 하고 성적 결정권을 가질 수 있음을 강조하고 있다.[48] 예컨대 장경학은 여성의 성이 모성에서 벗어나 순수히 여성으로서의 성격을 인정하는 진통기에 와 있다고 하면서 여성이 인간으로서 해방되기 위해서는 성적 자유를 구가해야 한다고 주장한다.[49] 즉 모성이나 현모가 아니라, 성적 주체로서의 여성성을 인정해야 한다는 것이다.[50] 이 시기 게재된 강신재의 단편소설 「향연의 기록」에서 '나'의 언니는 자신이 선택한 사람에서 "무한한 만족을 느끼는"[51] 여성으로 묘사되고 있으며, 김말봉의 「사랑의 비중」(56.5)에서도 여주인공이 결혼상대자를 선택할 권리가 여성에게 있음을 보여주는 것도 이 시대 성의식의 반영이라 할 수 있다.

그런데 1950년대 후반으로 갈수록, 성적 결정권을 가진 남성들이 주부에게 요부가 되라는 불평등한 요구를 하기 시작한다. 이 시기 『여원』을 보면, 여성에게 "여성의 쎅씨한 매력과 애교"(60.3)를 강조하는 등 '주부'의 위치로 돌아가 남편을 이해하고 사랑하기를 촉구하는 글들이 자주 발견된다.[52] 그 결과 남성은 아내에게 "정숙한 아내"와 더불어,

---

48) 정연희의 『목마른 나무들』(『여원』에 1961년 11월부터 1963년 4월까지 연재, 1963년에 여원사에서 단행본으로 출간)에서 주인공은 스스로 '아프레' 걸임을 자처하면서 성적 결정권이 자신에게 있음을 주장하는 등 새로운 여성상을 보여준다. 김현주, 「'아프레걸'의 주체화 방식과 멜로드라마적 상상력의 구조-정연희의 『목마른 나무들』을 중심으로」, 『한국문예비평연구』 21권, 한국현대문예비평학회, 2006, 315~335면.
49) 「특집 성의 발견」, 중 장경학, 「한국 여성과 성-3단계의 발전」, 『여원』, 1958.6, 117~120면.
50) 「특집 성의 발견」 중 유스테쓰 체써, 「완전한 성과 사랑의 결합-건전한 성생활을 위하여」, 『여원』, 1958.6, 134~142면.
51) 강신재, 「향연의 기록」, 『여원』, 1955.10, 124면.
52) 김남중, 「공처가: 아내는 주부의 위치로 돌아가야 한다」, 『여원』, 1959.4, 100면.

"새로운 감각과 매력", "화장에 관심이 있고 요부다운 아내"를 제시하고 있다.53) 정비석 역시 부부의 성행위는 자식을 낳기 위한 것이며 남편에 대한 의무임을 전제하면서도 남편의 쾌락을 위하여 "아내여 남편을 유혹하라"고 '요구'하고 있다.54) 이 남성 젠더들이 요부가 되라고 요구하는 것은 여성의 몸을 기교와 훈육의 대상으로 삼는 것이며 궁극적으로는 여성들의 성적 권리를 배제시키는 논리를 근저에 깔고 있다. 가부장제하에서 섹슈얼리티는 생체 권력 속에서 생산되고 구성되는 것이므로 여성의 성에 대한 남성의 요구에는 당연히 권력이 작동된다. 섹슈얼리티를 실천하는 여성의 몸은 가부장제의 권력이 각인되는 장이자 권력관계를 재생산하는 곳이 된다. 따라서 1950년대 후반으로 가면서 성적 권리를 구체화할 수 있는 것은 오로지 남성이 된다. 그러다 보니 간통을 행한 남성이 아내를 간통으로 고소하는 어처구니없는 사건마저 벌어지게 된다. 이 사건에 대해 젠더간의 차이가 극명하게 드러나는데, 남성의 경우 집안일이니 제삼자가 개입하지 말자는 입장이었지만, 여성인 박화성은 아들과 며느리마저 어머니에게 불리한 증언을 하는 사태에 주목하면서 남성 위주의 판단보다는 공정한 관찰과 판단이 요구된다고 여성 옹호론을 펴기도 한다.55)

내조 역시 1950년대 후반 들면서 주부의 의무로서 강하게 언술되기 시작한다. 이때 『여원』은 내조의 상을 한국과 서구의 전통을 통해 구현해내기도 하고56) 실업가의 아내에게서 "부단한 노력과 절제의 생

---

53) 정비석, 「여성의 생활각서 제 6화 ― 아내에게 요구하는 것」, 『여원』, 1958.3. 240~243면.
54) 정비석, 「특집: 현대 부부론 ― 현대 부부 쎅스론」, 『여원』, 1959.10, 100~105면.
55) 김은우, 「오영재 씨 고소 사건과 나의 생각 ― 내외 싸움은 개도 안먹는다」, 『여원』, 1959.9, 116~120면.; 박화성, 「오영재 씨 고소 사건과 나의 생각 ― "이브"는 통곡한다」, 『여원』, 1959.9, 112~115면.

활"이라는 실제적인 내조의 규범을 제시하기도 한다.57) 내조가 자신과 타인의 인격을 모두 존중하는 윤리의 공존의식을 지닐 때 비로소 가능하다고 하면서도,58) 그 궁극적인 목표는 남편을 사회적으로 출세시키는 것이라고 설정하고 있다. 이희승의 「여자의 주변-여자의 행복」(58.10.)에서는 가산 형성과 취미 생활뿐만 아니라 인내나 자기 수양 등 정서적 위안자로서의 주부의 역할이 내조라고 규정하고 있다. 이처럼 내조는 남성을 보필하는 위치에서만 그 의미를 찾을 수 있다. 내조로 호명된 양처는 결과적으로 가부장제 젠더 관계에서 자유로울 수가 없는 것이다.

1950년대 내조, 요부 등으로 표상되는 능부는 가부장제를 은폐시키는 기호로 작동된다. 이와 달리 양처 논의의 변이는 여성이 가부장제 질서에 급속하게 재편되는 과정이며 그것을 재생산한 결과라는 비동일성의 동질성을 여실히 보여준다.

3) 가정의 신성화(domesticity)와 배타적 위계화

1950년대 현모와 양처 이념은 '제도로서 주부'를 구축하는 원동력으로 작동하면서, 정치적이고 도덕적인 실체가 된다. '제도로서의 주부'가 구심력을 갖기 위해 가정의 신성화가 기획된 것이다. 이 기획은 여성을 사회적 역할로부터 단절시키지만 다른 한편으로 가정 내에서 주부의 지위를 확보하는 이중의 의미를 낳는다. "'여성=가정/남성=사회'의 성별 분업을 공고화하며 여성의 가정 역할을 신성화"하는데,

---

56) 「특집 내조법 입문」, 『여원』, 1959.12, 216~245면.
57) 「실업가 부인의 생활을 말하는 좌담회」, 『여원』, 1957.5, 88면.
58) 「여성의 인격은 인정되어 왔는가」, 『여원』, 1957.5, 77~79면.

이때 "가정과 사회의 철저한 분리를"59) 필요로 한다. 이에 따라 현모양처 이념은 여성의 도덕적 의무가 된다. 동시에 가정은 경제적·정치적·정서적 생활의 중심이 되고, 경제적인 안정과 도덕적 규범이 보장되고 가족 간의 상호 소통이 원활한 공간으로 여겨진다. 심지어 「한국의 가정」(56.12)이란 글에서는 한국 사회가 가부장적 권한에 절대 복종해야 하고 남편이 축첩을 해도 주부로서 법적 보호를 받지 못하는 사회임에도 불구하고, 여성은 가정의 신성화를 공고화하기 위해 인내를 해야만 한다고 주장한다. 그러므로 여성이 이런 불합리한 가정의 신성화로부터 일탈하는 것을 막기 위해서 배타적 위계화가 체계적으로 시도된다. 이 위계화는 직장여성, 아프레게르, 윤락여성, 전쟁미망인, 식모, 여차장 등에 대한 통합과 배제를 통해 진행된다.

50년대는 전쟁으로 인한 전쟁미망인의 수가 증가하고, 사회적 출구를 발견한 여성이 여대생이라는 집단을 형성하기 시작하는 시기이다. 이들에 대한 이야기가 『여원』에서 자주 거론되는 것도 이런 시대적 상황 때문이다. 그런데 전쟁 이후, 경제적 어려움과 다수의 부양가족으로 인해 재가가 힘든 상황에 놓인 절대 다수의 전쟁미망인을 문제화하지만, 그들의 문제는 현모양처 이념의 시각에서만 조명된다.60) 그들은 오직 '모성'을 위해 개인적 욕구를 희생해야 하는 존재로만 대상화될 뿐이다.61) 게다가

---

59) 김혜경, 『식민지하 근대가족의 형성과 젠더』, 창비, 2006, 85면.
60) 『여원』편집부, 「통계중심 미망인들의 형편과 동향」, 『여원』, 1959.6, 161면.
61) 장덕조는 자녀가 있는 미망인의 개인적 욕구는 '모성 보호'와 '모권 확립'을 위해서 희생되어야 한다고 강력하게 주장한다.(장덕조, 「특집: 미망인은 고민한다―미망인의 연애문제」, 『여원』, 1956.3. 115~119면) 한편 『여원』에는 「특집 6·25미망인의 형편과 살 길」(59.6) 등에서 미망인들의 형편과 동향을 자세히 소개하고 있다. 이처럼 전쟁 미망인 문제는 개인의 의지만으로 간단하게 설득할 수 있는 문제가 아니었다. 그들의 수는 전체 여성의 약10%에 달했으며, 평균3인 이상의 자녀를 두었으며, 70%이상이 하층계층의 여성으로 부양가족의 생계를 위해서 재가마저 어려운 실정이었다. 이임하, 「한국전쟁이

모성을 포기하고 재혼한 여성이나 생계유지를 위해 경제적 활동을 할 수 밖에 없는 미망인들은 문란한 여성으로 치부하여 그들을 사회로부터 타자화시키려고 한다.62) 이러한 전쟁미망인의 어려움은 박화성의「바람뉘」(58.4-59.3 연재)에서도 잘 묘사되어 있다. 이 소설의 주인공 장운희는 전쟁미망인으로 경제적 어려움과 첫사랑의 유혹에도 불구하고 어머니로서의 역할을 굳건하게 수호한다는 점에서『여원』에서 다루어진 전쟁미망인 담론과 유사성을 띤다. 그리고 직장여성이 주부일 경우,「좌담회3-가정주부는 피로하다」(57.3)나「내가 그림을 그리는 의미」(59.5)를 보면 가정과 직장이 양립하기 어렵다는 점을 고민으로 토로한다. 그러나 이 심각한 고민은 구체적이고 현실적인 대안 없이 여성이 사적 영역의 충실한 담당자가 되어야 한다는 현모양처 이념으로 간단히 해결된다.

이들 전쟁미망인과 직장여성, 여대생은 궁극적으로 현모양처 이념으로 수렴될 수 있는 대상으로 여기지만, 계 마담, 댄스홀 출입여성, 아프레걸은 배제의 대상으로 여긴다. 근대적 은행이 정착되지 않은 시절에, 여성을 중심으로 구성되고 운영되었던 계는 '마담뱅크'라는 신조어가 생길 정도로 가정 경제의 유익한 물적 토대가 된다.63) 그러나 은행이 정착되기 시작하고, 가정으로 귀환하라는 귀환명령이 가해지는 가운데 계를 하는 여성은 질타의 대상이 된다. 즉 현명한 가계 소비를 꾸릴 수 없고 국가 경제 발전에 해가 되는 경계의 대상이 된다.64) 또한 정비석의『자유부인』

여성생활에 미친 영향-1950년대 "전쟁미망인"의 삶을 중심으로」,『역사연구』8권, 한국역사학회, 2000, 14~19면.
62)정충량,「미망인의 유혹, 재가, 딸린 아이」,『여원』, 1959.6, 171면.
63)「르뽀르따아쥬: 돈놀이하는 마담들」(60.8),「계 이야기: 더 효과적인 이용을 위하여」(59.6) 등.

이 발표된 이후 계와 더불어 댄스홀에 출입하는 여성이나[65] 아프레 걸[66]은 가정 비극을 불러일으키는 방종한 여성으로 간주된다. 특히 아프레 걸은 부도덕한 육체 해방파,[67] 바지를 입는 여성,[68] 일부 방종한 여대생[69]으로 기표화되면서 계를 하는 여성과 함께 비판의 대상이 된다.[70] 이러한 여성에 대한 도덕적 판단은 『여원』에 게재된 허남이의 단편소설 「신록」(58.7.)을 보면 쉽게 짐작할 수 있다. 소설에서 파티와 계 등으로 정신이 팔린 어머니가 아들의 자모회에 참석했다가 망신을 당한다는 내용이 교훈적 태도로 그려지고 있다. 또한 강신재의 소설 「표선생수난기」(57.3)에서 묘사되는 표선생의 부인 역시 화장이나 웃음 등으로 요란스럽게 자신의 존재를 드러내고 남편을 무시하고 있으므로, 자유부인과 유사한 여성으로 간주되면서 부정된다.

또한 식모나 윤락여성들 역시 『여원』의 주부 담론에서는 타자화된다.[71] 식모를 현실적 필요성 때문에 용인하고 있지만 현모양처 이념을

---

[64] 「주부의 현명한 가계」, 『여원』, 1957.3.
[65] 임옥인, 「특집 남성의 매력—남성미의 변천」(57.11) ; 박순천, 「가정평화를 탐색하는 특집—아직도 희미한 가정의 민주주의: 여성의 허영은 가정의 행복을 파괴한다」(57.10)
[66] 아프레 걸은 전후파를 의미하는 프랑스어 아프레게르(apres—guerre)에서 파생된 말로 기성가치관으로부터 자유로운 '전후파 여성'을 의미한다. 김현주, 앞의 논문, 1면.
[67] 곽종원, 「새 세대를 위한 일곱가지 문답—명랑 활발을 아프레와 혼동하고 있지 않은가」(56.10) ; 좌담회 「새로운 세대를 위한 윤리와 생리의 대화」(57.4) ; 최정희, 「어느 여대생의 이야기—지성을 갖추자」(57.4) ; 조연현, 「해방 후 : 윤리적 기초의 연애」(57.4) 등. 『여원』 외에도 「한국매춘문제」(이혜복, 『여성계』, 1958.3), 「아프레게르와 처녀성」(조풍연, 『주부생활』, 1959.4) 등이 1950년대 잡지에서 발견된다.
[68] 석우선, 「바지를 입는 여성들이 늘어간다—남녀동권의 심볼로 볼 수도 있는가」, 『여원』, 1958.2, 258면.
[69] 김정미의 「현재를 충실하게 사는 것 뿐」(58.2), 최정희의 「어느 여대생 이야기—지성을 갖추자」(57.4), 「여대생의 생리」(57.4)
[70] 「이혼을 결심하기 전에 잠깐만—사건 당사자들에 대한 법관의 개인적 충고」(58.3) ; 조경희의 「자유부인은 남편이 만든다」(58.9) ; 「새로운 세대를 위한 윤리와 생리의 대화」(57.4) ; 「남자의 마음—저항정신은 빛나건만」(58.3) 등.
[71] 「좌담회 '식모': 생활개선을 위한 주부들의 공동연구」(58.8)에서는 식모의 인권에 대한

약화시키는 존재로 간주하고 있으며, 그 밖의 하층 여성이나 윤락여성 역시 '뒷골목'에 거주하는 존재로 주변화시켜 버린다.72)

이러한 배타적 위계화에 따라 가정의 신성화는 강화된다. 더욱이 가정의 신성화가 유지·강화됨에 따라 공적영역에서 여성의 역할은 축소되는 반면 도리어 사적 영역에서 여성의 자율권은 확장되는 아이러니한 상황이 전개된다. 이처럼 『여원』의 주부 담론은 분명 서구적 부르주아적 가정상을 욕망하고 선망하는 특수한 것이지만, 바로 이 선망의 욕망 때문에 가부장제의 순치된 욕망으로, 그리고 여성 일반의 보편적 담론으로 작동하게 된다.73) 예컨대 『여원』에 소개된 의복과 요리법이 실생활과 거리가 있다는 독자의 항변이나 실생활에 도움을 주고자 기획한 것이라는 편집부의 답변이나74), 『여원』의 기사 내용이 "생활에 필요한 실질적인" 도움을 주었다는 독자의 말,75) 가정 형편이 어려워 『여원』을 대본소에 넘기면서도 "읽음으로써 내 인생에 무엇인가 보탬이"76) 되었다는 독자의 고백 등에서 주부담론이 당대 여성의 보편적

    고려와 식모조합의 필요성, 그리고 식모를 쓰지 않기 위한 생활개선이 필요하다고 주장한다.

72) 뒷골목 여인들, 즉 식모, 양공주, 접대부의 생태를 조사한 글들은 해방과 전쟁 이후, 미군정기에 카페와 나이트 클럽, 댄스홀이 대량 양산되면서 확산된 퇴폐문화의 현장 조사에 머무른다. 이러한 논조는 결국 '뒷골목에 거주하는 여성'들의 인권이나 그들의 역사·사회적 맥락을 감각적으로만 소비하게 하여 오히려 그들을 타자화시킨다. 「뒷골목 여인들의 生活 街道」(56.1), 「매춘(사창)의 실태」(59.12), 「사창은 불사조처럼」(59.6)에서도 선정적인 표제처럼 사창 여성들의 인권이 감각적으로 소비될 뿐이다. 「공장의 울밑에선 청춘」(59.12), 「방직공장여성들의 생활」(57.12)에서는 여성 노동자를 다루고 있지만 그들의 삶을 대상화하고 있을 뿐이다.

73) <여원 상담실>이나 <독자수기>에서 하류층 여성들의 생생한 목소리를 발견할 수 있다. 이는 그들의 삶을 개선할 방안을 『여원』이 모색해 줄지도 모른다는 기대감이 있었다는 증거이다. 또한 『여원』의 주부담론이 성별과 계층을 초월한 보편적인 담론이었음을 추론해 볼 수 있는 근거이다.

74) 「독자에게 보내는 편지: 내용이 豪奢스러운가」, 『여원』, 1959.4, 356면.

75) 임선희, 「감상에 젖고 낭만을 맛보게」, 『여원』, 1959.4, 57면.

담론으로 작동되고 있음을 인지할 수 있다. 결국 1950년대 『여원』의 주부 담론은 담론을 생산·재생산하는 주요 매체가 대중잡지이기에 비동일성과 비신빙성이 존재하게 된다. 또한 사적영역에서 여성의 자율권을 확장시키는 담론이기도 하지만 한편으로 그것을 규제하고 지배하는 담론이기도 하다.[77]

4. 1950년대 주부담론의 의미

이 글에서는 1950년대 여성잡지 『여원』을 중심으로 '제도로서의 주부'의 형성과정과 그 이데올로기로서 작동되는 현모양처 이념을 살펴보았다. 자유 민주주의 이념에 부응하여, 현모양처 이념이 가족을 재편성하고 가부장적 젠더 관계를 재구축하고 재생산하고 있음도 고찰하였다. 이 과정에서 1950년대 모성 담론이 이전 시기와 달리 사적 영역으로 분화된 '제도로서의 주부'라는 토대 위에 위대한 모성을 재탄생시켰다는 사실도 규명하였다. 또한 이 시기 양처론은 사회적 활동을 할 수 있을 정도의 지적 수준을 가진 존재, 합리적인 가정 관리자, 성적 쾌락의 대상인 '능부'로서의 여성을 요구한다는 사실도 파악할 수 있었다. 이처럼 1950년대 주부는 가족 구성원들의 욕구에 부응하여 육체적·심리적·정서적인 역할 외에 경제적·성적 역할까지 담당해야 했다. 즉 주부의 보살핌의 영역은 다양하면서도 전면적이고 세심한 영역까

---

76) 이희라, 「남의 손에 넘어간 『여원』」, 『여원』, 1959.6, 57면.
77) 크리스테바는 하나의 텍스트 속에 많은 위험이 존재하여, 사람을 지배하므로, 독자들은 텍스트의 위해성을 파악해야 할 의무가 있다고 말한다. 노엘 맥아피, 이부순 옮김, 『경계에 선 줄리아 크리스테바』, 앨피, 2007, 59면.

지 확장되었다.

한편 주부담론은 현모양처 이념에 귀속되지 않는 부류들을 배타적으로 위계화하면서 공고화된다. 가정의 신성화가 수립되면서 사적 영역에서 여성의 자율적 권한은 이전 시기보다 확장된다. 이에 따라 여성은 사회적 묵인과 강요 또는 개인적 동조와 강요된 선택에 의해서라고는 하지만, 사적 영역의 주관자이자 책임자로 스스로를 구성해 갈 수 있게 되었다. 이때 가정이라는 사적 영역에서 그 모든 것을 통합적으로 관리할 자율적 주체로서 주부가 호명된다. 주부는 국가, 사회, 성에 의해서 위계화·서열화의 과정을 거치면서, 1950년대 한국 사회에 제도로서 탄생·정착하기 시작한다. 그러나 남성의 '가장(家長)'으로서의 권위가 가부장적 규율 관행으로 작동되는 가운데, 여성은 자신이 사적 영역의 중심 관리자라는 의식을 가지면서도 한편으로 '가장'인 남성의 권위를 인정해야 했다. 이와 같이 1950년대 주부 담론은 젠더 관계를 재구축하면서 여성잡지 등 다양한 대중매체에 의한 상호텍스트성에 의해 재생산되고 성별과 계급을 초월하여 광범위하게 확산된다. 이 효과는 성별이나 계급에 따라 다르게 나타나겠지만, 제도로서의 주부는 중산층의 이상적인 주부가 되고자 한 여성들의 열망을 가부장제에 맞게 순치시키면서 한국 사회에 정착된다.

한국 사회에서 1950년대 중반은 일상으로 귀환한 남성이 공적 영역에서 여성을 추방하는 한편 사회적 출세와 경제적 부에 대한 강렬한 욕망에 사로잡혀 있던 시기이다. 역으로 보면 남성의 위치가 불안정했기 때문에, 남성이 사적 영역에서 여성의 자율적 권한을 기꺼이 승인한 시기였다. 그러나 1950년대 후반으로 접어들면서 남성이 사적 영역에서 자율권을 행사하는 여성의 권리에 대해서 간섭하고 통제하려는 경향이 나타나기 시작한다. 이러한 간섭과 통제는 사적 영역에서 여성의 자율적 권한을 협소화하려는 징후(Symptom)로 나타난다. 협소화의 징후는 낭만적 사랑과 매춘, 공과 사, 그리고 계층의 분화를 거치면서 더욱 노골화된다. 이러한 징후는 1950년대 후반 들어 모성과 섹슈얼리티, 그리고 내조와 관련된 담론들의 변화된 논조에서도 발견할 수 있다. 하지만 여성의 자율성을 협소화하려는 의도는 1950년대 주부담론에서는 징후로만 존재한다. 따라서 1950년대 주부 담론은 오히려 사적 영역에서 여성의 자율권을 확장시켰으며 여성을 감성의 영역으로 한정하거나 남성의 보조자 역할로 축소시키지 않았다는 데서 그 의의를 찾을 수 있다.

주변부 여성계층에 대한 소외담론 형성 양상 연구

서 연 주

1. 1960년대 근대화 프로젝트와 도시 중산층 여성의 잡지『여원』

　1960년대는 한국 사회의 발전 과정에서 중요한 의미를 지니는 시기이다. 한국 사회는 1960년대를 거치면서 산업화를 중심축으로 하는 근대적 의미의 변화와 발전을 매우 빠르고 광범위하게 경험하였다. 그렇다면 이렇게 우리 사회의 물질적·사회적 현실을 새롭게 조직하고 변화시킨 근대화프로젝트는 어떠한 문화적 조건에서 어떠한 의미를 조직해 내며 진행되었을까. 또한 한국 사회에서 국가 중심의 전체주의적이고 가부장적인 발전 기획을 가능하게 했던 담론은 어떤 양태로 형성되었던 것일까? 우리가 기억하고 있는 박정희의 근대화 프로젝트에 대한 담론은 무수하지만 그것이 실제 일상의 생활 속에 어떻게 침투하였으며 대중들은 그것을 어떤 식으로 받아들였는가에 대한 실제적인 연구작업이 미비한 것이 사실이다. 따라서 본고는 1950·60년대의 대표적인 여성잡지인『여원』을 통해 1960년대 근대화 프로젝트와 관련된 담론이 형성되는 방식에 주목하고자 한다.

당시 4·19에 의해 '자유'를 구가하던 국내 언론은 5·16군부와 공화당 정권에 의해 그 자유를 유보하는 대신 사상 유례없는 상업화와 기업화의 길로 치닫게 되었다. 이러한 경향성은 언론시장 여건을 개선시키는 경제 성장에 의해 더욱 자연스럽게 고무되었다. 또한 5·16 이후의 언론은 4·19 상황에서 극단적으로 표출되었던 자유주의적 언론관과 군사정권에 의해 새롭게 부가된 발전주의적 언론관 사이에서 상당한 갈등을 경험하면서도 점차 '근대화'와 '경제발전'의 필요성과 불가피성을 강조해야 하는, 즉 이데올로기적 국가기구로 편입되거나 동원되는 변화를 경험하기도 했다. 그 과정에서 이러한 변화에 순응하는 언론은 권력으로부터 특혜를 받았다. 반면 그러한 흐름에 역행하는 언론은 당연히 그에 상응하는 불이익을 감수해야만 했다. 이처럼 1960년대의 한국 언론은 1950년대에 구가하던 정치적 다양성의 논리를 포기하는 대신 국가의 경제 발전 논리에 점차 순치되면서 스스로 경제논리에 따라 상업화, 기업화하는 경향성을 본격적으로 드러내기 시작한다. 따라서 1960년대는 '언론의 기업화 시대'라고 할 만큼 국내 언론의 상업화, 기업화 현상이 두드러진 연대였다. 정부에 의한 금융, 세제상의 지원 외에도 본지 외의 자매지 발행과 신문, 방송 등의 겸영 허용, 그리고 언론사업과 무관한 타 업종에 진출하는 것을 직·간접적으로 지원하는 정책의 여파로 언론의 기업화가 더욱 본격화되는 시기이기도 했다.[1] 이러한 정치적 배경 속에 1960년대에는 많은 잡지들이 창간된다.

---

1) 이와 같은 내용은 강상현, 「1960년대 한국언론의 특성과 그 변화」, 한국정신문화연구원 편, 『1960년대 사회변화 연구: 1963~1970』, 백산서당, 1999, 168~170면 참조.
    이런 정부시책에 대한 『여원』의 입장을 살필 수 있는 기사를 보자면 다음과 같은 것이 있다.

『여원』은 1950·60년대 도시 중산층의 실상을 엿볼 수 있는 대표적인 여성지로 교육받은 도시 중산층 여성을 주 독자층으로 상정하여 기사 소재들을 이분법적 시각으로 다루고 있다. 도시/농촌 혹은 서울/시골, 교육받은 자/교육받지 못한 자, 전업주부/직장여성, 서구적/전통적 등 이분법적 대립항은 서로 길항관계를 이루며 잡지의 담론을 주도한다. 그리고 여러 기획 코너들로 도시 중산층 여성의 문화 형성을 선도하며 여가선용에 대한 정보를 제공하고 있다.[2] 여가생활이 일반인에게 권장되기 시작한 것이 전후 혼란기를 지나 빈곤의 문턱을 겨우 넘기 시작한 1970년대였다[3]는 점을 감안해 볼 때 1950·60년대 여성잡지에서 이야

"오·일육 혁명 후로 정부는 매스 콤이 정상적인 기능을 발휘하도록 부득이한 조치에서 일련의 타율적인 제약을 가하고 있다. 물론 이것은 언론의 순수한 자유라는 견지에서 볼 때에 이러한 정부의 간섭은 비록 그것이 선의에서 출발한 육성정책이라고 하더라도 결코 환영할 바가 아니다. 그러나 이것은 우리 사회와 언론계의 현실이 자율적으로 매스콤의 성격과 특질을 개선 향상시킬 수 없었다는 데에 기인하기 때문에 그 책임의 일반은 매스매디아측에도 있다는 것이 사실이다." 김규환 (국제신문인 연합회사무국장), 「매스·콤 時代에 산다는 것」, 『여원』 1962년 9월호, 122~123면.

정부의 언론 규제에 대해 당시 언론인의 입장을 직접적으로 볼 수 있는 글이다. 정부 시책에 불만을 가지고는 있으나 스스로 자정 능력이 없음에 대해 그 한계를 통탄하는 정도로 정책을 수렴하는 논조이다. (이하 『여원』 인용시에는 제호없이 발간 연도와 월호만 표기)

2) 특히 1960년 1월호부터 부록으로 증정되었던 가계부는 단연 화제거리였다. 계획경제를 실현하는 주부되기라는 구호를 내걸고 배부된 이 가계부는 단순히 부록 차원의 것이 아니라 『여원』이 타 여성지와 차별화될 수 있는 전략적 지침이기도 하였다. 또 이것은 박정희 정부의 검약과 내핍을 강조하는 정책향방에도 걸맞는 것이었다. 이렇게 당시 사회적 분위기에 어울렸던 가계부는 독자들에게도 큰 호응을 얻었다. 그밖에도 그즈음의 정책을 반영한 분위기가 느껴지는 기획이 몇 가지 있는데 대표적인 것 중 하나가 '나의 부업'이라는 코너이다. "생활이 윤택해지기 바라는 주부의 정성으로 시작해본 어떤 부업얘기든 좋습니다"라는 취지로 독자의 원고를 모집하고 있는 '나의 부업' 코너는 가사임무와 병행할 수 있는 노동의 중요성을 강조하며 재건사회에서 주부가 해야 할 역할에 대한 분위기 조성에 한 몫을 하고 있다.

이렇게 『여원』은 정책에 어울리는 기획기사들을 편성함과 동시에 건강, 육아, 패션, 요리법, 영양상식, 의학상식, 법률상식, 꽃꽂이, 손편물, 영화, 문예, 문화동정란 등을 통해 여성의 문화, 교양 함양을 강조하였다.

3) 전경옥·변신원 외 2인, 『한국여성문화사』, 숙명여자대학교 아시아여성연구소, 2005, 93면 참조.

기되고 있는 여가선용방법이란 분명 특정계층을 대상으로 하여 의도된 것이었다. 이렇게 『여원』은 1960년대에 들어서면서 산업화와 더불어 가속화된 자본주의 경제체제하 도시 중산층의 생활을 선도하는 한편 정부시책에 발맞추어 여성에 대한 규제를 담당하는 역할을 하는 잡지였다. 이 과정에서 정책의 반영 필요에 따라 대상의 젠더별 역할이 규정되었고 또 그 분류 안에서도 여성을 각 계층별로 미분화하여 담론을 형성하는 작업이 수반되었다. 이 글은 『여원』에 나타난 주변부 여성계층에 대한 담론 형성 과정을 탐구함으로써 근대화 프로젝트가 어떠한 방식으로 작동되었으며 또한 어떻게 사회적 담론을 구성하여 일상 속에 파고 들었는가하는 문제에 대한 실마리를 찾고자 한다.

2. 근대화 프로젝트의 흔적

1) 이상적인 가정의 불순물 : 식모

1955년 창간호부터 1960년에 접어들기까지의 『여원』은 전후 급증한 인구와 가난에 허덕이는 실상을 어떻게 극복할 것인가를 골자로 하고 있다. 또 전후 미망인의 개가 문제나 급작스럽게 변모한 성모랄, 당시 사회적 물의를 일으키면서까지 부인들 사이에서 유행했던 계와 댄스홀에 대한 부정적인 시각과 규제, 과도한 교육열에 대한 각성, 그리고 전후에 급증한 베이비붐에 대한 실질적인 피임법 등을 자주 다루었다. 이런 문제들에 대해 『여원』은 우선 각 개인이 의식 각성을 통해 극복할 필요가 있으므로 여성들은 전통적인 미덕과 서구적인 교양을 갖추기 위해 노력해야 한다는 점을 강조하였다.

이러한 담론은 1960년대에 들어오면서 약간의 변화를 보이기 시작한다. 조국 근대화라는 지상 과제를 향하여 매진하게 되는 1960년대부터는 '새로운 현모양처형'이 강조된다. 이 '새로운 현모양처형'이란 애국심을 가지고 생활 속에서 반공, 절약과 검약을 실천하고 나아가 경제 활동의 일선에 나서는 여성이다.[4] 간단한 생활비쯤은 부업으로 충당하여 남편에게 기대지 않아야하며 남편을 성공시키는 내조를 겸비해야 하는 것이 새로운 현모양처가 갖추어야 할 덕목이었다. 또한 가정에서 여성의 역할은 더욱 전문화되어 '주부'로서의 직분이 중요시된다. 이상적인 가정이란 주부가 식단을 편성하여 가족의 섭생을 전문적으로 책임지며 가족 구성원의 형편에 맞게 가옥을 개조하여[5] 직접 걸

---

4) 1962년 8월호의 내용을 보면 정권의 정당성과 근대화 프로젝트의 당위성을 세우려는 의도들을 확연히 읽을 수 있다. 수기 형태로 '어려운 살림을 극복한 체험'을 다룬 기사들은 대부분 여성의 애국심을 강조한 실천사례를 다루고 있다. 이 글들은 한결같이 여성은 허영과 사치를 배격하고 내면적인 개화를 하여 생활을 개선하라는 논조이다. 그 논조가 직접적으로 표출된 다음의 글을 한번 살펴보자.
"지금 우리는 공산주의와 민주주의로 양단된 비극 속에 대립되고 있으며 한 때는 국민들이 확고한 사상을 갖지 못하고 애매한 태도를 가졌기 때문에 하마터면 공산주의의 마수에 걸려들 뻔하였습니다. 다행히 이 위기를 극복시킨 5·16의 군사혁명으로 국민들은 미몽에서 깨어 공산주의를 단호하게 배격하고 민주주의 이념을 굳건히 할 기회가 마련되었고 지난날의 부패와 부정을 일소하고 기울어진 국민생활을 바로잡기 위하여 경제 재건을 해야하는 것입니다. (…) 우리나라 여성들은 이 시국을 바로 보고 실생활을 통하여 애국심을 실증해야 될 것입니다." 유덕천 (재건운동본부지도부장), 「여성의 애국심」, 1962년 8월호, 75면.
이외에도 「특집: 우리는 왜 가난하게 사는가?」(1960년 10월호), 「좌담회: 가정생활의 합리화와 미화」(1960년 11월호) 등에서는 '계량 생활', '가정 생활의 혁명' 등의 주제로 가계부를 통한 합리적인 소비생활, 식생활의 합리화, 부엌 설비의 개선, 가족 화목을 위한 분가의 필요성, 일하기 편하고 간단한 양복으로 의생활을 개선할 것 등과 같은 내용을 지도층 인사의 논단과 더불어 주부들의 좌담회, 수기 형태로 지속적으로 편성한다.
5) 주생활계획을 다루고 있는 당시의 기사들에서 권장되는 가옥구조는 바로 '아파트'형이다. 1962년 9월호의 「특집 신부교실」에서는 새 가정을 설계하는 신혼부부를 위해 "근대양식의 원 룸" 13평형을 소개하고 있다. 도면 설계도와 더불어 가구배치도까지 상세히 설명하고 있는 이 글에서는 가족 구성원에 따라 주택을 아파트형으로 전면 개조한 한 인텔리가정의 일화를 함께 소개하고 있다.

레를 쥐고 닦을 때 탄생하는 것이다. 이런 이상적인 가정을 형성하는 데 장애물로 지적되는 것은 불편한 가옥 구조와 불필요한 구습 그리고 그런 이유 때문에 어쩔 수 없이 두게 되는 '식모'이다.

『여원』지에 실린 "경제적으로 여유가 있는 가정에서는 물론 단간짜리 세방(貰房)사리, 판자집 살림에서도 환경과 가정 형편은 염두(念頭)에도 없다는 듯이 서로 다투어 너도나도 식모를 두고 있다"[6]라는 표현이나 "밥만 굶지 않고 사는 서울의 가정이라면 모두 식모를 두어야 하는 것으로 알고" 있으며 "경찰 추산으로 서울에만 5만 명의 식모가 있다"[7] 등의 기사로 미루어볼 때 당시에 식모 두기는 어느 정도 보편화된 현상으로 볼 수 있다. 물론 이런 일반적인 현상을 가능하게 했던 배경에는 전후 일자리를 구해야했던 여성들에게 식모란 특별한 기술없이, 낮은 학력으로도 가능하면서 동시에 숙식이 해결되는 가장 손쉽게 구할 수 있는 일자리였다는 점이 한 몫 했을 것이다. 그렇기에 식모는 다른 어떤 직업보다도 봉건적 노동관계가 극명하게 드러나는 직업이었다.[8]

당시 다른 매체들의 보도에 따르면 식모는 옛날 노예나 거의 다름없는 인간 이하의 생활을 하고 있었고 노동시간이 정해져 있지 않아 하

　이런 가옥구조가 권장될 수 있었던 데는 기계화, 산업화, 도시화로 인해 탄생한 핵가족화 현상이라는 배경이 있었다. 당시 정부는 정책적으로 가옥 구조 개량을 전개하였고 1962년 우리나라 최초의 단지형 아파트인 마포아파트 준공식에 박정희가 직접 참석하는 등 국민들의 관심을 환기시키기 위해 노력하였다. 이를 시작으로 1964년에는 방 두 칸과 화장실, 나무마루, 연탄보일러를 갖춘 국민주택형 서민아파트인 삼일아파트가 건축되었다. 이후 1970년대에 들어서면서 민간업체들이 아파트 건축에 대거 참여하게 되어 드디어 아파트 시대가 열리게 된다.
6) 장창옥, 「식모에 대한 대우를 개선하자」, 1957년 11월호, 59면.
7) 김인건, 「식모, 이 변함없는 인권의 푸대접」, 1966년 5월호, 330면.
8) 김정화, 「1960년대 여성노동 – 식모와 버스안내양을 중심으로」, 『역사연구』제11호, 역사학연구소, 2002, 84면 참조.

루 종일 중노동에 시달려야 했다. 이런 중노동을 하고도 임금은 최저 수준이었으며9) 특히 일부는 한 푼의 보수도 받지 못하기도 했다고 한다. 또 다른 직장과 다르게 일정한 휴일이 없어 명절 때 며칠 휴가를 얻어 고향에 다녀오는 것이 고작이었다. 그러나 저임금과 장시간 노동보다 더욱 식모들을 괴롭힌 것은 집주인의 구타, 도둑 누명과 강간, 희롱, 성폭행 등이었다. 이렇게 고된 노동으로, 도둑 누명으로, 상습적 성폭행으로 이미 상처받은 소녀들이 찾아갈 곳은 성매매 시장이었다. 실제로 1960·70년대에 성매매 여성의 많은 수는 바로 '식모' 출신의 소녀들이었다.10)

이렇게 당시 식모의 처지가 매우 열악했음에도 『여원』에서는 식모들의 인권이나 그로 인해 야기된 사회문제, 그에 대한 대책과 관련된 것은 거의 다루지 않고 있다. 식모를 직접적으로 다루는 본격적인 기사도 드물거니와 설령 다루고 있다하더라도 식모를 소재삼아 가정 문화에 대한 계몽을 강조하거나 혹은 식모 관리법 등에 주목하고 있을 뿐이다. 식모에 대한 이야기를 다루는 코너에서 대외적인 포우즈는 식모를 가정의 부(副)주부로 여기고 주종 관계에서 벗어나 하나의 신성한 직업이라고 인식하자고 표방하고 있으나 속내 가운데는 그것은 "보통 주부로서는 생각하기 어려운 식모관"이며 식모와 관련된 사회문제

---

9) "1964년 당시 쇠고기 한근(600g) 129원, 연탄 10개 76원, 쌀 3천 659원이었는데 카톨릭 청년회에서 1964년 조사한 식모들의 임금이 대체로 500원에서 600원 정도였다. 1968년 2000원을 받는 식모의 경우도 볼 수 있었지만 1968년 10월 현재 노동자의 평균임금이 1만1천640원이었고, 물가상승률을 감안한다고 하더라도 1970년 교환수 21.000원, 판매직 11.470원, 직조 편물공 8.500원 등 다른 직업의 월평균 임금과 비교한다면 아무리 식비와 주거비가 해결된다고 하여도 식모들이 받는 임금이라는 것은 최저임금에도 못 미치는 정도였음을 알 수 있다." 김정화, 위의 글, 90~91면.
10) 이임하, 『여성, 전쟁을 넘어 일어서다』, 서해문집, 2004, 107~118면 참조.

는 그들 스스로 자신들의 인권에 대한 인식이 미비하기에 벌어지는 현상일 뿐인 것이다.11) 그렇기 때문에 이런 현상을 퇴치하고 건전한 가정문화 형성을 위한 길은 과학적이고 합리적, 위생적인 생활방식을 주부의 손으로 직접 일구는 길뿐이다.12) 결국 이런 류의 담론의 기저에는 근검절약과 내핍생활, 계량화된 생활환경을 실현하기 위한 사고의 전환과 규제가 필요하다는 국가 정책이 깔려있다. 때문에 이는 국가의 운명이 주부에 의해 결정된다는 논리로까지 비약되어 '모성'을 기반으로 희생과 봉사를 통해 가정 경제를 일구는데 솔선하는 주부만이 국가의 기초가 되는 가정의 기반을 잡을 수 있다는 담론이 자연스럽게 형성되었던 것이다. 이런 담론의 형성과정에서 '식모'는 이상적인 가정 실현을 위해 구축되어야 할 불순물이 되었다.

2) 천박한 노동의 손: 여공, 여차장

1960년대에 들어서면서 국가는 그간 상대적으로 배제되어 있던 지방, 농촌여성들에게까지도 적극적인 계몽의 손길을 보내며 국가 재건 사업의 전선에 나설 것을 요구한다.『여원』에도 이런 분위기를 반영한 편집이 이루어지고 있다. 그 한 예로 근대화 프로젝트가 작동되기 전

---

11) 안춘근, 「좌담회 '식모'를 읽고」, 1959년 9월호 참조.
12) 『여원』에서 식모 폐지담론을 확산시키고 독자를 계도하기 위해서 이상적인 모델로 제시하는 것이 '서구의 주부'이다. 여러 가지 코너를 통해 서구 여성들의 삶을 소개하면서도 주로 초점화하는 것은 그녀들의 살림솜씨이다. 서구 어느 나라를 소재로 삼더라도 선진국의 주부들은 항상 알뜰하고 검소하며 식모를 두지 않은 채 직접 살뜰히 가사를 챙기는 완벽한 여성이다. 이런 방식의 소개가 거듭될 때마다 결론적으로 문제시되는 것은 우리나라 여성의 인격적 약점이다. 서구의 현대화된 생활 방식이나 살림 여건, 사회적인 분위기들은 전혀 고려되지 않은 채 담론의 중심은 우리나라 여성들이 기본적으로 일을 싫어하며 일하는 것을 천하게 여기는 낡아빠진 생각을 가지고 있다는 면으로 귀결되곤 한다.

1950년대 후반에 실렸던 도시화와 인구정책에 대한 논조들은 대개가 '서울'을 '기만과 전략', '마수와 함정', '날치기와 쓰리'가 극성을 부리는 기묘한 곳13)이며 상경하여 방직공장에서 생활하는 여성의 모습 또한 '비참한 생활' 그 자체로 그려 도시, 특히 서울로의 인구 집중에 견제를 꾀하였다.

그러나 1960년대에 들어서면서 이제 농촌의 젊은 여성들을 '노동하는 손'으로 만들기 위한 포섭은 도시를, 노동의 일상을 낭만이 가득한 매혹적인 생활 그 자체로 묘사한다. 이는 1962년 9월호에 실린 익명의 여공이 쓴 일기에서 그 의도를 뚜렷이 살필 수 있다. 이 수기는 다른 독자수기들과는 달리 필자가 익명 처리되었다는 점에서부터 그 진실성이 의심스럽다. 제약회사 유유산업 현장이라고 소개된 화보와 일기는 농촌의 소녀들에게 그야말로 공장생활에 대한 판타지를 불러일으킬 만하다. 첨부된 일기는 여공들이 청결하고 풍요로운 환경 속에서 여유롭고 즐겁게, 자부심을 가지고 노동하는 하루를 명랑한 어조로 그리고 있다.14)

---

13) 1959년 한 해동안 서울로 상경한 인구는 321.629명이며 드디어 1959년 12월에 서울시 인구가 200만을 돌파하였다고 한다. 이는 해방 후 매년 20만명의 증가율을 보인 결과로 "서울가자. 가면 설마 산 목숨 풀칠이야 못하랴"는 생각으로 상경한 인구들로 그 결과 30만의 실업자가 추정되었고 이에 따른 취직 사기가 당시 사회문제로 부각되었다. 이렇게 서울로 과잉 집중되는 인구를 막기 위한 한 방편으로 언론에서는 '서울'을 부정적인 이미지로 그린다. "서울이란 생존경쟁의 축도요 마술의 천지다. 찬란한 문명이 있고 희열의 향연도 있지만 기만과 전략, 마수와 함정이란 암흑도 있다. 막연한 동경심만 갖고 섣불리 상경하였을 때 그 암흑의 유혹은 당신을 얽어매려 한다"라고 다루고 있다. 「서울은 당신을 노린다」, 1960년 4월호, 118~119면.
14) 그 내용은 대략 '아침에 참새들이 짹짹거리는 소리에 눈을 뜨면 머리 맡에는 밤에 읽다만 「바람과 함께 사라지다」가 있다. 남향 들창을 활짝 열어 심호흡을 한 후 기숙사 앞의 포인타 메리와 아침 인사를 나누고 예쁜 화초에 물을 준다. 맛있는 음식냄새가 가득한 식당에는 우리가 좋아하는 샐러드와 새우튀김이 먹음직스럽게 놓여있다. 맛있게 아침 식사를 끝내고 조간신문을 잠깐 훑어본 후 공장으로 향하면 오늘에의 새로운 희망으로 미소가 절로 지어진다. 이는 내가 하는 일에 자랑을 느끼기 때문이다. 일을 하는 중간엔 사장님께서 사주신 새 피아노로 레크레이션을 하기도 하면서 일을 마친다. 그리고 그 후

그러나 1957년 12월호와 1960년 4월호에 소개되었던 여공들의 비참한 생활15)을 상기해본다면 시간적으로 큰 차이를 두고 있지 않은 1962년의 여공의 하루가 과연 이렇게 많이 변모될 수 있을까하는 회의가 들지 않을 수 없다. 따라서 실질적인 사회현실과 충돌하면서까지 이런 식의 기사가 등장하는 맥락에는 분명 정치적인 배경이 작용하고 있다는 가정을 세워볼 수 있다.

이 시기 경제 성장에서 중요한 것은 농민층의 지지기반 확보였다. 이는 농민을 농촌에서 잘살게 하기 위한 것에 그치는 것이 아니라, 그

엔 취미로 하고 있는 코러스 활동에서 나의 재질을 발휘한다. 이렇게 하루의 일과를 마치고 기숙사로 돌아가는 길에 포도원에 들르기도 한다. 밤에는 어제 읽다만 「바람과 함께 사라지다」의 바틀러와 스칼렛이 재회하는 장면을 읽으며 잠이 든다'는 일기형식의 글이다. 「어느 여공의 생활 일기」, 1962년 9월호.

15) "뼈저린 가난을 등지고 도시로 나가는 여성이 차차 늘어갑니다. 시골 처녀가 도시에 나가서 할 일이 무엇있겠습니까? 방직 공장에 들어가는 정도지요. (…) L은 내가 아는 전형적인 농촌여성입니다. 국민학교를 졸업하고 가난한 까닭으로 진학을 못하고 있다가 '와이샤스' 한 벌을 선사하고 방직 연습공으로 들어갔습니다. 아침 여덟시에 들어가면 밤 여덟시에, 밤 여덟시에 들어가면 다음날 아침 여덟시에 나오니 건강이 형편없지요. (…) 보수는 6천환, 몇이 얼러서 방 한칸 얻고 자취를 하였습니다. 그러더니 이제는 월급이 차차 올라 지금은 약 이만환을 받긴 합니다만 몸은 쇠약할 대로 쇠약해지고 서울가면 방직공장에 취직할 수 있으려니 올라왔다가 서울역에서 뚜쟁이의 희생이 되는 예가 많은 모양인데 이같이 향토를 버리고 서울로 가는 까닭이 무지와 허영도 있지만 주로 가난 때문입니다." 이는 당시 공장에 취업한 전형적인 농촌여성의 생활상이 그대로 드러나는 사례이다.

조금 더 구체적으로 당시 경성방직공장의 모습을 살피자면 응모조건은 만 17세이상, 결원시 수시 견습공 채용형태로 모집하였다. 전형 방법은 필기시험과 구술고시, 처우는 3~4개월간은 무보수, 출산시 전후 2개월 휴가와 반액의 월급을 지급한다는 조건이 있었으나 결혼시에는 퇴직해야 한다는 규정이 있었던 것으로 보아 실제적으로는 거의 적용이 되지 않았던 것을 추정해 볼 수 있다. 따라서 여공들의 대부분은 지방출신의 과부와 노처녀가 대부분이었다고 한다. (이와 같은 내용은 「방직공장여공들의 생활-갸날픈 손으로 지탱되는 하루의 생계」, 1957년 12월호, 310면, 심상민(경북 영주군 장수초방사업소내), 「농촌여성에게 더 좀 빛을」, 1960년 4월호 참조)

참고로 "은행, 회사원, 기자, 공무원, 점원 등의 베이스는 3만환부터 4만환 정도이며 교원과 기술자는 좀 낫겠지만 대체로 이 정도의 계층이 직장 여성의 표준이라고 할 수 있다"는 기사 (조청사, 「도시여인의 경제 속」, 1959년 5월호)를 보면 당시 사무직 직장여성의 수입에 비해 여공들의 수입은 평균보다 훨씬 이하였다.

들을 산업화의 역군으로 동원시키는 것이 포함되어 있었기 때문이다. 일제 식민지와 민족 간의 전쟁으로 폐허가 된 1960년 초 경제 성장의 동력은 값싼 노동력을 기반으로 한 저임금과 저곡가 정책, 그리고 노동권 유보를 전제로 하는 강력한 노동통제 정책에서 나왔다. 이같은 사회정책은 강력한 국가권력 아래 가부장적 가족제도와 결합하여 압축적 산업화를 가능하게 했다. 1960년대의 경제성장의 핵심에는 이렇게 농민층의 헌신과 노동의 착취가 자리하고 있었다. 이런 산업화 과정에서 중심적 역할을 한 것은 가난한 농촌의 딸들, 여성노동자들이었다. 수출 위주의 공업화 과정에서 '공순이'라는 이름으로 가족의 생계비를 벌고 저임금 저곡가정책 아래 최저 생계비에도 못미치는 임금 획득을 위해 투쟁하다 해고당한 여성들은 취업이 어려워 생계를 위해 몸을 팔 수 밖에 없게 된 사람들도 있었다. 이들은 성을 팔아 외화를 획득하면서도 불법의 그늘에서 사는 사회의 최하위층이 되었다.[16]

이렇게 도시의 하위층으로 유입되어 조국 근대화의 일환을 담당하였던 또 다른 직업군으로는 '여차장'이 있다. 『여원』에서는 여차장에 관한 내용을 간혹 르포 형태로 다루고 있는데 이때 주의해서 볼 것은 여차장을 다루고 있는 서술자의 태도이다. 취재원을 취재하고 있는 서술자는 취재 대상과는 확연히 다른 계층의 입장에서 철저히 '그들'을 '동정'하거나 '힐난'한다.

> 그녀들이 여차장이란 직업을 갖게 된 동기를 두 가지로 나눌 수 있다. 첫째가 어려운 가정환경이요. 둘째가 그녀들의 바람난 허영이다. 부모의 동의를 얻고 서울로 오는 수효도 많으나 무단가출해서 서울로 올라오는 적지않은 수요의

---

16) 정진성·안진 외, 『한국현대여성사』, 한울, 2004, 67~68면.

소녀들, 어쨌던 이들이 막상 서울역에 발을 디디고 보면 사실 갈 곳이 있을 리 없다. 집에서 타 왔다든가 훔쳐내 왔든가 간에 몇 푼 안되는 돈으로 몇 곳을 찾아 헤매봤자 별 수가 생기는 것도 아니다. 적당한 보증인만 찾으면 그날부터 의식주가 해결나는 여차장이 그녀들에게는 하늘에서 내려준 은혜와 같이 고마운 것이 된다. (…) 또 벽촌 시골에서 자란 그녀들은 자동차를 늘 타면서 돈벌이 할 수 있다는 호기심이 강렬하게 작용하여 하나의 철없는 자랑거리가 되기도 하는 것이다. 업친데 겹친데다 친구들의 꼬임도 이만저만이 아니다.

"나는 새로 나온 택시같은 합승(마이크로·뻐스)을 타고 다니는데 수입도 괜찮고 용돈도 많이 생겨. 너 집에만 붙어있음 뭘하니! 얼마나 재미있는데. 너도 나하고 같이 차장으로 나가자." 이런 말은 일원 한 장 용돈으로 쓰지 못하는 가난한 집안의 딸들의 가슴에 바람을 불어 넣기에 충분하다. 더구나 사춘기의 그녀들에게 "그뿐인 줄 아니? 남자조수들이 차마다 한명씩 있는데 멋있는 애도 많단다. 사귀기도 쉽고 또 뭐, 그렇구 그래!"란 말은 바람을 광풍으로 만들어 결국 안나가고는 못배기게 하고 만다.

알고 보면 그녀들이 받는 보수가 형편없이 적다. 시외뻐스차장이 1.500원~2.000원, 시내뻐스차장이 800원~1.000원, 합승차장이 500원~800원, 이렇게 적은 보수를 위해서 그녀들은 일하고 있다.

"매달 10일에는 근무성적이 좋은 차장 7명을 표창하고 1인당 5백원씩 상금도 주지요. 그리고 오래 근무하면서 성적이 좋은 차장에게는 은행에 적금도 들어주면서 그녀들 앞날까지 회사에서는 걱정하고 있어요." 이것은 京畿旅客運輸株式會社의 전무취제역 姜恩熙씨의 말이다. 이 회사에서는 여차장들의 지정합숙소를 곳곳에 마련하고 있으며 식대로 매일 60원씩 지급하고 있다. 또 근무시간도 하루에 8시간내외이다. 이만하면 시외뻐스 차장들은 어느 정도 노동의 댓가를 받고 생활보장을 받고 있는 셈이 된다. 누구나 원거리 여행을 나설 때는 기쁘고 가뿐한 마음으로 여정에 오르게 된다. 그러나 시외뻐스 차장들의 손님에 대한 써비스는 아직 제 궤도에도 오르지 못해 불쾌한 여행으로 끝날 때가 한두번이 아니다.

-「사회의 단면, 여차장」, 1962년 11월호

"혁명정부에서는 명랑한 교통질서를 확립시킴으로서 명랑한 사회

분위기를 만들어 보고자 남차장을 여차장으로 대체"17)시켰다는 소개로 등장하는 이 기사를 보면 당시 정책적인 필요에 의해 급증했던 여차장 역시 식모와 함께 소녀들이 가장 구하기 쉬운 일자리였음을 알 수 있다. 그렇지만 식모와는 또 다르게 여차장은 성적으로 방종한 타락의 대상이라는 부정적 이미지가 더해졌다. 그것은 차비 뻥땅을 우려한 몸수색이나 운전수들은 안내양을 하나씩 데리고 산다는 소문, 그리고 실제로도 많은 수의 여차장들이 과로를 견디다 못해 윤락여성으로 전락했다는 사실18) 등이 그런 이미지들을 산출해냈다. 그러나 『여원』에서는 위의 글에 나타난 보도 태도에서 볼 수 있듯이 회사 측에서는 최대의 복지를 베풀고 있지만 결국 여차장들과 관련된 모든 문제는 그들 스스로 교양이 부족하기에 생기는 문제들로 복속시키고 있는 계층적 입장을 견지하고 있다. 이는 노동에 응당한 배려는 전혀 고려하지 않은 채 도시 하층민의 근간을 이루고 있는 노동자 계층을 또다시 사회적으로 타자화하고 배제시키는 결과로 이어진다.

가부장적인 국가를 세우기 위한 근대화 계획에서는 일정한 방식으로 여성의 욕구를 통제할 필요가 있었다. 근대화 프로젝트의 지지기반을 형성하기 위해서는 우선 건전한 가정이라는 기초가 필요하였고 이를 위해서는 국민 총화 단결이라는 전제가 따랐다. 전쟁으로 인하여 왜소해진 남성들을 생산적인 산업 역군으로 재탄생시키기 위해서는 생계의 전선으로 나섰던 여성들을 가정으로 귀환시켜 내조자 역할을 충실히 수행토록 유도해야 했다. 여성을 천시하는 유교적 가부장제 문화는 여전히 강고했지만 의무교육 실시로 많은 여성이 보통교육을 받

---

17) 「사회의 단면, 여차장」, 1962년 11월호, 189면 재인용.
18) 「특집 르뽀 그들은 아직도 그늘에 있었다 : 여차장」, 1966년 3월호 158~163면 참조.

게 되었고 따라서 의식은 성장하게 되었다.[19] 게다가 전쟁 경험을 통해 축적된 여성들의 개인화된 주체적인 각성은 공적영역에서의 여성 역할의 범위를 확장시키는 계기가 되었다. 그렇기 때문에 이렇게 성장한 여성들을 가정으로 귀환시키기 위해서는 또 다른 논리가 필요했다.

따라서 공적 영역의 '노동의 손'을 타자화하는 방식으로 가정의 신성성을 유지할 필요가 있었던 것이다. 새 시대의 역군으로써 힘들고 고단한 일차적 노동을 담당할 여성이 필요하지만 이는 한편으론 가부장적인 사회 기반 구축에 상충되는 갈등을 야기할 수밖에 없는 '가정 밖의 여성'이라는 미묘한 존재가 생기게 된다. 따라서 주변부 여성의 처우나 상황에 대한 사회 구조적 문제는 삭제한 채 이를 전면적으로 천박한 개인의 차원으로 복속시켜 계층적인 문제로 귀결시키기 위한 전략이 필요했다. 공적 영역에서 노동하는 주변부 여성은 정결의식이 없고 교양이 부족한 하층여성으로 집단화될 필요가 있었던 것이다. 그래야만 가정 밖에서 노동하는 여성의 손이 '필요악'으로 규정되어 신성한 가정의 신화가 형성되는 데 일조할 수 있기 때문이다. 이는 식모, 여공, 여차장 등 주변부 여성에 대한 국가의 담론이 일차적으로 정신적, 도덕적 규정을 강조하는 것이었다는 것과도 일치하는 국면이다.[20] 그리하여 이들 식모, 여공, 여차장은 가정의 통제에서 벗어난 비정상적인 타자로 간주되었고 결국 최하층에서도 더욱 멸시받는 윤락여성으로 타락할 가능성을 안고 있는 집단으로 일컬어지게 된다.

---

19) 실제로 1945년에 1,086명이었던 여대생의 수는 1950년을 지나고 1960년에는 1만 7,000명으로 증가하였다고 한다. 교과서 포럼, 『한국 근·현대사』, 기파랑, 2008, 171면 참조.
20) 김원, 『여공 1970, 그녀들의 반(反) 역사』, 이매진, 2006, 154면 참조.

3) 감시와 처벌의 대상: 윤락여성

"1960년대 번영의 그늘에는 얌전한 갑순이가 인생을 망쳐야 했던" 상처가 분명히 자리하고 있었다. 1960년대를 총정리하는 특집기사의 한 구절에서 이희호는 "윤락여성의 문제는 1960년대 전반을 계속 소란스럽게 한 사회문제였다. 어느 때 어느 곳에 윤락여성이 없는 건 아니지만 이들의 수가 급진적으로 늘어나고 성병의 만연과 아울러 사회악이 더욱 더 야기됨으로서 그 심각성이 사뭇 컸던 시대가 1960년대였다. 보사부는 이 문제에 꽤 골치를 앓고 있다"[21]라는 보도로 당시 윤락여성 문제의 심각성을 짚고 있다.

그렇다면 실제『여원』에서는 이 문제를 어떤 방식으로 다루고 있는가. 1962년 11월호에 "우리 동네의 미담"으로 소개된 경기 파주에 거주하고 있는 윤원례씨의「한 윤락여성에 얽힌 이야기」라는 독자 수기는 시대적 상황에 의해 상처입은 한 여성의 삶을 보여주고 있다.[22] 단란하고 유복한 가정에서 태어나 고생을 모르고 자라다가 전쟁으로 부

---

21) 이희호 (여성문제연구회 회장),「특집 60년대 여성혁명 : 노라는 집을 나와 직장으로」, 1969년 12월호, 109~110면.
22) 그 사연은 대강 다음과 같다.
  단란하고 유복하게 살던 남매는 전쟁 통에 부모를 여의게 된다. 하루 아침에 7살짜리 남동생을 돌보아야 하는 17세 소녀는 식모, 행상을 비롯하여 양장점 직원 등을 전전하지만 그때마다 불운하게도 여러 가지 일에 휘말려 모은 돈을 잃어버리게 된다. 게다가 동생을 대학까지 보내주겠다는 남자에게 속아 처녀성을 상실하고 마침내 병까지 걸려 몸져눕게 된다. 당시 소녀가 살던 곳은 파주. 미군들을 대상으로 하는 윤락촌이 성행하던 곳이었다. 몸이 병들어 더욱 경제적인 위기에 몰리게 된 그녀는 포주의 유혹으로 윤락녀가 된다. 그렇게 윤락녀로 전전하던 도중 다시 병을 얻게 되어 빚만 늘어나게 되고 이로 인해 동생의 공부마저 중단하게 되는 사태를 맞이하게 된다. 이를 알게 된 동네의 유지들이 이 불우한 남매의 사연을 안타까이 여겨 경제적 도움을 주고 그 소녀 역시도 미용기술 습득으로 이제 새 삶을 살아가고 있다는 내용이다. 윤원례 (경기 파주),「한 윤락여성에 얽힌 이야기」, 1962년 11월호, 378~381면.

모를 잃고 온갖 고초를 겪는 남매의 삶은 전후 많은 전쟁고아들의 스토리이기도 했을 것이다. 닥쳐오는 생활고 속에 몸을 파는 전락을 겪으면서도 "이왕 버린 몸이요, 죽기 밖에 더하랴 싶었다. 더구나 동생을 위해 자기 몸을 희생하는 것은 떳떳한 일이라는 생각이 고개를 쳐들었다"23)는 누이의 이야기는 어쩌면 가부장적인 한국 사회의 풍토 속에 용인될 만한 희생담이다. 물론 이 수기의 주인공은 천혜의 도움으로 새 삶을 시작할 수 있었던 특별한 경우였기에 미담으로 등장할 수 있었다. 그러나 이와 유사한 상황에 처해있던 대부분의 경우는 이런 행복한 결말을 기대하기 어려운 상황에 처해 있었을 것이다. 당시 이런 벗어나기 힘든 굴레를 떨치기 위해 윤락여성들이 찾아갈 수 있었던 곳은 부녀보호소와 같은 사회시설이다.

1967년 3월호에 실린 「三백명의 사위를 얻고」라는 서울 대방동에 위치한 시립 부녀보호소 소장의 수기는 윤락여성들의 갱생의 길을 돕기 위해 헌신했던 일화를 다루고 있다. 이 중 주목할 만한 내용은 윤락여성들을 감호하는 방식이다.

> 우리 시설의 담장이 높아 교도소의 담장 같다고들 한다.
> "담장이 꽤 높군요. 현대적인 교화시설은 이런 건조물의 형태부터 개선되어야 합니다." 어느 분의 소감이다. 그 이상적인 견해를 굳이 반대하지는 않지만 이들을 둘러싸고 있는 악덕의 사람들의 마수를 멀리하고 격리 보호하자면 부득불한 일이며 담장이 높은 것은 문제거리가 되지 않는다. 이 담장 안에서 욕된 생활을 뉘우치고 새로운 인생의 길을 걸어나갈 마음 가짐을 갖게 하는 것만이 문제가 된다.
> 아뭏든 붉은 담장이 미관상 그리 좋은 편은 되지 않아서 넝쿨장미로 담둘레를 완전히 싸버릴 계획을 세우고 묘포를 마련하여 넝쿨장미의 싹을 내고 있

---

23) 위의 글, 380면.

다. 일년 이년 이렇게 몇 해가 지나가면 이 붉은 담은 넝쿨장미로 호사스러운 꽃담으로 변할 것은 틀림없다.

―김용아, 「三백명의 사위를 얻고」, 1967년 3월호.

위 수기에 등장하는 윤락여성에 대한 사회적인 시선은 '높은 담장'과 같이 격리와 폐쇄의 대상으로 한정되어 있다. 문맥에서는 마치 그 안에 있는 윤락여성들을 보호하기 위한 감호장치로 수사화되지만 실은 '높은 담장'은 가정의 울타리를 벗어나 성적으로 타락한 문제적인 여성들을 선별하여 검사하고 분류하여 교정하기 위한 경계이다. 이렇게 선별된 개인은 일정한 규율로 통제되면서 신체에 시간의 의미가 주입되어 훈련된다. 보호되었다기보다는 감금된 형태로 격리된 여성들이 새 삶으로 나갈 수 있는 길이란 보호소에 있는 동안 "남보다 덜 자고 덜 놀고 더 많은 시간을 자기를 키워나가" "열심히 배우고 기술을 습득"하여 "인간개조라는 정신운동으로써"[24] 극복하는 길 뿐이기 때문이다. 훈련이야말로 개인의 신체를 대상으로 하는 권력의 정치적 기술이자 끊임없이 존속해오는 전통적 방법이다. 이는 가시적인 폭력을 사용하지 않고 자기의 횡포와 전체성을 은폐하면서 그 기능을 효과적으로 작동시킬 수 있는 방법인 것이다.[25]

---

[24] 1963년 5월호의 특집 「우리의 구원은 단결이다」에서 우리 민족이 살아나갈 방향은 '단결' 밖에 없으며 이 단결심을 양양시킬 구체적인 방안으로 백철은 「인간개조하는 정신운동으로써」라는 글을 쓰고 있다. 「특집 우리의 구원은 단결이다」, 1963년 5월호.

[25] 푸코에 따르면 '규율'은 개인을 제조하며 개인을 권력행사의 목적이자 수단으로 삼는 권력의 특수한 기술이다. 결국 개인이 제조되는 방법은 규율 엄수와 징계, 감독과 제재의 형태로 이루어지며 이는 규율, 개인, 권력의 상관관계를 명쾌하게 설명해주는 말이라 볼 수 있다고 한다. 이와 관련된 논의는 미셸 푸코, 오생근 옮김, 『감시와 처벌』, 나남, 2008 참조.

그리고 정부는 갱생을 위한 훈련을 받은 보호소의 여성들을 전과 등으로 사회적으로 배제되었던 경력이 있는 "서산개척단" 남성들과 합동 결혼식을 시켜 서울에서 "기차로 약 세 시간, 버스로 한 시간 반, 또 걸어서 몇 십분"거리의 "모월리 개척부락"으로 이주시킨다. 이렇게 중심부로부터 동떨어진 거리로 집단이주를 강행한다는 것 자체가 주변부 계층의 사회적 위치에 대한 표상으로 볼 수 있다. 즉 국가사업의 개척자라는 명목으로 다시금 이들을 사회적으로 격리시키기 위한 지정학적 장치일수 있기 때문이다. 보통 특권계층의 이익을 중심으로 움직이는 권력은 문제집단을 관리하기 위한 방책으로 개량주의적인 방법을 동원하여 국가사업을 수행하게 한다. 이는 경제적 소득을 가져올 뿐 아니라, 죄수들의 사역을 공개함으로써 저항적 시민들이나 반체제적 사람들의 저항의지를 약화시키고 의지를 꺾는 도덕적 효과를 노릴 수 있기 때문이다.[26] 이런 조치는 결국 윤락여성의 갱생에 기여하기는 커녕 권력의 강화에 이바지하면서 한편으로는 사회문제를 재발시킬 수 있는 집단을 고립화하는 효과를 거두는 셈이 되는 것이다.

주변부 여성계층에 대한 이런 정치적 의도는 윤락여성들에게 애정을 가지고 일생을 헌신했다고 하는 필자마저도 과연 그들의 결혼이 정상적인 사회생활이 될 수 있을까에 대한 의혹과 '불안'으로 일관하는 데서 그 맥락을 확인할 수 있다. 이는 앞의 인용문에서처럼 '높은 담장'과 같은 사회 인식, 윤락여성이 산출될 수밖에 없는 구조적인 원인 등에 대한 자각은 덮어둔 채로 '넝쿨장미'로 겉포장만 그럴싸하게 치장하여 고통스러운 현실을 봉합하는 대처방식에서 기인한 사고이다. 또

---

26) 위의 책, 11면 참조.

이런 겉치레적인 대처방식이 가져올 후속문제에 대한 대안 제고는 하지 않은 채 단지 '그들'의 문제로 규정하여 타자화하는 데서 오는 자가당착적인 '불안'이라고 볼 수 있겠다.27)

이렇듯 『여원』에 등장하는 윤락여성에 대한 시각은 이중적인 태도로 미묘하게 분열되어 있다. 서구사회의 예를 들어 설명할 때는 윤락여성 역시 국가 재건의 선두주자로 그려지고 있으면서28) 정작 우리 사회의 기지촌 여성 문제에 대해서는 "타락을 동경하는 하층사회의 소녀들"이 "돈맛이 부풀어 창녀가 되고저 한다"고 단언한다.29) 유교적 규범에 근거하여 정절에 대해 철저한 우리 사회의 풍토에서 "타락을 동경"하는 "소녀들"이 과연 얼마나 존재하겠는가. 단일민족과 순수한 혈통이라는 인종, 민족주의적 강조가 강한 우리의 사회적 상황을 생각한

---

27) 1964년 9월에 있었던 이 합동 결혼식은 당시 대단한 화제였던 것으로 짐작된다. 이에 대한 후일담을 다른 여성잡지에서도 좌담회형태로 비중있게 다루고 있는데 좌담회 참석자들이 '그들'이 현재는 개척정신으로 적응하여 살고 있지만 과연 '그들의 2세들'은 부모에 대해서 자부심을 가질 수 있을지 의심스럽다고 걱정하는 내용이 주를 이룬다. 이런 시선의 바탕에는 그들을 사회로부터 격리, 배제할 필요가 있다는 의도가 깔려 있다. 「좌담 여인의 진실」, 『여상』, 1964년 7월호.
28) 전후 독일여성들의 부흥 노력을 소개하면서 미국 불란서 군인들과 교제하고 있는 부녀자 혹은 "땐싸", "캬바레"에서 일하고 있는 여성들은 직업상 화려한 화장을 하나 일상생활에서는 소박하고 나머지 여성도 화장을 하지 않고 있다고 제시하면서 우리나라 역시 "미국서 원조를 받아 독일식으로 부흥하고 생활"하기를 희망하고 있다. 이문식, 「부흥을 밑받침해 준 서양 여성들의 힘－우리 한국 여성들은 그들에게 배울 것이 너무 많다」, 1958년 2월호, 50면.
29) "타락을 동경하는 하층사회의 소녀들이 곧잘 동두천행 기차를 타고와서 돈벌이의 근거를 닦는다는 것이다. 요즘 창녀의 성분은 대개가 남의 집에서 식모를 하다가 좀더 나은 돈벌이를 위해 뛰어드는 게 대부분이라고 한다. 시골소녀가 서울의 어느 집에 살다가 그만 돈 맛은 들고 그 돈 맛이 부풀어 창녀가 되고저 한다."
잡지는 동두천에 근무하는 학사경관 최용식 경사의 사연을 '텍사스의 보안관'이라고 소개하면서 그를 '미군의 친근한 해결사'이며 민간인과의 교류에 앞장서는 한편 미군에게 보이기 부끄러운 한국 사회의 무질서를 바로잡는 인정있고 능력있는 경찰관으로 그리고 있다. 「東豆川에 세워질 頌德婢」, 1968년 10월호.

다면 기지촌 여성에 대한 이런 식의 접근에는 분명 무언가 석연치 않은 점이 있다.

> 다만 내가 종삼에 가서 놀란 것은 다른 중앙지대는 모두 철거시켰으면서도 왜 유독 서울의 한복판에 자리잡고 있는 이 구질구질하고도 불쾌한 거리는 방임하고 있나하는 의문이었다.
> 나중에 안 사실이지만 이 거리는 허가가 나온 곳이라 한다. 단지 창녀들이 밤에 거리에 서서 손님을 유인하는 행위만은 금지되고 있다는 어느 창녀의 말이다.
> 그 거리에 서성대는 사람들은 노파나 아이들까지도 모두 불결해 뵈는 인상이었다. 좁고 낮고 마치 두더쥐가 사는 곳을 연상시키리만치 음산한 방마다 값싼 화장품의 냄새가 오히려 야릇한 체취와 더불어 역겨웠다.
>
> — 金玉橋,「빨간 燈불밑의 어두운 人生」, 1962년 12월호.

서울시 중구 수유동사번지에 있는 시립보호소는 대낮에도 굳게 자물쇠가 잠겨져 있어 그들의 도피를 방지하고 있다. (…) 시내 몇몇 구역을 지정지역으로 하여 미처 보호소에 수용되지 못한 창녀들을 모아놓고 민가에 함부로 침투 못하도록 대책을 강구하였다. 윤락여성들을 조사해보면 대개 생활고가 직접 원인인 것 같다.

윤락여성선도위원회의 조사에 의하면 조사 대상자 3백74명중 역시 국민학교 출신이 그중 많아 113명, 그러나 대학 졸업생도 한명 있어 허영이 윤락의 원인이었다는 사실도 밝혀졌다. 주목되는 점은 윤락 전에는 대개 처녀였다는 것이며(214명) 미망인은 415명으로 의외로 적은 숫자를 나타내고 있고 유부녀도 22명이 있어 주목을 끌었다. 전락의 원인은 친구의 권유가 131명, 남의 꾀임에 빠져서가 109명, 살 수 없어서가 76명 등의 숫자가 나타났다.

경제가 근본적 원인임은 말할 필요없으나 직접 동기는 친구의 꾀임에 빠진 것이 가장 많다는 대답이다. 젊은 자녀를 둔 부모에게 자녀들의 교우관계를 특히 조심해 달라고 부탁하고 싶다. 윤락여성의 행복관을 조사해보면 가장 아름다운 행복이 "정답게 사는 가정"이라고 했다. 110명은 "좋은 남편과 살아보는 것이라"고 대답했다. 비록 일시적 실수로 윤락의 길을 걷게는 되었으나 창

> 녀들이 가장 바라는 것이 역시 "행복한 가정"이라는 것을 상기할 때 여성에게 가정처럼 소중한 것이 없는 것을 절실히 느끼게 된다.
>
> ─송건호, 「도시 사회의 병리」, 1962년 12월호.

결국 이런 르포나 취재 기사를 통해 내려지는 결론은 윤락여성들마저도 희구하는 것은 "좋은 남편과 살아 보는 것"이요 "정답게 사는 가정"을 꿈꾼다는 점이다. 이는 대부분의 독자들인 중산층 여성들에게 현모양처로 사는 것이 얼마나 행복한가라는 것을 각인시키기에 충분한 근거가 된다. "그 거리에 서성대는 사람들은 노파나 아이들까지도 모두 불결해 뵈는 인상"이라는 부정적인 접근으로 대상을 소비하는 서술자의 시각은 독자의 시선과 동일시되어 주변부 사람들을 철저히 타자화시킨 후 일정한 '거리'를 두고 '구경'함으로써 지금 자신이 처해있는 주부로서의 위치가 얼마나 안온한 것인가를 다시 한번 확인시켜 준다. 그리하여 정숙한 아내로 '낭만적 사랑' 속에 사는 것이 얼마나 행복한 것인가를 독자에게 은연중에 훈육하는 기능을 하고 있는 것이다.

이런 방식은 우리 사회가 가지고 있는 구조적이고 전체적인 문제를 철저히 개인의 것으로 복속시키고자 하는 언술에 다름 아니며 이 여성들을 주변화하고 멸시의 대상으로 삼기 위한 전략일 뿐이다. 특히 미군을 상대로 한 '기지촌 여성'들은 대부분 가난한 농촌의 가부장적 가족의 딸들로 가족생계를 위해 기지촌으로 흘러들게 된 경우이다.[30] 그러나 보통 기지촌 여성 문제에 있어서 국가에 의해 호명된 섹슈얼리티는 조국의 국가관, 여성관을 소개하는 여자 외교사절이라고 칭해지며

---

[30] 정진성·안진 외, 앞의 책, 68면 재인용.

양국간의 가교가 되는 외교적 역할까지 담당할 수 있으리라 하는 추임새로 이용된 후 그 필요성이 시효를 다하면 사회에서 처치 곤란한 골칫거리집단으로, 사회문제의 주범으로 치부되었던 과거 정치적 맥락과도 꽤를 같이하는 것이다. 결과적으로 이러한 담론으로 기지촌 여성들은 '정상적인' 사회에서 차단당했으며, 주변적인 지위로서 경멸당하는 위치에 서게 되었다는 캐서린 문의 지적처럼 이 문제의 중심에 있는 여성을 포함해서, 한국인들은 대부분 이 역사를 잊고 싶어한다.[31] 물론 기지촌 여성들의 노동과 삶이 한, 미 안보관계를 공고화하는데 밀접하게 연관되어 온 것이 사실이지만, 한편으로 이 문제를 전면화하는 것은 한국과 미국 양면 모두 괴로운 일일 수 밖에 없기 때문이다. 한국 내 미군을 중심으로 한 매매춘은 몇 푼의 돈을 벌기 위해 거리를 다니며 미군들을 호객하는 여성들만의 문제가 아니었다. 그것은 한국과 미국(미군을 통해) 두 정부에 의해 후원되고 규제되는 체계로 되어 있었기 때문이다. 백만명 이상의 한국 여성이 기지촌에서 성을 팔았고, 셀 수도 없는 한국 여성과 미국 병사들이 아메라시안(Amerasian) 자손들을 만들어냈다.

  그렇지만 이 문제에 대해서는 아직까지도 이를 경시하는 시선 때문에 철저히 주변화되어 있는 것이 우리의 '현재성'이기도 하다. 기지촌

---

31) 사실 기지촌 여성들은 신체적, 심리적으로 주변화되는 낙인을 견뎌야 했다. 따라서 기지촌을 나와 더 큰 사회로 들어갈 용기를 내지 못하며, 스스로를 '비정상'으로, 기지촌 바깥 세계를 '정상'으로 표현한다. 일단 기지촌 생활을 경험하게 되면 돌이킬 수 없는 타락의 길로 빠져드는 것이 수순이라고 한다. 기지촌에서 잠시 일한 후 고향으로 되돌아갔던 김양향씨는 사촌중 한명에게 "우리 근처에는 얼씬도 하지 말라"는 말을 들었다고 한다. 이렇게 고향에서 쫓겨난 결과로 여성들은 미군과의 결혼을 최고의 목표로 삼게 된다. 그들의 희망은 한국에서 경험한 가난, 수치, 소외를 뒤로 한 채 한국을 떠나 미국에서 미군의 합법적인 아내로서 새롭게 인생을 시작하는 것이다. 캐서린 문, 이정주 옮김, 『동맹속의 섹스』, 삼인, 2002 참조.

여성에 대하여 집중적인 취재와 연구를 했던 캐서린 문에 따르면 여성 문제를 다루는 활동가와 학자, 심지어 제 2차 세계대전 당시 일본군의 '위안부' 여성들을 대변하는 이들조차 기지촌 여성들은 자발적으로 원해서 매춘의 삶을 살게 되었으며 도덕적 자질이 부족하기 때문에 바와 클럽에서 일한다고 생각하는 사람이 대부분이라고 한다.32) 기지촌 여성에 대한 이런 식의 무관심은 한국 사회가 갖는 하나의 편견을 생산해내는 결과로 연결된다. 그 편견을 배태할 수밖에 없는 그 깊은 속내에는 반공주의와 국가 안보의 수사학으로 정부의 경제 정책과 외교 정책에 대한 사회의 지원을 결집시킬 수밖에 없었던 데에 있다. 어떤 의미에서든 기지촌 여성들의 처지를 조사하고 미국 기지촌 생활에서 그들의 역할에 문제를 제기하는 것은 양국 관계의 기본과 미군의 필요성 및 역할에 관해 문제를 제기하는 것이 될 것이기 때문이다.33)

이런 관점의 연결 선상에서 『여원』에 등장하는 담론 가운데 주목할 만한 것은 '국제결혼'에 관한 부분이다. 이 당시 '워브라이드(War Bride)라는 명칭으로 불리던 한국여성들은 전쟁의 부산물로 미국인과 결혼하게 되는 사례가 대부분이었다. 성 매매에 관여하지 않고 미군 군속과 사랑에 빠져 결혼하게 된 여성이나 업소 또는 클럽에서 일하다가 미군 남자친구 또는 남편과 새로운 삶을 살기 위해 한국을 떠나 미국으로 간 여성들의 경우에도 한국과 미국 양면에서 도덕적 비난과 사회적 차별에 노출되었다. 전후에 이루어진 국제결혼의 형태는 이렇게 대부분이 미군과의 결혼이었을 것임에도 불구하고 『여원』에서 국제결혼의 실패는 철저하게 개인의 영역으로 치부된다.

---

32) 이와 같은 내용은 캐서린 문, 위의 책이나 정진성·안진 외, 앞의 책, 121~140면을 참조할 것.
33) 캐서린 문, 위의 책, 30~31면.

기사에서 보면 해방 이후 늘어난 국제결혼은 1961년 통계에 따르면 미국인과의 결혼만 750쌍이라고 제시되어 있다. 더불어 이 결혼에서 미국인 남자는 '군인이 태반'이고, '재혼의 경우가 적지 않'고, 한국 여자는 '고등교육을 받은 사람이 드문' 것 같다는 당시 영사관 결혼과 직원의 증언을 함께 싣고 있다. 그렇지만 이런 통계적인 수치만 나열될 뿐 이들의 결혼과 도미 후의 생활에 대한 구체적인 취재는 거의 없다.34) 이렇게 워브라이드의 미국생활과 2세에 대한 구체적인 접근은 없는 대신, 고학력 전문인의 국제결혼 성공사례만을 소개하며 미국과의 희망적인 관계에 대해 낙관어린 전망을 제안한다. 이 기사에서 특히 눈여겨 볼 것은 아메리카의 가정을 동경어린 시선으로 관망하고만 있으며 이민사회에서 벌어지는 갈등은 철저히 한국여성 개인의 문제로 귀결되고 있다는 점이다. 국제결혼에 성공한 사례로 이광수의 장녀 이정화를 비롯하여 한결같이 모두 고학력의 전문직 종사자이거나 좋은 가문의 후예라는 공통점을 가진 이들의 예시만 나열하면서 국제결혼 후 파경을 맞는 한국여성들의 문제는 그 사회에 적응하지 못하는 한 개인의 문제이며 그 해결책으로는 미국에서 교육을 받는 노력을 해

---

34) "국제 결혼 부부의 행복한 결혼 모습"이라는 부제가 붙어있는 화보에는 전후 미국에 대한 동경으로 비롯된 결혼, 유학, 이민이 가져온 결과에 대해 다양한 내용을 담고 있다. 그리고 국제결혼이 한국인과 미국인의 개인적 관계 형성이라는 점에서도 고무적인 일이라고 다루고 있다.
"미국에는 워브라이드를 포함하여 많은 한국인이 살고 있으나 인종적인 장벽이 있어 어려움을 겪고 있다. 또한 미국 유학생들은 언어의 장벽 때문에 미국인과 관계형성이 잘 안되고, 경제적인 어려움, 그리고 전쟁, 후진국이라는 한국에 대한 좋지 못한 선입견 때문에 힘들게 생활한다. (…) 워브라이드는 이면에도 저면에도 잘 끼지 못하는 외롭고 쓸쓸한 사람들로 교제가 순조롭지 못하다. (…) 그러나 개인의 능력에 따라 변형될 수 있다. 미국의 대학에서 교육을 받으면 동등한 기회가 주어지고, 이렇게 정착한 사람들은 잘 적응하고 있다. 다만 그 2, 3세들은 모국에 대한 추억도 없고 관심도 없이 성장한다." 「국제결혼-사랑의 승리」, 「향수에 우는 코리안들」, 1962년 4월호 참조.

야 한다는 정도를 들고 있다. 결국 국제결혼에 성공하기 위해서는 '의사소통이 될만한 외국어 구사'와 '확고한 신념' 등 개인의 노력이 전적인 것이라야 한다는 것이다.

한국전쟁 이후 미국식 제도와 사고방식은 사회의 전 부분에 파급되었고 전쟁 직후 미국의 군사 원조와 경제 원조로부터 시작된 대미의존은 거의 절대적이다시피 했다. 이런 과정 속에 우리 사회에 펼쳐진 선진적인 외래문화에 대한 충격과 매혹은 실로 양가적으로 전개되었다. 이렇게 서구적인 것, 특히 미국적인 것을 동경하는 사회의 분위기 역시『여원』에 자주 등장하고 있는 소재이다.『여원』에서는 지속적으로 미국에 대한 동경을 기저에 둔 채로 미국의(특히 미국 여성의) 가정, 문화, 결혼, 직업관 등에 대해 다양한 접근을 하고 있고, 한국인과 미국인의 개인적 관계 형성에 대한 다양한 논의를 보이고 있다. 사실 미국이라는 외래문화는 우리에게 해방군, 원조국의 모습으로 친밀하게 다가왔지만 든든한 지원자인 한편 정체성을 송두리째 뒤흔들어 놓는 혼란을 동시에 야기하는 그야말로 '친밀한 적'이며 우리의 근대성의 이면이라고 볼 수 있다.[35] 그렇지만『여원』에 등장하는 서구(미국) 담론은 항상 이상적인 모델 그 자체이고 이는 군사정권이 근대화프로젝트에서 꿈꿨던 국가 재건방식으로 그려진다. 서구적인 근대화를 모델로 하면서도 전통문화가 정신적 기치로 중심을 잡아야 한다는 정치적 담론은 잡지 속에 이상적인 주부의 모습으로 등장하여 독자들에게 가부장적 이데올로기를 정착시키면서 중산층 여성 독자를 사회화시키고 있는 것이다. 결국 이런 훈육적인 맥락에서『여원』에 등장하는 주변부

---

[35] 김연숙,「국가의 경계에 서있는 여성의 섹슈얼리티」,『여성의 몸―시각·쟁점·역사』, 한국여성연구소 편, 창비, 2005, 200~203면 참조.

여성 계층은 다시 한번 더 소외당하게 되는 것이다.

5·16 이후 군사정권은 사회를 경제성장을 위한 총동원 체제로 재편하는 동시에, 이전 시기 사회적 약자에 대한 무상구호를 낭비적이며 비생산적인 정책으로 간주해 최소화하고, 전후 난립한 구호시설을 감축했다. 이처럼 군사정권은 경제성장을 위해 낙후된 과거의 타성을 버리고 근대적이고 선진적인 가치의 도입을 중시했으며 근대적 가치는 곧 계획성, 계산가능성, 효율성 등으로 표상되었다.36) 이런 과정에서 주변부 여성 계층은 사회적 약자라기보다는 낙후된 과거의 타성을 버리지 못하는/버리지 못하도록 방해하는 집단으로 이미지화되어 계도와 계몽의 대상이 될 뿐이었다. 국가의 부름으로 산업화의 일원이 되기를 소원하여 상경했던 어린 소녀들은 그 근대화의 물결에 적응하지 못한 채 또다시 사회 하층 중에서도 더욱 천대받는 윤락여성의 길을 걷게 되었다. 그리고 이런 연속적 고리의 현실은 여성잡지 속에서마저 철저히 타자화되고 외면된다. 그리고 이들을 타자화된 대상으로 응시하는 서술자의 태도는 중산층 독자들로 하여금 그들과 다른 자신의 계층적 위치에 대한 안도감을 유도하면서 '현모양처'라는 가부장적 이데올로기를 다시금 내재화시키는 기능을 하고 있는 것이다.

3. 『여원』의 정체성 – 근대화 프로젝트의 매개체

이렇듯 여성잡지 『여원』은 국가 재건 프로젝트의 논리를 철저히 이중화된 담론으로 고스란히 일상에 침투시키는 매개체 역할을 하고 있

---

36) 김원, 앞의 책, 166~168면 참조.

었다. 물론 당대의 언론이 국가 재건의 근대화 프로젝트에 대하여 어떻게 기능하였는가에 대해서는 더욱 폭넓은 논의의 선상에서 이야기되어야 할 것이다. 이는 또한 당시의 여론을 주도했던 여러 매체들과 연결해서 살펴보아야 할 문제이기도 하다. 그렇지만 이 글에서 생각해보고자 하는 바는 당시 정치적 배경을 업고 있는 언론구조에서 생성한 메시지가 전국적으로 유포되고 이를 대중이 수용하는 과정에는 분명 국민의 정치적 동원과 조작 및 국민의식의 탈정치화 등을 강화하는데 기여하는 부분이 있지 않았을까 하는 점이다.

『여원』은 표면적으로는 여성의 권익신장이나 주체적인 자각에 대한 의식을 표방하고 있지만 이는 도리어 가부장적 여성관을 강화시키며 또한 가부장적 이데올로기를 심화시키는 기제로 존재한다고 볼 수 있다. 식모, 여공, 여차장, 윤락여성 등 주변부 계층에 대한 언설은 분명 여성의 사회적 문제에 대한 관심인 양 등장하지만 여기에는 분명 정치적인 국가가 가부장적 이데올로기의 재생산 매커니즘을 확장하려는 의도가 은폐되어 있다. 주변부 여성을 다루는 논의에 숨겨진 의도는 '낭만적 사랑'에 만족하는 '현모양처', '스위트 홈'의 건실한 주체자로서의 위치가 가장 행복한 것이며 이상적이라는 것을 독자들이 내면화하게끔 하는 것이다. 또 취재 기사나 르포 속에 나타난 서술자와 취재 대상간의 관계는 주변부 계층에 대한 객관적인 접근과 수사가 아니라 가부장적인 사회질서에 따라 구성된 권력관계의 표상일 뿐이다. 그리고 이를 반복하여 편성함으로써 독자에게 자신의 계층적 위치를 재확인시키고 내재화시키는 역할을 하고 있는 것이다. 따라서 1950·60년대 당시 많은 독자들에게 사랑받았던 『여원』은 가부장적 이데올로기와 당대 정치 현실 정책에 대한 충실한 매개체가 되었다고 볼 수 있다. 그리하여 "새로운 시대사조를 공급코저 한다"는 창간사의 의도에 맞는 훈육자의 위치를 담당하며 특히 여성독자들을 가부장적 이데올로기를 담지한 국가 정책에 걸맞은 여성으로 사회화시키는데 한 몫을 하고 있는 것이다.

　물론『여원』의 독자들이 이러한 이데올로기를 무조건적으로 받아들이지는 않았을 것이다. 그러나 왜곡된 표상이 일반 수용자에게 갖는 이데올기적 효과는 그 존재 가능성이 충분히 있다. 그렇지만 이러한 가정에 대한 의문을 조금 더 심도있게 해소하려면『여원』의 독자층에 대한 또 다른 시각의 고려가 필요하다. 따라서『여원』지에 대한 독자의 실제 수용 행위나 경험에 대한 부분은 추후 과제로 남겨두고자 한다.

1950 · 60년대 여성지의 서사만화 연구

장 미 영

1. 『여원』의 서사만화

이 글의 목적은 『여원』에 실린 서사만화를 젠더적 관점에서 살펴보고, 이를 통해 전후(戰後) 여성문화를 구성하는 특징적인 양상들이 한국의 근대성과 어떻게 연관되는지를 탐색하는 데 있다. 본고의 논의 대상인 『여원』은 여성의 문화의식 향상을 모토로 출발했던 월간 여성잡지로, 당대 여성들의 오락거리이자 수준 높은 교양물로 인정받았다.

『여원』은 1955년 10월의 창간호부터 여성을 주인공으로 하는 다양한 만화를 연재하기 시작했다. 『여원』 소재 만화는 한 칸 그림으로 되어 있는 캐리커처(caricature)를 비롯하여, 네 칸짜리 짧은 그림 메시지인 카툰(cartoon)과 보통 열다섯 칸 내지 스물한 칸 정도까지의 이야기 체로 된 서사만화(narrative comics) 등으로 다양하다. 이 중 서사만화는 작품의 수와 지면의 분량에 있어 캐리커처나 카툰보다 압도적으로 큰 비중을 차지한다.

잡지에 실린 만화 작품은 매달 두 편 이상, 평균적으로는 서너 편, 많을 때는 일곱 편이 되기도 했다. 분량의 측면에서는 매달 10페이지 이상으로 잡지 지면의 2~5%를 차지하는 정도였다. 『여원』의 전체 지면이 182면이었던 초기에는 만화가 4~5페이지를 차지하다가, 286면으로 증면되었던 1956년 1월부터는 만화 또한 10~15페이지로 늘어났다.

만화 작가는 김용환, 김성환, 신동헌, 김경언, 심홍택, 조화사, 안의섭, 김봉천, 임창, 정운경, 이인수, 신동우, 탁성준, 동방사 등 국내의 만화 전문 화백이었고 거의 남성이었다. 가끔은 <海外의 漫畵>, <해외 명작만화선>이라 하여 미국이나 영국 등 외국의 유명한 만화 작가의 작품을 수록하여 이국적인 정취와 함께 해외 풍속에 대한 정보를 소개하기도 했다. 또한 공모를 통해 당선된 "독자의 만화"도 만화 전문 화백의 작품과 나란히 실릴 정도로 눈길을 끄는 수준작이었다.

만화의 주인공은 가정주부, 여고생, 여대생, 직장 여성, 가족, 식모, 미혼 남성, 기혼 남성, 소년 등으로, 남성이 주인공인 만화에 비해 여성 주인공인 만화가 압도적으로 많이 등장한다. 이를 정리하면 다음과 같다.

- ◆ 가정주부가 주인공인 만화 : <가정부인의 꿈>, <毛那古 여사>, <변덕부인>, <마담 릴리리>, <어머니의 일기>, <樂歌閑>, <제2공화국의 새 婦人像>, <깨소금 부인>, <賢妻傳>
- ◆ 미혼 여성이 주인공인 만화 : <미쓰, 꾀꼬리>, <비비안 킴>, <미쓰 말띠>, <아가씨 손길을 부드럽게>, <올드 미쓰 매대기>, <마드모아젤, 뿌띠>, <미쓰, 론도>, <소라의 나날이>
- ◆ 여고생이 주인공인 만화 : <여학생의 꿈>
- ◆ 여대생이 주인공인 만화 : <여대생 민들레 양>
- ◆ 직장 여성이 주인공인 만화 : <職業女性의 꿈>, <미스 호들갑>
- ◆ 부부가 주인공인 만화 : <朝花夫婦>, <두꺼비 부부>, <꾸러미 夫妻>

◆ 한 가족이 주인공인 만화 : <두꺼비 일가>, <고바우 일가>, <불경기관
    미완성 공화국>, <女苑하이웨이>, <꾸러미 부처>
◆ 식모가 주인공인 만화 : <왈순아지매>
◆ 미혼 남성이 주인공인 만화 : <미스터 哲>
◆ 기혼 남성이 주인공인 만화 : <꾸러미 君>
◆ 소년이 주인공인 만화 : <깔끔이>, <집 없는 아이>

『여원』에 실린 서사만화는 주로 일정기간 동안 같은 캐릭터들이 나오지만 장면은 매 회마다 달라지면서 이야기가 바뀌는 에피소드 중심의 연재 형태가 대부분이다. 매 회의 장면들은 한 가지의 테마를 중심으로 캐릭터의 개성이 드러나면서도 희화화하는 화법으로 당대의 세태 반영과 함께 현실 비판에까지 접근하고 있다.

만화는 문학과 마찬가지로 언어와 이야기를 통한 창작예술이라는 면에서 공통점을 갖는다.[1] 이야기를 문자로만 기록하는 문학과 달리, 만화는 이야기를 그림으로 형상화하는 시각예술이지만 문학의 가장 큰 장점인 상상력을 훼손하지 않는 특성을 가진다. 그러기에 만화는 언어예술인 문학이 그런 것처럼 작품이 발산하는 여러 가지 의미에 대한 다양한 독법이 가능한 매체이다. 동시에 만화는 문학보다 더 선명한 시각적 이미지로 말미암아 비교적 쉽게 대중성을 확보한다. 특히 서사만화는 그 저변에 이야기(story)를 담보하면서 그림으로 이야기의 세부묘사와 배경을 명료화하는 역동성으로 말미암아 만화 중에서도 비교적 더 문학성이 높은 장르이다.

우리가 보다 유연하고 폭넓은 관점으로 문학을 본다면 만화는 다양

---

1) 임청산, 「문학과 만화의 조성요소와 상관성 연구」, 대전대학교대학원 박사학위논문, 1998, 1면.

한 서사양식의 한 종류로 이해될 수 있다. 고전적인 장르 구분이 허물어지고 장르간 경계를 넘나드는 현상이 빈번한 현실을 감안할 때 이제 문학연구자들은 지나치게 언어중심적인 편향성에서 탈피할 필요가 있다. 이러한 의도를 가지고 본고는 문학연구대상의 범위를 확장하려는 의욕을 실천적으로 수행함으로써 그 가능성을 확인하고자 한다.

2. 여성 담론의 도시적 시각화
1) 여성 교양과 도시 공간

『여원』에 실린 만화는 대부분 도시를 배경으로 하고 있다. 도시 중에서도 특히 서울이 압도적이다. '도시 여성'이라는 표현은 곧 '서울 여성'이라는 말의 이음동의어이다. 주인공이 가정주부든 미혼여성이든 여학생이든 직장여성이든, 만화에 등장하는 여성들의 이야기는 주로 서울 중심의 일상적인 도시생활을 모델로 삼고 있다. 사실주의적으로 재현된 도시 여성의 삶은 집안과 집밖 길거리의 공간 속에 구체화되어 드러난다.

재현된 주택의 모습은, 만화마다 부분적으로 그려져 있기는 하지만 종합해 보건대, 기와나 슬라브 지붕에 시멘트나 판자 담장이 높이 둘러쳐진 단층 혹은 이층 양옥집의 이미지가 일반적이다. 좀 더 구체적으로 언급하면 담장에는 두 면으로 된 대문이 나있고, 지붕에는 TV안테나와 굴뚝이 솟아 있으며, 집 앞뒤에는 작은 마당이 있다. 앞마당은 화초가 심어져 있고 뒷마당은 장독대가 놓여 있으며, 집 옆마당이라 할 수 있는 구석 면으로는 시멘트로 바른 바닥 위에 목이 긴 수도가 놓여 빨래를 하거나 세면을 하는 곳으로 묘사되어 있다. 이러한 이미지는 사회적으로나 경제적으로 여유가 있는 전형적인 대도시의 중산층 집안 모습이다.

주인공 여성은 이러한 주택에서 마당을 손질하거나 화초를 가꾸고 빨래를 하거나 아이들을 목욕시킨다. 주인공 여성의 일상은 이러한 집안 공간을 크게 벗어나지 않는다. 여성의 일상이 담장 안에 국한되면서 여성들은 틀 지워진 형태의 동일한 일과를 반복적으로 수행하게 되는 것이다.

만화에 재현된 도시 이미지는 같은 시대인 1950·60년대 한국의 농촌 풍경과 비교해 볼 필요가 있다. 이때는 농촌인구가 전인구의 3/2를 차지하고 있었던 시대이다.[2] 농촌은 도시의 양옥집 대신 초가집이 태반을 이루었고 앞마당은 쌀, 고추, 깨, 감꼬지, 늙은 호박, 단호박, 고사리, 토란대, 가지, 취나물, 고구마순, 무 등의 농작물을 말리는 건조장으로 사용되었으며 집안 벽면 곳곳에는 감, 옥수수, 수수, 메주 등을 달아매어놓는 등 생산적인 자연의 흔적으로 가득했다. 여성 공간의 하나였던 농촌의 빨래터 또한 인공적인 시멘트 바닥이 아닌 자연 그대로의 집밖 개울가를 크게 벗어나지 못했다. 이러한 당시의 상황을 고려해 볼 때[3] 『여원』의 만화에 등장하는 집안 모습은 과반수가 넘는 인구가 거주했던 1960년대 한국 농촌의 가옥과 확연하게 구분되는 면모이다. 즉 『여원』 만화의 관심은 여성 전반이 아니라 도시 여성에 국한되었던

---

2) 김안제, 「우리 나라 도시·농촌 인구분포의 통계학적 분석」, 『지방행정연구』제8권 제3호, 통권29호, 1993, 53~84면.
3) 1950·60년대 한국의 농촌 풍경은 당시 한국에 주둔했던 미군 Neil Mishalov가 찍은 사진을 통해 살필 수 있다. cafe.daum.net/19chungju22

것이다.

『여원』은 교양 있는 여성이 거처하는 주거 공간을 자연과는 거리가 먼 도시로만 한정시켰고 다분히 서구적인 도시형 양옥으로 이미지화했다. 만화의 이미지는 도시적 형식과 도시적 패턴들을 도시적 삶에 한정지어 응축시켜 놓은 것이다. 이로써 거주지가 대도시인지의 여부, 특히 서울에 거주하는지 아닌지의 여부는 '교양 있는 여성'으로 호명될 수 있는지의 가부를 판정하는 일차적인 측정 기준으로 부각된다. 달리 말한다면『여원』의 만화에 재현된 여성의 '교양'이란 도시 이미지의 다른 표현이었고 교양 있는 여성이란 '도시 이미지를 갖춘 여성'이라는 의미를 기본적인 전제로 깔고 있었던 것이다. 이로 말미암아『여원』은 당대 여성들에게 도시를 선망의 공간으로 인식하도록 부추기고 강화시키는 역할을 했다. 여성 교양지임을 강하게 피력했던『여원』은 대도시의 여성, 그 중에서도 특별히 서울 여성을 교양 있는 여성의 역할 모델로 의미화 하는 데 크게 일조한 것이다.

2) 사적 영역과 교양의 젠더화

만화의 등장인물은 집안 식구와 방문객의 두 부류로 유형화되어 나타난다. 그 구별은 집안과 집밖을 구별하는 담장으로 분명하게 이미지화되어 묘사되고 있다. 담장 밖에 있는 사람과 그 안에 있는 사람은 서로가 서로에게 호기심을 품는 관찰자로 그려진다.

담장 밖에서 안으로 들어오는 방문객은 친숙한 사람이든 아니든 집안을 구경하는 구경꾼 이상을 넘어서지 않는다. 방문객은 집안을 둘러보거나 그 집 식구들의 모습을 담은 앨범을 구경하는 정도로 행위의 제한을 받는다. 이것은 집안과 집밖에 대한 '거리 두기'라 할 수 있다.
 '거리 두기'는 도시적 삶의 특징적인 현상이다. 이러한 현상은 집안과 집밖의 경계가 철저하게 분리되기 어려운 시골의 삶에서는 찾아보기 힘든 모습이다.
 시골의 삶은 마을 전체가 음식을 나누어 먹고 생활도구나 집기를 나누어 쓰며 서로를 위해 노동력을 제공하는 마을 단위의 공동체적 성격을 띠기 때문에 사생활이 보장되기 어렵다. 시골은 집안사람 중심의 사생활보다 마을사람들과의 친분 여부가 무엇보다 중시되는 공간이기 때문에, 집안사람과 방문객 사이에 큰 거리를 두지 않는다.
 도시는 자연의 생산력을 잊게 하는 공간이다. 농촌이 끊임없이 자발적인 생기를 내뿜는 데 비해 도시는 자연뿐만 아니라 타인을 지배하려는 인간의 탐욕스러운 에너지가 발산되는 공간이다.[4] 그래서 도시 공간은 타인의 지배 욕구로부터 개별자로서의 개인을 보호하기 위해 사회적 형식을 필요로 한다. 이에 도시 사람들은 이미 마련된 사회적 형식과 패턴들에서 벗어나지 않는 조심성을 요구 받는다. 조심성의 이면에는 인간 상호간에 이루어지는 서로에 대한 지배 욕구를 경계하는 의미를 담고 있는 것이다.
 시골생활과 비교해 볼 때, 『여원』의 만화에 등장하는 도시생활은 집안사람과 외부사람, 집안사람과 방문객, 가족과 가족 아닌 사람이 뚜렷하게 구분되어 나타나는 특징을 보인다. 특히 부모—자녀의 혈연중심으로 이루어지는 가족구성원은 동거를 하지 않더라도 한 가족으로서의 친연성을 가진다. 반면 식모처럼 비록 동거를 하면서 한솥밥을

---

4) 그램 질로크 저, 노명우 역, 『발터벤야민과 메트로폴리스』, 효형출판, 2005, 1장 참조.

먹는 식구라도 혈연으로 묶일 수 없는 비가족원은 주인가족과 다른 부류의 인물로 두드러지게 구분된다. 사람 사이의 거리 두기가 관례화된 이러한 도시 환경은 시골여성과 구별되는 도시여성만의 특징적인 생활양식을 주조해내는 틀로 작용하게 된다.

외부사람 또는 낯선 방문객을 스스럼없이 대하거나 선뜻 대문 안으로 들이는 여성은 교양 있는 여성으로 호명되지 않는다. 외부사람에게 거리낌 없는 태도를 보이는 여성이나 낯선 방문객에게 호의적인 여성은 교양이 부족한 여성으로 평가되는데, 대개 식모나 푼수로 그려진다.

교양 있는 여성이란 외부 사람이나 낯선 방문객에 대해 드러내지 않고 냉담함을 유지할 수 있는 여성이다. 그래서 친절함을 잃지 않으면서도 거리 두기를 할 수 있는 여성은 교양이 높은 고매한 인격자가 된다.

한편 교양 있는 방문객은 주인의 허락이 있을 때까지 대문 밖에 머무르는 사람이다. 주인의 허락 없이 집안으로 들어서는 방문객은 여주인공을 귀찮게 하는 무례한 사람이거나 불편을 끼치는 사적 영역의 침입자로 묘사된다. 교양 없는 방문객들은 대개 시골 사람 내지 촌사람으로 호명되는데, 시골 출신의 이웃집 여자나 식모, 방문판매원, 먼 친척 등이 이에 속한다.

이웃집 주인여자나 이웃의 식모는 대부분 이야기를 나누거나 음식과 일거리를 나누려는 정서적 교감을 목적으로 이웃집을 방문함에도 불구하고 교양 없는 사람으로 평가되고 있다. 이러한 경우는 교양 없는 사람을 맞상대하는 집안의 여성까지도 교양 없는 사람과 동격의 인격을 가진 사람으로 취급된다.

이에 비해 주인 남성은 자신의 친구나 직장 동료, 친척 등을 쉽게 집안으로 들이는 경우라도 교양의 유무로 평가받지 않는다. 방문객은 주인 남성과의 친소 여부에 따라 친숙한 손님과 낯선 손님으로 구별되기 때문에 이러한 경우는 도리어 가정주부가 남성의 방문객에 대해 호의적인 대접을 했느냐의 여부로 교양 정도를 평가받는다.

방문판매원들은 밥상, 고무줄, 돗자리 등 생활용품을 파는 행상으로, 집안 사람/집밖 사람을 크게 의식하지 않는 시골내기 특유의 행동을 보인다. 이들은 주인의 허락 없이 집안에 들어서는 것은 물론, 집안 여기저기를 돌아다니거나 목마름을 이유로 물을 청하는 등 시골풍의 행동 때문에 교양 없는 사람으로 평가 받는다.

『여원』의 만화에서는 집안이 집밖과 뚜렷하게 구별되는 사적 영역으로 중요하게 의미화 되고 있다. 특히 핵가족 중심의 사적 영역은 집밖 외부인의 간섭으로부터 보호되어야 할 공간으로 존중된다. 주목할 점은 집안의 가정주부가 안주인의 자격을 가지고 외부인으로부터 사적 영역을 지키는 임무를 수행해야 한다는 것이다. 사적 영역을 가족 중심의 오붓한 공간으로 조성하거나 남편과 친연성이 높은 사람만 집안으로 들이는 가정주부는 교양 있는 여성으로 평가된다. 반면 집안에 외부 사람의 출입이 많거나 남편과 친연성이 낮은 사람의 방문이 잦은 경우는 그 집안의 가정주부가 교양이 낮기 때문에 사적 영역을 오염시킨 결과를 낳은 것으로 간주된다는 것이다. 이와 같이 『여원』의 만화는 사적 영역을 젠더적 관점으로 그려내면서 사적 영역의 운용 방식과 여성의 교양여부를 연관시키고 있다.

3. 여성 교양과 상품 문화

만화에 재현된 여성의 교양은 그 집안의 경제력과 밀접한 상관성을 보인다. 그것은 곧 도시가 소비 공간이라는 것과 관련이 있다. 도시는 시장 중심의 소비적 삶이 바탕이 되기 때문에 도시에서의 성공적인 삶은 경제력과 무관할 수 없다.

만화로 재현된 여성 공간은 도시의 특성을 드러낸다. 특히 안방의 모습은 도시적 전형성을 띤다. 천정에는 전등이 매달려 있고 방안에는 서구식 커튼이 달린 창문이 나있으며 윗목으로는 그림 액자, 시계, 달력이 걸린 벽을 배경으로 장롱과 경대, TV가 있고 화병이 올려진 탁자가 놓여 있다. 이러한 안방의 모습은 도시의 여성문화를 형성하는 물리적 환경이 경제적 여유가 있고 구매력이 높은 여성층의 감성적인 소비행위와 맞닿아 있음을 말해준다. 그러기에 남성보다 특히 가정주부가 TV 구매에 연연해하는 모습을 보인다. 집안에 고가의 TV가 있고 없음은 가정주부의 자존심과 직결되는 문제이다. 가정주부의 자존심은 '교양 있는 여성'으로 호명될 수 있을 때 비로소 지켜질 수 있기 때문이다.

매 회마다 이야기는 이러한 집안의 물리적 환경과 관련된 에피소드 중심으로 펼쳐진다. 가정의 일상사가 근대적인 상품 문화와 밀접하게 연결되는 것이다. 심지어 집안의 활력이나 생기마저 새로운 상품의 구입이나 기존 상품의 재배치를 통해 얻을 수 있는 것으로 묘사된다. 따라서 집안에서 느끼는 가족구성원들의 편안함 또한 상품의 풍족함과 무관하지 않다.

상품은 뜻밖의 예상하기 어려운 돌발성과 즉각성, 일시성의 속성을 지니고 있어야 독자의 높은 만족감을 기대할 수 있다. 이에 만화는 매

회마다 새로움을 강조할 수 있는 상품을 눈요기 거리로 펼쳐내고 있다.

만화의 매 회는 가정주부인 한 여성이 집안에서 가사를 돌보며 겪게 되는 잡다한 에피소드로 전개된다. 주요 사건은 요리, 세탁, 집안 수리, 청소, 가구 배치, 집안 장식, 육아 등 집안일에 얽힌 이야기거나, 남편, 시부모, 아이, 친척 등 집안 식구들 사이에서 벌어지는 이야기, 손님 접대, 취미생활, 여행 등 문화생활에서 벌어지는 이야기 등 가정의 일상사에 국한되어 있다. 만화는 여성의 일상을 핵심적인 구경거리로 재현하면서 약간의 과장과 비틀기를 가미하여 선정적으로 재현한다. 이를 구체적으로 열거하면 다음과 같다.

집안 분위기를 새롭게 하고자 가구의 위치를 바꾸고 커튼과 액자 그림을 갈아 끼우는 부지런한 주부의 모습(변덕부인), 한복을 벗어 던지고 양장으로 스타일 바꾸기(변덕부인), 고급 미장원에서 미국 영화배우의 머리 스타일로 꾸미는 모습(변덕부인), 미국 여행을 다녀오면서 겪는 에피소드들(변덕부인), 지출을 줄이고자 식모를 없애고 식구들이 집안일을 나누어 하는 모습(변덕부인), 취미생활로 테니스나 탁구, 골프를 즐기는 부부의 모습(모나고 여사), TV구입과 시청(모나고 여사), 우량아 대회 출전(모나고 여사), 꽃밭 손질(마담 릴리리), 헌 신문지 팔아 나들이 비용 마련하기(마담 릴리리), 혼분식을 실천하기 위해 보리밥을 짓는 부자집 주부(마담 릴리리), 늦둥이의 재롱(마담 릴리리), 휴일마다 가족끼리 나들이하기(마담 릴리리), 곗돈 부어 재산 늘리기(마담 릴리리), 밥을 버터에 비벼 소스를 쳐 먹는 식으로 서양 음식 흉내내기(마담 릴리리), 무역회사 타이피스트로 일하면서 남편 봉급의 두 배가 넘는 수입을 올리는 기혼 여성의 가정에서의 처신(마담 릴리리), 남편에게 빠듯한 용돈을 지불하며 가정 경제를 총관리하는 아내(마담 릴리리), 방문 판매하는 행상들에게 깍듯한 가정주부(마담 릴리리), 방갈로 가족 여행(마담 릴리리) 등이다.

가정주부의 일상은 집안에 어떤 상품을 사들이고 그것들을 어떻게 배치하며 어떻게 사용하는가에 무게가 실려 있다. 가정주부에 대한 사회적 평판도 가정주부로서의 신념이나 품성 등 내면적인 면모 보다는 그녀가 소유하고 있는 상품 내지 물질의 외적인 면모에 치중되어 있다. 이런 방식으로 만화화된 도시 중상류층 가정주부의 일상은 여성의 교양과 경제력을 별개의 것으로 따로 분리하여 생각하기 어려운 측면이 있음을 말해준다.

이로써 만화는 여성 독자들의 시각적인 호기심을 자극하는 동시에 볼만한 오락거리로 거듭나게 되었다. 만화는 여성의 일상을 볼거리로 만들어 제공함으로써 광범위한 여성의 경험을 상품화시키고 단편화시켰다. 이로 말미암아 만화는 외부의 영향에 따른 여성의 유동적인 심리까지를 재현하지는 못했다. 즉 『여원』의 만화는 가정주부의 일상을 그리면서도 그들의 애환에 대한 깊이있는 내용을 이미지화하는 대신 도시적 삶의 속물적인 행태 묘사 이상을 넘어서지 못한 것이다. 여성 교양잡지를 표방했던 『여원』의 만화는 도시의 물질적 삶에 치중함으로써 독자들에게 훔쳐 보기식의 관음증적 쾌락을 추구할 수 있는 시각적 경험을 제공하는 데 그친 셈이다.

이상과 같이 기혼여성이 주인공인 만화는 집안에서 이루어지는 여성의 일상에 치중한 반면 미혼여성이 주인공인 만화는 대부분 집밖 길거리의 여성 문화를 재현했다. 미혼여성이 주인공인 <미쓰 꾀꼬리>,

<비비안 킴>, <미쓰 말띠>, <아가씨 손길을 부드럽게>, <올드 미쓰 매대기>, <마드모아젤 뿌띠>, <미쓰 론도>, <소라의 나날이>, <여대생 민들레 양> 등은 신부수업 중인 도시의 젊은 여성들이 겪음직한 에피소드를 중심으로 이미지화했다.

결혼식을 앞둔 친구를 위해 결혼 선물 사기(미쓰 꾀꼬리), 파라솔과 구두 구입(미스 꾀꼬리), 테니스를 즐기는 아가씨(미쓰 꾀꼬리), 맞선 보기(미쓰 꾀꼬리), 바이올리니스트의 길거리 자선 공연(미쓰 론도), 영화 구경(미쓰 꾀꼬리), 소개팅(비비안 킴), 음악회 구경(미쓰 꾀꼬리), 야외 데이트(비비안 킴), 직장 구하기(미쓰 꾀꼬리), 친구들과의 소풍(비비안 킴), 성형과 화장(미쓰 론도), 미국 여성들에 대한 정보(비비안 킴), 독신 여교장과 여교수에 대한 단상(미쓰 론도), 미래의 꿈을 위한 사회적 역할 모델 탐색(민들레 양), 노처녀의 애환(미쓰 말띠) 등이다.

이들은 직장생활에 대한 부담도 없고 경제적으로 크게 구애받음 없이 집 안팎 어디에서나 자유롭게 활동할 수 있는 중산층 가정 출신의 여성들이다. 미혼여성의 일상은 도시를 배회하는 산보자나 다름없는 삶이라 할 수 있다. 이들의 동선은 길에서 길로 이어진다. 만화는 이들의 움직임을 따라 도시가 제공하는 극장, 박람회장, 약국, 결혼식장, 병원, 회사, 미용원, 가판대, 고층 빌딩, 술집, 공원, 연주회장, 클럽, 다방, 댄스홀, 책방, 레코드 가게, 옷가게, 화장품 가게, 구두 가게 등 도시의 대중이 즐길 수 있는 공공장소의 풍경을 다채롭게 그려낸다. 이 밖에도 고층 빌딩, 만원 버스, 트럭, 가로등, 전봇대, 전깃줄, 버스 종점 표지판, 공원의 벤치, 거지 등이 도시 풍경으로 제시된다.

이 여성들이 길거리에서 마주치는 도시의 다른 사람들은 손이나 귀,

입보다 눈을 훨씬 많이 사용하면서 서로가 서로를 바라보는 구경꾼으로 나타난다. 이들 만화 속 미혼여성들은 친구의 연애 행각을 서로 지켜보거나 친구의 약혼식, 결혼식, 집들이를 통해 도시 사람들의 다양한 가정생활을 탐색하는 관찰자이기도 하다. 마찬가지로 미혼여성들이 집안에서 마주치게 되는 가족들 또한 서로의 삶을 살피는 관찰자 이상을 넘어서지 못한다.

끊임없이 외모를 가꾸면서 사회적·경제적으로 자신을 풍요롭게 해 줄 결혼 배우자를 찾는 미혼여성의 삶은 자본주의가 삶을 지배하는 도시생활의 표지이기도 하다. 당시의 미혼여성들에게 교양 있는 삶은 도시의 삶이자 물질적 성취로 표현되는 부르주아의 삶이었기 때문이다.

이러한 서사만화를 통해 볼 때 『여원』이 꿈꾸었던 교양 있는 여성의 삶이란 모던한 생활양식의 다른 이름이자 시각적인 것과 물질적인 것으로 표출되는 자본주의적 실천에 지나지 않았음을 살필 수 있다. 『여원』에 실린 서사만화의 재현 방식은 당대 여성 문화의 특성만을 부각시킨 것이라기보다는 근대적인 도시문화 자체의 구성 요소를 드러내는 것이었다. 『여원』 소재 만화는 당시의 독자들에게 도시 공간을 생산과 노동이 아닌 유흥과 레저 중심의 유혹적인 소비 공간으로 인식하게 하는 프리즘의 역할을 담당했던 것이다.

도시는 그 자체로 인간의 감각기관 중에서 유독 '시각'을 자극한다.5) 이는 시골의 삶이 온갖 설화와 전설로 가득 찬 청각중심적인 것과 대조를 이룬다. 대도시일수록 시선을 끄는 볼거리가 많다. 이러한 볼거리는 대도시에 사는 사람들로 하여금 다분히 시각중심적인 상호작

---

5) 바네사 R. 슈와르츠, 노명우·박성일 역, 『구경꾼의 탄생』, 마티, 2006, 37면.

용으로 인간관계를 맺으면서 소비적 삶을 영위하도록 유도한다. 따라서 도시 사람은 시골 사람에 비해 시각적 자극에 민감한 아비투스를 몸에 익히게 된다.6) 서사만화에 등장하는 대도시 서울의 풍경과 도시 여성들의 삶은 시각적 자극에 민감한 아비투스를 몸에 익힌 전형적인 도시 여성의 표상이자 『여원』이 추구했던 현대적 여성 교양의 다른 이름이었던 것이다. 역설적으로 말하면 『여원』은 볼거리의 대상이 될 만한 도시의 중산층 여성을 앞세워 도시가 보여줄 수 있는 다양한 이미지들을 제공함으로써 여성 독자들을 구경거리의 수용자이자 구매자로 새롭게 태어나도록 유도함으로써 독자층을 넓혀갈 수 있었던 것이다.

4. 여성 대중의 창출

가정주부가 주인공인 만화의 주요 배경은 집안이다. 이때 집안은 부부가 거처하는 안방, 음식을 준비하는 주방, 아기를 돌봐야 하는 아기방 등으로 구분된다. 주인공 여성의 일상은 이러한 공간을 크게 벗어나지 않는다. 주인공 여성은 이러한 주택에서 음식을 만들고 아기를 돌보며 때로는 손님을 접대하는 모습으로 이미지화된다. 이러한 여성 이미지는 여성이 주로 거처하는 여성 공간이 여성 개인만의 독자적인 공간이 아님을 보여준다.

이러한 가족 공동체의 공간이 여성 공간으로 만화에 자주 등장하는 것은 당대 사회에서 보편적으로 이러한 공간을 여성 공간으로 인식하고 있었다는 증거이다. 사회 보편적인 인식의 빈번한 재현을 통해 만

---

6) 위의 책, 39면.

화는 서로 고립되어 있는 별개의 여성 독자들을 함께 묶으면서 그들에게 공동의 참조틀을 제공할 수 있는 기반을 마련한다. 만화는 이렇게 공유된 현실 인식을 사실주의적으로 재현하면서 대개는 바로 그러한 현실에서 일반 독자가 예상하기 어려운 일시적 현상을 과장하여 선정적으로 만들면서 그에 주목하는 사람들을 대중으로 규합한다.

집안의 전 공간이 여성의 노동력으로 보살펴져야 온당한 것으로 취급되는 공유된 인식은 결국 집안 형편에 대한 모든 평가를 여성의 교양과 결부짓는 현상으로 나아가게 하는 단초가 된다. 우선 집안의 청결과 정돈 상태가 여성의 교양 여부를 판단하는 중요한 기준이 된다. 뿐만 아니라 가구의 선택으로부터 시작하여 배치, 관리에 이르기까지 집안의 모습은 곧장 그 집안 여성의 교양 수준을 가늠하는 평가의 근거가 된다. 이에 평가를 당하는 여성은 개별자로서의 자신만이 가지는 특성을 상실하고 가정주부 또는 집안의 안주인으로 호명되면서 여성 공동의 정체성을 진작시켜야하는 존재로 변형되고 만다.

가정주부가 주인공인 <가정부인의 꿈>, <毛那古 여사>, <변덕 부인>, <마담 릴리리>, <어머니의 일기>, <樂歌閑>, <제2공화국의 새 婦人像>, <깨소금 부인>, <賢妻傳> 등은 집안이 주요 서사 공간이다. 한 집안은 가정주부를 중심으로 그녀의 남편, 시부모, 자식이 함께 동거하는 삼대 가족 형태로 등장하는데 작품이 달라지거나 회가 바뀌어도 가족 구성에는 특별한 변동이 없다. 그만큼 만화의 대상이 되는 가정주부의 삶이 한정적이면서 시대적·공간적 전형성을 띤다는 의미이다.

가정주부가 주로 거처하는 안방은 특히 더 여성 공동의 정체성을 말해주는 공간으로 작용한다. 안방은 그 집안 가정주부의 교양을 드러내는 간판과 같은 공간으로 인식되기 때문이다. 안방의 인테리어는 주로 그 집 가정주부의 소비 취향 내지 감성의 세련 정도를 측정할 수 있는 지표가 된다. 집안 인테리어가 곧 그 집 안주인의 교양 수준과 맞먹는 것으로 평가되는 것이다.

한편 주인공이 미혼여성인 경우는 가정주부와 달리, 집안 살림에 대한 평가로부터 자유로운 대신 머리 스타일, 의상, 행동거지, 취미 생활을 지배하는 유행으로부터 자유롭지 못하다. 이들은 대개 도시가 공급하는 생산품들을 구매하는 소비자로 재현되는데, 이들의 소비 패턴은 잡지, 스타일북, TV 등의 대중매체가 제시하는 지침을 무비판적으로 추수함으로써 형성된다. 이로써 미혼여성들도 또래 집단 중심의 대중을 형성한다.

여성들은 서로가 서로를 관찰하면서 자기만의 고유성을 떨치고 상대의 호감을 끌 만한 새로움으로 자기의 인상을 바꾼다. 그 결과 여성은 시대가 요구하는 존재로 거듭남으로써 집단적 동질감을 획득한다. 여성들은 특별히 조직적인 집단을 조성하지 않으면서도 집단적 동질감을 통해 소속감을 가질 수 있는 것이다.

이와 같이 '교양'이 운운되면서 여성은 개별자로서의 의미를 상실한다. 여성은 교양있는 여성이거나 아니면 교양없는 여성 중 어느 하나로 호명되기 때문이다. 여성은 교양의 유무로 이분화되는 공동의 정체성을 띠게 된 것이다. 만화에서 '교양있는 여성'은 대중의 인정을 끌어내고 나아가 대중의 인기를 끌만한 동시대적 감수성을 자발적으로 자신의 삶에 체현시키는 여성으로 그려진다. 그러기에 교양있는 여성은 끊임없이 변화를 추구하는 특성을 보인다. 그런데 그 변화는 사회적 권위에 순응하는 수동성으로 촉발된다.

『여원』과 같은 여성잡지의 출현은 이질적인 개별 여성들에게 공통의 읽을거리, 공통의 볼거리를 제공했다. 이로 말미암아 잡지의 독자들은 잡지가 제공하는 메시지를 통해 집단 정체성을 획득함으로써 대중으로 거듭나게 된 것이다. 여성잡지는 여성들이 자신의 경험을 지각하고 정돈할 수 있는 용어와 이미지를 통해 여성 대중을 창출했고 그 잡지를 읽는 여성 대중은 잡지가 안내하는 바람직한 여성 문화, 소위 '교양있는 여성'으로 호명되는 사회적 인정의 즐거움을 누리기 위해 기꺼이 자신을 버리고 대중적인 여성 문화에 스스로 편입되어 대중의 일원으로서 느끼는 소속감과 편안함을 추구했던 것이다.

5. 감정노동과 가사노동의 젠더화

직업여성을 주인공으로 삼고 있는 만화는 상대적으로 그 비중이 적다고 해도 과언이 아니다. 그것은 가정주부나 신부 수업 중인 미혼여성을 다룬 만화가 양적으로 작품의 편수가 많고 장기간의 연재 형태로 상당 기간 지속되었던 면모와 비교해 볼 때 크게 차이가 드러나는 현상이다. 직업여성에 대한 연재만화로는 <미스 호들갑> 정도를 꼽을 수 있고, <職業女性의 꿈>은 일회만 등장했던 서사만화이다.

직업여성을 주인공으로 하는 만화는 가정주부나 신부 수업 중인 미혼여성의 삶과 판이하게 묘사된다. 직업여성들은 신부 수업 중인 미혼여성의 명랑하고 발랄한 모습과는 달리, 외모부터 구부정한 자세를 취하거나 투박하게 묘사된다. 더구나 이들은 스팀 의자 하나에 큰 만족감을 표시하는 꿈이 적은 인물로 드러나는가 하면 자신의 잘못을 약삭빠르게 은폐하려는 경박한 여성으로 그려지기도 한다. 게다가 이들의 꿈은 같은 또래의 미혼여성과 달리 '출근부에 도장이나 찍고', 돈만 많이 가져가려는 한갓 저속하고 세속적인 욕망으로 폄하된다.

  이러한 경향은 고학력 전문직 여성에 대한 묘사에서도 발견할 수 있다. 여교사, 여교수, 방송인 등으로 등장하는 소위 고학력 직업여성 또한 직장인으로서의 능력이 부각되기보다는 늙어서 초라하게 될 '독신'이라거나 여성적 매력이 부족한 모습으로 나타난다. '대학교 개근상'은 '다방, 영화관에 안가고 보이프렌드도 없다는 증서'라거나 '여사(女史)의 길'은 '실속 없이 화려하기만한 환경에 대한 자가당착적인 착각'이라는 식의 부정적인 희화화가 대부분이다. 이는 여성보다 남성이 가정의 생계 책임자라는 전통적인 통념이 강하게 반영된 결과라 할 수 있다. 그러한 통념 뒤에는 남성 중심적인 부계가족에서 벗어나 있는 미혼여성이거나 남편 주도적인 가족 관계 속으로 편입되어 있지 않은 독신여성에 대한 사회적 냉소가 짙게 깔려 있는 것이기도 하다.

  직업여성을 대상으로 하는 만화는 당대 사회의 여성에 대한 성적인 욕망을 남성 중심적인 시각으로 묘사한 사회적 조감도라 할 수 있다. 남성의 매력으로는 경제적 능력으로 수렴될 수 있는 개인적 능력이 무엇보다도 중요시된다. 반면 여성의 개인적 능력은 여성의 매력으로 부각되지 않는다. 여성의 매력은 볼거리가 될 만한 육체를 소유하고 있거나 희생·봉사의 미덕을 발휘할 수 있는 젊은 가정주부한테서만 찾을 수 있는 것으로 그려진다.

여성의 주요 활동 영역인 가정은 성역할이 뚜렷하게 작용하는 공간이다. 여성이 거처하는 공간은 집안 식구 공동의 이익을 위해 존재하는 가족공동체의 공간과 동일시된다. 가족 공동체의 공간은 마땅히 여성의 가사노동이 바탕이 되어야만 지탱될 수 있는 곳이기에 여성에게는 문제적 공간이 된다. 이렇게 여성 영역으로 간주되는 주거 공간은 가정주부에게 있어 개별 여성으로서의 특성을 발휘할 수 있는 곳이 아니라 가사에 국한된 노동 공간에 지나지 않는다.

가정에서 여성은 취사, 세탁, 청소, 육아, 손님 접대 등의 가사노동을 수행해야하는 것으로 강제되고 있다. 뿐만 아니라 여성은 남자보다 아랫사람의 신분을 가진 존재로서 윗사람인 남성에 대해 종속적인 방식으로 마음을 써야 하는 다양한 상황들에 처하게 된다. 또한 여성에게 가해지는 자기 수양의 압력은 남성과는 다른 방식으로, 자기희생과 도덕적 비난 사이에서 양자택일하도록 하는 상황을 만든다.[7] '현처(賢妻)'란 호칭은 기본적으로 당대 사회가 유교적인 가부장제 하에서 여성의 매력으로 간주했던 것을 저항없이 순종적으로 수행한 경우에만 붙여질 수 있는 것이었다.

한편 책상이 놓인 공부방이나 책장이 있는 서재 또는 운동을 할 수 있는 마당 등 가족 공동체를 위해서가 아닌 개인의 특성을 발휘하여 독자적 활동을 할 수 있는 집안 공간은 비록 드물게 등장하기는 하지만, 남성이나 자녀의 영역으로 이미지화된다. 이러한 '나 홀로 공간'은 항상 누군가를 위해 일을 해야 하거나 누군가와 같이 있어야 하는 가정주부의 공간과는 뚜렷하게 대조된다.

---

7) 조순경, 『노동과 페미니즘』, 이화여대출판부, 2005, 40면.

가정주부가 주로 기거하는 여성 공간은 여성만의 '나 홀로 공간'이 되지 못하고 남편이나 아이, 손님, 식모 등 다른 사람들과 공유되고 있다. 즉 자기를 계발할 수 있는 집안 공간은 가정주부와는 무관한 오직 미혼 자녀나 남성만의 영역으로 간주되고 있는 것이다. 그러면서도 이러한 남성 공간은 청소나 가구의 재배치 등 노동력이 필요한 경우가 발생하면 마치 가정주부에게 공간 장악력이라도 있는 것처럼 그 출입을 쉽게 허용하는 이율배반적인 모습을 보이고 있다.

가장 독특한 캐릭터는 직업여성이자 가정주부인 <왈순아지매>이다. 서사만화 중 가장 큰 인기를 끌었던 이 작품은 식모의 삶을 소재로 하고 있다. <왈순 아지매>는 『여원』 1958년 8월호에서 첫 선을 보인 이후 1964년 6월 대한일보를 거쳐 1975년 중앙일보에서 연재를 속개, 2002년 12월 24일자로 대단원의 막을 내릴 때까지 무려 47년 동안 줄기차게 인기를 누렸던 장수 만화이다.[8]

<왈순 아지매>는 전후 한국적인 상황이 탄생시킨 새로운 여성 직업으로 '식모'를 주목하면서 노비를 방불케 하는 과중한 가사노동과 열악한 노동 조건, 인권을 존중받지 못하는 척박한 노동 환경 등을 여러 가지 에피소드와 함께 코믹하게 제시하고 있다. 이로써 <왈순 아지매>는 도시 속의 소외 계층 여성의 삶을 세상에 드러내는 역할을 했다. <왈순 아지매>는 매회 중산층 생활을 영위하는 주인집의 여유롭고 풍족한 생활과 하층 계급인 식모의 척박하고 빈곤한 생활을 연관지어 비교·대조함으로써 계층 의식이 그 사람의 성격과 세계관, 취미생활, 행복감을 느끼는 방식, 이상적인 삶에 대한 소망의 차이 등과 밀접

---

8) 주재국, 『만화책보다 더 재미있는 103가지 만화 이야기』, 계림, 2004, 156~157면.

한 관련이 있음을 보여준다.

서사만화에 등장하는 여주인공들은 그들의 복장과 머리 스타일에 따라 감정노동과 육체노동으로 그들의 역할과 활동 상황이 확연히 구분된다. 몸을 써서 집안 살림을 주로 수행하는 여성은 검정 치마에 흰 저고리를 입고 면 진 머리 스타일로 등장하거나 앞치마를 두른 전형적인 가정주부의 복장을 하고 있다. 반면 마음 쓰는 일을 주로 하는 여성은 허리 라인이 분명하게 부각되는 서양식 원피스나 투피스 등을 입고 서양식 머리 스타일로 등장한다.

만화에서 드러나는 여성의 육체노동은 주로 집안일로 한정되어 있되, 그러한 노동은 보상이 적을뿐더러 가치 있게 취급되지도 않는다. 특히 <왈순 아지매>를 통해 살필 수 있듯이 육체노동 위주의 집안일은 여성에게만 부과되는 일이다. 이는 '남성은 바깥일, 여성은 집안일' 식으로 구조화된 성별 분업의 고정화된 편견에서 빚어진 것으로 드러난다. 여성들이 집안일을 제대로 수행하는 것은 건강에 심각한 위협이 될 정도로 어렵고 힘든 노동의 형태로 그려져 있다. 만화에 나타나는 가사노동은 집안일만으로도 동상에 걸리고 몸살을 앓는 <왈순 아지매>처럼 '억척 아주머니'를 만들 수밖에 없는 정도의 강도 높은 육체노동이라는 점을 확인시킨다.

한편 집안일로부터 자유로운 부자집 가정주부나 미혼여성들은 육체적으로 노동력을 제공하지는 않더라도 그에 못지않게 마음을 써야 하는 감정노동을 해야 하는 것으로 그려지고 있다. 감정노동이란 자신의 심리적·감정적 상태를 의식적이고 합목적적인 방식으로 관리·사용하는 일체의 노력들을 지칭하는 개념으로서, 사회적 유용성이 있으며 동시에 사회적으로 강제되는 소외된 노동을 말한다.9) 감정노동은 언뜻 생각하기에 개인적이고 자연스럽고 자발적으로 그렇게 하는, 즉 구속력이 없는 것으로 여겨질 수 있다. 그러나 만화에서는 감정노동도 개인적이기보다는 집단적인 구속력이 있고 사회적으로 조절되거나 강제되는 엄연한 여성노동의 일종으로 드러나고 있다.

<변덕 부인>, <어머니의 일기>, <왈순 아지매>, <모나고 여사>, <마담 릴리리> 등의 만화에서 그려지고 있는 것처럼 가정주부의 감정노동은 남성의 정신노동과는 구분되는 것이다. 남성의 정신노동은 사회적 업무를 수행하기 위해 개인의 창조성이 우선되어야 하는 자발적이고도 개인적인 능력의 발휘라 할 수 있다. 그에 비하면 가정주부의 감정노동은 우리 사회에서 노동의 개념으로 인정받지도 못하면서 가족 구성원의 정서적 휴식을 위해 부단히 마음을 쓰고 배려해야 하는 것으로 간주되는 집단적 이데올로기에서 파생된 것이다. 주부의 감정노동은 자발적이거나 창조적인 선택에 의해서 수행되는 것이 아니다. 주부의 감정노동은 상당히 억압적으로 드러나는 사회 구조적인 강제 속에서 실천적 수행을 강요받는 여성만의 의무적인 노동인 것이다.

이렇게 주부가 수행해야만 하는 것으로 기대되는 감정노동은 미혼이든 기혼이든 직장생활을 하는 여성들로 하여금 직업적인 업무 이외에 직장의 구성원을 위해 수행해야 하는 의무사항으로 강제된다.

직장에서의 감정노동은 사무실 미화작업, 청소, 차 접대, 사소한 상사의 심부름 등의 형태로 이루어진다. 그런데 이러한 감정노동은 여성의 고유한 본성이자 여성 본연의 특성에 부합하는 일로 간주되면서 직

---

9) 조순경, 앞의 책, 40면.

장에서 여직원이 갖추어야 할 가장 올바른 태도이자 에티켓으로까지 제시되고 있다. 감정노동은 보살핌, 배려, 순종, 친절, 애교, 부드러운 분위기 등의 용어로 환치되어 '여자는 애교가 있어야 한다'거나 '여직원은 회사의 꽃으로 항상 순종적이고 다소곳하며 친절해야 한다'는 식의 명령형의 형태로 강제된다. 이와 같이 감정노동은 남녀 간의 불평등한 관계의 패턴 속에서 이루어지고 있었던 것이다.[10)]

여성의 감정노동은 시장 경제의 영역 밖에 위치함으로써 돈으로 그 가치가 환산되거나 물적인 보상이 주어질 필요가 없는 여성 본연의 생래적인 임무인 것처럼 인식된다. 이는 가사노동이 소위 '식모'라고 하는 가족구성원 외의 다른 사람에 의해 수행되었을 때 금전적으로 환산되거나 '의식주(衣食住)'의 물적 형태로 보상되는 세태와는 상당히 다른 면모이다.

6. 훼손된 전통과 선망의 양풍

『여원』에 실린 서사만화는 사회계층별로 서로 다른 방식을 통해 여성의 삶을 부각시킴으로써 여성 경험의 이질적인 요소를 주목하게 만들었다. 다시 말하면 여성 주인공 서사만화가 여성을 바라보는 우리 사회의 다원적 관점을 발견하게 하는 계기가 되었다는 것이다. 이는 같은 여성이라 할지라도 삶의 환경이 다른 데서 오는 차이 때문에 여성 문제도 다원화되고 있음을 확인하는 의미를 담고 있다.

서사만화에서 설정하는 인물은 실재 인물을 그대로 복사한 것은 아

---

10) 조순경, 앞의 책, 14면.

니지만 작가가 현실에서 얻어낼 수 있는 실재 인물의 이미지인 경우가 많다. 그것이 작중에서 살아 있는 인물이 되기 위해서는 그 작품 속의 다른 인물들과 긴밀한 관계를 맺고 있어야 한다. 인간은 그가 속해있는 사회 집단이나 계층을 벗어나기 어렵다. 따라서 누구나 그 집단 또는 계층을 대표하는 성격과 사고방식을 가지고 있을 수밖에 없다. 그러기에 만화 속의 인물은 그런 전형성을 띠게 된다.

<朝花夫婦>, <두꺼비 부부>, <꾸러미 夫妻>나 한 가족 전체가 주인공인 <두꺼비 일가>, <고바우 일가>, <불경기판 미완성 공화국>, <女苑 하이웨이> 등은 도시 가정의 부부가 주인공이다. 이들이 만들어내는 중심 서사는 병원에서 출산하는 아내와 병실 밖 대기실에서 기다리는 남편(고바우 일가), 아내에게 월급봉투를 통째로 주고 용돈을 타서 쓰는 남편(고바우일가), 이십 명 정도의 손님을 접대하기 위해 내외가 함께 음식을 준비하는 모습(고바우 일가), 부부 동반 극장 나들이(고바우 일가), 문화주택 가꾸기(미완성공화국), 부인전문학교를 다니는 가정주부(두꺼비 일가), 남편의 바람기를 슬기롭게 잠재우는 아내(두꺼비 일가) 등이다. 이들의 모습은 희화화되어 제시되고 있기는 하지만 가정주부를 주인공으로 다룬 만화와 마찬가지로 도시 가정의 일상을 들여다 보는듯한 시각적 쾌락을 제공하면서 바람직한 도시 가정생활에 대한 모델로서의 길잡이 역할을 한다.

모델로 제공되고 있는 가정주부의 생활이나 가정사의 면면은 전통적인 한국식 삶이라기보다 서구식 라이프스타일과 훨씬 더 닮아 있다. 커튼이며 수세식 양변기, 그림 액자, 가전제품 등 가정용품은 물론이려니와 부부동반 외출이며, 부부 취미생활, 외식, 주말 나들이 등 여가

생활에 이르기까지 도시 가정의 생활은 한국의 전통적인 이미지보다 서구적 이미지와 더 많이 닮아 있다.

다음으로 외모의 측면을 살펴보면, 『여원』에 실린 서사만화에서는 얼굴이 크고 눈이 작고 코끝이 뭉툭하게 그려진 한국 여성의 이미지를 담은 얼굴을 하층계급의 여성이나 나이가 많은 여성으로 설정하고 있다. 한국 여성의 이미지를 가진 인물은 주로 억척스러우면서 세련되지 못한 식모, 행상인 등 노동계층의 여성이거나 시대에 뒤떨어진 사고를 고집하는 시어머니, 우직하게 집안에서 가사노동만을 전담하는 중년의 가정주부로 등장한다.

이들은 '육자배기'나 '아리랑'과 같은 민요를 부르고 '점쟁이'나 '농사일'을 좋아하고 '조선옷'을 평상복으로 입으며 입담이 좋고 직설적인 표현을 하는 것으로 그려진다. 육체노동 위주의 삶을 영위하는 이러한 인물들은 전통적인 여성관으로 볼 때, 부지런한 현모양처감으로서 모범적이라 불릴만한 여성상이다. 그런데 『여원』에서는 이러한 인물들을 희화화함으로써 당대 사회에서 천대받거나 혹은 대접받지 못하는 구시대적 여성으로 그려내고 있다. 그러기에 이러한 여성 인물들은 사회계급적인 측면에서 한국 사회의 부정적인 현실을 담아내기 위한 반영체로서의 의미를 가진다.

한편 <비비안 킴>, <미쓰 꾀꼬리>, <미쓰 론도>, <미쓰 말띠>, <여대생 민들레 양> 등에 등장하는 미혼 여성들은 서양 여성들처럼 얼굴이 작고 코가 뾰족한 모습으로 그려진다. 이들은 대부분 양장차림이며 핸드백과 하이힐, 파라솔, 모자 등이 잘 어울리는 몸맵시가 좋은 여성들이다. 이들은 교육받은 여성으로서 자신이 사회의 중심적 존재라는 자부심과 자신감을 가지고 자신만의 행복한 미래를 꿈꾸는 인물들로 나타난다. 이들은 대개 아버지나 오빠, 다른 남성들과의 관계에 있어서 헌신과 희생의 대상이 아니라 보살핌을 받아야 하는 존재로 스스로를 인식한다. 그래서 이들은 자신의 욕망을 채우기 위해 가족관계에 있는 남자들에게 돈이나 물질 등을 떳떳하게 요구하고 자신의 감정을 억압하는 대신 드러내놓고 표현하는 당당함을 가진다. 이들 중 일부는 옆구리에 책을 끼고 다니는 화사한 옷차림의 여대생으로 그려지기도 하고 일부는 집에서 착실히 신부수업을 하고 있는 중산층 집안의 딸로 그려지기도 한다. 이들은 물질적 여유 속에서 자신만의 행복할 권리를 누리게 해 줄 수 있는 결혼 상대자를 찾는 것이 평생에 걸친 최고의 소원이자 삶의 목표가 된다.

이들은 서양 음악인 이브 몽땅의 '화이트 X-마스' 음악을 취미로 듣고 서양 음악가인 베토벤, 바그너, 쇼팡, 모찰트, 헤리 젬스 등을 좋아하며 크리스마스 트리, 크리스마스 선물, 전축, 전축판, 타자기, 사교댄스, 피서, 음악회, 파티, 작품전, 악수 문화, 비키니 수영복, 해수욕, 비치 파라솔, 냉장고, 벽시계, 전화, 관람회장, 수세식 양변기, 드라이크리닝, 세탁소, 하이킹, 스포츠, 운동, 외상, 빨래세제, 월급, 맨손체조, 다방, 장바구니, 커피, 담배, 마가린, 택시, 방송국 노래자랑, 방청객, 소주, 마이크, 수도, 병원, X-레이 촬영, 테니스, 아르바이트, 결혼식장, 주례사, 패션쇼, 입장권, 악세서리, 배달 음식, 전기세탁기, 전기솥, 전기냉장고, 전기 스토브, TV, 외식, 술집, 애정 표현, 케이크, 캐러멜, 경품, 대매출, 바나나, 양복, 잠옷, 반찬가게, 은행, 물가 등의 모던한 단어와 밀접하게 연관된다.

상대적으로 코가 더 뾰족하고 눈이 더 크고, 속눈썹이 더 길고, 웨이브가 더 많이 진 머리스타일을 한 여성은 뭇여성과 남성들 모두에게 닮고 싶고 연애하고 싶은 선망의 대상이 된다. 가진 것이 더 많은 부유층 여성은 상대적으로 더 많이 서양 여자의 이미지를 가지고 있는 것이다.

긍정적인 여성 인물이 서양적인 이미지의 여성으로 그려지는 것과 마찬가지로 남성 인물들도 나이가 많거나 신분이 낮거나 노동계급인 경우는 뭉툭한 코를 가진 한국 남성의 이미지를 갖고 있는데 반하여 부유하거나 신분이 높거나 선망의 대상이 되는 남성은 뾰족한 코에 짧게 자른 머리 스타일의 서양적 이미지로 그려졌다.

이와 같은 서양적 이미지의 인물들은 상대적으로 한국적 이미지의 인물들을 사회적 경쟁에서 뒤진 초라하고 볼품없는 사람들로 바라보게 만들었다. 이것은 당시 사회에서 우리가 서양인에 대해 느꼈던 열등감의 소산이라 할 수 있다.

한국인의 열등감은 서양에 대한 동경 못지않게 한국인들 스스로가 느끼는 자본주의적 경쟁에 대한 불안 심리에서 비롯된 것이다. 자본주의 사회에서는 그 이름 그대로 자본이 많은 자가 힘을 가지는 것이다. 그래서 우리 사회는 그 경쟁 결과가 결국 물질적으로 증명될 수 있다는 믿음이 컸던 것이다.

한국의 전통적 이미지를 훼손하고 서양의 이미지를 추구했던 만화의 미학적 터치는 자본주의적 경쟁에서의 성공 모델을 서구의 물질적 풍요함과 화려함에서 찾은 당대 사회의 집단적 믿음에 다름 아니다. 그래서 『여원』 소재 서사만화는 서양적 이미지의 인물뿐만 아니라 문화

주택, 문화생활 등의 이름으로 서양식 라이프스타일을 모방하면서 살아가는 이야기를 밝고 희망적이고 아름다운 것으로 그리게 된 것이다.

7. 볼거리가 된 여성의 일상

만화는 주로 당대 현상의 정수(精髓)를 뽑아낸다. 만화가는 그 시대의 특정 계층을 대상으로 전형적인 인물을 표적으로 삼아 그의 모습이나 행동에 당대의 시대정신을 결합한다.『여원』의 만화는 시각적 표상과 언어적 재현을 통해 여성의 삶 자체를 볼거리로 만들면서 동시에 당대의 사회적 실태를 말로 설명해주는 것 이상의 효과를 낳았다.

『여원』에 실린 만화의 가장 중요한 특징은 만화의 대상으로 서울 여성, 즉 대도시 여성을 비중있게 부각시켰다는 점이다. 이로 말미암아 만화의 배경도 대도시에 편중되는 현상을 보인다. 소위 농촌 지역에 거주하는 시골 여성의 삶은 여성 인구의 과반수를 차지하고 있었음에도 불구하고 철저히 삭제되다시피 했다.

이러한 도시 편중성은 '교양있는 여성'이라는 의미를 도시에 거주하는 여성으로 인식하게 만들었다. 도시에 거주하는 여성이라 해도 교양있는 여성의 범주에 낄 수 있는 여성은 일정 정도의 경제력과 물품 구매력을 가진 여성이어야 한다. 더불어 교양있는 여성은 사적 재산을 안전하게 지켜내고 가진 것을 통해 가족구성원들이 안락함을 영위할 수 있도록 집안 관리를 잘 해야 하는 소임까지를 부여받는다. 그 결과 '교양있는 여성'이라는 말은 인공적인 볼거리를 창출할 수 있는 역량을 가진 여성으로 재의미화 될 수 있었다.

'교양'이 운운되면서 여성은 개별자로서의 의미를 상실한 채 교양있는 여성과 교양없는 여성으로 이분화되는 공동의 정체성을 띠게 된다. 물론 인간의 삶이 일상의 상당부분에서 이미 구조화된 사회적 관습의 지배를 피해갈 수는 없지만 일부의 여성들이 '교양있는 여성'으로 호명될 수 있었다는 것은 우리 사회의 '여성' 인식이 새롭게 특화되고 있었음을 의미한다.

만화에 등장하는 여성 주인공들은 대개 도시가 생산하는 인공물들을 구매하는 소비자로 획일화된다. 이들은 서로가 서로를 관찰하면서 서로의 구경거리가 될 만한 존재로 거듭남으로써 집단적 동질감을 획득한다. 이러한 여성들은 특별히 조직적인 집단을 조성하지 않으면서도 집단적 동질감을 통해 소속감을 가질 수 있었던 것이다.

'교양있는 여성'이란 단순히 일반칭으로서의 '여성'이 아니라 여성 대중 내지 여성 군중으로 특화된 의미를 획득한다. 여성 대중을 겨냥한 여성잡지의 출현과 여성잡지에 대한 여성 대중의 애정어린 관심이 그 증거이다. 여성잡지는 여성들이 자신의 경험을 지각하고 정돈할 수 있는 용어와 이미지를 통해 여성 대중을 창출했고 그 잡지를 읽는 여성 대중은 잡지가 안내하는 바람직한 여성문화, 소위 '교양있는 여성'으로 호명되는 신분 상승의 즐거움을 누리기 위해 기꺼이 자신을 버리고 대중적인 여성 문화에 스스로 편입되어 대중의 일원으로서 느끼는 소속감과 편안함을 추구했던 것이다.

『여원』에 실린 서사만화는 사회사적으로 살필 수 있는 도시화된 삶과 경제사적인 측면에서 논의할 수 있는 자본주의화 된 삶에 주목하면서 서구식 근대적 생활양식에 대한 한국 사회의 선망을 드러내고 있다. 물론 이러한 만화들이 한국 사회의 지역적 불평등이나 신분의 차이에 따른 계층간의 갈등을 젠더 이슈로서 전혀 문제 삼지 않은 것은 아니다. 그렇지만 『여원』의 만화가 다룬 젠더 이슈는 투철한 비판 정신의 성과라 할 수 없다. 만화가 다룬 여성 문제는 특별히 여성의 삶을 고양시키기 위한 고민의 흔적이 적어 젠더 이슈라 이름붙이기 어려운 일시적이고 현상적인 볼거리에 국한되어 있다. 이로써 만화는 여성 문화를 선정적으로 재현하여 한 여성이 다른 여성의 삶에 관심을 보이도록 여성의 세계를 호기심거리로 타락시켰다는 혐의를 피할 수 없게 되었다.

『여원』의 서사만화는 미약하지만 근대문화의 주요 요소 가운데 하나인 사회적 평등을 실천하기 위한 일련의 노력들을 확인할 수 있게 한다. 그것은 수직적인 지배구조의 영향에서 자유로울 수 없는 하층민 여성의 삶이나 상층부 여성의 삶을 희화화함으로써 근대시민사회의 도덕률을 긍정하는 계몽적인 소망까지를 담아내고 있다는 점이다. 만화의 희화화 기법은 희화화의 대상으로 거론된 인물로 하여금 성찰적 자성을 촉구하는 의미를 내포하고 있다는 측면에서 근대적인 만화로서의 소임을 일정 부분 수행해냈다는 평가를 받을 만하다.

신흥 중간계급 직업여성 담론 연구

이 상 화

1. 신흥 중간계급 여성의 아비투스 형성과 『여원』

전후 국가는 '조국의 선진화'를 표방하면서 고학력 여성들 즉 지식여성들의 사회활동을 근대화의 지표로 삼았다.[1] 그 결과 여성교육의 대중화, 여성의 사회진출 증가, 남녀평등 이념의 보편화 등을 통해 가시적 측면에서 여성 활동 영역의 장(場)이 사적 영역에서 공적 영역으로 확대되었다.[2] 『여원』은 지식 여성과 그에 준하는 여성들, 즉 여대생, 직업여성 등을 주 독자층[3]으로 문화교양을 증진시키는 한편 그 당시 사회에서 요청하는 국가사회의 번영발달에 이바지할 책임있는 여성[4]을 양성하는 데 주력한 잡지이다. 이를 위하여 『여원』에서는 문화

---

1) 조혜정, 『성찰적 근대성과 페미니즘』, 또하나의 문화, 1998. 102~103면.
2) 강희영, 「경제위기 하 신규 대졸여성들의 구직경험에 관한 연구」, 한양대여성학석사학위 논문, 1999.12, 19면.
3) 『여원』, 1955.12, 142~147면 ; 『여원』, 1956.1, 72면 ; 『여원』, 1956.10, 192면.
4) 1960년대 이후 근대화정책을 본격적으로 진행하면서 중류계급이상의 지식인의 역할이 중요하게 인식되면서, 당시 여성들에게 사적인 영역인 가정에서 뿐만아니라 공적인 영역인 사회로 시각을 넓혀 사회 발전에 이바지할 책임의식을 요청하고 있었다. 김일영, 『건국과

교양계층의 교육정도, 취향, 매너 등을 고려하여 그들의 유사한 문화적 자본5)을 다양한 미디어 담론을 통해 제공함으로써 당시 문화교양계급이라고 할 수 있는 중상류계층의 문화적 성향들 사이에 내재된 연결고리인 아비투스6)를 형성시키는 역할을 담당하고자 하였다. 자본주의 사회에서는 시장, 교육체계, 법적 기구, 국가 등 비개인적인 지배수단을 통해 사회구조가 재생산된다. 특히 이 가운데 문화유산, 상징적 전유에 필요한 태도, 성향 등 문화영역에서 발생하는 상징 투쟁은 사회구조의 재생산에 중요한 매개가 된다.7) 『여원』은 다양한 문화 담론8)을 통해 중류 이상 지배계급의 문화를 간접적으로 투입시키고 있다. 이는 한국 여성의 생활관에 대한 특집 앙케이트 조사에서 단적으로 드러난다.

  이번 조사는 위에서 말한 우리의 생활상의 변화를 알아보기 위한 것이었다.
  이리하여 여성들의 생활에 매우 밀접한 몇 개의 문제영역을 골라, 어떠한 경

  부국 : 현대한국정치사강의』, 생각의 나무, 2004, 163면 ; 김인걸 외 편저, 『한국현대사강의 : 1945~1990』, 돌베개, 1998, 284면 ; 조혜정, 앞의 책, 102~103면.
5) 부르디외의 문화갈등론(1977)에 의하면 미디어자본의 유형은 경제적 자본, 사회적 자본, 문화적 자본, 상징적 자본으로 구성되어 있다. 문화적 자본은 교육정도, 취향, 라이프스타일, 습관, 매너, 언어스타일, 인간적 매력, 용모, 카리스마, 호평, 소문, 체면, 위신 등을 의미한다. 조종혁, 「미디어 아비투스와 상징적 폭력」, 『커뮤니케이션학 연구』15호, 한국커뮤니케이션학회, 2007 봄, 47~50면.
6) 아비투스는 동일한 계급의 구성원들이 인지, 태도, 행위의 속성, 지각과 판단, 취향, 사물의 구별짓기 등에서 상호유사성을 공유하는 것을 의미한다. 이 유사성은 계급이익의 극대화를 위한 담론 혹은 이데올로기의 재생산과 그것들의 자연화라는 다분히 무의식적 동기에 의해서 비롯된 것이다. 또한 아비투스는 계급과 문화적 성향들 사이에 내재된 연결고리를 의미한다. 즉, 인간의 육체에 각인된 기질, 체화된 성향 혹은 체질 같은 것을 의미한다. 위의 글, 38~41면.
7) 최정웅·양경숙, 「부르디외의 아비투스에 관한 교육적 의미」, 『형이상학』제7집, 323~326면.
8) 부르디외는 문화갈등이론에서 사회계급과 연결된 문화적 양태의 관련성을 각 계급의 분포와 그들이 소유하고 있는 다양한 유형의 자본 즉 경제적 자본, 사회적 자본, 문화적 자본, 상징적 자본 등의 구성비율 등을 통해 제시하고 있다. 조종혁, 앞의 글, 34~38면.

향을 띠고 있는가를 「문의」하여 보기로 하였다. 결국 결혼관, 가정생활, 의식주, 직장과 여가, 생활철학과 행복론들을 중심으로 20여개의 질문이 작성되었고, 각 질문은 다시 극단적인 두가지의 해답을 설정하여, 그 중에 자기 의사에 가까운 어느 한가지 해답을 택하도록 하였다. (…) 결과적으로, 수집된 자료에서 밝혀진 조사대상은 한마디로 한국 사회에 있어 여성의 중간계급(中間階級)을 대표하는 것이었다. 더 엄격하게 말해서 「『여원』애독자층」이라 함이 나을 지도 모른다.9)

이 앙케이트는 변모하는 한국 사회의 제반양상을 고찰하기 위해 전국의 여성 339명을 대상으로 당대 한국 여성의 결혼관, 의식주, 가정생활, 직장과 여가, 행복론 등을 조사하고자 기획되었다. 그러나 그 결과를 보면 "한국 사회의 중류여성 즉 중간계급 여성의 생활관"을 모델로 삼고 있다. 이는 중매결혼의 선호, 부부만이 따로 사는 핵심가족 즉 핵가족의 지향, 유행 의상보다는 실리적 의상의 선호, 한옥보다는 합리적 생활을 위한 양옥의 선호, 결혼 후 직장을 싫어하는 경향, 모험보다는 안정된 생활을 추구하는 경향 등을 통해서 잘 드러난다. 이처럼 『여원』에서는 근대화 정책 이후 형성된 신흥 중간계급을 애독자층으로 상정하고 미디어 아비투스를 형성하였다.10)

또한 『여원』에서는 신흥 중간계급의 아비투스가 차별화되는 과정을 담론을 통해 보여주고 있다. 이는 특히 신흥 중간계급을 대표하는 직장여성의 취향과 문화활동을 중심으로 초점화되고 있다.

> 독서는 모든 사람에게 다 필요한 것이지만 특히 직장여성들의 독서열이 왕성해지지 않으면 안된다고 생각하는데에는 다음과 같은 세 가지의 이유가 있다.

---

9) 「특집 전국 339명의 <앙께뜨>에서 본 여성의 생활관 32장」, 『여원』, 1966.4, 146~183면.
10) 미디어 아비투스는 미디어 자본에 의해 결정되는 미디어계급과 다른 한편으로는 언론인들 자신의 아비투스가 반영된 미디어 자율성에 의해 형성된다. 위의 글, 50면.

그 첫째는 위에서 말한 것과 같이 직장여성은 여성 전체의 사회적인 위치와 그 지위를 대표해 주는 것이기 때문에 그러한 여성들의 교양이나 지적 수준은 그것이 그대로 곧 여성 전체의 교양과 지식을 측량하는 「바로메타」가 된다는 점이 그것이다. (…) 둘째는 직장여성은 그 직장이 가지는 특수한 기술이나 사무 때문에 전문적인 혹은 특수한 지식이 필요할 때가 있다는 점이 그것이다. 자기가 맡은 직책을 완전히 수행하기 위해서는 그 일에 관한 필요한 지식을 그 방면의 전문 서적을 통해서 얻지 않으면 안된다.
　셋째는 직장이란 대체로 여러사람을 접촉해야 되는 장소이므로 어떠한 사람을 대해서도 독립된 한 사회인으로서 손색이 없어야한다. 그러기 위해서는 항상 남에게 뒤떨어지지 않는 교양과 지식을 얻지 않으면 안된다.11)

여기에서는 직업여성들이 독서를 해야 하는 이유를 구체적으로 제시하고 있다. 『여원』은 신흥 중간계급의 사무원을 미디어 수용자로 상정하고 이들에게 사회적인 의무와 사명을 다하기 위해 지식과 교양을 획득하는 수단인 독서를 하라고 권유하고 있다. 구별되는 문화활동의 차이가 집단적 정체성을 형성하고 사회구조 안에서 위계질서를 성립시키고 아비투스를 형성한다.12) 『여원』에서는 독서라는 문화활동을 권유하고, 이러한 선택적 취향을 담론을 통해 제공함으로써 차별화 전략을 실행하고 있다.
　한편 『여원』에서는 신흥 중간계급의 아비투스를 형성하는 원리로 교육과 훈련을 통해 형성되는 매너13)를 들고 있다.

---

11) 조연현, 「직장여성의 독서써클조직을 제창한다」, 『여원』, 1957.10, 63~64면. 이외에도 독서에 관한 담론으로는 다음과 같은 것들이 있다. 좌담회 「한국여성의 독서경향을 재검토한다-독자의 『『여원』』비판을 겸하여」, 『여원』, 1957.10, 232~243면 ; 한혜석, 「일요일은 여성답게」, 『여원』, 1966.5, 226~229면.
12) 홍성민, 「사회적 무의식과 문화분석」, 『문화와 아비투스』, 나남출판, 2000, 309~310면.
13) 피에르 부르디외, 최종철 역, 『구별짓기』, 새물결, 2005, 131~136면.

① 진실하고 성실한 여사무원같은 몸가짐이 필요합니다. 특히 복장에 있어서는 지나치게 화려한 것이나 이상한 것등을 피하는 게 좋습니다. 그렇다고 초라하고 단정하지 않은 것은 나쁩니다.

② 집무 중에는 반드시 회사 소정의 사무복을 단정히 착용할 것입니다. 또한 그것을 더럽히지 않도록 주의해야 합니다.

③ 복장은 간소하면서도 산뜻한 것이 좋습니다. 유행에 치우친 빛깔이나 무늬, 혹은 지나치게 화려한 것 등은 좋지 못합니다. 복장이 자기의 인격을 표시한다는 사실을 늘 기억할 일입니다.[14]

위 예문은 직업여성의 몸가짐에 대한 담론으로 단정한 몸가짐과 복장 착용을 강조하고 있다. 이는 매너교육[15]을 통해 『여원』이 지향하는 신흥 중간계급의 아비투스를 형성하고자 하는 의도라고 할 수 있다.

본고에서는 『여원』의 이러한 담론의 특징을 전제로 하여, 당시 『여원』지에서 여성들의 문화교양을 향상시키기 위해서 제공된 다양한 미디어 담론 가운데 직업여성의 형성과정과 그 담론의 특징을 살펴보고자 한다. 특히 근대화 이후 다양한 직업군이 계급화되어 가는 과정에서 대두되었던 신흥 중간계급, 즉 중산층 여성의 젠더화에 주목하고자 한다.

---

14) 「신입회사원 B.G일년생의 수첩」, 『여원』, 1961.3, 183면.
15) 이밖에도 매너교육에 관한 담론은 「직업여성의 생활요령-몸가짐, 복장, 요리, 미용」, 『여원』, 1958.12, 246~253면. 등 다수가 있다.

2. 신흥 중간계급 직업여성의 젠더화 과정과 담론화 양상

한국여성의 사회적 진출은 해방 이후 6·25 전쟁이라는 역사적 현실에서 비롯되었다. 즉 6·25 전쟁의 여파로 인해 가장이 부재하는 현실에 직면한 여성들은 생활고를 극복하고 가족의 생계를 위해 직업전선에 참여하는 것이 불가피하게 되었다. 이는 한편으로는 여성의 지위향상을 위해 의미있는 출발점이 되었다고 할 수 있다.16)『여원』에서는 당시의 이러한 여성적 현실을 좌담과 직장진출 등의 사회적 진출의 필연성과 여성의식의 변화를 강조하는 담론을 통해 제시하고 있다.17) 당시 여성의 사회적 진출이 국가 사회적 차원으로 부각되었지만, 한편으로는 여성이라는 이유 때문에 사회 진출이 그다지 용이하지 못했다.『여원』에서는 이러한 사회적 현상을 진단하고 직장진출을 위한 사회적 안목의 변화와 법률적 제도 마련 등을 제안하기도 한다.18)

---

16) 최일성·김현정,『한국여성사』, 백산자료원, 2006, 195면.
　전쟁은 여성의 일상과 사회적 역할에 영향을 미쳤다. 전쟁미망인의 생계형 노동, 미혼여성의 저임금 노동, 기혼여성의 보이지 않는 노동이 경제의 초석이 되었다. 전경옥 외,『한국여성문화사』2, 숙명여대출판국, 2005, 37면. 전쟁 전 1949년에는 35.6%에 불과했던 직업여성들이 전쟁 후인 1951년에는 47.6%, 1952년에는 44.6%로 증가하고 있다. 여성들은 생활을 힘겹게 했지만 가정 내 경제권 장악, 자녀교육에 대한 책임 등을 통해 여성지위를 변화시켜 갔다. 한일여성공동역사교재편찬위원회,『여성의 눈으로 본 한일근현대사』, 한울아카데미, 2005, 213~214면.
17)「좌담회-직업여성들이 비판하는 남성사회」,『여원』, 1955.12, 142면 ; 김정호,「더 개척할 수 있는 여성직장」,『여원』, 1956.9, 46~47면 ; 김병옥,「직장간부로서 직장여성에게 드리는 요망」,『여원』, 1956.9, 56면 ; 이예행,「여성의 직장은 임시정류장인가」,『여원』, 1956.9, 39면 ; 편집부,「송년특집-한국의 가정」,『여원』, 1956.12, 54~59면 ; 편집부,「특집-불안과 피로에서 어떻게 벗어날 것인가」,『여원』, 1957.3, 54면.
18)『여원』에서는 당시 한국여성의 지위와 대우가 아직 열악한 상태에 놓여 있는 이유는 "직업여성"에 대해 여전히 동정이나 연민 등으로 경시하는 시각과 유식(遊食)을 고상하게 생각하는 봉건계급의식의 발로 때문이라고 진단한다. 정일순,「세상에선 나를「훼미니스트」라고 하는데…」,『여원』, 1958.3, 70~73면.

이와 같이 6·25 전쟁 후 1950년대 후반까지 직업여성이 차지하는 위치가 중요하게 인식되면서 여성의 직업의식이 고취되었을 뿐만 아니라 다양한 계층의 직업여성이 배출되었다. 『여원』에서는 당시 여성 직업인의 수기와 좌담, 특집 등을 통해 다양한 여성 직업인[19]이 형성되는 과정을 담론화하고 있다.[20]

먼저 당시 사회적 배경부터 간략하게 짚어 보겠다.

1957년 이후 미국이 정치 군사 경제면에서 국제적으로 어려움을 겪게 되면서 대외원조정책은 소비재 중심의 원조에서 스스로 경제 발전을 이룩할 수 있는 능력을 조달하는 정책으로 전환되고, 경제원조도 차관으로 대체된다. 이에 따라서 '생산재 생산공업'에 대한 투자가 시작되었으며, 1959년 경제개발계획(1960~1962)이 입안되었다.[21] 그러나 이러한 미국의 원조정책의 변화에 따라 한국은 극심한 경기불황을 겪게 되었고,[22] 빈곤층이 확산되면서 실업률이 증가하고 이는 결국 4·19 시민혁명의 원동력으로 작용한다.[23]

---

19) 당시 여성 직업으로는 은행, 일반경리, 서무, 간호원, 점원, 의사, 약사, 학교교원, 차장, 가이드, 다방레지, 맵서, 이발사, 항공사, 자동차운전수, 토건회사 운영자 등이 있었다. 하층계급에 속하는 빈한한 가정의 여성들은 대부분 값싼 노동력을 제공하는 여공으로, 중산계급에 속하는 중등교육 이상의 교육을 받은 여성들은 대부분 비서출납원, 타자원 등의 기술직으로 취업하는 경우가 많았다. 특히 당시 인기있는 직업은 은행원, 비서, 여간호원, 여교육자 등이었다.(김정호, 「더 개척할 수 있는 여성직장」, 『여원』, 1956.9, 47면)
20) 1955년 이후 1950년대 후반부까지의 직장여성에 대한 담론은 직장여성의 독자응모수기인 "직장일기"를 통해 형성되었다. 직장의 일상을 소개하는 차원의 글, 직업여성의 사회적 인식과 여성직장론에 해당하는 논설의 글, 하층계급 직업여성을 사회문제의 일환으로 보도하는 진단성 글 등으로 범주화할 수 있다.
21) 역사학연구소, 『함께 보는 한국근현대사』, 서해문집, 2004, 315~329면 ; 김인걸 외 편저, 앞의 책, 179~193면 ; 구로역사연구소, 『바로보는 우리역사2』 거름, 1990, 157~162면.
22) 김일영, 앞의 책, 263~265면 ; 김인걸 외 편저, 앞의 책, 272~279면.
원조물자의 처리와 배분과정에서 극심한 물자난과 인플레이션, 귀속재산불하, 금융정책 등으로 인해 한국의 재벌이 형성된다. 김대환, 「한국경제의 성격과 구조」, 『한국현대사를 어떻게 볼 것인가, 1945~1960』, 열음사, 1987, 135~142면.

그러나 4·19 혁명 이후 자유, 민주, 경제안정과 번영 등의 의미는 상실되고 민주주의의 변질로 사회가 더욱 혼란스러워지면서 극심한 실업 현상이 사회문제로 부각된다. 이러한 국면에서 5·16 군사 쿠테타 이후 수립된 제3공화국은 영세국민이나 실업자를 구제하기 위해 반공과 근대화를 중심으로 한 "경제개발 정책"을 추진한다.24) 『여원』은 당시 이러한 정치 사회적 변화에 따른 실업률의 증가와 정책 변화에 민감하게 반응하였다.25)

제3공화국 수립 후 중요한 정치적 과제로 부각되었던 근대화는 정치, 경제, 사회, 문화의 각 방면에서 여러 가지로 그 내용을 말할 수 있을 것이다. 그렇지만 공통되는 핵심 요소는 자아각성과 합리적 생활양식이었다. 국가정책에 있어서 합리화의 원칙은 개인 생활의 근대화를 의미하는 것으로 소득수준에 맞추어 소비를 합리적으로 조정하는 것이었다.26) 이는 결국 1963년 이후 수립된 경제개발정책과 연계된다. 이는 『여원』의 다음과 같은 글을 통해서도 알 수 있다.

---

23) 송건호,「꼭 취직을 하여야 하는가」,『여원』, 1963.4, 108~111면 ; 편집부,「취직을 미끼로 한 사기」,『여원』, 1963.4, 116~119면.
  당시 전국 실업자 수는 380,567명으로서 그 중 남자가 315,048명으로 전체 실업자의 82.7%를 차지하고 여자 실업자는 불과 18.3%인 65,483명으로 되어 있다.(1962. 2. 20 당시) 특히 지식층을 형성하고 있는 이들이 취업을 하지 못하고 있다는 점은 당시 실업의 심각성을 여실히 나타내고 있다. 김행자,「금년도 대학졸업생의 항의-대졸 후 무엇을 하겠느냐」,『여원』, 1965.3, 117~119면.
24) 구로역사연구소, 앞의 책, 171~177면 ; 역사학연구소, 앞의 책, 344~348면.
  반공은 정권을 유지하기 위한 제도적 장치로, 근대화는 대중의 내적 지지를 이끌어내기 위한 정책으로 제시된다. 김한종,「한국현대사의 변화와 사회의 성격」,『사회과학연구』 9호, 한국교원대 사회과학교육연구소, 2006.2, 69~70면.
25) 조기준,「특집 : 한국여성의 근대화-무엇이 근대화인가」,『여원』, 1964.2, 62~65면.
26) 박선영,「실업의 실태와 고용의 현실」,『여원』, 1963.4, 98~102면.

새해 연두교시를 발표하며 박정희대통령은 올해는 수출, 증산, 건설의 세가
지 큰 목표를 세우고 「일하는 해」로 모든 국민이 다같이 경제성장을 이룩하여
자립의 평원을 향해 줄달음치자고 강조했다.
　「일하는 해」의 설정은 그것대로 새로운 듯 하게 들린다. 온 국민이 근면하
고 검소하게 생활하여 살기 좋은 나라를 이룩하자는 것은 비록 화려한 「판파
레」를 올리지 않더라도 누구나 가슴에 간직해야 할 생활의 신조여야 할 것이
다.27)

　이를 통해서 1963년 이후의 경제개발정책은 외국 자본을 바탕으로
한 대외지향적 수출지향정책28)과 경제개발을 뒷받침하기 위한 정신
자세인 "제2경제"를 강조하는 정책을 동시에 수행하였음을 알 수 있
다.29) 『여원』에서는 이러한 부분에 주목하여 가정의 경제적 자립을 도
모하고 정신자세를 확립하는 정보 교육적 차원의 글을 제시하고 있다.
기혼여성의 경제적인 모색을 위한 방안으로는 다양한 부업30)과 당시
수출정책에 부응하는 보세가공을 제시하고 있다.31) 또한 해외노동력
의 수출32)을 강조하는 한편 독일의 근로여성을 전범으로 삼고 있다.33)

---

27) 장상길, 「금년도 대학졸업생의 항의 - 배워도 못 써먹는 사회」, 『여원』, 1965.2, 112면.
28) 역사학연구소, 앞의 책, 356~363면.
29) "제2경제"를 위한 정책은 저축, 근검절약을 강조하였다. 또한 주곡의 자급화 정책과 혼
　　식·분식의 장려, 대용식량으로 라면보급을 확대하였으며, 가정의례준칙을 제정하였다.
　　(김한종, 앞의 글, 69~70면)
30) 이영희, 「특집 - 여성해방20년 : 다듬어진 땅 더 기름지게」, 『여원』, 1965.8, 196면.
　　당시 기혼여성의 직장진출은 전체 여성에 비해 0.5%에 불과하였으며 여성단체에 가입
　　하는 것은 물론 모임이나 그룹 활동 또는 강습에 나가지 않는 기혼여성들은 89.8%를 헤
　　아리고 있었다. 1950년대 후반 일자리가 부족한 현실 속에서 직장에서 기혼여성들을 기
　　피하고 미혼여성을 중심으로 고용하던 것이 1960년대에도 이어지고 있었음을 알 수 있
　　다. 기혼여성들에게는 부업을 통해 가정 내 경제문제를 해결하도록 권유하였다.
31) 김충애, 「우리집의 살림공개 - 부업으로 이룩할 보금자리」, 『여원』, 1966.6, 300~304면 ;
　　손금옥, 「르뽀 : 부업이 되는 보세가공」, 『여원』, 1966.9, 206~211면.
　　1960년대 중반 이후 본격적으로 수출지향 산업화로 전환되면서 한국의 수출은 생산원료
　　와 중간재, 시설재는 외국에서 수입하여 이를 조립가공한 다음 다시 수출하는 단순가공
　　무역이 대부분이었다.(역사학연구소, 앞의 책, 363~368면)

한편 1952년 이후 실시된 의무교육으로 1950년대 말 현격하게 문맹률이 저하되면서 고등교육 이수자가 크게 증가하였고, 이는 1960년대 이후 노동집약적 산업화의 토대가 되는 양질의 노동력과 산업화의 주도세력인 엘리트 관료들을 충원하는데 지대한 역할을 하였다.34) 이러한 사회적 분위기에 힘입어 여성들의 교육수준도 높아지게 되었다. 이렇게 교육수준이 높아진 여성들의 대다수가 졸업 후 취업을 희망하면서 사회에 진출하는 직업여성의 수도 해마다 늘어나게 되었다.35)

또한 1960년대는 국가주도의 경제개발정책으로 수출이 확대되면서 국내공업계도 지속적인 성장을 하여 고용이 창출되면서 1960년대 초반에 극심하던 실업현상도 점차로 감소되었다.36) 당시 산업화와 근대화 정책은 광범위한 지식인을 체제 내로 동원하는 방침을 중심에 두었는데, 대부분의 지식인들은 중산층을 확대하는 방식으로 근대화를 달성해야 한다고 주장하였다. 이러한 사회적 분위기는 산업화가 진척되면서 행정 기업조직의 관리자 즉 공무원, 사무원, 기술자, 변호사, 의사, 기자 등 화이트칼라로 불리는 '신흥 중간계급'(신중산층)37)을 형성

---

32) 당시 서독에 광부나 간호사를 파견하는 경우가 많았다. 뿐만 아니라 선원수출, 원양어업 개척 등 해외노동력수출의 사례가 많았다.(김일영, 앞의 책, 355~372면)
33) 「특집 대통령 방한 서독방문 7일간 : 육영수여사와의 인터뷰－더 일하고 잘 삽시다」, 『여원』, 1965.2, 100~101면 ; 나은실, 「특집 대통령 방한 서독방문 7일간－라인강의 기적은 없었다」, 『여원』, 1965.2, 102~105면.
34) 김일영, 앞의 책, 249면.
35) 특히 1960년대 중반 이후 직장에 진출한 여성의 수는 1965년 9월 통계에 의하면 총 취업인구 910만 명 중 320여만 명으로 전체의 33% 이상을 차지하고 있다. 직업여성이라면 생활이 몹시 곤란하든가 평탄하지 못한 사연을 지닌 여성으로 인식되었던 해방 전후와 비교하면 여성의 직장진출이 급증했음을 알 수 있다. 이무현, 「직장의 꽃 생활의 멋 ④ －소중한 낮 한때」, 『여원』, 1966.4, 113면.
36) 이러한 경제발전은 미국의 차관에 의존한 것으로 결국 1960년대 말 외채상환부담이 경제전반을 위협하면서 경제적인 위기를 겪게 된다. 이현희, 『한국근현대사의 재조명』, 삼광출판사, 2000, 248~252면.

하는 데 중요한 계기가 되었다.38) 1960년대 직업여성을 살펴보면, 교육가, 예술가 등은 종래에도 있었지만 정치가, 조종사, 기사, 법관, 외교관, 학자, 직업선수 등 다양한 직업군에 여성들이 진출하였다.39) 특히 『여원』에서는 1960년대 이후 "직장인 꽃 순방"이란 난을 통해 모범적인 직업여성상을 제시하고 있는데, 소개되고 있는 여성직업은 대부분 사무원, 여비서, 은행원, 기자, 외교관, 교사, 간호원, 약사, 방송인 등이다. 이를 통해서 1950년대에 비해 1960년대에는 '신흥 중간계급'이라 불리는 여성들의 직장진출이 확산되고 있었음을 알 수 있다. 이는 1960년대 근대화정책에 부응하기 위한 기획이라고 볼 수 있다.

특히 『여원』에서 지식여성의 모체라고 할 수 있는 '여대생'에 주목하고 있는 것도 신흥 중간계급의 형성과 긴밀한 관련이 있다. 『여원』은 당시 여대생의 졸업 후 진로모색이나 결혼 후 영구적인 직장생활을 위해 여교사, 의사, 약제사, 피아노, 양재 등 특수한 기술력을 지닌 직업을 제안하였다.40) 이는 지식여성의 직업으로 전문직에 대한 인식이 형성되고 있었으며, 여성의 사회 진출을 중요한 사회적 과제로 인식하고 있었음을 의미한다.

지금까지 살펴본 바와 같이 『여원』에서는 1950년대 이후 1960년대 말까지 한국의 정치사회경제의 변모상과 다양한 여성직업군의 형성과정을 다양한 담론을 통해 제시하고 있다.

---

37) 신중산층은 근대적 교육, 과학기술, 합리적 정신을 갖춘 사람들로 실질적으로 한국 근대화를 담당하는 주체세력이었다. 김영모,「중산층의 지위와 기능」,『정경연구』, 1966.4, 171면.
38) 로스토우 류의 "제3세계근대화론"은 군인과 지식인의 결합을 강조하였는데, 이는 한국의 경제정책과 지식인사회에 지대한 영향력을 끼쳤다. 홍석률,「1960년대 지성계의 동향」,『1960년대 사회변화연구 : 1963~1970』, 백산서당, 1999, 191~193·203~206면.
39) 강인숙,「특집 - 여성해방의 20년 : 두다리로 대지에 서다」,『여원』, 1965.8, 188~191면.
40) 이무현,「직장의 꽃 생활의 멋 ④ - 소중한 낮 한때」,『여원』, 1966.4, 113면.

여성의 사회 진출이 과제로 대두되면서 직업여성이 형성된 초기인 1950년대에는 양공주, 식모, 여직공 등 하층 계급의 직업군을 담론화하되 르뽀, 특집 등의 기획기사를 통해 사회문제의 일환으로 다루고 있다. 이는 중류 이상의 지식 여성의 시각으로 하층계급 여성 직업을 타자화한 결과라고 할 수 있다.41) 또한『여원』에서는 육체적으로 과중하지 않는 반면 섬세하고 치밀한 감각을 드러낼 수 있는 서비스직을 여성들에게 제안하고 있다.42) 이는 여성의 특성에 맞는 직업을 제안한 것이지만 특정 직업에 여성이 밀집될 경우 저임금 현상을 초래하여 여성과 남성이 동등한 지위를 확보하는 데 부정적인 영향력을 형성할 수 있다43)는 사실을 간과한 소이라고 할 수 있다.

한편 1950년대 후반『여원』에서는 착실한 여성 직업으로 미용사, 타이피스트, 이발사, 재단사, 양재사와 간호원과 조산원 등 전문기술이 필요한 직업을 제안하고 있다. 또한 당시 여성들이 가장 선호하는 직업으로 교사, 비서, 은행원, 여간호원 등을 들고 있다.44) 이러한 신흥 중간계급의 직업여성은 1950년대에는 매우 희소하였으나 1960년대 이후 이들이 근대화의 주요 인력으로 인식되면서 점차 확산되어 갔다.『여원』에서도 1960년대 이후 국가주도의 경제정책에 부응하기 위해 중상층계급의 직업여성을 근대화 담론의 초점에 두고 있다. 이는『여

---

41) 황일호,「딸라의 매력인가-양공주들의 실태」,『여원』, 1956.1, 230~233면 ; 방철원,「한가닥 희망을 잃지 않고-식모의 실태」,『여원』, 1956.1, 234~238면 ; 김지향,「르뽀르따아쥬 특집-한국의 청춘 : 기계와 제복에 싸인 여공들」,『여원』, 1964.6, 142~146면 ;「르뽀 특집-그들은 아직도 그늘에 있었다」,『여원』, 1966.3, 146~181면.
42) 김용장,「직장여성이 개척할 분야는 아직도 많다」,『여원』, 1958.4, 72~74면.
43) 나탈리 J. 소콜도프, 이효재 역,「이중노동시장이론」, 이화여대출판부, 1990, 93~95면.
44)「공동연구-여성의 취직과 직장의 남녀관계」,『여원』, 1959.3, 166~172면 ; 박경숙,「처녀이발사로 8년」,『여원』, 1958.9, 224~226면.

원』이 "지식 여성의 문화적 교양을 증진시키고 국가사회의 번영 발달에 이바지하고자" 했던 창간 당시의 기획 의도와 『여원』의 주 독자층이었던 직업여성45)을 염두에 두었기 때문이다.

3. 신흥 중간계급 직업여성의 교양교육 담론

『여원』에서는 1950년대 이후 여성의 직장진출이 사회적으로 부각되면서 직업여성과 관련된 다양한 담론을 기획 제공하고 있다. 그러나 다양한 계급의 직업여성에 대한 담론은 『여원』의 기획 계급인 지식 여성이 지향하는 중류 계급의 시각으로 초점화 된다. 특히 1960년대 경제개발정책이 본격화되면서 신흥 중간계급이 이러한 기획의 의도와 합치되면서 더욱 부각되었다.

남한에서의 신흥 중간계급은 1960년대 국가가 정책적으로 근대화와 민족적 민주주의를 이끌어 나갈 주체로서 지식인을 중심으로 중산층을 확대하고자 하는 의도에서 비롯되었다. 특히 산업화가 진척되면서 기업조직의 관리직, 사무 노동자와 기술직, 전문직 등에 해당하는 신흥 중간계급이 형성되었다.46)

중류 이상의 계급 특히 지식여성의 지원 아래 기획되었던 『여원』은 이러한 당시의 사회상을 반영하는 한편 새롭게 대두되고 있었던 신흥 중간계급 특히 화이트칼라 직에 종사하는 여사무원, 비서직 등을 초점화하여 학교의 장(場)과는 다른 문화자본47)으로서의 역할을 수행하고

---

45) 「좌담회 – 직업여성들이 비판하는 남성사회」, 『여원』, 1955.12, 142면.
46) 홍석률, 앞의 책, 226~237면.

자 하였다. 본장에서는 『여원』에 나타난 예비 직업여성과 신입사원을 위한 교육적 차원의 담론과 직업인의 소양과 의식함양을 위한 교육적 차원의 담론으로 나누어 살펴보고자 한다.

우선 예비 직장인을 위한 담론은 직장인 탐방, 일반 직장인 체험수기 및 성공한 여성 기업인의 수기, 직업여성의 좌담, 특집 등을 통해서 제시하고 있다.

직장인 탐방은 전범으로 삼을 수 있는 여성 직업인을 간단한 이력과 덕목을 중심으로 소개하고 있으며, 직장인 수기는 직장생활의 애환을 일기형식으로 소개하여 해당 직업의 특징과 업무를 간접적으로 터득할 수 있도록 담론화하고 있다. 이러한 담론은 직장진출을 앞둔 여성들에게 구직의 가능성과 취업준비를 할 수 있는 자각의 계기를 마련해 준다.

또한 예비 직장인을 위해 신입사원의 채용기준과 전형조건,[48] 시험 등 구체적인 정보를 제공하고 있다. 학과시험, 면접고사, 회사가 요구하는 인물, 답안 작성의 예시 등 구체적인 채용기준을 알려주고 있다. 특히 "채용시험보다는 연고관계의 우월함을 과시하는 병폐를 용납될 수 없는 사항"으로 강조하고 있는데,[49] 이는 신흥 중간계급의 자질로 합리적인 사고를 중시하는 부분이라고 할 수 있다.

한편 『여원』에서는 신입사원 교육의 일환으로 일상적 업무지침과

---

47) 부르디외는 마르크스와는 달리 자본을 경제적인 차원에 국한시키는 것을 거부하고, 사회적 경쟁에서 도구로 사용할 수 있는 모든 에너지로 파악하고 있다. 이는 경제적 갈등과는 다른 갈등의 분석을 가능하게 하였다. 피에르 부르디외, 앞의 책, 13~14면.
48) 홍승면, 「신입사원전형조건-신문기자에의 길」, 『여원』, 1963.4, 120~123면 ; 이병승, 「신입사원전형조건-은행원이 되려면」, 『여원』, 1963.4, 124~127면 ; 배춘호, 「신입사원전형조건-방송인이 되는 최저조건」, 『여원』, 1963.4, 132~135면.
49) 이영춘(유유산업사무이사), 「일보전진한 창의력과 건강」, 『여원』, 1963.4, 128~131면.

예절교육, 생활예절 등 교육적 차원의 담론을 제공하고 있다. 회사생활에서의 행동에티켓은 아침인사, 아침정리, 자세, 몸가짐, 집무시간 잡담금지, 손님접대, 전화, 윗사람과의 대화, 노크, 윗사람의 지시를 받았거나 복도 및 계단에서 동료나 윗사람을 만났을 경우 행동준수사항 등 매우 구체적이다.[50] 이러한 행동에티켓은 직장여성들의 전문적 소양 교육이기보다는 예절 차원의 행동에 초점을 두고 있다. 교양 교육 차원의 지침에 머물고 있는 것이다. 그러나 이후 일반적 주의사항, 몸가짐, 사무처리, 인사법, 동료 간에 주의할 사항, 전화 대응법, 서류처리, 서신의 취급, 내객응대법, 급사사무, 장부 및 전표기재법 등 구체적인 직무교육 차원의 정보로 진전되고 있다.[51]

『여원』에서는 이러한 직업교육 차원의 담론 외에도 직업인의 소양과 의식함양을 위해 사회지도층 인사들의 권면의 글과 "바라는 직장여성상"이라는 코너를 배치하였다. 우선 권면의 글은 "처음으로 직장을 갖는 여성들"에게 조언을 하는 형태로 제시된다. 회사업무와 일처리에 대한 내용보다는 사회에 첫발을 내딛는 직업여성인으로서의 정신적 소양 특히 사람으로서의 덕목과 여성다운 처신을 우선적으로 강조하고 있다.[52] 또한 "보이프랜드와 극장 출입을 하고, 땐스홀에 출입하면서 일간신문을 읽지 못하는 직장여성들"을 비판적인 시각으로 담론화하고 있다. 이는 당시 여성의 직장진출이 늘면서 대두되었던 사회문제를 염두에 둔 담론으로 여전히 직업여성에 대해 봉건적 시각이 지배하

---

50) 「직장여성에티켓」, 『여원』, 1955.11, 77~80면 ; 「직장여성에티켓」, 『여원』, 1957.4, 94~98면.
51) 편집부, 「B·G 一年生의 수첩」, 『여원』, 1961.3, 182~189면.
52) 차사백(무학여고교장), 「처음으로 직장을 갖는 여성에게-K양에게 주는 글」, 『여원』, 1956.9, 49~53면.

고 있었음을 알 수 있다. 이는 화장과 복식에 대한 담론을 통해서도 나타나고 있다. 당시 직업여성일지라도 "여성은 직장 안에서 한 개의 여성이라는 카테고리"를 벗어나지 못하고 있었다. 특히 직업여성은 "의상스타일은 종래의 인습에서 오는 소극적인 면에서 벗어나는 것은 좋지만 유난스러운 화장은 피할 것"53)을 강조하고 있다. 사실 이러한 화장과 복식 등의 취향은 신흥 중간계급의 취향이었다. 이는 "양식과 교양으로 다져진 내부로부터 우러나오는 세련미"54)를 가장 중요한 문화자본55)으로 제시하는 것을 통해서도 알 수 있다.

한편 초창기 직업여성들이 인내력을 발휘하지 못하고 빈번하게 직장을 옮기는 경우가 발생하였는데56) 이는 여성 스스로 노동의식이 미약할 뿐만 아니라 자아실현의 場으로서의 직업의식이 미약한 데서 비롯되었다.『여원』에서는 이러한 직업여성의 의식을 개선하기 위해 교육 차원의 담론을 제공하고 있다. 우선 "직업여성이 공통으로 깨달아야 할 것"으로 직업여성은 도시인이라는 인식과 함께 노동은 개인적 차원에서 사회적 차원으로 인식되어야 한다고 강조하고 있다.57) 이러한 담론은 직업여성들에게 노동의식과 자아실현의 장으로서의 직업의식을 고취시키는 문화자본의 역할을 수행하고 있다.

『여원』은 자아실현의 장으로서의 직업의식을 형성시키는 또다른

---

53) 오엽주(동화백화점미용실),「직업여성의 화장과 의상」,『여원』, 1956.9, 48~49면 ;「직업여성의 생활요령」,『여원』, 1958.12, 253면.
54) 박연숙,「직장의 꽃 생활의 멋 ⑨-기혼여성의 직장생활」,『여원』, 1966.9, 180~182면.
55) 문화자본은 지식, 교양, 취미, 감성 등 육화된 상태, 문화적 상품 등 객체화된 상태, 학교 졸업장 같은 제도화된 상태 등 다양한 형태로 존재한다. (삐에르 부르디외, 앞의 책, 13~14면)
56)『여원』, 1959.9, 40~41면.
57) 편집부,「직업여성의 생활요령(몸가짐, 복장, 미용)」,『여원』, 1958.12, 247~250면.

방식으로 독서를 제안하고 있다. 무엇보다 직업여성들의 독서열이 왕성해져야 하는 이유를 "직업여성의 교양이나 지적 수준이 여성 전체의 교양과 지식을 측량하는 바로메타"가 되기 때문이라고 강조한다. 『여원』이 직업여성들 가운데 특히 신흥 중간계급에 속하는 지식여성을 주 대상으로 하고 있음을 짐작케 하는 대목이다. 또한 업무상 필요한 전문적인 지식과 정보를 습득하고 직장생활 중 대인관계를 형성하는 데 필요한 교양과 지식을 습득하기 위한 방편으로 독서를 제안하고 있다. 이러한 전문적 지식의 습득과 문화교양적 차원의 독서는 개인적 차원의 의미로 머무르는 것이 아니라 직업여성이 직장생활을 통해 남녀동등권을 실천해야 한다는 사회적 의무와 연관되어 있다.58)

지금까지 살펴본 바와 같이 직업여성을 위한 교육 차원의 담론은 1960년대 이후 본격적으로 대두되었던 신흥 중간계급의 문화자본을 전수하고 유지하는 것에 초점이 맞추어져 있다.

4. 직장연애와 결혼의 문화담론

6·25 전쟁 이전에는 대부분의 여성이 학교를 졸업한 이후 바로 결혼하는 것이 통례였으나, 6·25 전쟁 이후에는 여성이 직업을 갖는 것이 일반적인 것으로 인식되었다. 사적 영역인 가정 내에서만 그 역할이 제한되었던 것에서, 직장이라는 공적 영역으로 여성이 영역이 확장되면서 경제적 자립권의 획득과 자유연애의 가능성은 더욱 높아졌다. 이처럼 여성의 직장진출은 사회적으로 불가피했으나, 한국 사회의 봉건

---

58) 조연현, 「직장여성의 독서써클조직을 제창한다」, 『여원』, 1957.10, 63~64면.

의식은 여성의 직장연애를 긍정적인 시선으로 보지 않았다.

여성의 직장진출을 수긍하면서도 "연애를 하지 않을 것"에 대한 각서를 쓰고 직장에 나가는 것을 허락받은 사례를 통해서도 알 수 있듯이 여성의 연애는 금기사항이었다.59) 이와 같이 자유연애에 대한 경계와 우려의 목소리가 사회일각에서 끊이지 않았던 것은 6·25 전쟁 이후 구미문화의 범람으로 인해 문란해진 사회풍조가 원인이라고 할 수 있다. 이러한 금지의 담론은 여성을 예속화하고 가부장제를 존속시키고자 하는 의도에서 비롯된 것이다.

그러나 직업여성이 확산되고 직장연애가 불가피한 사회 현상으로 부각되면서 "직장과 연애"의 문제가 중요한 담론으로 자리잡게 되었다. 당시 한 직장 안에서의 연애는 사칙으로 금지된 사항이었다. 이렇게 직장연애를 금지하였던 것은 연애와 결혼을 별도의 것으로 인식하는 향락적인 연애가 성행하였기 때문이다. 이를테면 기혼남자의 취미연애의 대상으로 희생되는 직업여성이 종종 발생했다. 그렇지만 남녀가 같은 직장에서 만나게 되는 기회가 자연스럽게 조성되면서 직장 내에서 연애 대상자를 찾는 경우가 일반적 현상으로 받아들여지게 되었다. 그러면서 "한 직장 안에서도 생활과 연애가 조화된 가운데 병행된다면 연애는 숭고한 것이며 직장에서의 근무를 즐겁게 만들어 주는 계기가 된다"60) 는 의식이 형성되기도 하였다.

『여원』에서는 결국 직장연애가 사회적으로 불가피한 현상으로 인식되자 직업여성을 위한 연애 원칙을 제안하고 있다. 우선 문란한 사회풍조를 우려하여 반드시 도덕적 범주 내에서 연애할 것을 강조하고

---

59) 「좌담회-직업여성들이 비판하는 남성사회」, 『여원』, 1955.12, 145~146면.
60) 주요한, 「연애와 직장-두가지의 경우」, 『여원』, 1956.4, 53~57면.

있는데 정조의 책임을 여성에게 돌리는 봉건적 사회의식이 여전히 잔존하고 있음을 알 수 있다.

또한 직장에서는 되도록 사무적인 관계 내에서만 교제할 것을 권장하지만 연애를 할 시에는 직업여성으로서의 직무에 충실하라고 당부하고 있다.61) 이는 특히 연애감정이 직무에 지장을 주게 되면 책임을 등한히 하는 데서 오는 손해도 크지만 동료와 상사에게 신임을 잃게 되고 직장 내에서 고립되는 경우가 많았기 때문이다. 한편으로는 연애를 하면서 전보다 더 열심히 자기책임을 완수해 나간다면 상사와 동료들은 그들을 동정하게 될 것이고 드디어는 도와주고 싶은 마음까지 생겨나게 될 것이라고 충고하고 있다.62) 직장연애를 하더라도 공사를 구별하여 직무에 대한 책임을 우선시할 것과 성실하게 도덕적으로 연애할 것을 권유하고 있다. 당시 직장연애를 통해 결혼으로까지 성사되는 경우는 매우 드물었으며, 배우자 선택은 부모님께 일임하는 경우가 많았다. 직장연애에 대한 사회의 부정적인 시각이 크게 변화되지 않았기 때문이다.

지금까지 살펴 본 바에 의하면, 당시 사회적인 필요에 의해 여성들의 직장 진출은 허용되었지만 직장연애에 대해서는 여러 가지 우려의 목소리가 높았다. 근대화정책에 의해 합리적인 생활과 의식 변화가 중요한 가치로 여겨졌지만 사회 일각에서는 봉건의식이 여전히 잔존했다는 것을 알 수 있다.

---

61) 황신덕(중앙여고교장), 「직장에서의 남녀교제」, 『여원』, 1956.9, 43~45면 ; 차사백, 「처음으로 직장을 갖는 여성에게」, 『여원』, 1956.9, 52면.
62) 전숙희(수필가), 「직장연애」, 『여원』, 1958.8, 194~197면 ; 「공동연구 여성의 취직과 직장의 남녀관계」, 『여원』, 1959.3, 179~181면.

5. 기혼 직업여성의 사회진출 담론

6·25 전쟁 이후 사회 분위기가 여성의 직장진출에 대해 대체적으로 호의적이었음에도 불구하고 사적 영역에서의 여성 역할이 우선이라는 "가정우선주의" 입장에서 자유로울 수는 없었다. 이는 미혼여성의 직장진출보다는 기혼여성의 직장진출에 더 부정적인 시선을 지니고 있었던 것을 통해서도 알 수 있다. 가정살림을 경제적으로 지원하는 방편으로 직장진출은 어쩔 수 없다고 하더라도 사적 영역, 즉 가정에서 살림을 돕는 게 여전히 가장 주요한 여성의 일로 인식되고 있었다.[63]

이는 사회 변화에도 불구하고 사적 영역인 가정에서의 여성 역할인 현모양처를 중시하는 경향을 보여주는 것이라고 할 수 있다. 여성, 특히 기혼여성이 직장을 갖는 경우 생활난은 해결되지만 가정에 부정적인 영향, 즉 정조를 상실한다든지 부도에 어긋난 행동을 한다든지 하는 부작용을 일으킬 여지가 있다는 것이다. 1950년대 후반부에는 이러한 풍조에 대한 우려로 직장을 가지지 않은 여성을 장래의 배우자로 희망하는 남성이 그렇지 않은 남성보다 더 많았다.[64] 그러나 생활고를 해결하기 위해 여성들의 사회 진출이 불가피하게 되면서 특히 가정부인들의 직장 진출과 가정 내의 갈등이 사회문제로 부각되었다.

선진국에서는 생활양식이 고도로 발달하여 기혼여성이 직장생활을 하는데 별다른 지장이 없지만 한국에서는 그렇지 못하다. 한국의 가족제도는 근대화되어 가고 있었지만 여성이 자진해서 직업을 가지지 않

---

63) 신혼부부가 완전독립을 위해 맞벌이를 하는 경우를 주로 다루고 있다. 특히 맞벌이 부부의 긍정적인 부분을 초점화하고 있다. 「특집-서울의 지붕밑: 행복을 찾아 싸우는 생활보」, 『여원』, 1956.10, 92~109면.
64) 유승규, 「주부가 직장을 갖는 경우 가정에 미치는 영향」, 『여원』, 1956.9, 53~56면.

는 경우, 남편이 아내의 직장생활을 반대하는 경우가 많았다. 무엇보다 남자라는 긍지나 질투때문에 아내의 직장생활을 적극 반대하여 생활이 엉망이 되는 예가 많이 나타났다.65) 맞벌이와 관련된 담론은 이런 혼란상을 단적으로 보여준다. 맞벌이 생활을 하고 있는 부부의 경우 남성화자와 여성화자는 각기 다른 입장을 개진한다.

> 친구의 유혹을 뿌리치고 총총히 귀가하여도 아내는 아직도 돌아오지 않아 텅빈 방에서 마음의 공허를 느낀 남편은 다시금 바깥으로 발걸음을 돌린다. 된장찌개만 놓고 같이 먹더라도 나 스스로는 행복하다고 생각하면서 살고 있었고 제만에도 (…) 저축을 할 수 있고 생활도 안정되리라고 생각했다.66)

> 둘이서 서로 벌어먹고 산다는 것은 따로따로의 생활을 하고 있다는 이야기에 불과하다.
> 같이 번다는 이야기가 요사이에 와서는 서로의 개성대로 자기 취미대로 살아간다는 것이 되어가고 있다. 남편과 주부와 자식이라는 관계보다도 하나의 남성과 여인과 또하나의 꼬마남성 이 세사람이 한 울타리 속에 사는 셈이다. 이러한 가정이기에 찬바람이 불 것 같으나 도리어 남들은 재미있고 단란한 가정이라고 한다. 도시 모를 일이다.67)

남성화자인 남편은 가정생활의 윤택함보다는 단란한 가정이 사라져가는 것을 안타까워하면서, 기혼여성의 직장진출에 대해 부정적인 시각을 보여주고 있다. 한편 맞벌이 여성화자의 입장은 다르다.

> 종래의 사고방식 – 남편이 벌어다 주는 돈을 규모있게 요리할 줄 아는 알뜰

---

65) 정충량(평론가), 「부부가 같이 벌도록 하자」, 『여원』, 1958.11, 228~232면.
66) 박규수(회사원), 「아내의 직장생활을 반대한다」, 『여원』, 1958.11, 233면.
67) 최백산(영화평론가), 수입은 두배라도 재미는 절반, 『여원』, 1958.11, 238~239면.

한 주부가 되는 것이 고루하다는 것을 깨닫게 되었다. 보람있는 새출발을 위해 아내도 직장을 가져 남편의 노고를 덜어주어야겠다는 생각이다.68)

기혼여성들이 대부분 직장에 진출하는 이유는 남편의 노고를 덜어주어야겠다는 생각, 즉 가정살림을 윤택하게 하려는 생각 때문이었다. 1950년대 후반까지는 직업여성들이 학교를 졸업한 후 결혼을 하기 전 잠깐 동안만 직장에 머무는 것으로 인식하고 있었다.69) 그러나 점진적으로 미혼여성과 기혼여성들의 직장진출이 많아지면서 미혼과 기혼의 의미보다는 능률의 관점이 중요한 잣대가 되어야 한다는 인식이 형성되었다.70) 한편 1960년대가 되면서 기혼여성의 직장진출에 대한 의식도 변하기 시작한다.

> 우리나라도 여성이 직장에 진출하는 율이 점점 증가한다는 사실은 두 말할 나위도 없는 것이겠지만, 이웃나라의 경우로 보면 직장여성이 증가하는 것에 비례하여 기혼 여성이 취업하는 율은 가속도적으로 더욱 늘어난다는 것이다. 때문에 이제는 BG(Business Girl)라는 말 대신에 BW(Business Woman) 라는 말이 성행하고 있는 것으로 안다.
> 그러나 차츰 생활구조가 현대화되고 따라서 사람들의 사고방식으로 현대화되면서 기혼여성들의 직장생활에 대한 인식도 많이 달라진 성 싶다. 이제는 기혼녀들의 취업이 옳으냐, 그르냐로 시비하는 사람들도 사라졌다.71)

BG(Business Girl)라는 말 대신에 BW(Business Woman)라는 말이 성행할 정도로 기혼여성의 직장진출이 '현대화'의 지표로 인식되고 있었

---

68) 김재광, 「2배의 즐거움과 2배의 노력」, 『여원』, 1958.11, 236~237면.
69) 「특집-출가하면 직장을 떠나야 하는가」, 『여원』, 1959.1, 94~118면.
70) 조기호, 「미쓰와 미세쓰의 능률」, 『여원』, 1959.1, 111~113면.
71) 박연숙, 「직장의 꽃 생활의 멋 ⑨ - 기혼여성의 직장생활」, 『여원』, 1966.9, 182면.

음을 알 수 있다.

6. 직업여성의 사회복지 담론

여성의 생리적인 특성을 고려한 여성의 복지문제도 직장여성 담론의 중요한 부분을 차지하게 된다. 특히 여성의 월경과 임신, 출산은 근로기준법을 통해서 익히 보호되고 있었지만 이러한 보호조건은 오히려 여성(아이 딸린 어머니, 기혼여성)의 직장진출에 역효과로 작용하였다.[72] 그러나 남편 혼자 힘으로는 여유있는 생활을 하기 어려운 시대에 결혼 후 직장생활을 계속하는 여성들이 증가하면서 갓난아이를 가지고 있는 부인들의 취업문제와 복지문제가 담론화되었다. 우선 갓난아이를 보호할 수 있는 탁아소를 운영하는 문제가 부각되었다. 특히 탁아실 부재 등 미비한 사회시설은 여성들의 생활력 배양을 가로막을 뿐만 아니라, 미망인 타락 등의 사회적 문제를 야기하였다.[73] 당시 전매청이나 국책회사 등은 탁아실이 있었으나 제대로 운영되지 않았다. 따라서 탁아실이 있어서 아이딸린 어머니들이 별 고통없이 순조롭게 직장생활을 영위하는 외국의 경우처럼 한국도 사업체의 책임자와 당국자들이 많은 관심을 가지고 탁아실 운영을 계획할 것을 당부하고 있다.[74] 위생시설과 여성을 위한 휴게실, 오락실 등 직장여성들의 여가와 휴식을 위한 시설확보의 필요성도 제기되었다.[75]

---

72) 이예행, 「여성의 직장은 임시정류장인가」, 『여원』, 1956.9, 40~41면.
73) 전숙희, 「특집-여성의 생활력과 행복의 장기계획 : 여성의 생활력 배양을 가로막는 것」, 『여원』, 1958.4, 67~68면.
74) 「모노로그 : 여성직장과 탁아소」, 『여원』, 1958.4, 197면.

이외에도 직장여성의 권익신장을 위한 법제는 근로기준법(직업소개법, 실업보험법)76)에 반영되어 있으나, 체계가 갖춰져 있지 못하였다. 사회보장이 제대로 실현되지 못한 것은 기업주의 무성의와 무지함, 행정당국의 무책임, 직장여성들 자체의 각성이 미흡한 데서 그 원인을 찾을 수 있다.

지금까지 살펴본 바와 같이 『여원』에서는 여성이 직장에 진출하면서 야기될 수 있는 다양한 사회적 문제를 여성독자의 개인적인 수기를 통해 실제적 문제로 부각시키면서 그에 해당하는 전문가의 논설을 함께 배치하여 사회적 문제로 이끌어내고 있다. 이는 직업여성의 문제가 사적인 영역의 문제이기보다는 공적인 영역과 사회제도적 차원의 문제라는 인식에서 비롯되었다.

7. 맺음말

『여원』에서는 1960년대 말까지 한국의 정치·사회·경제의 변모상과 다양한 여성직업군의 형성과정, 신흥 중간계급 여성의 젠더화를 다양한 미디어 담론을 통해 제시하고 있다. 신흥 중간계급의 직업여성은

---

75) 이무현, 「직장의 꽃 생활의 멋 ④ - 소중한 낮 한때」, 『여원』, 1966.4, 116면.
76) 남녀평등이라는 헌법 제8조의 정신에 따라서 근로기준법은 균등처우의 원칙을 규정하고 있다. 즉 동법 제5조에 「사용자는 근로자에 대하여 남녀의 차별적 대우를 하지 못하며, 국적 또는 사회적 신분을 이유로 근로조건에 대한 차별적 대우를 하지 못한다」고 명시하고 있다. 따라서 이 규정은 우선 남녀평등이라는 헌법정신을 살펴서 여하한 차별적 대우도 할 수 없게 하고 또 봉건적인 관념으로 남녀를 차별적으로 대우하게 될 가능성을 없애려는 데 그 근본목적이 있는 것이다. 그밖에도 여성을 위한 특별보호법으로는 제56조 야업금지, 제59조 생리휴가, 제60조 산전후휴가, 제62조 귀향여비 등의 조항이 별도로 마련되어 있다. (엄기형(서울일일신문사논설위원), 「직장여성의 보장문제」, 『여원』, 1961.4, 113면)

1950년대에는 매우 희소하였으나 1960년대 이후 본격적으로 대두되었던 근대화·산업화 정책과 소위 민족적 민주주의의 주요 인력으로 지식인 중심의 중산층을 확대하고자 하는 사회적 분위기에 힘입어 점차 확산되어 갔다. 이러한 사회적 분위기에 부응하기 위해『여원』에서는 중상층 계급에 해당하는 직업여성들의 담론을 초점화하였다. 직업여성 자신들의 수기와 실제적인 생활에 응용할 수 있는 정보를 문화교양 습득 수준에서 다양하게 제공함으로써 학교 장(場)과는 다른 문화자본으로서의 역할을 수행하였다.『여원』에서는 직업여성이 형성된 초기인 1950년대에는 하층 계급여성의 직업군을 담론화하되 르뽀, 특집 등의 기획기사를 통해 이들을 사회문제의 일환으로 다루었다. 이는 중류 이상의 지식 여성의 시각으로 하층계급 여성과 이들의 직업을 타자화한 결과라고 할 수 있다.

신흥 중간계급 여성의 교양교육은 직업여성(Business Girl, Business Woman)으로서의 에티켓과 교양을 위한 지침을 수기, 좌담 등을 통해 제공하고 있다. 뿐만 아니라 직장에서의 연애에 대한 에티켓, "가정우선주의"적 시각과 기혼 직업여성의 과제, 직업여성의 사회복지 문제 등 다양하게 미디어담론을 구성하고 있다. 결과적으로『여원』은 신흥 중간계급을 대표하는 직업여성의 취향과 문화활동을 초점화하여 계급적 문화 패턴과 아비투스를 형성했다는 점에서 1950·60년대 대표적인 여성 미디어의 역할을 수행했다고 평가할 수 있다.

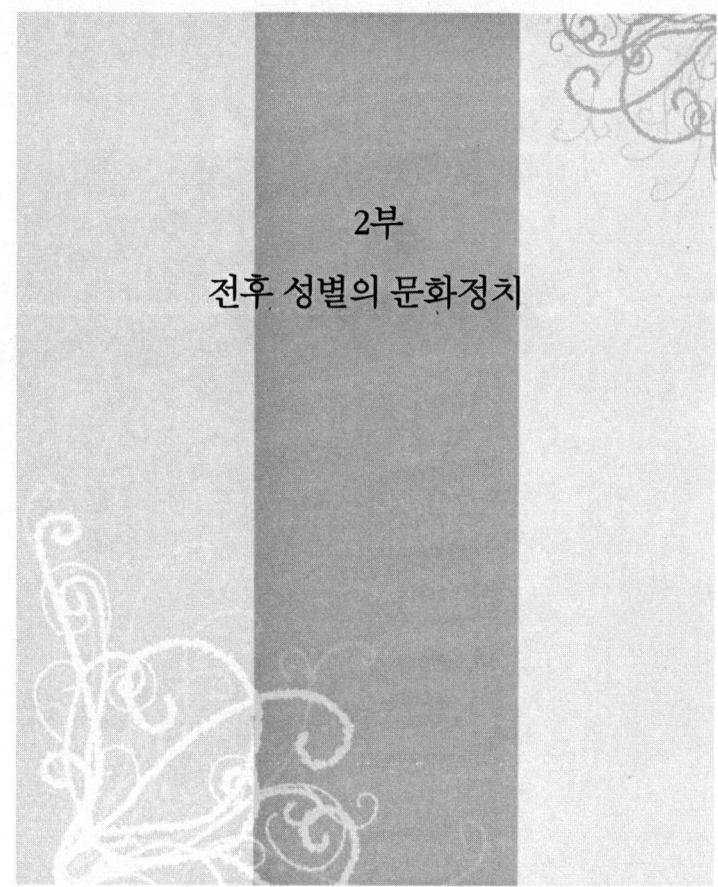

2부
전후 성별의 문화정치

여성 자기서사의 특성 연구

장 미 영

1. 여성의 삶과 이야기

　1950년대 중·후반을 거쳐 1960년에 이르는 시기는 전후 복구와 우리나라 경제 개발 프로젝트가 가시화되고 총력전의 형태로 근대화·산업화가 추진되는 역사적 격동기라고 할 수 있다. 이때 근대화·산업화는 정치, 사회, 문화, 경제, 사회 전 영역에서 급작스럽게 이루어지는데, 이렇게 격심한 사회변동이 이루어지고 있는 상황은 그 사회 구성원들의 삶과 밀접한 관계를 맺게 된다. 『여원』의 '수기'에는 이러한 시대적 상황과 여성들의 삶의 흔적들이 녹아있다. 당시 여성들이 겪어야했던 현실적인 고통은 물론 억압적인 이데올로기로부터 여전히 강요되었던 타자화 된 삶의 궤적도 발견할 수 있다.

　『여원』은 1955년 10월에 창간되었지만 '수기(手記)'가 등장한 것은 1957년 6월호에 아그네스·데이비스·김의 <한국남자와 결혼한 미국여성의 장편수기> 『나는 코리안의 아내』가 10회에 걸쳐 연재되면서

부터이다. 이 수기를 시작으로 사회저명 인사들의 연재 수기도 게재되지만, 이 글에서는 일반 여성들의 다양한 삶을 통해 드러난 여성의 체험과 여성적 글쓰기로서 '수기'의 자기서사를 살펴볼 것이므로 독자응모수기를 중심으로 검토할 것이다.

또한 독자응모수기는 여성잡지라는 매체적 특수성도 반영하게 되는데 『여원』이 창간 이후 시대의 변화에 따라 잡지의 성격도 조금씩 변화하고 있다는 점도 주목할 것이다. 왜냐하면 산업화·근대화 시기에 강조되던 사회적 요구와 1960년대 말 이후 경제 성장과 더불어 '소비주의'와 '상업주의'가 성행하게 되었을 때 대중성이 결합되어 여성잡지의 성격이 급격히 변화했기 때문이다.1) 그러므로 '수기'에 나타난 여성들의 체험의 고백도 이러한 사회변동으로부터 자유로울 수 없었을 것이다. 이러한 외부적 상황의 변화가 여성잡지의 '수기'에 여성의 자기서사와 어떻게 연결되는지도 검토할 것이다. 시대의 변화에 따라 '수기'의 주제와 서술태도도 달라지는데 이를 직접적으로 통제하는 시스템은 <投稿規定> 내용의 변화를 통해 확인할 수 있다. 또한 <手記選後感>에는 어떤 기준으로 그 달의 우수작을 골랐는지 밝히고 있어, 편집자의 편집 의도에 따라 선별된 것임을 알 수 있다. 이러한 전제를 감안한다 하더라도 중심부에서 소외되었던 일반 여성들이 자기 목소리를 내기 시작하고, 자기서사화가 이루어지고 있다는 점에서 고무적이다.

---

1) "1960년대 중후반에 들어서면서 매스 미디어는 급속한 상업화의 길을 걸었으며, 센세이셔널리즘과 쾌락주의, 소비주의에 치중하는 등 보도경향에 있어서 큰 후퇴가 있었다."(추광영, 「1960~70년대의 한국의 사회변동과 매스 미디어」, 성균관대학교 사회과학연구소, 1986, 256면.

전후 일상의 회복이 여성들의 자기희생과 여성성의 포기를 담보한 것이었다면, 1960년대 산업화·근대화가 시작된 시기에는 여성이 가정으로 돌아가고 남성 중심의 국가 재건 프로젝트가 가동됨으로써 여성의 역할은 가족 내적이고 사적인 영역의 것으로 축소되었다.[2] 이로써 가정 내에서 가족 구성원에게 발생하는 문제의 책임을 여성이 지는 구조가 만들어진다. 이는 여성의 역할이 생산노동[3]에의 종사와 더불어 가정 내의 감정노동, 전문적인 자녀교육자로 심화되고 확장되었다는 것을 의미한다. 여성의 역할이 생산노동과 가족 관리에 집중되면서 이를 효과적으로 수행하기 위한 다양한 기제가 작동하게 되는데, 여성잡지[4]의 등장과 역할은 이러한 맥락에서도 이해될 수 있다.

이로써 여성 교양 잡지를 표방하는 『여원』의 창간은 전쟁 이후 국가재건의 공동 목표를 효율적으로 관리하고 교화시키는데 일익을 담당하게 된다. 『여원』은 여성의 교양을 함양시킨다는 명목 아래 여성 지식인의 글과 다양한 계층의 여성상을 제시하며 근대사회의 이상적 여성상을 만들어 나간다. 이와 동시에 남성 지식인들의 칼럼과 좌담회,

---

[2] 여성의 성역할 변화는 국가 주도하에 계획적으로 이루어졌는데, 남성을 공적 영역의 담당자로 여성은 사적영역의 담당자로 이분화 하였다. 그러나 빈민 여성은 가사 노동과 생계를 위한 경제 활동이 분리되지 않았고, 열악한 노동 환경과 사회적 멸시의 대상이 되는 경우가 빈번히 발생하였다. 이들은 대부분 농촌으로부터 유입되었거나 도시 하층민으로서 교육도 제대로 받지 못해서 단순 노동에 종사할 수밖에 없었다.
[3] 이때 여성의 생산 활동 참여는 남성의 짐을 덜어주는 보조적인 역할에 지나지 않았다. 여성의 경제적 자립이나 자아실현의 의미는 거의 찾아볼 수 없는데, 『여원』의 기사 내용 중 여성의 직업이나 취업을 다룬 경우, 집안을 잘 꾸리는 것이 제 1의 과제이고 직장생활은 한시적인 활동으로 규정하고 있다.
[4] 여성지의 사회적 기능은 '근대여성지의 경우 계몽위주였음에 비해 현대여성지는 ①평론의 기능, ②생활정보의 기능, ③오락의 기능을 지니고 있으며, 가정에 매인 여성들을 사회와 연결시켜주는 역할을 수행한다'는 지적처럼 여성지는 여성을 사회와 연결시켜 주는 통로이자, 여성의 다양한 이미지를 생산하고 조율하는 역할을 맡게 된다. 고정기,「여성지의 사회적 기능」,『여성동아』, 1976.2, 107~111면.

앙케이트 등은 이러한 사회적 합의에 힘을 실어주고 여성을 의식화 하는 통로가 되었다. 『여원』의 비중 있는 기사와 특집 기사나 주제 기사는 해당 분야 담당 기자보다 권위 있는 전문직 남성 필자가 도맡았다. 여성 필자가 쓴 기사도 있었지만 이들 여성 필자 또한 중심에 배치된 여성으로, 남성의 시각과 큰 차이를 보이지 않는다. 당시 남성 필자로는 대학교수나 전문직 종사자들과 같은 지식인들이 주를 이루었으며 이들 필자의 논조는 가부장적이고 남성 중심적인 시각을 고스란히 담고 있었다. 이들은 근대화프로젝트의 이념을 충실히 이행했으며 현모양처 이데올로기의 강요5)와 여성의 성역할을 고착화하는 데 일익을 담당하였다.

이러한 남성 주도적 글쓰기는 여성의 삶과 여성적 글쓰기를 상대적으로 사적이고 저급한 것으로 주변화시킨다. 여성잡지임에도 불구하고 일반 여성이 주체적인 목소리를 낼 수 있도록 허락된 지면은 수기, 수필, 독자투고란, 문예란과 같은 제한된 영역에 불과했고, 이마저도 다른 기사들과 비교했을 때 상대적으로 비중이 적었다. 이중 여성의 현재적 삶을 들여다 볼 수 있고, 현실을 바탕으로 여성의 체험을 솔직하게 드러낼 수 있는 경우는 '수기(手記)' 정도라고 할 수 있다.

사전적 의미로 '수기(手記)란 자기의 생활이나 체험을 직접 쓴 기록'

---

5) "전국 여자 중·고등학교 교장회의가 소집되었을 때 …시대에 맞는 민주주의적 현모양처의 교육 방안이 진지하게 검토되었다. … 여성은 얌전하다는 천품을 상실하여 지나치게 활발하여지는 것이 우려된다는 것이다."(한병진, 「성교육의 실정과 개선의 길」, 『여원』, 1956.11월호, 54~56면)
"여자교육의 목표를 한갓 현모양처에 한정한다는 것은 너무나 낡은 생각이라고 할는지 모른다. 그럼에도 현모양처라는 이념은 대학교육에 서 무시할 수 없는 기본 이념이다. … 건전한 사회는 언제나 건전한 가정을 토대로 삼는 것이요 건전한 가정은 언제나 현모양처에 근거를 가지고 있기 때문이다."(김두헌, 「여자대학교육의 당면문제」, 『여원』 1959.11월호, 81면)

이라 할 수 있다. 그러므로 『여원』에 실린 '수기'는 당시 여성 자신의 생활이나 체험이 여성 자신의 목소리로 서사화 된 것이라 할 수 있다. 이로써 중심에서 비켜 서있던 여성의 삶이 발화되고, 여성들 사이에 공감이 이루어질 수 있는 장이 마련되었고 할 수 있다.

이야기가 있고 화자가 있는 모든 문학 텍스트를 서사라고 한다면 화자가 자신에 관한 이야기를 진술하는 텍스트를 '자기서사'라고 할 수 있을 것이다. 이때 자기서사는 화자가 자기 자신에 관한 이야기를 그것이 사실이라는 전제에 입각하여 진술하며, 자신의 삶을 전체로써 회고하고 성찰하며 그 의미를 추구하는 특징을 갖는 글쓰기 양식이라고 할 수 있다. 따라서 '자기서사'는 단일한 장르개념이 아니며 다양한 장르를 포함한다.[6]

'수기'는 서사의 하위범주로 평가되었으며, 본격적인 연구 대상으로 주목받기 시작한 지는 얼마 되지 않았다. 『여원』에 실린 '수기'에 드러난 여성의 자기서사는 평범한 여성이 자신의 삶을 자발적으로 진솔하게 고백하고, 독자들과 소통하는 가운데 자신을 확인하는 과정으로 이루어진다. 여성이 자신의 체험을 자기 서사화 한다는 것은 여성의 삶이 발화되고 소외된 존재에서 자기표현이 시작된다는 점에서 중요하다. 이는 여성의 연대의식과 주체적인 여성성을 모색할 수 있는 출발로 볼 수 있기 때문이다. 이러한 주체적 인식이 하루아침에 이루어지는 것이 아니며, 다양한 시도와 모색 속에 찾아질 것이다. 체험을 바탕으로 하는 수기는 서술의 특성상 개인의 내밀한 경험을 고백하는 발화행위로 이루어진다. 그러나 아직 여성이 주체적인 목소리를 갖지 못한

---

6) 박혜숙, 「여성 자기서사체의 인식」, 『여성문학연구』제8호, 한국여성문학학회, 2002.12, 10면.

시대인 당시로서는 사회적 서술태도에 영향 받게 되고, 사회적 요구에 따라 그 내용과 서술의 수준이 달라진다.

특히 독자응모수기의 특성상 자유로운 경험담임에도 불구하고 편집자의 의도와 선택에 의해 조정되고 있어 일정 부분 사회적 담론의 자장 안에 있을 수밖에 없다. 이는 '수기'의 주제와 서술태도를 통해 확인할 수 있으며, 응모 주제를 개인적 체험에 치중함으로써 여성의 체험이 사적인 영역에 머무르게 되는 결과를 낳고 있다. 이는 공적 영역과 사적 영역이라는 이분법적인 사회구조 속에 여성의 위치를 고착화하게 된다. 이때 중요한 점은 '수기'의 서술이 체험자아와 서술자아가 일치되지 않고 분열된 목소리를 내게 된다는 것이다. 서술자아가 사회 규범과 요구에 부응하는 태도를 견지할 가능성을 배제할 수 없다. 이러한 사실을 전제로 체험자아와 서술자아 사이에서 빚어지는 균열은 근대화·산업화 시기에 여성을 억압하였던 이데올로기의 억압성이 드러난 것이라고 할 수 있다. 서술자아의 논평은 사회적 합의를 반영한 것이라고 할 수 있고, 체험자아의 고백은 여성의 자기서사가 이루어지는 출발점으로 볼 수 있다.

이처럼 '독자응모수기'에서 여성의 자기서사가 이중적으로 발화된다고 할 때 균열적이고 이분법적인 서사구조 분석은 여성의 자기서사와 사회적 통제를 구분할 수 있는 단서를 제공하게 될 것이다.

이 글은 여성잡지 『여원』이 창간된 1955년 10월호부터 종간된 1970년 4월호까지 실린 '독자응모수기'에 나타난 서사 구조의 양상을 통해 '수기'의 서사적 특징을 살펴보고자 한다. 이를 토대로 1950년대 중·후반부터 1960년대에 이르는 산업화·근대화 과정에서 여성의 체험이 어떻게 서사화되고, 사회적 합의에 의해 통제되었는지 알 수 있을 것이다. 또한 당시 사회적 변동에 따른 모럴의 변화와 수용의 영향관계도 확인할 수 있으리라 기대한다.

2. 자기 경험의 고백[7]과 공감의 서사

『여원』의 '수기'에는 다양한 사람들의 체험이 진솔하게 서사화되어 있다. 독자응모수기의 필자는 전쟁미망인, 교사, 가정주부, 누드모델, 방송인, 아나운서, 은행원, 대학생에 이르기까지 각계각층의 사람들로서, 제시된 주제에 따라 자신만의 경험을 글로 표현하고 있다. 이렇게 여러 계층의 사람들이 서로 다른 주제에 맞게 자신의 경험담을 공개하는데 이때 그들의 서사는 고백과 공감을 통해 독자와 소통하게 된다. 여성의 소통 과정이 서로의 이야기를 말하고 들어주는 가운데 공감대를 형성하면서 가능해진다는 점을 생각해 볼 때 필자의 경험은 독자의 경험과 맞물려 필자와 독자 사이에는 간접적인 대화의 장이 마련된다. 이때 필자와 독자의 공감은 동시대적인 삶을 토대로 하여 이루어지므로 시대적 상황에 대한 이해가 전제된다.

『여원』에는 1957년 7월호 <젊은 미망인의 고민> 「나의 길을 찾고저」

---

[7] "페미니즘 문학비평가들은 여성의 글쓰기는 자신이 무엇인가 하는 존재론적 질문이 아니라 남성지배의 사회에서 자신들이 어디에서 어떻게 억압받고 있는가에 대한 자의식에 기초하여 글을 쓴다고 설명한다. 때문에 고백적 성격을 띠는 여성적 글쓰기는 여성적 자아의 재발견이라는 내적 욕망을 충족시켜주는 문학형식이 된다고 한다." 김성례, 「여성의 자기 진술의 양식과 문체의 발견을 위하여」, 『또 하나의 문화』제9호, 1994 ; 이정희, 「여성의 고백담과 근대체험」, 『비교문화연구』제5호, 경희대학교 비교문화연구소, 2002, 105면에서 재인용.

라는 수기를 시작으로 독자응모수기8)「생활의 주변」9)란이 신설된다.

「생활의 주변」에 응모한 수기는 투병기, 전쟁미망인의 실상, 직장생활, 생활 속에서의 애환, 외국여성의 하루, 약혼, 결혼, 신혼여행, 교원 수기, 어려운 살림을 극복한 체험, 시어머니와 불화·해결, 사랑의 삼각관계, 남편의 외도, 우정, 부업경험 등 당시 많은 사람들이 겪었을 법한 일들이 제재로 선택되었다. 달마다 정해지는 제목은 당시 대중들의 관심을 끌 수 있는 것으로 문제적인 체험이 대상이 되었지만 편집자의 편집의도에 따라 정해졌다.10)

이들 수기는 크게 자신이 처한 고난을 고백하고 고난으로부터 벗어나 새 출발을 선언하는 고난 극복형과 자신이 하고 있는 일을 반성하고 앞으로 더욱 정진하겠다는 의지를 다지는 각오형, 시대의 변화에 따른 새로운 모럴의 모색이 이루어지는 분열형, 사회적 맥락에서 교양 함양을 목적으로 한 계몽형으로 나눌 수 있다. 그러나 이들 수기는 잡지사측에서 독자수기응모 방법을 구체적으로 제시하면서 내용과 서술의 태도가 변화하고 있다. 처음에는 독자의 생생한 체험을 주제에 따라 받는다고 했던 것을 <投稿規定>에 요지를 덧붙여 '수기' 담론의 의미를 구체화하게 된다.11) 이러한 투고규정은 점차 내용의 요지를 한

---

8) <應募規定> 別項에 揭示한 題目의 內容으로서 二百字 原稿紙 二十枚以內, 每月 十五日以內 必着토록, 揭載分에 所定稿料支拂, 住所姓名을 明記할 것.(誌上匿名可),『여원』, 1957.7, 109면.
9) 독자응모수기「생활의 주변」란을 신설하면서 '생활의 주변에서 겪는 것, 느끼는 것을 전국 여성에게 이야기하여 기쁨과 슬픔과 괴로움을 공감(共感), 이해(理解)하고 거기에 대한 적극적인 반향(反響)이 나오기를 바란다'는 독자응모수기의 목적을 밝히고 있다.
10) …이 란(欄)은 계속적으로 두고 그때 그때 문제를 달리해서 독자들의 응모작품중 가장 우수한것을 이(二)편씩 골라 싣기로 하였읍니다. 그리고 여기에 반영된 문제를 중심으로 독자들의 활발한 의견교환을 더욱 환영하겠습니다. 우리 여성들에게 당면된 문제를 서로 진지하게 생각해 보기 위해서도 많은 투고(投稿)가 있기를 바랍니다. <應募讀者手記(生活의 周邊) 出題>,『여원』, 1957.7.
11) '우리 생활주변에 허다하게 일어나는 일을 정리하여 기록하는 것은 자신을 위한 것만이

정함으로써 '수기'의 범위와 내용을 좁혀나가고 있다. 예를 들어 제목이 '媤母와의 不和와 그 解決'이라면 요지에 "시어머니와의 불화에서 느끼고 체험한 여러 가지 구체적인 이야기, 그리고 이 불화를 어떻게 해소시키고 평화로운 가정을 이루었는가 자세하게 적어 보내 주십시요"[12]라고 수기에 담아야 할 내용과 구조를 구체적으로 밝히고 있다. 여성이 어떻게 주체성을 회복하거나 어떤 고통 속에서 상처받고 갈등을 경험했는가보다는 '불화의 해소'에 초점이 맞추어짐으로써 독자에게 갈등 해소에 관한 정보를 제공하게 되고, 결국 갈등이 해소되었을 때 그 달의 '수기'로 선정될 수 있는 것이다. 이로써 경험은 개별적인 체험인 동시에 일반화되는 현상을 낳게 된다. 그 결과 독자의 참여를 훨씬 용이하게 하고, 편집자의 의도를 직접적으로 독자들에게 전달할 수 있는 소통의 경로를 확보할 수 있게 되는 것이다.

그럼에도 불구하고 필자가 서술하는 경험을 통해 당시 여성의 억압적인 삶과 기제들을 확인할 수 있다. '수기'는 여성 서술자가 공통적으로 고통과 고난을 극복하고 어려움이 해소되는 과정을 독자에게 발화하고, 독자가 그것을 청취함으로써 상호치유적인 관계를 형성하는 고백과 공감의 서사 양식을 취하게 된다. 이러한 과정을 통해 서술자는 타자화되고 비인격화되었던 자아의 고립감으로부터 벗어나 관계성을 회복할 수 있게 되는 것이다.

「젊은 미망인의 고민」에서 26세의 젊은 미망인인 '나'는 남편과 동

아니라 그것을 읽는 사람들도 또 하나 생생한 인생의 경험을 얻어 보다 나은 생활을 지향할 수 있게 되는 것입니다. 독자 여러분께서 많이 쓰셔서 보내주시기 바랍니다.' <應募規定>, 『여원』, 1957.11.
12) 『여원』, 1962.7, 145면.

일체라는 생각을 가지고 있었다. '지난날의 나는 완전히 나를 잃고 있었다. 나라는 하나의 독립된 존재를 부정하고 남편의 세계에 동화된 나만을 가지려고 하여 왔던 것이다. 지금 생각하면 주체성을 잃은 삶을 나는 오늘까지 가져온 셈이다'라는 고백을 통해 그녀는 자신의 삶을 회복하려는 의지를 드러낸다. 그리고 소녀적 낭만을 벗고 침체된 삶으로부터 탈출할 수 있도록 스스로를 격려하고 있다. 자신이 성숙한 인간으로 일상을 회복하는 것은 남편이 죽은 후 따라 죽겠다고 눈물로 세월을 보내다가 일년도 안 되어 '스캔달'을 일으키는 책임 없는 행동을 하는 여성들보다 의미있는 선택임을 강조한다.

①나는 언제이고 나의 삶을 충실하게 영위하겠다. 앞으로의 나는 현실적인 타산을 가질 줄 아는 좀 현명한 여인이 될 것이다. 또 그렇게 될 것을 자신에 다지면서 살아 나가겠다.13)

이와 같은 젊은 미망인의 자기 성찰은 전후 많은 미망인에게 자신을 되돌아 볼 수 있는 기회를 제공했을 것이다. 남편의 부재는 전통적으로 유교적 윤리에 입각하여 여성의 삶을 타자화하고 실패한 삶을 예견하는 단서가 되었다. 여성의 예속적인 삶을 거부하는 미망인의 각성은 더 이상 불행한 삶을 살지 않겠다는 의지의 표현이다. 전후 미망인의 자기서사는 한탄과 불행으로 일관되지만 이 젊은 미망인의 수기에서 볼 수 있듯이 더 이상 과거에 매이지 않겠다는 의지를 표현하고 있다. 이와 유사한 서술 태도는 <혼기를 잃은 여성의 심경>을 주제로 한 수기에서도 보인다.

---

13) 전미연, <젊은 미망인의 고민>「나의 길을 찾고저」, 『여원』, 1957.7, 111면.

② 적어도 자기반성을 할 줄 알고 인생이 무엇인가를 한번이라도 생각해본 적이 있는 여성이라면 현 '스럼프'를 어떻게 개척해나갈 수 있을 것인가 길은 훤하리라 생각합니다.… 높이 두었던 이상(理想)의 각도를 한껏 낮추어 부족한 현실과 타협할 수 있는 그 지점에 나를 놓이게 하렵니다.'14)

①, ②에서처럼 수기의 필자는 스스로 극복의지를 다지는 동시에 유사한 상황에 놓여 있는 독자들에게도 갈등의 해결 방안을 제시한다. 이러한 서술태도는 현실을 있는 그대로 받아들이고 인식의 전환을 통해 선택의 여지가 없는 문제를 해결하도록 한다.15)

전쟁으로 인해 일상이 파괴되고 흩어졌던 가족이 다시 모였지만 달라진 현실을 어떻게 받아들여야 할지의 문제는 쉽게 풀 수 있는 것이 아니었다. 이때 역사의 공동 체험자들의 경험담은 공감대를 형성하고 서로의 아픔을 위로해 주는 기능을 하게 된다.

1950년대 중·후반 『여원』 '수기'의 주제는 전쟁미망인의 실상, 혼기를 놓친 여성의 심경, 아버지의 축첩과 딸의 고민, 생활 속의 여인 애환, 투병기 등 지난날의 고통을 벗어나 새 출발을 하도록 종용하는 이야기가 주를 이루었다. 과거를 청산하고 현실을 직시할 수 있는 계기를 마련해 주는 것이다. 자기 경험의 고백과 공감 서사가 주축을 이루는 유형의 '수기'에서는 여성의 자기서사가 고백과 자기 확인의 서사구조를 통해 자기 정체성을 모색하고 있다.

이 유형의 수기에서는 마무리를 할 때 독자의 이해를 구하거나 동의

---

14) 임은경, 「「선」뵈기에 지친 「나」」, 『여원』, 1957.8, 107면.
15) 「나는 일요일을 이렇게 보낸다」의 주부 독자도 남편이 일요일마다 취미생활에 빠져 아내를 혼자 버려두었을 때, 일요일을 두려워하기까지 한다. 남편으로 인한 고독감과 외로움을 결국 부부관계의 회복을 통해 해소하는 것이 아니라, 남편의 취미를 인정하고 불가항력적인 것으로 수용한다. 그리고 인식의 전환으로 '내적인 충실을 위하여 사색과 독서의 시간을 보내고 평정된 마음을 갖게 된다.

를 유도하는 서술 태도가 공통적으로 나타난다. 이 시기에 발표된 고난형 '수기'는 '고난에 직면 →현실적·정신적 갈등의 고조 →인식의 전환을 통한 회복 의지 발견 →새 출발의 다짐' 순으로 서술된다.

편집자의 의도가 '새 출발의 다짐'에 있다 하더라도 여성이 직면한 '고난'은 여성의 체험을 현실적으로 반영한 것이다. 필자들이 겪었던 고난이 여성 자신으로부터 발생하지 않았음에도 불구하고, 이들은 고난을 그대로 받아들이면서 인식의 차원에서 그것을 해소한다. 그러므로 갈등이 완전히 해결되었다고 볼 수는 없지만 동병상련의 마음으로 스스로를 위로하고, 수기를 읽는 독자들과 소통하게 된다. 이때 발생하는 여성들 사이의 연대의식은 여성의 주체성 자각에 토대가 될 수 있다.

3. 사회적 동의와 저항의 서사

사적 영역에서 여성의 자기 정체성 모색과는 다른 서술태도를 보이는 것으로 여성의 사회 진출이 확대되고 있지만 아직 사회구성원으로서 주체적인 위치를 차지하지 못한 직업여성들의 수기를 들 수 있다. 이들 직업여성의 수기에는 직업적 특성이나 여성의 사회생활에서 벌어지는 어려움을 토로하고 직업에 대한 인식의 부족으로 인한 오해와 편견을 극복하려는 내용이 담겨있다. 또한 여성의 직업의식의 부재와 성역할의 고착화에 저항하는 의미가 담겨있다. 당시 여성에 대한 이중적 시각은 직업여성의 경우 직업을 가지는 것을 한시적인 것으로 받아들이는 데서 드러난다. 사회적 변화는 여성들의 직업과 노동을 필요로 하고 있었음에도 불구하고 이들에 대한 시각은 부정적이어서 직업여성에 대한 사회적 담론에 동의와 저항이라는 상반된 태도를 보일 수밖에 없었다.

이들 직업여성의 수기에 드러나 서술의 태도를 보면 직업여성으로서 단호함과 자부심이 묻어난다. 다음은 직업여성에 대한 사회적 편견 혹은 직업적 편견에 대해 인식의 전환을 요구하는 당부가 담긴 직업여성의 수기의 마지막 부분이다.

① 사회에 즐비하게 깔려있는 협작도 사기도 시기도 증오도 이러한 비극의 요소들이 동심세계에서는 얼신도 못하는 것입니다.[16]

② 얘기가 옆길로 흘렀읍니다만 좀더 간호원에 대한 일반의 인식을 새로해 달라는 부탁을 이 기회를 빌려 드리고 싶습니다.[17]

③ 끝으로 우리들도 백화점에서 한발만 나오면 사회의 누구와도 같은 성실성이 있는 인간이라는 것을 사회일반에서 인식해 주었으면 하고 바라고싶습니다.[18]

④ 여성들은 사회적 지위에 대한 야심이 없다. 하루하루 직무를 실수없이 충실하게 이행함으로써 무사히 하루의 임무를 수행하는 것에 그친다. …제1차 세계대전 후에 절망적인 비탄속에 빠져 있던 독일을 구한 것은 독일의 여성 특히 직업여성이었다. 그것은 기적적인 여성의 힘이었다. 지금 기아선상에서 헤매이는 코리어를 구할 사람은 과연 누구이겠는가?[19]

⑤ 내가 쓴 기사를 모든 사람들이 읽는다고 생각할 때 난 노력한 보람을 느끼는 것이야.[20]

---

16) 김인숙(아나운서), 「어린이 시간이면 동심으로 돌아간다」, 『여원』, 1958.2, 60면.
17) 장숙진(간호원), 「열정과 취미를 구하는 직업」, 위의 책, 62~63면.
18) 신숙경(백화점원), 「피곤을 풀 겨를도 없는 생활」, 위의 책, 67면. 백화점원에 대한 비판기사에 대해 반론을 제기하며 백화점원의 애환을 적고 있다.
19) 박신명「自我를 돌아다보라」, 위의 책, 229면.
20) 박동은(기자), 「올챙이 여기자의 보람」, 『여원』, 1961.7, 221면.

1960년대에 들어서면서 『여원』의 수기에는 직업여성의 기쁨과 슬픔, 나의 청춘, 교원 수기, 어려운 살림을 극복한 체험 등 실생활과 관련된 주제가 부쩍 늘어난다. 같은 주제의 '수기'라 하더라도 시대의 흐름에 따라 초점이 달라지는 양상을 보이는 것이다.

1960년대 초반 직업여성의 수기는 직장에서의 애환을 그리더라도 이전과 달리 개인적 차원에서 느끼는 희열, 보람과 함께 사회인으로서의 충고도 잊지 않고 있다. 이는 직업에 대한 사회적 인식이 변하고 있고, 여성의 사회 진출이 활발히 시작되고 있음을 반영한 예라고 할 수 있다. 여성의 사회 진출에 대한 반감은 『여원』의 다른 기사를 통해서도 확인할 수 있다. 여성에게 묻는 앙케이트 조사나 남성에게 묻는 앙케이트 조사, 좌담회 등을 통해서 여성의 참된 가치는 가정 안에서 찾아야 한다고 역설하고 있다. 이러한 주장은 직업여성에 대한 부정적인 평가와 신 현모양처에 대한 긍정이라는 이분법적인 사회 담론으로 제기된다. 이러한 사회적 압력에도 불구하고 여성의 주체적인 각성은 여성 정체성 형성의 또 다른 징표로 생각할 수 있다.

이와 달리 한 가지 특기할 만한 사항은 4·19혁명 이후 이와 관련한 사회적 이데올로기가 노골적으로 드러난다는 점이다.[21] 이는 여성이 사회적 이데올로기로부터 자유롭지 못한 예로 볼 수 있다.

　　① 나는 요즈음 절실히 느꼈어. 우리나라도 이젠 다른 나라 못지않게 질서

---

21) "매스미디어의 '국가발전에의 동원'은 주로 정부의 정책수행과 관련되고 있었다. 예를 들면 매스미디어는 인구증가 억제를 위한 가족계획사업에 대한 대국민 선전·계몽의 수단으로 동원되어 이에 대한 국민들의 인식과 관심을 고조시키는 동시에 가족계획이 비도덕적인 것이 아니라는 인식을 보급시켰다." 김광웅·박용치, 「人口問題의 政治, 行政的 意味」, 이해영·권태환 편 『한국 사회-인구와 발전』제1권, 서울대학교 사회과학대학 인구 및 발전 문제 연구소, 1978, 1241면.

가 잡혀가고 있으니 자라나는 후손들이 얼마나 보람있게 생을 보낼 수 있을까 하고 말야! 그러기 위해서는 먼저 여성이 어머니들이 여기에 누구보다도 먼저 보조를 맞추어 주어야 될 것 같아.22)

② 이 백화점이야말로 무슨 만물상의 거울처럼 금방 세태를 반영시켜준다. 요새는 외래품이 워낙 비싸기 때문에 통 매상이 오르지 않어. 그렇지만 우선 나라의 경제가 바로잡혀야하지 않겠어.23)

전쟁 전과 후에 현실은 급격한 변화를 보였다. 특히 경제 재건이라는 공동의 목적을 효율적으로 달성하기 위해 근대화, 산업화, 반공이데올로기는 국가이데올로기와 결합되어 일사분란하게 사회 구성원들을 통제하게 되었다.

전후 1960년대 경제 부흥기를 거치는 동안 여성의 역할은 저임금 산업 역군으로서 경제 발전에 기여24)하는 동시에, 가정 내적으로는 남편이 바깥일을 잘 수행할 수 있도록 안락한 가정을 꾸려가야 할 내조자의 역할을 맡게 된다. 여기에서 여성이 가정 내에서 가족을 보살피고, 근대화 사회에서 요구하는 가정으로 꾸려가기 위해 강조된 것이 스위트 홈 이데올로기와 신 현모양처 이데올로기라고 할 수 있다. 이에 관해서는 여성지 내용 구성을 통해서도 확인할 수 있다. 여성지 구성의 많은 부분이 근대화프로젝트의 일환으로 의식주 개선과 관련 기사로 이루어졌다. 사회적 이데올로기는 권위 있는 필자의 기획 기사를 통해

---

22) 강영숙 (아나운서), 「직장과 가정의 사이」, 『여원』, 1961.7, 신건. 「1960~70년대 근대화 프로젝트와 여성담론에 관한 연구」, 연세대학교 대학원 석사논문, 2001에서 재인용.
23) 한옥자(백화점원), 「백화점은 만물상의 거울」, 위의 책, 208면.
24) 1960년대 이후 우리나라의 공업화는 경공업 중심의 노동집약적인 수출산업이 주도하였으며, 이 발전에는 여성노동력의 풍부한 공급이라는 변수가 크게 작용하였다. 그러나 제조업 상용근로자 중 여성의 임금은 남성의 39.0%–45.9%에 머물렀다. 이옥지, 『한국여성노동자운동사』, 한울아카데미, 2001, 92면.

교육되는 동시에 일반 독자들의 응모 '수기'는 실생활 속에서 실천되는 사회적 이데올로기를 재현하고 강화하는 구실을 하게 된다.

직업여성의 수기에는 이러한 사회적 변동이 스위트 홈의 이상화와 여성의 적극적인 사회진출 요구라는 상반된 모습으로 드러난다.

『여원』이 사회 변화에 따라 수행해 온 역할을 짐작할 수 있는 예로 창간 6주년 기념 독자응모수기 「女苑과 함께 한 나의 生活」을 들 수 있다. 당선작과 가작을 선정했는데 당선작인 「幸福과 보람과 希望이 있는」25)은 제목만으로도 독자의 반응을 알 수 있다. 여기에는 공통적으로 의식주와 관련된 기사에 대한 소감을 실생활의 변화와 연결시켜 적고 있다. 하루 일과를 마치고 『여원』을 집어들고 삶의 여유를 만끽하는 주부들의 이야기는 1960년대 스위트 홈 이데올로기를 실감나게 보여준다. 이로써 『여원』을 읽는 독자는 『여원』에서 제시하는 이상적 여성상에 길들여지게 된다.

외부로부터 강요된 이상적 여성상에 대해 수기의 서술자들은 '동의와 저항'이라는 상반된 서술 태도를 보이고 있다. '동의'는 가정이데올로기의 영향 아래 여성의 성역할을 가정 내적인 것으로 수용한 입장의 서술자들에 의해서 서사화된다. 이들의 수기에는 여성 개인의 개별서사라기보다는 가족 내적 역할을 성공적으로 수행했는가 여부를 스스로 확인하는 가운데 고착화되고 있다. 응모 주제별로 본다면 '나의 행복론', '어려운 살림을 극복한 체험', '媤母와의 不和와 그 解決', '우리 집 가계부', '나의 일기초', '나의 부업생활', '나의 시집살이', '가시

---

25) …인간아란 자기 생활에 의미를 가진다면 그 삶은 가치가 있으리라. 그러니만큼 사람은 배워서 많이 알아야 한다고 뼈저리게 느낀다. 더구나 의욕을 잃고 권태에 빠져 피로한 농촌의 딸들이 더 알아야한다고 생각한다. 그래서 나는 우리 다같이 女苑 학교에 들기로 권고하고 싶다.… 진선자, 「행복과 보람과 희망이 있는」, 『여원』, 1961.10, 141면.

밭을 헤친 여사장의 의자', '우리 집 살림 공개', '새 농민상 수상자 수기' 등이 있다. 이러한 응모 주제의 수기는 사회적 요구에 성공적으로 부응한 경험을 서술함으로써 서술자와 독자 모두 사회적 합의에 동의하도록 유도한다.

반면 '저항'은 자신을 주체적으로 인식하기 시작한 여성 서술자의 서사라고 할 수 있다. '저항'의 서사를 견지하는 수기에서 여성 서술자는 기존의 규범적 자아와 체험자아 사이에서 분열적인 태도를 보이고 있다. 이들이 보이는 분열과 혼란은 여성의 자기서사가 시작되는 지점이라 할 수 있는데, 분열과 혼란은 갈등을 의미하며 지금까지 당연하게 받아들였던 이념에 대한 저항의 표현으로 볼 수 있다. 이들의 갈등이 안정적으로 해소되지는 않지만 균열 자체가 여성의 주체성 모색의 출발이라 할 수 있다. 『여원』을 통해 강화되고 있는 이상적 여성상은 여성이 자발적으로 구축한 것이 아니라 허구적으로 강요된 것이다. 근대화·산업화 시기라는 역사적 특수성은 여성의 역할을 인위적으로 규정하고 사회적 합일을 이끌어내기 위해 다양한 기제들을 사용한다. 이 중 공감대를 형성할 수 있는 일반인의 경험담은 동시대 여성들에게 어떤 식으로든 영향을 미칠 수밖에 없었다.

『여원』을 통해 구현되는 이상적 여성은 현모양처로서 생활은 근대화 되고, 의식은 전통적인 유교적 윤리를 충실히 따르는 모습을 지향한다. 근대화란 개인의 자아 각성과 자유를 통한 민주화를 의미한다고 할 때, 여성에게 요구되는 근대화는 전근대적 의식과 근대적 생활양식의 추구라는 이중적인 모습을 띠게 된다. 이때 여성의 삶은 분열적인 양상으로 드러난다.

4. 성 모럴의 선택과 배제의 서사

1960년대 한국의 근대화 과정은 국민화 프로젝트라는 극단적인 형식으로 진행된 총동원체제와 유사성을 지닌다. 이때 근대화는 단일한 국민적 주체, 국가에 순종적인 집단적 주체를 생산하는 작업과 병행되어야 했으며, 프로젝트에서 여성은 민족 정체성을 보존하고 변형시키는 주체로서 전통적인 여성상과 근대적인 여성상이 결합된 형태[26] 로 나타난다.

여성에 대한 이중적 태도는 한편으로 근대화 사회의 이상적 여성상을 강화하고, 다른 한편으로 문제적 여성을 비판함으로써 시대에 부응하는 여성 담론을 구성해낸다. 신 현모양처 이데올로기에 부합되는 여성은 집안 경제를 잘 꾸려 살림을 늘리고, 아이들 교육에 적극 참여하고, 남편의 사회활동에 내조하는 여성으로 그려진다. 실제 이와 관련한 수기 주제들을 통해 여성에 대한 이중적 태도와 사회적 요구를 짐작할 수 있다.

'어머니의 초상, 나의 생활에 대한 반성, 나의 초산기, 나의 부업생활, 나의 시집살이[27], 우리집 살림 공개' 등을 주제로 한 수기에는 여성을 전통적인 역할의 수호자로 규정하려는 당시 사회적 요구가 반영되어 있다. 여성은 가족의 일원으로서 희생할 것을 스스로에게 강요함으로써 여성으로서의 자기 인식은 원천적으로 배제된다.

---

[26] 신건, 앞의 논문.
[27] 手記選後感에는 '…모순된 생활을 향상시키기 위한 시어머니와 며느리의 성실한 의론(議論)내지 투쟁같은 것은 한결같이 찾아볼 수 없었고, 모든 것이 '세월이 흘러'원만한 생활을 이룩하신 듯 했습니다. …다행한 현상은 젊은 세대로 내려올수록 시어머니와 며느리의 관계가 명랑하고 건전하게 유지되어 가는 점입니다.…' 이라고 시집살이의 변화를 세대별로 싣고 있다. 『여원』, 1963.6, 251면.

① 어떻게 하면 구차한 생활을 좀 낫게 해 볼까 궁리한 끝에 생각해 낸 오리 기르기 그리하여 이젠 우리집 재력의 원천이 되었다.28)

② 삼년 전만 해도, 봄이면 끼니를 잇지 못하고 나물죽을 쑨다 쑥을 캐러 간다는 등 괴롭고 슬픈 일이 많았다. 그러나 이젠 그와 같은 궁상은 찾을래야 찾을 수 없다. 그리고 여름이면 이집 저집 시원한 대청을 찾아 남의 허물이나 하고 겨울이면 화투나 노름으로 세월을 보내던 사람들이 이젠 모두 그와 같은 악습을 내던지고, 춘하추동 틈만 있으면, 짚 땋기에 열중한다.29)

③ 액귀를 끌고 시집왔다는 迷信을 믿는 시어머님에게 나는 주름이 잡힐 때까지 忍從, 그것만으로 살아왔다.30)

근대화의 물결이 거세지고 있는 상황이었지만 전근대적인 삶의 방식이 하루아침에 바뀌는 것은 아니었다. 이 시기 '수기'에 드러나는 공통점은 특정 분야와 계층을 막론하고 전환기의 혼재 양상이 각성과 계몽의 서술태도로 표현되고 있다는 것이다. 농촌 여성들에게는 계몽의 서사를 통해 근대화의 역군이 되라 하고, 도시의 여성들에게는 전통적인 여성성을 회복하라는 이중적 태도를 보이고 있다. 그러나 이러한 여성에 대한 양가적 기대는 여성의 주체적인 자기 인식을 막고 여성성에 대한 탐색을 무화(無化)시키고 있다.

이 시기에 오면 남녀의 애정관계에 관한 수기가 부쩍 많아지는데 제재의 특성상 이전과는 달리 아주 구체적이고 세밀하게 체험 중심으로 서술되고 있다. 애정관계를 다루고 있는 수기의 등장은 당시 전환기 사회에서 새로운 모럴이 등장하면서 빚어진 혼란상을 반영한다. 여전

---

28) 박점남, 「뒤뚱 뛰뚱 오리 걸음에 喜悲싣고」, 『여원』, 1963.4, 266면.
29) 이민영, 「보릿짚 속에 묻힌 꿈」, 위의 책, 270면.
30) 김혜옥, 「忍從으로 겪은 厄땜살이」, 『여원』, 1963.6, 244면.

히 여성을 삶을 제어하고 있는 가부장적 이데올로기와 자유로운 성 모럴의 혼재는 특별한 여성에게 국한된 문제가 아니라 일반 여성의 현실로 다가왔다.

애정문제를 고백하는 수기는 사건 중심의 예화를 들어 서술하고 있어서, 다른 주제의 수기보다 서술이 긴박하고 서사성이 강화되는 현상을 보인다. 이때 서술은 공감대의 형성과 체험의 공유보다는 지난날에 대한 서술자 개인의 회오와 반성에 주력한다. 동시에 글을 읽는 독자들에게 윤리적 선택을 당부한다. 남녀 애정문제 관련 체험담은 처음엔 낭만적 사랑의 추억과 고백에 초점이 맞춰져 있었다. 그러나 성 담론과 결합되면서 '남편의 외도', '삼각관계', '처녀성을 잃은 기록',[31] '사랑의 실패담' 등 다소 자극적이고 선정적인 내용을 포함하게 된다. 수기의 서술이 극적이고 흥미로워진 것이다. 이때 서술의 선정성은 일반인의 성 모럴이 혼란한 상황임을 보여주는 동시에 매스미디어의 정체성 변화와 맥을 같이 한다. 상업주의 매스미디어가 미디어 본연의 공적 임무는 도외시하고 기업적 이윤추구를 위한 발행부수 경쟁에 뛰어들면서 흥미본위의 기사가 넘쳐나게 된다.[32] 『여원』도 이러한 미디어의 정체성 변화와 무관할 수 없었을 것이다.

『여원』의 매체적 특성과 '사랑의 체험'이라는 제재의 속성상 서술은 선정적이고 자극적이다. 남편의 외도에 관한 수기는 여전히 가부장적 이데올로기에 지배받고 있는 현실을 드러낸다. 지방과 서울에서 흔

---

[31] 褁旨-처녀성을 잃게 된 상대방 남성과의 관계와 그 당시의 심경 동기 이유 등에 대해서 남이 읽어 도움이 되고 참고되게 써주시는 동시에 정조가 그렇게 중요한가 아닌가에 대한 솔직한 의견도 들려주십시요.(但 紙上엔 匿名) 투고요령이 이와 같이 상세하게 밝혀져 있는데, 이는 당시 성 담론 형성과 관련이 있다. 『여원』, 1963.5, 79면.
[32] 추광영, 앞의 글, 256~257면 참조.

히 볼 수 있는 예로 선정했다는 <選後感>에는 다른 주제에 비해 응모 편수가 적은 이유가 '개인의 내밀한 생활을 들추어 보인다는' 어려움 때문이라고 지적하고 있다. 아래 예문에서 아내는 아들을 낳으면서 남편의 외도가 끝날 것을 기대했고 여성으로서 자각할 수 있는 기회로 삼으려 했다고 고백한다. 부부관계에서 여전히 수동적인 여성의 모습을 보여주는 것이다.

> ① 봄바람이 풀어지듯이 그이의 마음도 풀어져 내곁으로 돌아오리라고…. 아들이란 것을 확인하신 시아버님은 조용히 내 방문을 닫고 나가시며 밤 하늘 아래 힘껏 소리치셨다. "네 이놈 바우야." 마치 그이가 자기 앞에 있는 듯이 ….33)

> ② 나는 다시한번 이렇게 일찍 마음을 돌리고 돌아 와 준 그에게 감사를 느낍니다. … 분명히 그이의 외도는 오히려 나에게 여성으로서 주부로서의 생활을 일깨워 주었습니다.34)

같은 성 모럴에 대한 탐색이 이루어지고 있는 수기일지라도, 혼인관계에 있는 남녀의 문제가 아닌 경우, 남녀 애정문제에 관한 '수기'는 당시 성 담론, 연애 담론의 현실적 재현체이고, 상업화되고 있는 여성지의 성격을 극단적으로 드러낸다. 여기서 우리는 수기의 서술이 대중화되는 전이 양상을 볼 수 있다. 이는 서술자 중심의 서술에서 독자, 즉 수용자의 흥미와 관심을 환기시키는 서술로 변모되는 정황으로 볼 수 있다. 동시에 남녀 애정문제에 관한 '수기'에서 여성의 '몸'이 근대적 지표로서 표면으로 부각되고 있다는 점에 주목할 필요가 있다. 이전의

---

33) 박정임, 「가시는듯 돌아오소서」, 『여원』, 1963.7, 271면.
34) 하유빈, 「사랑의 冬眠 二個月」, 위의 책, 1963.7, 275면.

성 담론이 정신적인 고매함에 집중하고 가부장적 이데올로기에 이바지하였다면, 변화한 점은 여성의 육체적 경험을 통해 성 담론, 연애 담론을 구성해 나간다는 것이다. 그러나 여성 서술자가 행위에 대한 후회와 자책의 모습으로 일관하고 있어 아직은 순결 이데올로기로부터 자유롭지 못했음을 알 수 있다. 서술자의 태도와 달리 상황은 노골적으로 묘사되고 있어 통속 소설의 일부분을 보는 듯한 착각을 불러일으킨다. 이는 여성잡지의 상업성과 관련지어 생각할 수 있다.[35]

① 다른 모든 사람들이 아무렇지도 않게 참고 견디어 나가는 쎅스를 유독 혼자만이 부산스럽게 체험한 그 떫은 뒷맛이 왼몸을 내려누르고 있고 그래서 나는 정말 bad seed인가 하는 생각이 굳어 져서 밤낮을 우울한 공기 속에 젖어 있어야 한다. …형벌의 채찍을 오늘도 나는 힘껏 내려치고 있는 것이다.[36]

② 그러나 내가 쎅스에 눈을 떴을 때 내 마음을 내려덮은 것은 끝없는 절망감, 무서운, 후회, 그리고 세상에 다시 더 없을 바보라는 가책뿐이었다.[37]

③ 어느날인들 내가 저지른 비밀이 들어나지 않을까? 그때 남편이 실망할 모습을 생각하면 나는 금새 바늘에라도 찔린 듯이 누웠던 자리에서 발딱 일어나곤 한다.[38]

'처녀성을 잃은 체험수기'에 40편의 독자 응모가 있었으며 자신의

---

35) 『여원』 창간호(1955.10)의 내용 분포는 여성·교양(27.6%), 광고(1.1%)였다. 그러던 것이 1960년 10월호는 여성·교양(20.7%), 광고(8.3%)로, 1971년 4월 『신여원』으로 개명한 창간호는 여성·교양(17.7%), 광고(21.9%)로 광고란이 비약적으로 늘어난다. 이는 여성지의 성격이 여성의 문화의식 향상에서 상업적 오락성 증가로 변화한 때문이다. 송유재, 「여성잡지에 나타난 한국여성상 분석연구」, 이화여대 한국문화연구원, 1985.2, 15면.
36) 문설령, 「입술로 배우려던 사랑」, 『여원』, 1963.8, 71면.
37) 한규옥, 「진흙밭을 굴러 간다」, 위의 책, 1963.8, 74면.
38) 김철숙, 「헝클어진 氏族늬 늪에서」, 위의 책, 1963.8, 79면.

과오를 고백하고 나서 새롭게 출발하라는 것이 <選後感>의 요지이다. 특이하게도 독자 수기를 읽은 박신명(동덕여대교수)의 감상평이 실렸는데 한 사람 한 사람의 사례를 구체적으로 평가한 후 순결을 함부로 생각해서는 안 되지만, 그렇다고 행복도 잃은 것이 아니라며 현재 자신의 삶에 충실하려고 조언하고 있다.

　서술자의 태도에서 보이는 전근대적인 순결 이데올로기의 그늘과 적극적으로 성을 묘사하는 서술의 이중성은 당시 여성들이 갖고 있는 성 의식의 단면을 보여준다. 이러한 적극적인 서사와 타자화된 '몸'의 체험은 '삼각관계', '사랑의 실패'와 같은 주제의 글에서 반복해서 드러난다. 이들 수기는 여성이 자신의 '몸'의 주체가 되지 못하고, 남성에 의해 타자화되고 있는 현실을 보여준다. 여성의 '몸'은 여전히 남성에 의해 성적인 대상물이 되고, 여성은 더럽혀진 '몸'에 대한 죄의식과 자책에 빠지게 된다. 이러한 서술자의 태도는 '정조'와 '순결'을 지킨 여성은 떳떳하고 자유로울 수 있지만 '몸'이 타락한 여성은 불안과 죄의식 속에서 괴로울 수밖에 없다는 여성에 대한 이중적 가치를 강제한다. 그럼에도 불구하고 여성이 자신의 '성'을 솔직하게 적극적으로 서사화하기 시작하고, '몸의 서사'를 공론화하기 시작한 점은 눈여겨 볼 만하다.

　이들 '수기'에는 여성이 근대 사회의 주체로서 편입되기보다는 남성 혹은 공동체의 결여된 부분을 보완하는 보조자로서의 역할을 수행하고 있음이 드러난다. 이러한 과정 중에 여성이 겪어야 했던 갈등을 개인의 문제로 환치시킴으로써 개인의 극복의지와 초월적 태도가 관건임을 강조한다.

여성의 문화의식을 향상시키는데 기여하겠다는 발간 당시 취지는 1960년대 후반에 들어서면서 찾아 온 경제적 안정과 매체의 상업성이 결합되면서 새로운 국면을 맞이하게 된다. 이때 서사의 차원에서 가시적으로 확인할 수 있는 가장 두드러진 특징은 서사의 노골화와 통속성에서 찾을 수 있다. 서술 태도에 있어서도 고백과 감정의 공유를 지향하기보다는 서사성에 주력하고, 여성의 체험은 대상화되는 경향을 보인다.

이로써 여성의 행복, 일, 자아실현 등과 관련한 경험의 공유는 축소되고, 사회적 이데올로기와 연결된 담론이 확대되는 양상을 보이고 있다.

'수기'에 나타난 다양한 체험의 서사화는 당시 여성과 관련한 담론 형성과 깊은 연관이 있다. 수기에 나타난 여성의 자기서사와 서술태도를 사회적 담론과의 상호 관계 속에서 고찰해야 하는 것도 이 때문이다.

5. 맺음말

이상에서 『여원』에 실린 '수기'에 드러난 여성의 체험이 사회적 맥락 안에서 어떻게 자기 서사화되고, 당시 시대상황과 맞물려 수용되고 있는지 살펴보았다. 근대화·산업화를 표방하던 1950년대 중·후반에서 1960년대를 가로지르는 역사적 격동기에 여성에게 부여된 지위와 역할은 사회적 담론으로부터 자유로울 수 없었다. 여성의 삶은 자신의 선택이었거나, 외부적인 요인에 의한 것이었거나 간에 사회적 요구에 부응하는 방향에 맞춰 재편성되었다.

여성들은 '수기'를 통해 사회적 격동기에 달라진 자신들의 역할과 그들이 직면한 문제를 솔직하게 토로할 수 있게 되고, 타인과 소통하면서 공감대를 형성하며 체험을 공유하게 되었다. 이들의 고백과 공감은 '수기'의 서술적 특성으로 자리잡게 되는데, 필자가 자신의 경험을 진솔하게 고백하지 않는다면 독자와의 공감대는 쉽게 형성되지 않을 것이기 때문이다.

'수기'에서 여성의 자기서사는 고백과 공감, 선택과 배제, 동의와 저항의 이분법적 서사 구조를 통해 수용되고 있다. 독자는 서술자의 체험 중에 자신과 유사한 경험을 통해 공감대를 형성하게 되었을 때 서술자의 입장과 선택을 수긍하게 된다. 반면에 독자는 서술자의 체험 중에 동의할 수 없는 사항에 대해서는 저항하면서 새로운 합의점을 도출하게 된다.

『여원』의 독자층과 구독 지역을 감안한다면 '수기'에 나타난 다양한 여성의 삶은 당대의 시대적 흐름과 사회변화를 반영하고 있고 할 수 있다. 여성의 의식은 변화되었지만 여전히 사회적 억압으로부터 자유로울 수 없는 이중적 상황을 보여준다.

전후와 1960년대를 거치면서 정부는 국가재건이라는 과제를 달성하기 위해서 근대화·산업화 운동을 본격적으로 전개한다. 5·16 이후에는 민생과 민심안정이 지대한 과제로 부각된다. 정부는 국가재건 사업에 여성을 적극적으로 편입시키되 성별역할분담에 기초하여 가정 내에서 생활의 문제를 합리적으로 개선하는 조정자 역할을 강조한다.

이러한 사회적 요구는 남성 중심적 글쓰기를 통해 여성에게 학습되고, 학습의 결과 여성들은 남성 중심적 사고와 사회적 담론을 자신들이 주체적으로 선택한 것으로 여기는 착각에 빠지게 된다. 그러나 이러한 사회적 요구는 여성 자신의 요구가 아니므로 여성에게 고통으로 다가올 수밖에 없다. '수기'에는 여성들이 겪은 다양한 고통이 서사화되고 있다. 다양한 계층의 여성들이 투고한 수기임에도 불구하고 계층과 직업에 따라 담론의 차이가 크게 나지 않았다는 점은 개별적 체험임에도 불구하고 이를 통어하는 기제가 있었음을 뜻한다. 당시 국가 중심의 재건 프로젝트는 집단적이고 공동체 중심의 산업화·근대화 이데올로기와 전통적인 가부장제 이데올로기에 근거한 사회적 합의에 의해 조정되었다. 이러한 사회적 합의는 '수기'에 드러나는 여성들의 서술태도를 통해서 확인할 수 있다.

『여원』에 나타난 '수기'담론은 여전히 남성 중심적 가부장제 이데올로기와 결합되어 그것은 재생산하는 측면이 있다. 하지만 여성의 자발적 참여와 연대의식의 형성, 여성이 자기 경험을 서사화하고, 주변적 삶으로부터 탈출할 수 있는 통로를 확보하게 되었다는 점에서 의의를 찾을 수 있다. 여성적 글쓰기를 통한 자기 서사 확보는 여성의 주체성을 확인하고 여성 스스로 시대적 이념에 부응하는 새로운 인간상을 구성하기 위한 발판이 될 수 있다.

다만 남성 수기와 여성 수기의 차이점을 비교한다면 여성적 글쓰기의 자기 서사와 남성의 서사가 어떻게 다른지 해명할 수 있을 것이다. 또한 여성과 남성의 글쓰기 방식의 '차이'를 확인하고 여성의 자기서사가 개인적 서사를 넘어 문학적 서사로 이어질 가능성을 규명하는 단서를 제공하게 될 것이다.

『나는 코리안의 아내』의 담론 분석과 『여원』의 매체적 전략

김 정 숙

1. 텍스트에 대한 몇 가지 의문점

　『나는 한국인과 결혼하였다』(*I Married a Korean*)는 데이비스 아그네스 김이 쓴 장편수기로, 원전에 대한 서지적 사항은 정확히 알 수 없다. 우리가 볼 수 있는 수기는 1950년대 여성교양잡지인 『여원』에 수록된 연재본이다. 이 작품은 『나는 코리안의 아내』라는 제명(題名)으로 1957년 6월부터 1958년 3월까지 아그네스 데이비스 김의 '한국남자와 결혼한 미국여성의 장편수기'라는 소개와 함께 『여원』 <장편수기> 란에 총 10회에 걸쳐 연재되었다. "푸른 눈에 비친 한국과 한국인"의 실상을 사실적으로 그리고 있는 작품으로 한국에 소개된 연재본은 이후 1959년 12월 『나는 코리안의 아내』와 현상모집된 독후감 8편을 추가로 수록하여 단행본으로 출간되었다.
　『여원』의 소개에 따르면 이 수기는 1930년대에 미국에서 이미 출간된 것으로, 출간 당시 미국에서 큰 호응을 얻었다고 한다. 그런데 이상한 점은 수기에 1945년 해방 이후의 생활과 미국 진주 등이 담겨 있는 점이다. 이런 점에서 『여원』이 말한 이 수기에 대한 서지적 정보를 무조건 신뢰할 수 있나 하는 의문이 생긴다. 당시 미국에서 출판된 판본을 입수하여 대조해 보는 일이 우선적으로 필요할 듯하다.

그리고 일본 치하의 1930년대 조선의 생활에 대한 구체성이 크게 부각되지 않고 오히려 해방 전후의 현실이 실감나게 그려지고 있는 점도 미심쩍은 부분이다. 또한 작품 마지막 장은 앞의 부분들과 어조를 달리하면서 많은 지면에 걸쳐 '어머니(모성)'를 강조하고 있다. 이러한 간극을 유념할 때 애초에 씌어진 저자의 논지에 <여원사>의 부가적 글쓰기(윤색)가 함께 이루어진 것은 아닌가 하는 추측이 생긴다. 이런 점을 감안해서 본고의 텍스트는 『나는 코리안의 아내』*I Married a Korean*(데이비스 아그네스 김, 여원사, 1959)[1]로 한다.

저자인 데이비스 김은 1932년 당시 미국유학생이던 김조항과 결혼하여 한국에서 생활하다가 1948년 미군 철수 당시 미국으로 돌아가 뉴욕에서 생활한 미국 여성이다. 한국인의 아내로 살아가면서 16년 동안의 실제 경험을 기술한 『나는 코리안의 아내』는 "풍속과 생활상태, 그리고 환경이 다른 이국여성이 한국남성과 결혼한 후에 겪은 여러 가지 솔직한 생활기록과 거기 대한 비판을 가한 것"으로 『여원』의 독자에게 큰 호응을 얻었다.

---

1) 작품을 인용할 경우 옆에 면수를 적고, 『여원』의 경우 인용문 뒤에 발간년도와 월호수를 기입하기로 한다. 연재본과 단행본을 비교하면, 내용은 그대로이고 단행본으로 엮는 과정에서 장 제목이 일부 바뀌었다. 연재본에는 데이비스가 그린 시어머니와 양자로 삼은 데니군 초상, 부부 그림, 자신의 만든 집, 여러 가지 신발 그림, 모자, 편지, 친필 싸인, 주소 등이 회마다 배치되었다.

1930년대로부터 해방 직전과 직후의 현실을 그린 『나는 코리안의 아내』는 한국 남성과 결혼한 미국 여성의 체험담이라는 점에서 흥미로운 텍스트이다.2) 구체적으로 그 의미를 기술하면, 첫째, 국제결혼이 많지 않았던 당시에 온갖 역경을 이겨내고 한국 생활의 체험을 글로 나타냈다는 점, 둘째, 『여원』이 이 장편수기를 연재하면서 이에 대한 '독후감'을 기획하고, 후에 장편수기와 독후감을 엮어 단행본으로 출간하는 일련의 과정에서 매체의 전략을 이용했을 것이라는 추측에서 그러하다.

　사실을 있는 그대로 기술하는 '수기'는 체험적 글쓰기를 전달하는 대표적 표현 양식으로, 우리는 이 작품을 통해 서구 기혼여성의 글쓰기에 나타난 '코리아'의 재현과 그 속에 드러난 식민적 징후, 그리고 1950년대 여성독자들의 반응과 『여원』이 추구한 여성상을 엿볼 수 있을 것이다. 이에 본 연구는 『나는 코리안의 아내』에 나타난 담론을 분석하고, 그것을 게재한 『여원』의 의도와 1950년대 독자들에게 어떻게 의미화되고 있는지 살펴보고자 한다.

---

2) 만일 이 텍스트가 당시 한국 남성과 결혼한 아시아 지역 국가의 여성담이었거나 미국 남성을 사랑한 한국 여성의 이야기라고 했다면 잡지에 실릴 수 있었을까. 아메리칸 드림의 맥락에서 보면 아시아 지역 여성의 이야기는 주목을 받지 못했을 것이고, 후자의 한국 여성은 미국으로 건너가 또 다른 '신세계'로 나아갔을지 모른다. 미국 남성이 한국으로 건너와 사랑하는 한국 여성을 위해 온갖 희생을 다한 '수기'를 썼다면 다른 의미가 있겠으나 사실 그 가능성은 매우 희박해 보인다.

2. 언술의 두 층위에 나타난 지배자의 (무)의식적 욕망
1) 서구 기혼여성의 엘리트 의식과 근대적 계몽 담론

1957년 12월호 <독자 편지>에는 『나는 코리안의 아내』에 대한 고평이 실려 있다. 그 내용 중에 미국은 '인지가 발달한 나라'이고, 한국은 '미개한 나라'라는 언급이 있다. 이는 수기에 에드워드 사이드식의 오리엔탈리즘적 시각이 전제되어 있다는 것을 짐작하게 한다. 에드워드 사이드의 오리엔탈리즘이 서구 텍스트에 재현된 '동양'에 대한 인식을 기반으로 하고 있다면, 『나는 코리안의 아내』는 실제 경험담을 근거로 한 시각이라는 점에서 더 위험할 수 있다. <역자의 말>에서도 이러한 관점을 확연하게 볼 수 있다.

> 일반이 상상할 수도 없는 **한국의 원시적 생활**에 많은 고난을 겪어 가면서 오로지 그의 사랑과 지성, 인내와 노력 그리고 신앙으로써 굳건히 그의 생활을 개척해 나간…「一九三十年 이 여성이 한국에 건너와서 결혼하기까지에는 많은 비난과 중상과 또는 모략을 받았다. 또한 그의 남편 金周恒씨는 한때 이 여성의 열정적인 사랑은 모든 것을 물리치고 성공적인 결혼을 이룩케 하였으며 백방으로 그의 남편을 돕고 또 격려하여 실로 국경을 초월한 사랑의 보금자리를 이루고 있는 것이다. 또한 그의 **현명한 두뇌와 지성으로서 원시적인 한국의 생활방식과 농촌생활을 개량하고 발전시켰으며 빈한한 한국의 농민을 위하여 그의 노고를 아끼지 않은 지대한 공헌**에 감탄한 바 적지않어 이 책을 번역하게 된 것이다.(<역자의 말>, 7~8면, 고딕 강조: 인용자(이하 동일))

이처럼 데이비스와 그의 텍스트를 읽는 방식은 전적으로 동일자의 시선에 매여 있다. 동일자는 데이비스이며, 역자는 그녀의 텍스트를 무비판적으로 소개하고 읽다.

데이비스는 한국의 실상을 글로 옮기면서 일상생활과 위생학적 측면, 그리고 문화 전반에 걸쳐 제국적 무의식을 드러낸다. 먼저 그녀는 부엌에 대한 불편으로부터 부엌 개조를 통한 문명화(입식)를 텍스트 초반에 강조한다. 점차 한국식 살림에 습관화되고 그 생활 방식의 결점도 하나 둘 발견하면서 그녀는 "이 불편하고 비이상적인 결점을 어떻게 하면 개선할 수 있을가 여러 가지 연구와 방도의 계획을 세워"(79면) 보기도 한다. 그녀는 불편한 전통 부엌을 서구의 모델을 이용해 더운 물을 데우고 세탁물을 빨 수 있게 하는, 입식 부엌의 시초라고 할 수 있는 '개량부엌'으로 변화시킨다.

부엌 구조의 개량화는 위생학의 강조로 확대된다. 병원을 통한 위생학의 강조와 교육을 장려하기 위해 학교를 설립하여 학생들을 모아 교육을 시키는 일은 근대계몽기 담론인 개화 문명의 담론과 거의 일치한다. 부엌의 과학화와 위생학의 강조, 그리고 교육을 통한 계몽은 근대사회로 가기 위해 필요한 생활방식의 변화를 의미한다. 이러한 것을 전하기 위해 저자는 '미개' '원시적' 등의 수사를 동원한다.

> 한국 농촌에서는 비료가 언제나 부족되었으며 대개 인분으로 이를 많이 대용하는 것이었다.…소를 가지고있는 농가에서는 나무로 만든 우차에 통을 싣고 특히 봄철이면 서울로 가서 분변을 얻어 이를 저장하였다가 밭에 뿌려 야채등의 비료로 하는 것이었다. 이 우차가 지나갈 때는 나는 손수건으로 나의 얼굴을 가리지 않으면 안될 정도로 그 냄새가 독하게 풍겼으며 후에 미군들은 이 차를 「허니 카-트(꿀차)」라고 이름을 부쳤다. 여기로 부터는 여러 가지 **기생충(十二지장충, 구더기등)**급 기타 **병균이 발생**하는 것이었다. 세균에 대한 지식이 박약한 한국의 어머니들은 이러한 인분을 준 가지나 무를 그대로 먹어 설사등을 하는 예가 적지 않았다.(127면)

"세균(병균)에 대한 지식"은 곧 근대의학의 습득을 의미한다. 병리학적 지식의 여부는 과학적 생활과 관련되는 것으로, '허니카-트'와 인분에 의한 설사 등의 예는 전근대적 생활 방식에 대한 비판이다. 이러한 비판은 텍스트 곳곳에서 찾을 수 있다. 가령 "十七내지 二十세가량 되어보이는 술파는 여자들"과 그로 인한 많은 성병의 만연, 마귀를 말살하기 위해 침을 놓는 미신적 행위, 한국 가정에서 직접 실을 만들고 옷을 짜는 원시적인 방법, 너무나 가정 경제를 고갈시키는 한국의 결혼방식 등 미국 여성에 비친 이러한 모습들은 계몽의 대상이자 목적이 된다.

이것이 가능한 이유는 데이비스 부부가 서구 유학과 신식 교육(기독교 선교)을 받은 엘리트이기 때문이다. 데이비스 부부는 사회적으로 엘리트 계층에 속한 것으로 보인다. 남편 데이비드(김주항)는 "미군 대위하에 있는 민간공보국 한국계 책임자로, 그는 一三○명의 한국인을 연사로 훈련시키고 이들을 전 남한 각지에 파견시켜 공산주의와 민주주의의 차이와 의의, 선거와 투표방법 급 자유의 의의등을 순회 강연케 하는 임무"(166면)를 수행한다. 수기에 드러난 것처럼 춘원 이광수의 방문과 데이비스에게 선물받은 시(詩)를 신문에 싣거나 김활란을 비롯해 학교 교사, 변호사, 주한 대사관, 학생들, 기자 등의 방문이 끊임없이 이어진 것에서 짐작할 수 있다.

이러한 실정에서 "좀더 새롭고 이상적인 방법으로 한국을 위하여 일해보겠다는 결심"은 마을에 조합을 건립하고 그에 수반된 비용으로 학교와 병원을 건립하여 농민과 어린 아이들의 계몽에 힘쓰는 것으로 이어진다. 데이비스는 "병원에서 단순히 환자만을 치료해 준다는 것보다 동리 사람들이 '개화되고 문화 발전의 조류'를 따르고 있다"(139면)는 데서 벅찬 기쁨을 느낀다.

이때 문화 발전의 조류란 생활과 의식의 서구적 근대화를 의미하는 것이다. 그 개화와 문명을 이끄는 주체는 한국 민족이 아닌 타민족이다. 구라파사람이나 혹은 미국 사람들은 곧 야만적이고 미개한 국가와 국민을 위해 헌신하는 희생과 애타심을 소유한 주체임을 역설한다. 또한 데이비스가 말하는 "「라우바취」 박사와 기타 여러 사람들이 한국의 문맹인을 위하여 만드는 한국의 교육법 연구에 조력, 세계에 있는 十억이상의 문맹인의 눈을 뜨게 하였다"는 언급은 이를 단적으로 드러낸다. 라우바취 박사의 위대한 업적인 저서 『어둠의 십억은 말한다』에서 '어둠'이 미개지를 상징한다면 서구적 근대는 세계의 십억을 비추는 '광명'의 이미지로 제시된다.

이러한 관점은 '굿과 무당'에 대한 비판에서 극명하게 재현된다. 텍스트의 처음 부분이 남편과의 만남과 한국생활의 시작에 맞추어져 있다면, 중반부에는 부엌과 음식, 학교, 병원의 필요성에 이어 '미신'과 '주술'에 대한 비판으로 고조된다. 「巫堂과 病院」에 나타난 몇몇 부분을 보면 다음과 같다.

> 이것을 두려워하는 정신이 뿌리 깊이 박혀 있었다. 의약의 힘으로 병이 치료되었다 하드라도 그 원인은 **마귀에 인한 것이고 무당이 고친 것으로** 간주해 버리는 것이었다. 이러한 **미신의 관념을 타파시키기**에는 「데이비드」가 교육한 수개월로서는 도저히 불가능하였던 것은 물론이었다.」(103면)

> 일년 수입은 보통 一二五원정도이었으며 이것으로 먹고 때고 입으며 또 집세등을 지불하는 것이었다. 그러나 하룻밤 무당굿에는 三○원 내지 四○원을

지불하게 되니 고시봉시가 모았던 돈은 고스란히 무당에게 바치게 된 것이었
으나 고시봉씨의 병은 더욱 악화되어 갈 뿐이었다. 그의 정력을 기울여 푼푼
히 모은 돈이 이와 같이 며칠동안에 무당 손으로 들어가게하는 **어리석은 짓**
을 생각할 때 고씨 가족이 너무나 **원망스럽고** 또 그 무당에 시기심도 들었
다. 우리는 이러한 **마귀**가 있다는 신념을 없애도록 설명하고 교육도 시켰지
만 이미 **뿌리깊게 박힌** 한국 사람들에게 **무효**이었다.(118~9면)

다른 부분에 비해 다소 감정적으로 기술된 위의 내용들은 '뿌리깊게 박힌' 미신을 믿는 한국 사람들에 대한 원망과 힐난의 심정을 표출한다. 마귀, 무당, 미신의 관념, 굿 등은 서구적 의학의 기준으로만 비판할 수 있는 대상들은 아니다. 여기에는 한국 국민의 오래된 습속과 문화 등이 겹쳐 있기 때문에 문화를 이해하고 설득하는 과정이 함께 기술되어야 했을 것이다. 그러나 자신의 관점을 받아들이지 않은 결과만을 기술함으로써 전후 맥락은 배제되고 있다.

데이비스의 관점을 징후적[3]으로 읽어야 할 부분들이 이와 같은 부분에서다. 이타적인 생활과 헌신은 의미가 있으나 그 안에 내재된 서구적 기준은 타문화를 진정으로 이해하는 것으로 보기 어렵기 때문이다. 데이비스 (무)의식에는 문명/야만, 현대/미개, 광명/어둠, 인간적/동물적, 기독교/미신, 과학/주술, 청결/불결 등의 식민담론이 드리우고 있는 것이다. 문명과 계몽의 쌍은 야만과 무지몽매함의 우위에 서서 억

---

[3] 징후적 독해는 루이 알튀세르가 『자본론을 읽는다』에서 밝힌 맑스를 읽어내기 위한 제2의 독해방법이다. 그에 따르면, 징후적 독해방법은 읽고 있는 원문 속에 감추어진 것을 폭로하고, 최초의 원문에서 필연적인 부재로 나타나는 별개의 원문에 원문을 관련짓는 한에서, '징후적'인 것이라 부를 수 있다. 곧 징후적 독해는 원리상 이중적인 것이며, 눈에 보이지 않는 사유 속의 대상을 인식하는 작업이다. 원문의 무의식을 구성하는 징후적 독해를 통해 원문에 그 스스로가 빠뜨린 것을 알고 있지 못하는 어떤 것이 담겨 있다는 것을 보여줄 수 있게 된다.

압하고, 기독교적 박애정신과 과학적 합리주의는 미신과 신비주의를 같은 문화로 인정할 수 없게 만든다. 이러한 관점은 텍스트를 통해 '학습된' 의식이 아닌 구체적인 일상생활에서 이루어진 식민적 인식이라는 점에서 오리엔탈리즘적 시선을 고착화하는 위험성을 내포하고 있다. 더욱이 허구적 서사물을 넘어 실제적 글쓰기인 '수기'를 매개할 때 더욱 그러하다. 아래의 부분은 이러한 직접적이고 폭력적인 언술을 보여주기에 충분하다.

> "침, 동물의 살, 한약, 그리고 무당이나 점쟁이는 병을 고치는 한국고래의 방법이었으며 현대의 발달된 의학에 비추어보아 너무나 후진되고 원시적인 **방법임에 조속한 교정이 필요되는 것이라고 나는 생각하였다.** 따라서 우리 집에 병원을 차리게 한것도 이러한 구습에서 오는 치료 방법을 현대의 의약품으로 치료케하여 그들로 하여금 **그들의 방법이 비이상적이고 어리석은 방법이었다는 것을 인식시키는 데 있었다.**"(131면)

2) 사랑의 절대화와 모성 담론

『나는 코리안의 아내』를 이루는 담론이 근대적 생활양식과 관련한 문명/야만과 계몽/무지몽매의 차원이라면, 인식의 측면에서 추동한 것은 기독교적 박애정신을 바탕으로 한 '사랑'이다. "한국식 살림과 원시적이고 비위생적인 생활을 할 수 없을 것이며 무엇보다도 심적 기반을 세우지 못할 것"이라는 경고를 하고, "데이비드와 같은 가난한 사람에 어찌 나와 같은 외국인 아내를 부양해 나갈 수가 있느냐고 공격 비슷하게 그리고 어리석은 여성으로 간주하며 비웃는듯한 어조로 말하는" 주변의 미국 사람들에게 흔들리지 않은 것도 한 남자에 대한 절대적인 사랑이 있었기 때문이다.

　이 사랑은 기독교(프로테스탄티즘)에 기반한다. 신에 대한 순종과 사랑, 인간을 향한 희생과 사랑은 데이비스의 의식을 지배하는 주요 정신이다. 미국의 기독교 정신은 '개척'으로 시작된다. 한국에 오기로 결심하면서 데이비스는 "새로운 인생의 개척을 좋아했고 스릴있는 모험을 좋아하였으며 흉악한 인디안족들이 산재하는 미개지의 여행도 많이 하였"(20면)던 '나의 선조'들을 떠올린다. 인디안과 그들이 사는 영토를 '흉악한' 미개지로 바라본 시선은 다시 한국인과 한국 영토에 재투사되고 있는 것이다.

　개척과 모험과 미개지에의 여행은 미국을 표상하는 중요한 키워드들이다. 서부 개척영화나 <인디아나 존스> 모험 시리즈물, 아프리카 탐험 등의 문화매체들이 미국의 '확장' 이데올로기를 반복적으로 이상화해서 보여주는 맥락에 닿아 있다. 이것은 궁극적으로 '세계 통일'로의 욕망으로 나아간다.

　　"사랑─사랑이 무엇인지! 사랑은 눈이 없다지? ─**국경도 앞도 생각할 필요가 없는 것이 아마 사랑인 모양이지?**(33면)
　　　우리는 개인의 가치와 능력만의 평가보다도 민주주의 원칙에 입각한 종합적인 의견을 토대로 하여 **우리의 사회를 발전시켜 나가야 할 것이며 세계 통일**을 이루어야 할 것이다. 한 서적의 색채나 혹은 어데서 발간되었나보다도 그 내용의 질적 충실 여하가 그 책의 진가를 대표하는 것이니 사람의색종 혹은 인종보다도 그 사람이 어떠한 사람인가 그의 능력과 본질을 첫째 따져보아야 할 것이다. 이것이 **공동 사회의 휴매니즘**인 것이다.」(58면)

　합리적·과학적 사고방식을 가진 근대 여성인 데이비스에게 '사랑'

은 "국경도 앞도 생각할 필요가 없는" 절대적인 것이다. 데이비스가 '문명'을 이루기 위해 행한 활동들은 기독교적 '휴매니즘'이 있었기에 가능한 것이다. 그것은 "저의 생활이 결백하고 또 기독교정신으로서 제가 참되다고 생각하는 것을 취하는 한 저는 아무 두려움도 갖지 않습니다. 다 같이 하나님의 아들딸인 이상 무슨 인종의 차별이 있겠습니까"(21면)라는 강한 의지로 표현된다. 그녀가 데이비드와 결혼하기로 결심한 것도 그가 "사물의 진리와 하나님의 진리를 따르는 청백한 기개"를 지닌 절대적 신앙이 있었기에 가능한 것이었다.

그러나 그 의지에 반하는 경우 "나의 정당성을 파괴하려는 적이며 나의 앞길을 막으로는 악인"인 동시에 "인종차별로써 나의 사랑을 꺾으려는 사람은 무조건 비열한 인간"(22면)으로 배제된다. 이처럼 그녀의 기독교는 포섭과 배제의 분명한 논리에 의해 작동됨을 볼 수 있다. 이 지점에서 합리적 사유와 절대적 믿음(정서) 사이의 균열된 이중적 목소리가 드러난다. 더 나아가 아래의 인용문에서처럼 분쟁이나 전쟁이 없는 '한' 민족과 언어, 정부와 같은 '공동체'에 대한 상상은 미국의 세계지배 이데올로기라는 인상을 지울 수 없다.

> 인종의 차별이란 기독교 정신에서는 존재할 수 없다는 이념으로 특히 외국인 교회사람들에게 편지도 많이 내고 회합도 자주 가졌었다. 나는 한때 상상을 하곤 하였다. 오랜후 전세계의 인류는 한 민족이 되고 오늘날과 같은 상쟁(相爭)의 시대는 영원히 없어지리라고…… 그리고 언어도 하나요 정부도 하나요 그리고 분쟁이나 전쟁은 없어질 것이라고…… 그리고 마치 한 가정에서와 같이 참다운 평화와 협동과 상호협조만이 있을 것이라고…(21면)

인용문에서 주목할 또 하나의 부분은 "한 가정에서와 같이 참다운 평화와 협동과 상호협조만이 있을 것"이라는 대목이다. 그녀에 따르면 국가의 축소판인 가정은 평화와 협동과 상호협조로 이루어진 평화 공동체라야 참된 것이다. 이때 기독교적 사랑은 『나는 코리안의 아내』의 마지막 장 제목인 「내가 다시 結婚한다 해도」에서 '한국적' 모성담론으로 변모한다. 이 장은 외국인과 결혼할 때 생각할 것과 특히 '(시)어머니'에 대한 존경심과 애틋함으로 채워져 있다. '어머니(모성) 예찬'으로 오인될 정도로 가정에서 '여성=어머니'의 역할을 과도하게 기술하고 있다. 이는 "수술과 만성 신장병으로 어린아이를 못낳는 불우한 몸"을 지닌 그녀 자신의 심리적 반응과 관련되는 것으로 보인다.

> 무엇 보다도 내가 아는 한의 어머니는 참다운 인생의 길을 밟은 한국의어머니였으며 만약 내가 어머니가 밟으신 생활과 같은 길을 갖고 배웠다면 인생이 가르칠 수 있는 가장 중요한 것을 배웠을 것을 나는 확신하는 바이다… 어머니는 항상 유화하고 양보적이었다. **동양 여성**의 이러한 성격은 참로 놀랄 만한 것이나 한편 많은 남성을 독자적이고 오만적이고 여성을 억압하려는 심리를 조장시켜주기도 하는 것이었다. 어머니는 어떠한 곤경에서도 온화하고 순종적이었다.(195면)

> 어머니의 순종심과 자비심은 점증상태이었지 절대 하강되지는 않았다. 과거를 돌이켜 보건대 어머니의 이러한 심리는 **예수께서 말한 승리로 가는 길의 제二단계**와 같다고 나는 생각하였으며 이러한 **비욕망적인 성향**은 자신의 심리를 훌륭하게 만들어줄 뿐만 아니라 성격을 부드럽게 또한 **불변의 사랑**을 베풀어 주게하며 애타심을 자아내게 하는 것이었다. 어머니는 절대 남을 꾸짖거나 비난하시질 않으셨고 남의 흠을 잡지도 않으셨으며 또한 잡담을 좋아하는 분도 아니었다.(198면)

유화하고 양보적인 동양 여성은 '어머니'이고 이것은 "예수께서 말한 승리로 가는 길의 제 2단계"의 참다운 인생이다. 어머니는 때로 오만하고 억압하려는 남성이나 어떠한 곤경에도 온화하고 순종적인 미덕을 지녀야 할 존재이다. 그런 이유로 데이비스는 "한국의 시어머니가 한 폭군과 같다는 말"은 잘못되었다고 수정한다. 첩살림을 차린 남편을 험담하거나 원망하지 않고 아들을 기르는 어머니의 '비욕망적인 성향'은 불변의 사랑이자 애타심을 자아내게 하는 근원적 힘임을 역설한다. 곧 작품 초반에 그려진 절대적 사랑은 데이비스 자신 역시 남편인 데이비드의 복리와 발전을 위해 "불행한 처우를 당하면서도 참"는 '영웅적인' 것이다. 작품의 메시지는 "나 자신의 욕망은 그를 위해서 최선을 다하여야 한다는" 다짐과 함께, 만약 "이러한 어머니를 내가 모시지 않았더라면 자신이 데이비드와 다시 결혼하겠다라는 말을 내지 못하게 되었을지도 모"(199면)르는 모성담론으로 귀착된다. 또한 이 담론 안에는 동양 여성을 바라보는 서구 여성의 제국적 시선이 담겨 있다.

3. 수기의 활성화와 독자응모를 통한 『여원』의 동일화 전략

이 장편수기를 분석하면서 생긴 의문은 미국에서 이미 발행된 『나는 코리안의 아내』를 1950년대 여성지 『여원』에서 번역해 실은 이유는 무엇이며, 아울러 독자 후기, 독자 상담, 독후감 응모 등을 통해 『여원』이 호명하고자 한 것은 무엇일까 하는 것이다.

『여원』은 1955년 10월에 창간되어 1970년 4월까지 총 175호로 종간된 여성잡지로, 『여성계』, 『여상』과 함께 여성 독자에게 대중적인 인기를 얻으며 여성문제를 공론화한 1950년대 대표 교양지이다. 주지하 듯 미디어는 어떤 사실을 정해진 때에 반복적으로 대중에게 전파함으로써 공적 담론의 형태로 전환시킨다. 또한 작가와 독자를 이어주는 통로로서, 독자는 매체를 접하면서 균일한 감각을 갖게 되는 동시에 정보의 수용 여부를 문화의 척도로 여기게 된다. 곧 독자는 쓰기의 '주체'인 작가가 생산한 작품의 의미를 수용하는 것에 그치는 것이 아니라, 문학작품을 '읽고 생각하는' 사회적 문화적 행위를 통하여 의미의 확대나 재창출에 기여하는 또 다른 주체이다.[4] 그렇다면 엘리트의식에 기반한 근대적 양식의 계몽과 사랑을 전제한 모성 담론은 『여원』이라는 매체와 어떻게 관련되고 있을까. 1956년 6월호 편집실에 실린 글은 잡지사의 편집 의도를 보여준다.

> 근래에 보기 드문 흥미있는 소설체의 수기로서 우리의 생활이란 것이 이제까지는 극히 단편적으로 외국인에 의해서 평가되었을 뿐이었는데 여기서는 주로 아주 비근할 **우리의 일상생활들이 논의의 대상**이 되고 있습니다. 더구나 작가는 한국인과 결혼한 여성으로서 직접 김치나 깍두기를 담그는 일 그리고 다듬이질까지도 알고 있는 여성인 만큼 재미있는 필치로 그것을 **비평도 하고 합리화를 꾀해 보기도** 하고 있습니다.(342면)

『여원』의 창간은 "여성들의 지적 향상을 꾀함과 아울러 부드럽고 향기로운 정서를 부어 드리며, 새로운 시대사조를 소개제공코자 하는 데에 그 미의(微意)가 있다."(55.10 창간호) 이러한 취지는 『여원』 창간 2주년 <편집자의 약속·독자에의 청을 겸하여>에서 "새세대의 각성

---

[4] 졸고, 「김동인 초기소설에 나타난 근대 '문학 독자'의 형성 연구」, 『어문학』제91집, 한국어문학회, 2006.3, 367, 373면 참조.

한 지식여성들에 교양과 실생활의 지혜를 선사함으로써 시급한 마음속의 여성해방을 촉진하려는 것"으로 구체화된다. 1950년대에 요구된 여성은 타성에 젖은 구여성이 아니라 창의와 의욕을 지닌 현대여성이다. 한 마디로『여원』을 이루는 글들은 지적인 '교양미'와 '생활의 지혜'를 갖춘 여성상에 수렴된다고 할 수 있다.

이러한 취지로 볼 때『나의 코리안의 아내』의 저자인 데이비스는 이상적인 모델이 된다. 국가 재건을 위한 합리적 근대정신과 순종적 모성성을 소유한 인물이기 때문이다.『여원』은 목차에서 장편 수기를 <연재소설>란 옆에 배치한 후 편집실과 독자후기, 독서감상문 모집 등을 통해 그 효과를 확대시킨다. 1957년 10월호 <편집실에서>는 "아그네스 데이비스 김 여사의 장편수기『나는 코리안의 아내』[5]는 각계각층독자의 열광적인 환영을 받고 있"(340면)음을 알린다.

『여원』은 편집 체계에서도 이 작품을 활용한다. 문학장르인 시/소설/수필이 주로 유명인사나 전문작가에 의해 창작되는 고급문학인 반면, 대중교양지를 표방한『여원』이 독자의 수를 늘리며 대중화하기 위해서는 '친근한' 이야기와 평범한 사람들의 이야기를 '쉽게' 쓰는 난[欄]이 필요했기 때문이다. 그런 의미에서『나는 코리안의 아내』는 이념 및 체제라는 두 가지 효과를 제공했으리라 여겨진다. 1957년 11월호에서 "여성론단의 글은 이해하기 곤란한 말과 딱딱한 말로만 할 것이 아니라 현실과 맛 달 수 있는 평범한 말로 글을 써 주셨으면 해요.『나는

---

5) 이런 측면에서 원제목 *I Married a Korean*(나는 한국인과 결혼하였다)과 번역제목 '나는 코리안의 아내'를 보면, 전자가 일반적인 사실을 표현한 문장이라면, 후자는 '아내'에 강조점을 둔 것으로 번역 제목에 좀 더 여성의 역할을 부각시키고자 하는 (번역자의) 의도가 들어있는 듯하다.

코리안의 아내』같은 실질적으로 생활에 직접 미치어 모든 허영과 자부심을 버릴 수 있는 글이 오늘날 현실에는 적합하다고 생각해요."(52면)라는 독자의 반응은 이를 직접적으로 보여준다.

이런 점에서 쉬운 글쓰기이며 현실과 맞닿을 수 있는 글의 양식으로 '수기'가 부각된다. 자신을 드러내는 글쓰기가 익숙하지 않은 평범한 여성에게 성공적인 삶을 산 서구 여성의 수기는 글쓰기의 모방대상이기도 하다. 1957년 12월호에서도 "코리안의 아내는 커다란 자극을 주었다. 우리나라보다 인지가 발달한 미국의 여성이 미개한 우리나라에 와서 사랑하는 남편을 위해 온갖 고통을 참고 견디어 나간 그의 인내를 존경"한다는 독자평을 볼 수 있다.

『여원』에서 '수기'의 등장은 『나는 코리안의 아내』부터이며, 1957년 7월호에 독자응모수기란이 신설되었다. 데이비스의 장편 수기는 연재 이후 여성독자들의 글쓰기를 활발하게 하는 촉매 역할6)을 한 것으로 보인다. 이와 함께 『여원』은 1958년 2월호에 『나의 코리안의 아내』에 대한 독후감을 응모한다는 광고를 게재한다.

> ― 오랫 동안 독자 여러분들의 호평(好評)을 받아 오던 「나는 코리안의 아내」는 다음 호로써 끝나게 되었읍니다. 다음호에 게재되는 내용은 「二十五 내가 다시 結婚한다면」이란 것으로 작자는 이 마지막 「챞터」(章)에서 자기의 체험을 중심으로 서로 종족이 다른 사람간의 결혼에 대해서 유익한 충고(忠告)를 하고 있읍니다.
> 이 장편 수기를 끝마침에 당하여 본지에서는 아래와 같은 요령으로 「讀後感」을 모집하오니 그동안의 감상을 많이 적어보내주시기 바랍니다.

---

6) 독후감 「文學作品으로도 不朽의 것」(박정희)은 "내용의 진실됨 뿐만 아니라 문장의 세련됨은 여사의 수기가 한개의 수기에 그치지 않고 문학작품으로서의 가치도 높이 평가되어야 한다고 믿어 의심치 않습니다."(216면)라고 수기의 문학성을 고평한다.

一. 原稿分量－二百字原稿紙 五枚內外
一. 마 감－二月 七日까지
一. 발 표－女苑 四月號
一. 선 정－本誌編輯部(揭載分에 薄謝進呈)

응모된 독후감 중 『여원』 편집부에서 선정한 8편이 1959년 4월호에 실린다. 전국 각지에서 보낸 독후감의 필자는 모두 여성이며, 8편 모두 격앙된 목소리이거나 헌사의 수식어들로 가득하다. 먼저 그 제목을 보면 「바위처럼 굳은 사랑의 偉大性」, 「너무나 훌륭한 韓國의 며느리」, 「光明의 등불을 밝혀준 女性」, 「純潔한 愛情이 풍기는 香氣」, 「文學作品으로도 不朽의 것」, '데이비스'의 빛나는 知性」, 「徹頭徹尾 誠實한 女人」, 「現實에 忠實하기를 배웠다」이다.

『여원』의 주독자층이라고 할 수 있는 중산층 여성들이 볼 때, "어여쁘고 파아란 눈에 우유빛갈로 고운 살결을 가진 선진국가의 여성이 우리한국을 찾아와 농촌생활을 하고 있다면 여러분들의 가슴속에는 그 여성을 향하여 어떤 감격의 대명사를 지어주고 싶으십니까?"라는 물음에 데이비스는 '사랑의 사도'이며, 『나는 코리안의 아내』는 '누구에게든지 한번 권하고 싶은 역량있는 양서'가 된다. 독후감의 몇몇 부분을 보면 다음과 같다.

① 「사랑!
「데이비드」와 「데이비스」를 연결한 끄나풀은 바로 그것이었읍니다.
가장 높은 위치의 사랑을 지녔기에 「데이비스」는 내나라 한국의 원시적인 참경을 분명히 목도하였으면서도, 내 민족의 가난에 쪼들린 고이적삼을 똑똑히 응시하였으면서도 황인종과 백인종이라는 엄연한 경계선을 초월하고 뭇사람의 비난을 묵살하면서 거리낌없이 결혼하여 그 가난 그 원시의 굴레를 벗겨주려던 것이 아니오리까?
참된 행복의 경제를 보여준 것이 아니오리까?」(210면)

② 한국인이 한국을 싫어하고 외국을 동경하는데, 한국인마저 싫어하는 한국에 미국인이 즐겨 생활하고, 불편한 시설을 개량하기 위하여 노력을 아끼지 않으며 이상히 보는 많은 눈초리와 친근할려고 애쓰는 모습은, 그것이 사랑의 힘일지도 모르나 우리의 배울점이며 우리의 생활면을 한번 반성하게 한다.
가장 현대인인 것처럼 꾸미고 무조건 자존심만 내세우는 **여성들에게 반성을 촉구, 어머니가 자식을 사랑하듯 나를 희생시키는 사랑**이어야 할 것이다.(「現實에 忠實하기를 배웠다.」, 221면)

수기에 대한 독자들의 반응은 크게 ①'사랑'과 ②'광명'으로 압축된다. 하나는 여성으로서 성공한 절대적 사랑에 대해 동경하고 더 나아가 전통적 모성으로 회귀하는 과정으로, 또 하나는 등불처럼 농촌계몽의 운동을 밝힌 '천사'의 이미지로 규정된다. "반제 생활환경의 차이가 극심한데서 겹치는 어려움을 선교적(宣敎的) 인류애나 영화스토리가 아닌 현실에서 불굴의 의지로 성실히 발전시킨 데이비스"(「너무나 훌륭한 韓國의 며느리」, 212면)는 지고한 애정에 경의를 표해야 하는 '언니'가 된다. 더 확대하여 "하루하루의 곱다란 역사를 남기고 수만 한국의 여성을 위해 수기를 희사한 마음의 아릿다움을 꿈속에서도 찬미"(「데이비스의 빛나는 知性」, 217면)하고 싶은 대상이 된다.

그런데 이 화려한 수사의 뒤에는 '우등/열등' '백인종/황인종'의 위계적 심리[7]가 내재해 있으며, 독자들의 내면에는 스스로를 타자화시

---

[7] 역자에게 보내온 작가의 편지들(1957년 10월호 연재 5회의 「데이비스家의 近況」) 속의 일절 ("한국에서 길다면 길다고 할 수 있는 생활을 해왔지만 자원이 부족하고 생활방식이 아직 현대화하지 못한 한국을 나는 항상 동정하여 마지않습니다. 그러나 머지않은 장래에 현대

켜 우월한 주체와 동일화하려는 매저키즘적 논리가 숨어 있다. 바꿔 말하면, 한국은 한국인마저 싫어하는 '원시적인 풍경'의 나라이며, 원시적 굴레인 '가난'을 지닌 민족이다. 그런 한국을 위해 불편한 시설을 '개량'하고 모성적 사랑을 베푸는 우월한 백인 여성은 단연코 찬미의 대상일 수밖에 없다. 이 지점에서 오리엔탈리즘적 인식을 징후적으로 보인 텍스트보다 더 철저하게 내면화한 '한국 여성' 독자는 반성의 대상으로 타자화된다.

> 지나간 몇 달 동안 女苑 잡지를 통하여 여사의 장편 수기를 읽으며 국경을 넘은 여사의 사랑과 한국동포(곧 여사의 동포이기도 한)에게 베풀어 주신 여사의 인류애와 완전으로 통하는 여사의 인간성에 감탄의 념을 억누를 수 없었읍니다. 가난한 이 땅의 농촌에서 가축 기르기, 누에 치기를 하면서 환자들을 돌보고 계몽사업에 힘 쓰셨다는 여사의 글월을 읽고, **흰 얼굴과 고운 몸맵시 그리고 긴 다리의 아메리카 여성을 재인식** 하였읍니다. 지금까지는 미국의 여성들이란 화려한 의상을 걸치고「레이디·퍼스트」의 특권만을 향유할 줄 아는 복 된 나라에 태어난 여성들이라고 오인(誤認)하고 있었음을 솔직히 고백합니다. 그러나 여사의 수기는 미국 여성의 기질을 한국에 소개하는데 지대한 역할을 하였읍니다. 여사께서 미국 여성의 개개인을 소개하지는 않았다 할지라도 여사의 모든 행동과 사고방식은 여사와 같은 나라의 교육을 받고 비슷한 환경에서 비슷한 사고를 할 **전미국 여성을 대변하였고 충분히 찬미 받을 가치가 있었기** 때문입니다.(214~215면)

'과도기에서 허둥대는 이 땅의 여성들'은 '시집의 살림을 늘린 훌륭한 새 언니를 맞은 가난한 집에 태어난 시누이'이고, 희생정신과 인류애를 보지 못한 채 복된 나라에 태어난 여성들로만 '오인'했던 것을

생활 수준에 도달할 것을 믿어 마지 않습니다.…")에도 이 점이 드러나 있다. 작자가 "직접 기른 소에서 얻은 우유를 가능하면 곧 한국 동포들에게 보냈으면 한다."는 말에 대해 역자는 "지혜로운 심정의 피력"이라고 반응한다.

'고백하는' 주체들이다. 그러나 8편의 독후감 어디에도 데이비스가 지닌 제국적 (무)의식을 비판하거나 경계한 서술은 찾아볼 수 없다.

이러한 인식은 비단 여성에게만 국한된 것이 아니다. 1958년 4월호에는 김천영의 「데이비스女史의 恩功을 잊을수 없다-나는 그분한테서 人生의 갈길을 啓示받았다」가 이어지고 있다. 단행본에는 실리지 않은 이 부분은 광희중고 교사인 필자가 20년 전 8살 때 부친의 불치난 병으로 홍제동으로 이사한 후 그곳에서 데이비스 부부를 만났던 회고담이다. 그에게 데이비스는 '잊을수없는 거룩한 모습'과 '韓國人과 똑같이 먹고 입'은 사람으로 기억된다. 농민들을 위한 계몽사업과 의료사업, 양봉, 양돈, 양계, 누에꼬치, 양을 기르고 통조림을 만드는 등으로 "무식했던 우리에게 꽃을 사랑할줄아는 마음을 깃드"리게 한 '계시적(啓示的)' 시혜자이다. 8살 아이의 기억에 각인된 데이비스는 "여지껏 여사만큼 잘생긴 미인은 어떤잡지에 소개되는 여성들한테서도 발견못한" 이상화된 존재이다. 즉 그녀는 "농민들의 생활을 계몽하는데 몸소 실천함으로써 가난하고 무식한 농민들로 하여금 뒤따르게 하셨던것이다."(169면)

한 마디로 한 권의 책으로 묶인 독후감과 곳곳에 실린 기사들은 『여원』의 담론을 전면에 배치하기 위해 선택된 우회적 수단이라고 할 수 있다. 또한 선택된 독후감은 독자들이 응모한 독후감의 형식을 빌려 어느 부분에 의미와 가치를 두어야 하는가의 독서의 방향성을 지시하는 동시에 감상의 모델을 제공함으로써 『여원』의 이데올로기적 효과를 의도한 것[8]으로 보인다. "여기 지면관계나 시일 관계로 부득이 신

---

8) 졸고, 앞의 논문, 372면.

지 못한" '아까운 것'(166면)들은 수기에 대한 비판적 감상문이거나 『여원』의 기획과 달라서 배제된 것들로 짐작된다.

　독후감과 회고담에서 보듯 『여원』은 1950년대의 이상화된 여성상을 호명한다. 데이비스로 재현된 이상적 여성은 현모양처로서, 생활은 근대화되고 의식은 전통적인 유교적 윤리를 충실히 따르는 모습을 지향한다.9) 그런 이유로 『여원』은 계속해서 여성에게 전근대적 의식을 강조하면서도 근대적 생활양식을 요구하는 균열된 지점들을 드러낸다. 선진문화를 통해 익힌 교양있는 현모양처가 되기를 요구함으로써 성 차별주의와 가부장제적 가치관을 제공한다.10) 즉 전통성과 근대성이 충돌하면서 서로를 규제하고 있는 것이다. 수기에 대한 투고 규정의 변화는 곧 잡지사측의 편집 의도에 부합하는 내용과 서술의 한정11)을 의도한 전략의 결과라고 할 수 있다.

4. 징후적 독해를 경유한 매체의 무의식 읽기

　이상으로 장편수기 『나는 코리안의 아내』의 담론 분석과 『여원』의

---

9) 장미영, 「여성 자기서사의 서사적 특성 연구─『여원』 수기를 중심으로」, 『여성문학연구』 18호, 한국여성문학학회, 2007.12, 181면.
10) 강소연, 「1950년대 여성잡지에 표상된 미국문화와 여성담론」, 『1950년대와 미국표상』 (상허학회편), 깊은샘, 2006, 115면.
11) 1957년 7월호 수기를 시작으로 독자응모수기란인 <생활의 주변>이 신설된다. 7월호에는 "생활의 주변에서 겪는 것, 느끼는 것을 전국 여성에게 이야기하여 기쁨과 슬픔과 괴로움을 공감(共感), 이해(理解)하고 거기대한 적극적인 반향(反響)"을 요청했다면, 11월호에는 "자신을 위한 것만이 아니라 그것을 읽는 사람들도 또 하나 생생한 인생의 경험을 얻어 보다나은 생활을 지향할 수 있게 되는 것"에 그 신설 목적을 두고 있다. 이러한 변화는 『여원』의 의도가 처음에는 공감과 이해의 수준에서 수기를 요구했다면, 점차 극복의 사례나 반성 등을 통한 더 나은 지향점을 담은 수기를 요구하게 되었음을 알 수 있다.

매체적 전략을 살펴보았다. 1950년대는 6·25로 인한 폐허를 복구하고 새롭게 재건하는 시기로, 『여원』은 특히 여성의 교양미를 보급하는데 주력하였다. 『나는 코리안의 아내』는 자신의 실체험을 사실적으로 기록하는 '수기'의 장르적 특성을 통해 한국의 현실을 표상한 작품으로, 『여원』은 잡지의 초반에 수기를 연재하여 독자의 글쓰기(수기)를 유도하고 시대가 요구하는 여성상을 호명하는데 전략적으로 이용한다. 특히 작자인 아그네스 데이비스 김은 『여원』이 수립하고자 하는 이상화된 여성상이라고 할 수 있다. 곧 그녀는 이방인으로서 "미개한 나라"에 와서 찬미와 존경을 받고, 사랑과 희생을 실천한 이념형인 것이다.

『나는 코리안의 아내』는 국가의 장벽과 편견의 장애를 극복하고 사랑과 자신의 삶을 성공적으로 개척한 과정을 보여주었다는 점에서 의의가 있다. 또한 이방인이 느끼고 반응한 실상의 재현을 통해 당대의 현실을 다시금 바라보게 했다는 점에서도 주목을 요하는 작품이다. 우리는 실제 주변인이나 이방인인 타자의 시선을 통해 스스로에 대한 더욱 객관적이고 뼈아픈 반성적 성찰의 계기로 삼을 수 있을 것이다.

그런데 문제는 한국과 미국의 문화 관계의 기본을 이루는 프로테스탄티즘과 의료 및 교육 사업의 경험적 글쓰기에 담긴 음조가 다분히 식민주의적 징후를 보이고 있다는 점이다. 다시 말하면 한 축에 근대 초엽에 이루어진 우생학과 위생학, 그리고 과학 교육을 주창한 계몽담론이 반복되고, 또 다른 축에 전통적 현모양처를 요구하면서도 신문물을 체득하기를 바라는 남성젠더적 시각이 담겨 있다.

이 과정에서 『여원』 역시 서구식의 의식주를 합리화하는 동시에 여성의 근대화와 관련해서는 전통적인 여성성을 호명하는 이중성을 드러낸다. 즉『여원』은 서구 기혼여성에 나타난 제국적 욕망을 비판하지 않은 채 근대적 양식과 남성중심의 젠더적 의식 사이의 '조화'를 꾀하고, 독자에게 매체의 이데올로기를 유포한 동일성 담론의 매체라고 규정지을 수 있겠다. 서구적(미국적) 근대화라는 외형에 전통문화의 정신적 가치를 주입하려는『여원』의 전략은 1960년대 이후 매체들에 드러난 한국 역사의 한 '환유'로 읽힌다. 한 마디로 텍스트에 재현된 서구 기혼여성의 계몽담론과 엘리트의식, 사랑의 절대화와 모성 담론은『여원』의 편집 목적인 여성 교양과 이상적 여성상을 전달하는데 기여했을 것으로 추정된다.

텍스트로서의 '수기'와『여원』의 편집 의도 사이의 의미를 규명하고자 한 본 연구는 1950년대 매체의 성격과 수기의 확장 사이의 몇 가지 가능한 연관점들을 해석하는 틀을 제공하리라 본다. 이런 과정에서 작품에 내재된 식민적 의식과 그 담론을 '근대의 여성상'으로 배치하는『여원』의 의도, 그리고 매체가 요구하는 이데올로기를 여과 없이 수용하는 대중(여성)독자의 동일시에 대한 비판도 함께 수반되어야 할 것이다.

1950·60년대 간통의 섹슈얼리티 연구

임 은 희

1. 전복적 성과 낭만적 사랑, 간통

　간통은 금기된 성의 영역을 위반하여 전복적 사랑을 담고 있다는 점에서 매혹을 불러 일으키는 사랑이다. 그것은 가정이라는 제도권의 영역을 벗어난다는 점 자체만으로도 일탈의 즐거움을 내재하기 때문이다. 더구나 간통은 전통적인 이념으로 묶여진 여성이 내적으로 억압되어 있는 성의 욕망을 쾌락을 통해 벗어내며 그 일탈의 즐거움을 음미하게 하는 것 자체로도 위협적이지만 매혹적이다. 여성의 간통에는 성을 통한 도전적 행위에 맞서 남성이 자신의 특권적 영역을 지켜내기 위해 기존의 모든 제도적 장치를 동원하며 사투를 벌이는 긴장의 사슬이 담겨 있다. 본 논의는 남성과 여성이 동등하게 기존질서를 일탈하고자 하는 내적인 욕망을 사랑이라는 감미로운 행위로 보여주는 '간통'을 살피고자 한다. 여기에서 특히 간통에 내재된 '일탈'에 주목하고자 한다. 일탈은 어떤 경계를 넘어서는 행위이며, '넘다'는 말에는 다른 영역을 침범한다는 도전적 위험성과 이국적 향취에 대한 유혹의 실체를 밝혀내는 의미가 담겨있다. 그러기에 일탈에는 '어떤 경계', 그 경계를 넘어서는 행위, 경계에 나눠진 영역, 서로간의 영역을 빼앗으려는 내지는 빼앗기지 않으려는 팽배한 긴장이 담겨 있다. 특히 간통은 1950·60년대 전쟁과 경제5개년개발이라는 근대화의 태동의 시점에 사회문제로 대두되었다는 점에서도 당대의 섹슈얼리티를 도출해내는 중요한 지점이다. 간통을 통해 섹슈얼리티를 논하는 이유는 간통이 몸과 쾌락, 사회규범과 연결되어 쾌락의 서열화와 더불어 사회적으로 승화된 젠더의 범주를 생각할 수 있게 해주기 때문이다. 또한 담론과 이데올로기가 욕망을 통제하고 생산해온 과정을 고찰할 수 도 있다.

푸코는 담론의 생산과정에 내재된 권력관계와 주체성에 주목하였다.[1] 그는 특히 성담론을 주시하였는데, 성에 대한 사람들의 인식이 자연적으로 생성되는 것이 아니라 사회·역사적으로 구성되는 것이라는 시각을 드러낸다. 그는 성을 개인의 가장 내밀한 욕망에서부터 사랑과 결혼, 가족, 나아가 성적 욕망을 통제하는 사회규범과 제도 및 권력관계 등을 포괄하는 관계적인 것으로 보고 있다.[2] 기든스 또한 조형적 섹슈얼리티라는 개념을 제시하여 성이 인간관계의 지표를 나타내고 있음을 밝힌다.[3] 따라서 섹슈얼리티는 관계성을 매개로 성립하기 때문에 사적이고 공적인 의미영역에서 성별 위계질서가 드러난다.

특히 '간통'을 통한 성담론에는 사랑이라는 개인의 행위가 사회적

---

1) Michel Foucault, 이정우 역, 『담론의 질서』, 새길, 1993 참조.
2) Michel Foucault, 이규현 역, 『성의 역사 I - 앎의 의지』, 나남출판, 1990 참조.
3) 앤소니 기든스, 배은미·황정미 옮김, 『현대사회의 성·사랑·에로티시즘』, 새물결, 1996, 11~21면.

영역이라는 차원에서 이해되고 있다. 이를 통해 성과 사랑의 의미가 권력관계를 통해 양산되는 의미를 추출할 수 있다. 간통의 법적 개념은 혼인한 사람이 배우자 아닌 다른 사람(이성)과 성관계를 가지는 경우를 가리킨다. 과거에는 결혼한 여자가 배우자 아닌 남자와 성관계를 가지는 것(Adultery)과 결혼한 남자가 배우자 아닌 여자와 성관계를 가지는 것(Fornication)을 구별하였으나, 오늘날은 간통의 개념에 이들 모두를 포괄하고 있다. 우리나라에서는 고조선시대부터 간통을 금하였고 특히 여성에 대하여 엄격하였으나 삼국시대 이후 고려시대에 이르기까지는 간통에 대하여 특별한 처벌 사례를 찾아보기 어렵다.[4] 조선시대에 이르러서는 실제로 여자의 간통만이 처벌된 것으로 판단[5]되나, 현재는 간통행위에 대해 기혼·미혼을 불문하고 남녀를 동등하게 처벌하도록 쌍벌죄를 규정하고 있다. 이러한 간통은 상대방의 고소가 있어야 논하는 친고죄이며, 가족생활의 보장을 파괴하여 사회적 처벌의 대상이 된다는 측면에서 성과 사랑의 문제가 사회적 관계 속에서 이해되고 있음을 보여준다. 특히 간통죄의 존치여부에 대해서는 "간통죄야말로 여성들의 억울함을 풀어줄 수 있는 최후의 보루"로 여성의 입장에서 견지되고 있다[6] 그러나 간통죄로 고소하기 위해서는 이혼소송이 전제되어야 한다는 법적 규정을 지녔다. 이것은 간통이 여전히 남성중심적인 제도임을 입증한다. 이혼 후 경제적 능력을 지니지 못한 여성

---

[4] 함철훈, 「간음죄 논란에 관한 법적 고찰」, 『카톨릭 신학과 사상』36, 2001.6, 61~67면.
[5] 최기숙, 「'관계성'으로서의 섹슈얼리티:성, 사랑, 권력-18 19세기 야담집 소재 '강간'과 '간통' 담론을 중심으로」, 『여성문학연구』10호, 한국여성문학학회, 2003.12, 여담집을 통해 간통의 의미를 살펴본 결과 여전히 여성에게만 범법의 대상으로 규제되고 있었다고 한다.
[6] 조경죄, 「간통제 폐지, 아직 안된다」, 『국회보』통권422호, 2001.12, 86~90면. 이 글은 간통죄가 여성과 가정의 보호를 위해 존재한다고 밝히고 있다. 현재까지 간통죄의 존폐는 간통죄 처벌이 가정과 여성을 보호하느냐 그렇지 않느냐의 논란으로 되풀이되고 있다.

의 경우에는 고소조차도 불가하기 때문이다.

여하튼 '간통'은 당사자 간의 합의나 사랑이 전제되는 경우일지라도 사회가 합의한 부부라는 제도를 위협하는 행위임엔 분명한다. 그렇기 때문에 그것은 반사회적 행위로 지탄받을 뿐만 아니라 사회적 처벌의 대상이 된다. 그럼에도 불구하고 간통죄는 가부장제 하에 자손을 낳는 여성의 순결을 중시하던 풍속이 전해져 근대에 이르기까지 여성에게만 엄격하게 적용되었다.[7] 이는 여성의 성이 남성중심으로 관리되어 왔음을 입증하는 것이다. 늘 사회적 타자로 존재했던 여성에게 남성의 소유욕이 더해져 약자인 여성은 더욱더 가혹한 취급을 당할 수밖에 없었다. 따라서 간통의 담론은 여성의 성적 정체성을 밝히는데 유효한 근거가 된다.

1950년대 전쟁 직후 암울한 사회분위기에서, 미국문화의 영향은 남녀 모두에게 간통을 통한 자유의지를 실현하려는 열망을 일으켰다. 더구나 1960년대 경제개발과정에서 인간의 욕망이 확장되는 과정이 간통에 담겨있다. 당대 '숙녀들의 광기'[8]라는 명명된 단어에서도 여성들의 간통에 대한 지대한 관심을 살필 수 있다. 특히 '안순애 사건'은 이를 입증시켜준다. 또한 당대 사회에서 이혼의 원인으로 간통이 가장

---

7) 폴 벤느, 주명철·전수연 역, 『사생활의 역사 1권』, 새물결, 2002, 103면.
8) 이임하, 「1950년대 여성의 삶과 사회적 담론」, 성균관대학교 대학원 박사논문, 2003. 이 논문에서는 당대의 여성들이 간통에 대한 관심이 얼마나 지대했는지를 입증하고 있다. 간통 공판일 법정은 여성들로 가득 찼으며 미처 법정에 입장하지 못한 여성들은 창문 위로 올라가서 방청했다고 한다. 이에 당시 법원 행정처 민문기 법정국장은 "숙녀들이 법정 창문 위로 악을 쓰며 기어오르고 또 기어오르는 추태도 이루 형용할 수 없다"고 언급하였으며 그럼에도 불구하고 애정문제와 관련된 재판을 방청하는 숙녀들의 광기는 1955년 박인수 재판을 통해 재현되고 1959년 남편 오영재에 의해 제기된 부인에 대한 이혼 소송 및 간통죄 고소사건 즉 안순애 사건에서 절정을 달해 여성방청객의 행렬이 덕수궁 정문에까지 이어져 기마경찰이 출동해 정리할 정도였다고 언급하고 있다.

지배적이었다는 사실9)에서도 이 당시 간통이 남녀 모두의 문제였음을 알 수 있다.

　『여원』 또한 매호마다 「특집」, 「좌담회」, 「공동연구」, 「르뽀」, 「독자수기」, 「여원 상담실」, 「여원재판실」, 「법률상의」, 「나의 호소」 등 다양한 논의를 실어 '간통'을 언급하였다. 대중매체의 기능적 특성 가운데 하나인 아젠다 세팅(Agenda-setting)은 특정한 문제에 대해 주의를 기울일 것을 강요하며 대중 속의 개인들이 무엇을 생각해야만 하고 무엇에 대해서 알아야 하고 어떤 감정을 가져야 하는지를 결정하여 끊임없이 반복적으로 제공한다. 따라서 이것은 문제해결 방식에 대해서 어떤 평가를 내릴 것인가 결정하는 데 중요한 역할을 담당한다고 한다. 그런 점에서 아젠다 세팅 기능은 한 사회 내에서 개인에게 영향을 미치는 매스커뮤니케이션의 기능을 파악하게 하는 중요한 단서이다. 이는 언론이 공중의제를 구축하는데 중요한 계기로 작용된다.10) 이런 미디어의 기능으로 고찰해봤을 때 그 당시 남녀에게 "간통"의 문제를 통한 성과 사랑의 문제는 생각해야 할 커다란 이슈11)였다. '간통'을 통

---

9) 이형영, 「한국 가정비극의 전형」, 『여원』, 56.12에서 여성 법률상담소의 통계를 통해 한국 가정의 비극의 원형이 바로 '축첩과 간통'에 있음을 밝히고 있다. 「역설적 여권론-자유부인은 늘어나고 있다」(68.6)에서 『여원』 편집국취재 기자인 박혜숙이 밝힌 바에 의하면 서울 가정 법원이 발표한 이혼 상황을 보면 남녀간의 부정이 가장 크며 1967년 여자의 부정으로 인한 남자측 제소율이 57%이다. 이런 보도를 표면적으로 살펴보았을 때, 여성의 간통이 1960년대 이후에 더욱더 확장되고 있음을 알 수 있다. 그러나 1950년대 후반에도 여성의 간통은 많이 이뤄지고 있었다. 특히 그 당시에는 여성의 경제활동이 지대했음을 감안할 때 여성의 간통은 남성을 압도했다. 따라서 그 이면을 살펴볼 때 1960년대에는 경제 5개년 개발에 의해 공적 영역에서 경제적 주체가 된 남성의 목소리가 커졌고, 여성을 윤리적인 제도로 재단하여 가정 내로 귀속시킴으로써 남성 질서를 확고하게 확립하고자 하는 의도가 드러난다.

10) 김선남, 「Agenda-setting Research의 재고찰」, 『고황논집』, 1991.11, 190~192면.

11) 김진일, 「매스미디어 정보의 사회적 통제와 분배과정에 대한 연구-Knowledge Gap Model을 중심으로」, 『크로노스』21호, 1988.9, 93~94면. 여기에서 아젠다 세팅모델은 수

한 성담론 논의는 리타 펠스키의 지적[12]처럼 남성과 여성의 위계적인 성별체계에 따라 다르게 구성되었음을 전제하는 한에서 가능할 것이다. 1950·60년대 남성 주체의 간통은 '바람'이라는 낭만적 사랑으로 그려지고 있으며 여성 주체의 간통은 타락의 징후로 비난받았다는 사실은 성적 욕망이 성별화된 위계구조에 의해 다르게 받아들여진다는 점을 확인해주고 있다. 이러한 성적 욕망의 성별화는 여성을 순결한 성녀 혹은 성적으로 타락한 악녀로 나누는 이분법적 도식과도 관련된다. 여성의 성적 욕망을 타자화함으로써 이루어지는 남성주체의 성립은 필연적으로 여성의 역사성과 사회성을 소거하게 되고 그 결과 여성의 육체는 남성주체의 형편에 따라 자신을 구원하는 존재로도 혹은 자신을 타락시키는 화신으로도 해석되는 것이다. 남성에 의해 허구적으로 재구성되는 여성성은 이러한 이분법적 도식에 근거하고 있다. 따라서 섹슈얼리티의 문제는 위계화된 성별논리에 대한 고려가 전제되어야 올바르게 접근할 수 있다.

『여원』이 발행되던 시기는 1950년대 한국 전쟁을 계기로 들어온 서구문물과 1960년 4.19, 1961년 5.16혁명과 군부정치, 1962년부터 진행된 경제개발 5개년 계획의 5차 시행과 산업화라는 사회 변동이 급격한 때이다. 그로 인해 사적영역에서는 대가족에서 핵가족으로의 변화를 겪어야 했던 시기이기도 하다. 따라서 새로운 가치관의 정립은 시급한

용자들의 사회적 실재에 대한 인식이 실재 환경에서 유래하는 것이 아니라 미디어가 제시하는 유사환경 즉 미디어가 설정한 의제에서 유래한다는 것을 기본 가정으로 삼고 있는데 더 영향을 준다.

12) 리타 펠스키, 김영찬·심진경 역, 『근대성과 페미니즘』, 거름, 1999, 271면. 그녀는 서구 근대사회에서 성적 욕망은 정체성의 근본적인 지표이자 자아 진리의 핵심으로 등장하기 시작했으며, 성별 정치학의 도입은 권력의 구도를 균열시키고 재구성함으로써 서로 복잡하게 얽혀있는 근대성과 성의 복합적인 관계를 해명할 수 있다고 밝히고 있다.

문제로 대두된다. 이 시기에 발행된 '여성을 새롭게 만들어 내기 위한 목적 하에 만들어진 여성잡지'인 『여원』을 살핀다는 것은 당시 '성과 사랑'이 권력에 의해 어떻게 주도되는가라는 문제를 해명하는 데 의의가 있을 것으로 생각한다.

2. 여성 간통, 저항과 배제의 역학

1) 경제적 주체자 '마담뱅크'에서 탕녀 '마담족'으로 타자화

전통 사회에서의 간통은 '가부장제의 권위'에 의해 주로 행해졌다. 그래서 계층이 고정된 과거사회에는 '첩'을 들였고, 그것은 부의 상징이자 남성의 힘을 표상하는 징표였다. 그러나 자본주의가 도입되면서 사회의 중심가치는 '가문'중심에서 '돈'으로 변이되었다. 1920·30년대 지식인과 신여성과의 간통은 정략결혼이라는 구시대의 결혼관에 대한 반항적 거점으로 해석되어 간통이 갖고 있는 위반적 성적 욕망에 대한 일탈성을 '연애'라는 낭만적 단어로 매김하였다. 또한 여성을 소유하고자 하는 남성의 성적 욕망이 '첩 제도'를 통해 공적으로 합리화되었던 시기이기도 하다. 이것은 남성의 육체적 쾌락의 행사가 공적으로 인정되어 남성적 지배질서가 공고히 확립된 시기로 볼 수 있다. 그러기에 여성이 쾌락적 성을 주체적으로 행사하는 것은 질서를 위협하는 행위로 간주될 수 있다.

그러나 1950년대 전쟁 직후는 각종 범죄가 난무하고 인간 상호간의 불신이 만연하여 최소한의 인간적 삶마저 보장받지 못하고, 돈의 가치가 우세한 황금만능주의 시대였다.[13] 그래서 기존 질서가 와해되고 새로운 질서가 확립되지 못한 아노미 상태이기도 했다. 그러기에 간통은 여성이 몸을 통해 성적 쾌락을 행사한다는 점에서 주목할 필요가 있다. 그것은 기존 질서를 위협하는 저항적 거점을 보여주기 때문이다. 그동안 성적 쾌락의 추구는 남성의 특권이었고 여성의 몸은 통제되어 왔다. 따라서 여성의 몸이 권력과 이데올로기를 포함하여 사회적으로 형성되었기에 여성이 몸을 통해 저항의 뜻을 나타내게 하는 원인으로 작용하게 했다고 한 터너[14]의 말은 시사하는 바가 크다.

전쟁은 기형적인 경제구조를 형성하였고, 남성이 전쟁에 동원되자 여성이 일선에 나가 경제에 참여해야 했다. 그래서 여성은 공적영역에서 자신을 표상할 수 있는 주권을 획득할 수 있었다. 전쟁은 여성에게 생계담당자의 지위를 부여하였고 그런 여성은 경제적 주체로 우뚝 설 수 있는 기회를 가졌다. 따라서 그들은 전통적 가부장제에 도전하는 힘을 돈을 통해 발휘할 수 있었다.

당시 여성 개인이 막대한 '돈'을 행사할 수 있었던 계기는 '계'라는 조직을 통해서였다. '계'는 여성에게 남녀차별이 지대했던 사회에 참여할 수 있는 힘을 실어주었다. 「우리문화의 세 단면」이란 특집에서 계를 하는 여성들은 생존경쟁의 일선에 서서 금융의 실권을 움직여보려는 이들이며, 이는 "여성의 남성화"[15]을 입증하는 것으로 "동서양의

---

13) 이효재, 「분단 40년의 여성현실과 여성운동」, 『분단시대의 사회학』, 한길사, 1985, 300면.
14) 브라이언 터너, 임인숙 역, 『몸과 사회』, 몸과 마음, 2002.
15) 『여원』에서 '여성의 남성화'라는 사회적 현상에 대해 남성필자는 부정적인 시선을 견지하고 있다. 양주동, 「여성의 남성화」(58년1월)에서도 여성이 아이 낳는 것을 기피하면서 남성화되려는 경향을 지적하며 비판하고 있다. 석우선, 「바지를 입는 여성이 늘어간다」, (58년2월)는 여성이 바지를 입고 남성화되어 남녀동권의 심볼로 볼 수 있는지의 경향을 언급하면서 여성은 여성다워야 아름답다고 주장한다. 이희승, 「남성화」(60년3월) 역시 여성이 남성화되는 것에 대한 경계하는 내용을 담고 있다.

가치가 절충된 새로운 인간상 창출"로 긍정적으로 해석한다.(57년6월) 이들은 "남성들이 버는 돈 갖고는 못 살아요"라며 남성으로부터의 경제적 독립을 주장한다. 더 나아가 이들은 남성의 경제적 독립권을 압도할 위협적 위치를 지닌 '마담뱅크'이다.(60년8월, 174~179면)

이들은 여성이지만 경제에 적극적이고 주체적으로 참여하여 전쟁으로 폐허가 된 나라에서 경제적 위치를 독점한다. 성에 있어서도 남성을 완롱물이나 희롱물로 취급하여(57년11월, 189면) 매력을 지닌 남성을 주체적으로 선택해서 쾌락적 성을 행사하고 있음을 보여준다. 마담뱅크의 행위는「여성비판 칠장」이라는 특집에서 볼 수 있듯이 마담들이 젊은 청년과 비정상적인 관계가 현저하다(58년1월)며 가차없는 비판을 당한다. 가령 여성들이 주머니에 돈이 두둑해지자 외도라는 비윤리적 행위도 서슴치 않는다며 여성의 경제적 지위는 사회의 윤리적 덕목에 위배된다고 본다. 이처럼 간통은 남성의 지배이념을 굳건히 하는데 억압적 도구로 사용된다.

1960년대 이후 경제개발을 통한 근대화의 착수는 여성의 경제적 위치를 더욱 주변화 한다. 1950년대 공적 영역에서의 경제적 주체였던 '마담뱅크'인 여성은 '마담족'으로 명명되어 돈의 노예로 표상된다. 그들은 성적으로 타락한 탕녀로 매김되어 육체의 순결성을 위협하는 타자들로 여성 집단에서도 배제된다. 이들은 도덕과 윤리의 덕목을 위반하여 정상적인 사랑과 가정을 파괴하는 주범으로 간주된다.

또한 그녀들은 계조직을 통해 돈을 축적하며 '계'는 가정을 파괴하며 사회적 조직 특히 가장 건강해야 할 교육조직에 균열을 조장하는 부정군의 세력으로 매도된다. 김용자는 계로 조직된 사모님 집단을 학교에 자녀를 취학하기 위해 간통을 서슴치 않는 천박한 집단으로 치부한다.(60년3월, 88~92면) 특집 「자유부인 이후」란에 「유부녀의 위험한 관계」에서도 유부녀의 바람을 부채질하여 성의 타락을 주도하는 집단으로 매도당한다.(65년7월) 심연섭은 이런 사모님이 사회악의 한 원인이며 "돈과 권력에 아부하며 살아가는 멸시적 집단"임을 누차 강조한다.(65년10월, 216~220면) 이처럼 계조직을 통해 사회참여를 하는 여성군들은 '목적을 위해서는 성매매인까지도 자처하는 윤리적으로 타락한 여성'으로 매도됨으로써 배제된다. 여성 스스로도 계를 통한 여성의 경제참여를 폄하하는데 여성필자인 손금옥은 "안방을 탈출하려는 안쓰러운 용기"와 "치부에 맛을 들인 물욕에서 빚어진 여자의 끈질긴 집착"(66년4월)으로 분석한다. 따라서 주덕송은 「사건 앞에는 여자있다」는 특집에 '계'는 경제권에 대한 집념과 남성 지배체제의 경제사회를 부정함으로써 여성의 지위를 상승시켜보려는 욕구의 발로로 정의 내린다.(66년7월) 계를 통한 여성의 경제참여는 여성필자에 의해 여성 스스로의 내적인 결핍에서 비롯된 여성의 물욕적 집착이라는 병적인 징후로 진단됨으로써 여성의 경제력은 박탈된다. 결국 간통은 여성이 사회에서 젠더적 위계질서를 전복할 수 있는 지점에서 오히려 여성을 기존의 지배규범으로 귀속시키는 데 촉매작용을 한다.

계를 통해 경제적 참여를 주도적으로 한 여성들은 '안방을 탈출'하고자 하는 여성의 주체적인 의지와 '남성 지배체제의 경제사회를 부정하여 여성의 지위를 상승'시키려는 여성의 구체적인 실천자세가 간과된 채 부패를 조장하는 인물로 타자화된다.

계를 통한 여성군에 대한 균열적인 시선은 명명된 단어에도 드러난다. 어떤 상황에 대한 명명법은 그것의 성격을 창조할 뿐만 아니라 사회 문화 속에서 구성되는 방식에 대해서도 알 수 있게 한다.16) 계모임을 하는 여성들은 계마담, 빠마담, 다방마담이라는 '마담족'으로 "근로대가 이상의 수입을 누리는 불로소득에 의한 부정적인 군단"으로 치부된다. 이런 '마담족'은 1960년대 들어서 '사모님'으로 명명되어 "치맛자락을 날리며 정치나 교육의 부정을 앞장서는 군단"으로 비난받는다. 「기성여성 세대를 고발한다」라는 특집에서 "계를 시작하여 핸드빽을 불룩하게 만들며 치맛자락을 펄럭이던 바람을 풍비한 사모님군의 출현"을 사회의 경제체제를 파괴하는 집단으로 고발한다.(60년7월) 계를 통한 여성의 사회참여는 비합리적이며 비합법적인 경제구조를 이용한 비정상적인 사회참여로 치부되면서 여성의 경제활동은 배제된다. 남성의 가치라 믿었던 돈을 통해 차세대의 교육까지 관여하는 여성의 주도적인 모습은 남성을 압도하는 위협적인 여성임에 분명하다. 여성이 자립적으로 사회참여에 적극적으로 임할 수 있는 기회는 묵인된 채 윤리라는 잣대에 매도되어 가정과 국가라는 대의적 명분에 포섭된다.

따라서 계 조직을 통한 여성군은 '자유부인'과 더불어 '마담족'에서 '불로소득 사모님', '애교잃은 또순이 족'(69년5월)이라는 명명어로 천박한 집단에서 멸시적 집단으로, 가정과 국가의 기강을 흔드는 집단으로 비하되어 담론화된다. 그러나 그들이 명명한 단어를 살펴보면, '자유' '불로소득' '애교잃은' '또순이'는 기존의 남성 가부장제에 의해 자리 매김 된 여성성을 벗어난 새로운 여성상이다. 남성주체가 계 조직을 통한 여성군을 바라보는 부정적 시선은 중층적이다. 그녀들은 가정

---

16) 르네 웰렉 오스틴 워렌, 김승철 역,『문학의 이론』, 을유문화사, 1982, 32면.

을 파괴하거나 국가 기강을 흔드는 대의적인 명분에 역행해서 부정해야할 인물군이기보다는 남성 가부장제의 체제에 순응하지 않고 오히려 위협하는 성찰성 근대성을 내재하고 있기 때문에 거부당한 여성군이다. 따라서 '마담뱅크' 여인의 섹슈얼리티는 전쟁으로 인한 실추된 권위에 남성의 위기감을 일으키는 것으로, 전통적인 것과 근대적인 것 사이의 고정된 경계를 붕괴하고, 남성의 위치를 위협으로 공포를 상징한다. 그들에게 부여된 과잉 부정성은 남성 스스로의 치부에 대한 자각에서 비롯된 남성의 균열된 주체성이 내재된 결과이다. 따라서 경제적 주체였던 '마담뱅크'의 전복적 가치는 간과된 채 간통으로 가정과 사회조직을 뒤흔드는 '문제적인 여성'으로 낙인되어 가부장적 질서 안으로 포섭된다.

2) 육체 해방파 '신생부인족' 탄생과 타락의 고착화

전후 미국문화의 영향에 의한 일어난 자유의지는 낭만적 사랑에 대한 기대심리를 부추겼다. 그런데 남성외도의 원인으로 이와 같은 미국의 자유의지와 교착된 낭만적 사랑의 추구가 언급되지 않고 있다는 점은 주목할 만하다. 여성이 미국문화의 영향에 의해 모방된 낭만적 사랑을 추구했다는 점에서 그들을 철저히 단죄하려는 의도적 전략이 드러나기 때문이다.

특히 장경학 교수는 「바람피우는 남성의 심리와 이유」라는 논제에서 한국남성 외도의 원인으로 봉건적 결혼관, 남성의 경제적 주도권, 음성적으로 활성화된 공창제와 접객업의 번성을 들면서, 외도를 한번은 치러야 할 홍역이라고 보았다.(62년7월) 그런데 주목할 점은 여성의 외도가 '땐스'라는 공간과 '춤'이라는 행위를 통해 미국식으로 행해지고 있음을 지적한 부분이다. 이처럼 여성의 낭만적 사랑의 추구는 서구식의 자유의지와 육체에 대한 해방된 인식을 통해 현현된다. 먼저 백철은 성적 낭만화를 추구하는 여대생을 '갈 방향을 잃은 이브'(57년 8월, 90~95면)라는 의미로 '아쁘레게르'라고 명명한다. 이처럼 육체적으로 해방된 여성은 "땐스홀에서 춤을 추고 화려한 차림새로 중년남자와 춤추며 끝나서는 어떻게 되는" 여성이다. 그들은 남성의 간통을 욕망화하는 동인으로 "부도덕적이고 지나친 육체 해방파에 속하는 불건전한 사조를 따르는 여성"이라는 부정적인 명명어로 지정된다.(59년5월, 288~289면) 따라서 남성필자의 시선에 의한 '아푸레 껄'은 간통을 일으키는 주범으로 정상적인 가족을 파괴하는 주범으로 규정된다.

  그러나 그녀의 성의 행사가 '육체 해방파'에 속한다는 의미규정은 주목할 필요가 있다. 여성의 육체가 오랜 세월동안 남성 가부장제에 귀속되어 통제되어 왔다는 사실을 감안할 때, 여성이 스스로 육체에서 해방되고자 하는 지점은 전복성을 드러내고 있기 때문이다. 그들은 여성의 사회참여와 자기발견을 어렵게 했던 당대 이념에서 탈주하려고 한다. 그러나 이러한 긍정적인 가치는 배제한 채 당대 사회의 논의들은 '아푸레 껄'의 적극적 성행위를 물질적 쾌락주의나 미국문화를 겉치레로 치장하여 몸을 가볍게 놀리는 것으로 담론화한다. 이는 남성주체가 미국에 대한 식민지인의 선망의식과 극도의 자기비하를 지니고 있었지만 이를 감추고자 만들어낸 우월감의 표상[17]으로 해석할 수 있다.

---

17) 김은하, 「전후 국가 근대화와 "아프레 걸(전후여성)" 표상의 의미 — 여성잡지 『여성계』, 『여원』, 『주부생활』을 대상으로」, 『여성문학연구』16호, 한국여성문학학회, 177~209면.

주부의 간통 또한 미국문화를 동경하여 댄스홀에서 춤바람 난 비주체적 행위로 치부한다. 「새로운 세대를 위한 윤리와 생리의 대화」라는 좌담회를 통해 김내성은 여성이 서구의 문화를 무비판적으로 수용하여 기존의 윤리의식을 흔들고 있음을 밝히고 있다.(57년4월) 더 나아가 「가정평화를 탐색하자」는 특집을 통해 여성필자 박순천은 양풍댄스나 파티가 여성의 정조관념을 파괴하였는데 이것은 가정 비극을 초래하는 길임을 밝히고 있다.(57년10월) 여성 필자 최옥자 또한 이러한 자유부인의 행위가 진정한 해방과 진정한 자유의 의미를 모르면서 무비판적으로 미국문화를 수용하는 데에서 빚어진 것이라고 해석한다.(57년10월, 69~71면) 여성의 낭만화는 여성의 즉흥적 감정의 발로에 기인한 비이성적, 비합리적인 사고를 지닌 야만적 행위로 비하된다. 따라서 여성의 개인적 욕망은 주체 의식이 박약한 미개한 행위로 낙인되어 배제된다.

그러나 중년여성의 성적 쾌락을 명명하는 단어 속에는 남성주체의 중층적 시선이 있다. 그들은 중년부인의 탈선을 "권태와 조름기에 젖어있는 무풍지대의 연륜에서 틈새바람처럼 일어나는 중년여성의 탕기"(69년2월)로 비유하면서 그러한 집단을 '지옥으로 뛰어든 부나비'(69년2월)에서 '히스테리처럼 동요'하는 병적인 징후(69년2월)로, "이 땅에서 새로운 모랄에 각성하고 한없이 위축되었던 여권을 끝없이 신장해가는 전위들"(68년6월, 200~211면)로 의미화 한다. 여성이 쾌락적 성을 행사한다는 것은 여성 자체의 병적 징후에서 비롯되며, '탕기'나 '부나비'처럼 일시적이거나 충동적인 도착적 행위로 사회구조를 뒤흔드는 악의 행위로 간주된다. 미국문화를 모방하여 춤바람이 난 여성은 경제적 풍요로 인한 관능적 성과 무질서한 자유의 상상력을 지닌 여성이다. 「자유부인 후기를 이렇게 생각한다」 중에서 정비석은 자기 희생않는 '신생부인족'의 탄생을 예고한다. "자기 희생을 저버리면서 허영과 의타에 의존한" 신생부인족은 "사회적인 자유를 가정에까지 끌어들여 가정과 사회를 혼연일체로 만듦으로써 자기희생을 방지하면서 자유를 맘대로 누리는"(68년 6월) 여성이다. 「역설적 여권론－자유부인은 늘어나고 있다」에서는 여성들의 바람이 종전 후와는 다른 "자신의 분명한 욕구가 바람의 원인"(68년6월)이 되고 있음을 밝히고 있다. 따라서 남성주체에 의해 규정된 '한없이 위축되었던 여권을 끝없이 신장해 가는 전위들'이라는 말 속에서 남성을 향한 여성의 위협과 그들을 거세하고자 하는 욕망의 역설적 의미를 읽어낼 수 있다. 경제발전을 향해 질주하는 경제개발의 근대적 기획에서 배제되었던 여성들은 스스로도 사회적 자아를 억압하여 낭만화된 감정 속에 빠질 수밖에 없었다. 그러나 사회적인 욕망보다는 개인적인 욕망을 중시하여 모(母)로서의 여성보다는 여성 그 자체로서의 모(母)로 살겠다는 근대적 자각을 드러내는 여성상임에는 부인할 수 없다. 이런 여성은 갇혀진 육체에서 해방되고자 하는 자유의지를 지닌 여성으로서 남성의 질서를 위협하는 존재이다. 왜냐하면 『여원』 담론을 살펴볼 때 이 당시 여성의 순결은 생명과 비교되기도 하였기[18] 때문이다.

---

18) 정조문제는 『여원』 1968년 4월에 「정조관념의 변천」에서 다루어졌다. 조동필, 「정조관념의 변천－사회적인 조건에 따라 순결의 기준은 변해왔다」, 권순영, 「법률상으로 본 경우－보호할 값이 있는 정조와 보호할 값이 없는 정조」, 김사달, 「의학상으로 본 경우－인간과 동물과는 그 생리부터가 다르다」, 서경수, 「도덕상으로 본 경우－음욕을 품는 자마다 이미 마음에 간음한 자인가」, 정충량, 「오늘의 시점에서 말한다. －남녀가 서로 존중하는 자의식과 구체성을」, 양승만, 「산부인과와 성형외과 창구에 비친 정조－나의 정조관」, 「새 새대의 앙케이트」. 남성필자에 의해 다각적인 시선에서 '정조'의 문제를

여성의 순결은 당대에도 당연히 신비화되어 남성에게 찬미되고 있었다. 박두진은 여성의 처녀성은 남성에게 "고귀하며 영원한 여성미"로 비친다(56년 5월)고 밝히고 있다. 그래서 여성의 처녀성 상실은 여성에게 가장 큰 핸디캡이며(56년9월), 순결을 잃은 여성은 첩으로 살 수 밖에 없음을(60년10월, 162~95면) 강조한다. 이러한 여성의 성의 신비화는 여성담론자조차도 강조하고 있다. 박화성은 「성의 남녀동등권에 대해서」라는 글에서 여성은 남성과 마찬가지로 개방될 수 없음을 강조(64년10월, 118~125면)한다. 안수길 또한 여성의 고귀함은 '흰 백합같은 순결성'에 있다고 밝히며, 이것은 영원한 진리라고 주장한다.(64년10월, 118~125면) 여성필자는 스스로가 여성이면서 여성의 순결이 누구를 위한 고귀함인지에 대한 통찰적인 고찰도 없이 다만 절대적 진리이며 숙명적인 과제로 제시하고 있다는 점에서 남성 가부장제에 편승하고 있다. 이러한 여성의 성의 신비화는 바로 남성의 권력행사와 관련이 있으며 그것은 여성의 성을 소유하여 지배하고자 하는 남성의 욕망에서 비롯된다. 「처녀성의 여섯가지 신비」라는 특집에서 안동민은 "처녀성은 남자의 소유권의 권력행사와 밀접한 관련이 있음"을 밝히고 있다. 그러나 이러한 처녀성이 파괴되었을 때 의학적으로 식별 가능한지에 대해 논의함으로써 여성의 성이 물질화되고 있음을 드러낸다. 여성의 육체가 남성의 소유물로 간주되고 있는 것이다.

더욱이 전통적으로 가부장적인 이데올로기 안에서는 남성 스스로 정신적 가치를 지향하는 존재로 자신을 규정하여 윤리적인 육체를 강조해왔다. 따라서 열등한 것으로 치부되는 육체의 감각적 쾌락을 억제

논하고 있으며 남성적 시선에 비춰진 정조관으로 가부장적 시선이 지배적이다.

되어야 할 것으로 간주했다.[19] 그러나 아이러니하게도 전통적 성의식에서는 육체를 통한 성적 쾌락이 남성만의 특권처럼 자행되었다. 이 시기에도 남성의 육체적 쾌락이 사회적인 암묵을 통해 인정되고 있음을 성매매인의 활성화를 통해 드러난다. 「사건 속의 여성」이라는 논제에서 박인수 사건이나 춘천호 사건에 대해 권순영 변호사는 화류계 여인의 몰지각한 행동이 몰고 온 참사라며 성매매인을 폄하하여 "법은 정숙한 여자만을 보호한다"(66년7월)라고 판결한다. 이 사건은 성매매인이 남성의 쾌락적 성에 유린되는 것에 대해서 사회조차 외면하고 있음을 보여준다. 역으로 남성의 육체적 쾌락은 사회가 허용하는 것으로 제도화되고 있음을 입증한 셈이다. 그렇다면 이에 반하는 육체 해방을 부르짖는 '아푸레걸'이나 '신생부인족'의 쾌락적 성의 행사는 분명 근대적 성의식을 탈주하고자 하는 여성의 욕망을 내재하고 있다.

3. 남성 간통, 합리화와 승인

1) 낭만적 사랑의 수호자 '나비족'과 쾌락의 대상으로서 양가적 아내

1950년대에는 육체의 순결에 대한 교육이 만연했고, 교육을 통해 육체를 통제하고자 하는 의도가 팽배했다. 그런데 이 당시의 순결교육에서 주목할 점은 여성에게만 순결을 강요하는 것이 아니라 남성에게도 정조관념을 부여하고 있다는 점(56년11월, 57~59면)이다. 당시 남성의 순결을 교육을 통해 강조하는 '정결교육'이 청소년에게 실시되고

---

[19] 오생근, 「시선과 권력 : 데카르트, 들뢰즈, 푸코의 '육체'」, 『사회비평』제17권, 나남출판사, 1997 참조.

있었다. 그래서 남성의 순결도 진정한 사랑을 위해서는 지킬 필요가 있다고 주장한다. 이 당시 순결을 지키는 것은 남녀 모두에게 권장되는 이상적인 도덕윤리였다. 따라서 1950년대 성과 사랑에는 리타 펠스키가 말한 성별 상징성의 존재와 힘[20]이 결정되지 않아 오히려 동등하게 성적 욕망이 규제되고 있었다.

육체적 쾌락의 주체적 행사가 서로간의 사랑을 위한 행위여야 한다는 1950년대의 사랑관은 가정 안에서 성욕이 충만해야 함을 담론화한다. 그것은 서로간의 간통을 막기 위한 방안으로서 제시되고 있다. 이는 남녀의 성적 욕망의 확장 또한 긍정적인 육체적 자각에 의한 행위임을 보여준다.

남성의 성적 쾌락을 가정주부인 여성이 만족시켜 주지 못했다면 남성은 외도를 할 수밖에 없으며 그 책임은 여성의 탓으로 전가된다. 따라서 사적영역에서 아내의 성적 역할은 더욱더 가중된다.

「새 세대를 위한 일곱가지 문답」에서도 간통을 하는 남성보다는 외도하는 남편을 둔 여성을 비판대상으로 삼고 오히려 책임의 소재를 여성에게 돌리고 있다. 여성 스스로가 "지성의 아름다움"까지 강조한다.(56년10월) 이 글에서 남성 필자가 아내에게 강조한 지성은 애정에 있어 정신적인 방향보다는 육체적인 방향이 중시되는 현 시점을 고려할 때 육체적인 애정에서 "타락적이며 발전적인 면을 구별할 수 있는 현명"을 가리킨다.(56년10월) 따라서 아내는 남성의 성적 쾌락을 위해 요부가 되어야 한다. 그래야 현명한 여성이 될 수 있다.

또한 「결혼 일년생의 생활보고」라는 앙케트를 통해 여자 배우 강숙

---

[20] 리타 펠스키, 앞의 책, 21면.

경이라는 여성 담론자는 남성의 외도, 즉 바람은 남편이 주부에 대한 매력을 상실해서 생기는 것으로 보고 있다.(57년11월) 따라서 남편의 사랑을 유지하기 위해서는 외형적인 미를 가꿀 필요가 있음을 역설한다. 남성 필자 정비석 또한 「여성의 생활각서」에서 성적 요부성의 아내를 요구하며 화장에 각별한 관심을 요구한다.(58년3월) 여성 필자 또한 남성 필자의 의견을 수용하고 있는데, 더 나아가 남편의 외도를 방지하기 위해서는 "남편의 바람의 책임이 여성에게 돌려지는 현실 속에서 여성은 절대 아름다움을 잃어서는 안된다"고 재차 강조한다.(60년10월, 162면) 이처럼 현실은 분명 여성에게 일방적으로 성을 강요한 잘못된 현실임에도 불구하고 여성적인 시선을 통한 개혁 의지를 지향하기 보다는 기존의 현실에 부응하여 탑승하기를 원하는 대안을 제시한다.

「아내여 남편을 아는가」에서 남성 필자 석우선은 남편의 외도는 여성의 성적인 면의 결핍에서 비롯되었다고 언급하며 여성은 저녁에 요부가 되어야 함을 강조한다.(58년2월) 정비석 역시 부부간의 성행위에서 아내는 밤에 남편을 적극적으로 유혹해야 할 것을 강조한다.(59년 10월) 1950년대에는 남녀 모두 흘러넘치는 성의 자연스러운 욕망이 가정에서 해결되지 못함을 안타까워한다. 따라서 남녀 모두 성별을 위계화하지 않고 간통을 막기 위해 노력해야 한다고 역설한다.

그러나 1960년대 들어서면서 간통을 한 여성은 타락의 징후로 낙인찍히는 반면 간통을 한 남성의 성적 욕망은 남성에게 부족한 양기를 채워주는(61년9월) 활력소로 간주되고, '나비족'이라는 자유로움을 상징하는 낭만적 용어로 미화되어(69년7월, 178~179면) 규정된다. 종합기사인 「애정의 공백지대」에서 남성의 일탈적인 성행위가 애정의 공백에서 비롯되었으며 여성이 남성을 위해 적극적인 성행위를 해야 함을 말하고 있다.(60년9월) 안수길 또한 "아내란 낮에는 귀부인이요 밤에는 요부가 되어야 한다"면서 여성은 낮에는 가사활동을 밤에는 남편을 위한 성적 도구가 되어야 한다고 말한다.(66년11월)

이에 여성 필자인 박화성은 특집「결혼하면 남편은 어떻게 변하는가」에서 남성은 변하지 않는데 "남편의 사랑을 잃어가는 아내가 있다면 그것은 아내의 책임이다"라고 말함으로써 남편의 외도가 전적으로 여성의 잘못된 행위에 있음을 강조한다. 남성 필자가 여성의 쾌락적 욕망을 현상 그 자체의 표상적 지적을 통해 비하하는 상징어를 구사하면서 여성의 성적 가치를 부정했다면, 여성 필자는 남성의 기존논리를 인정하면서 남성의 시선을 빌려 여성의 입으로 여성을 남성의 성적 노리개로 노예화하는데 동조하고 있음을 알 수 있다. 그들은 여성임에도 불구하고 여성 자체의 문제를 직시하지 못하고 남성적인 시선으로 담론을 주도하고 있다. 그것은 여성의 성적 쾌락에서 비롯된 육체의 자유로움마저 이성적으로 재단해야 한다는 것이다. 여성의 요부적 행위는 남성을 위해 대상화됨으로써 여성의 성은 가부장적 질서 안에서 재차 억압된다.

1950년대에는 육체에 대한 통제가 남녀 공통으로 이뤄지고 있으며 가정 내에서 남편의 바람을 막을 수 있는 방식은 여성의 쾌락적 성의 욕망을 확장하는데 있음을 밝힘으로써 여성이 쾌락의 주체로 거듭날 수 있음을 보여준다. 반면 1960년대에 들어서면서 여성의 간통은 미국문화의 무비판적 모방의 답습에 의한 사랑의 행위로 비하된 데 반해 남성의 간통은 낭만적 사랑의 수호자로서 간주된다. 여성의 육체는 남성의 쾌락의 대상으로 간주되어 남성가부장제로 포섭되는 과정을 거친다. 이를 통해 남성의 간통행위는 공적영역에서 경제를 살리기 위한 건강한 행위로 공론화된다. 가정 내에서는 남성의 간통이 여성 탓으로 전가되며 여성의 성적 욕망은 거세되어 모성의 아름다움만이 찬미되고, 여성 육체는 남성 쾌락의 대상으로 남성적 질서에 편입되었다.

2) 경제적 주체로서의 '탕자'와 거세된 여성성 '아크메'

1950년대에는 여성간통의 행위 자체에 대한 비도덕성을 들어 여성의 성과 사랑을 타자화하는 것을 중점적으로 다룬 것과는 달리 1960년대에는 남성간통을 공적·사적 영역에서 합리화하여 남성의 부도덕성을 승인하는 여성의 태도가 부각되어 다뤄지고 있다. 특히『여원』이 여성을 독자로 하는 잡지라는 점에서 남성이 간통하는 문제보다 간통하는 남편을 승인하는 여성의 자세를 좀더 주도적으로 담론화한다.

경제적 주체자인 남성의 외도는 "나라의 부강을 위해 잠시 머문 휴식"(62년7월)으로 그들의 간통이 공적인 영역에서 경제발전을 위해 "한번은 치러야 할 홍역"(62년7월)으로 간주되어 나라의 경제발전을 위해서는 어쩔 수 없이 행사해야 하는 긍정적 행위로 합리화된다. 장경학 교수는 특집「바람 피우는 남성의 심리와 이유」에서 남성의 외도가 잦은 것은 경제적 주도권을 쥔 '경제적 주체자'이기 때문이라고 밝히고 있다.(62년7월) 남성의 간통은 공적인 영역에서 경제를 주도하는 주체자이기에 허용될 수 있는 것으로 합리화하고 있다. 그들의 비도덕적 행위는 오히려 경제적 주체의 영역을 확고히 다지는 계기로 작용한다. 따라서 그들의 간통행위는 국가담론을 끌어들여 남성의 성적 욕망은 정당화한다.

　남성 가부장제는 공적 영역뿐만 아니라 사적 영역에서의 아내조차 자신의 기획 속에 포섭한다. 여성성보다는 모성성을 좀더 긍정적인 가치로 부여함으로써 '현모'담론을 조성한다. 여기서의 '현모'는 가부장적 전통의식을 보다 많이 답습한, 남성들이 보기에 긍정적인 모성성이다. 이 당시가 요구했던 모성상은 자식만을 위하던 전통적 의미와는 달리 돌아온 탕자인 남편도 자식처럼 용서하고 오히려 감싸 안아주는 것이다.

　「불혹 중년의 여성」에서 이명온은 「동물원 세계 같다」는 논제로 "탐욕의 광장에서 중심을 잃어버린 저울대 같은"(61년1월) 남성을 신뢰와 순종과 내조의 미덕으로 감싸안아 주길 바란다고 말한다. 이러한 현모는 '아크메'(희랍어로 인생절정이라는 뜻)[21]로 명명되어 찬양된다. 이러한 여성은 낭만적 사랑을 추구한 일탈적 여성과 대척적인 자리에 위치지어 그 아름다움이 더욱 고양된다. 그러나 남성에 의해 찬미된 여성은 여성성으로서의 미를 배제한 모성으로서의 여성이라는 아름다움이라는 점이다. 여성필자 임옥인은 「불혹 중년의 여성에게」라는 논제로 "여성의 낭만적 사랑은 여성의 히스테리 증상이며 가정의 여인인 모성애를 발휘하는 여성만이 아름답다"는 것을 강조한다.(61년1월) 여성 필자 스스로도 주체적인 자각에 의한 삶보다는 남성이 보기에 아름다운, 즉 타자성을 내재한 길들여진 여성의 삶을 찬미한다.

---

21) 「불혹 중년의 여성」(『여원』61년1월). 김은우의 「아크메의 매력」에서 '아크메'는 인생절정이란 뜻을 지닌 희랍어로 거울 앞에 선 내 누님같이 생긴 국화같은 원숙한 여성으로서의 '중년의 미'를 최고의 가치로 부여한다. 임옥인, 「인생의 난숙기-중년여성의 정의와 특징」, 감용호, 「중년여성의 형태」, 이명온, 「동물원 세계같다-중년여성의 남성관」으로 이뤄져 있다.

결국 남성의 외도를 승인하고, 인내하며 감싸안은, 여성성이 제거된 모성으로서의 아름다움을 찬미하는 것이다.

여성 필자인 송정숙은 「바람 피우는 일에 대하여」라는 논제에서 여성 자체가 지배당하고 의존하는 본능이 있으니 바람난 낭만적 성향의 남성을 지배력과 포용력을 발휘하여 부드러운 정서와 모성으로 안아주길 바란다(68년1월)고 밝히고 있다. 따라서 이 시대의 진정한 현모는 남성의 낭만성으로 인한 외도를 여성 스스로가 알아서 숭고하고 자애로움을 지닌 어머니처럼 위로해 주는 여성이며, 이것이 바로 위대한 내조적 길임을 밝히고 있다.

더 나아가 더 이상 아내에게 성적 쾌락을 느낄 수 없어 끝없이 일탈적 사랑을 갈망하는 남편을 둔 여성에게는 현실적인 모성성까지 강요[22]한다. 특집 「가정평화를 탐색에서 가정교육에 직결된다」에서 이 시대의 모성애는 "이성적인 모성애"(57년10월)임을 강조한다. 「낭만적인 남편은 현실적인 아내와의 타협을 강조한다」는 글에서 박영준은 현대인으로서는 상상할 수 없는 애정없는 부부더라도 가정을 유지하는 방식에서는 현실성과 책임감이 있어야 현모임을 밝히고 있다.(58년 3월) 더 나아가 특집 「새로운 부모의 위치와 자녀의 윤리」에서 임경애는 「현대 어머니론」를 통해 '새 시대의 현모양처'를 제시한다. 일반적

---

[22] 이는 『여원』에서 재차 강조하는 여성이 갖춰야할 교양미의 개념에 포함되는 것이다. 『여원』에서는 1967년부터 '살림 잘하는 주부상'을 매 해 수상했다. 이러한 어머니상에는 경제적 개념이 있는 어머니가 수상된 바가 많고, 가계부를 부록으로 주어 여성에게 현실적인 경제의식을 부여하고 있다. 『여원』 1968년 6월 「청와대로 초정받은 살림잘하는 주부들에서」는 가정주부들 각자는 내핍과 근면으로 국민 생활의 바탕부터 건설의 기운을 진작해야 한다는 요지로 여성의 역할을 한정하고 있다. '계'랄지 '직업'을 통해 경제에 참여하기보다는 남편이 벌어다 준 돈을 규모있게 사용(즉 효율적인 지출로 소비 본래의 목적을 상실하지 않는)함으로써 내실을 다지는 여성의 모습을 제시하고 있다.

으로 가정을 지배하는 어머니는 경제권을 가졌다고 해서 가정을 맹목적으로 지배해서는 안된다. "새로운 시대의 현모양처들은 지식을 탐낼 줄 알고 그것을 이용할 줄 알려고 노력한다. 즉 이지적인 것이다. 또 그들은 사리를 잘 비판할 수 있는 판단력을 가지려고 한다.(…) 새 시대의 총명한 아내들은 남편을 사랑하는 표시를 자연스럽고도 과감하게 할 줄 안다"라고 언급하면서 가정을 지배하는 어머니의 역할을 강조한다. 당시의 모성애가 감정의 영역에서만 역할지워졌던 전통적 여성성을 벗어나 이성적인 사고를 지닌 '현실성과 책임감'이라는 근대적 합리성을 강조하고 있다. 이는 여성 중심의 핵가족화를 표상하고 있기 때문이다. '신현모양처'는 여성의 개인적인 욕망 또한 남편에게 능동적이고 적극적으로 표현할 수 있는 아내로서, '현실성과 책임감'도 주체적으로 행사할 수 있는 모성성이 겸비된 근대적 여성상이다. 이는 핵가족의 사적 영역에서 경제적 주체로 거듭날 수 있는 여성의 전복의지를 드러내지만 여성성을 제거한 모성성만을 강요당하는 여성의 모습 또한 담고있다는 점에서 한계를 지닌다.

4. 간통의 렌즈로 바라본 성과 사랑

1950년대 간통죄는 여성의 권위를 보장하고 지켜주기 위해 쌍벌죄로 제정된다. 그럼에도 불구하고 실제 간통과 관련된 담론의 흐름을 살펴보면 여성의 성과 사랑은 미국문화의 유입과 경제개발5개년계획과 함께 끊임없이 타자화를 거듭하고 있었고, 간통을 한 여성의 저항성이 질서체계를 위협하는 만큼 가부장제의 이념을 강화하는 도구로서 사용되기도 하였다.

　1950·60년대에 간통의 변이 과정을 살펴보면 1950년대 공적인 영역에서 경제적 주체로서 사회적 활약을 했던 '마담뱅크'의 여인들이 1960년대 경제개발이 이뤄지면서 남성이 경제적 주체가 되어가자 간통한 여성들은 탕녀인 '마담족'으로 매도되어 서서히 타자화되었다. 또한 간통이라는 일탈적 사랑을 통해 쾌락의 주체로서 남성의 통제권을 벗어나고자 했던 육체 해방과 여성의 경우에는 당대 윤리성을 이탈한 타락의 징표로 고착화되어 배제되었고, 남성 지배체제를 강화하기 위한 도구로 악용되었다.

　1950년대에는 간통한 남성의 경우 여성의 경우와 마찬가지로 비난의 대상이 되었다. 그러나 1960년대 들어서면서 공적으로는 경제발전을 위해 애쓴 남성의 내적인 피로를 성적으로 풀어내야 한다며 남성의 간통을 합리화한다. 사적으로는 남성의 바람이 여성의 책임으로 전가되면서 남성을 향할 도덕적인 비난을 여성이 맞아야 하는 역설적 상황이 도출된다. 따라서 여성의 육체나 성적 쾌락에 대한 통제권을 상실하며 위협받았던 남성 가부장제는 서서히 간통을 통해 여성의 성을 억압하며 성적 쾌락을 남성의 전유물로 탈환하여 고착하는 과정을 드러낸다. 그러한 과정에서 형성된 남성의 도구적 여인상이 바로 '아크메'와 쾌락의 대상인 양부/요부인 양가적 아내상이다.

　『여원』은 교양있는 여성을 강조한다. 그러나 그런 교양은 남성 지배이념을 담지하고 있다. 특히 간통을 다루면서도 여성과 남성의 성을 위계화하는 것은 당대의 지배논리를 노출하는 것이다. 그러나 간통을 바라보는 당대의 분열적 시선에서도 여성의 전복성을 읽어낼 수는 있다. 대중매체는 성해방을 비난하기도 하지만 하나의 정치적 장치로 이용하는 체계의 이데올로기를 무의식중에 수용한다.23) 『여원』 또한 남성독자의 마음을 담지한 기존질서를 담론화하면서 그것에 저항하는 여성의 폭발적인 내면까지도 수용하며 대중잡지로 거듭날 수 있었다. 그러기에 1950·60년대 간통을 통해 형성된 성과 사랑의 변이 과정에서 여성은 전복성을 노출한다. 1920·30년대 여성의 성과 사랑에서는 발견될 수 없었던 1950·60년대만의 여성상인 '요부'인 아내상, '희생 않는' 신생부인족의 어머니상은 여성의 저항적 행위의 산물임엔 분명하다.

---

23) 장 보드리야르, 이상률 역, 『소비의 사회』, 문예출판사, 1992, 219면.

전후 국가 근대화와 '아프레 걸'(전후여성) 표상의 의미

김 은 하

1. 1950년대와 기호화된 여성 그리고 여성잡지

이 글은 전후 발간된 여성지의 '아프레 걸(Apre-guerre: 전후여성)' 담론을 통해 국가 근대화 과정에서 여성이 어떻게 기호화되는가 밝히려 한다. 1950년대는 전쟁의 상처를 치유하고 전후의 사회적 분열을 수습하는 가운데 국가 근대화 방향을 정초한 시기이다. 특히 전쟁을 겪는 과정에서 한국은 미국의 종속국가가 되었기 때문에 합리적 근대화를 지향하는 한편으로 전통적 가치를 병존시켜야 할 필요성이 제기되었다. "한국의 근대화는 반근대화 내지 재전통화까지를 포함하는 복합적이고 역동적인 과정"[1]이었는데, 이른바 '아프레 걸'은 한국식 발

---

1) 강인철,「한국전쟁과 사회의식 및 문화의 변화」,『한국전쟁과 사회 구조의 변화』, 백산서당, 1999, 300~301면. "1950년대의 '한국적 근대'는 도시를 중심으로 한, '축소된 가족주의와 확대된 가족주의의 동시적 발전'을 축으로 한 '가족주의'의 근대적 재편, 근대적인 자원과 투입의 도시로의 집중과 집적, 신문·잡지·라디오방송·영화 등 대중매체의 발전에 기초한 근대적이고 미국적인 대중문화의 형성, 농촌 내 힘 관계의 역전에 기초하여 도시의 미국적 근대성에 반발하는 농촌의 재전통화를 모두 포함하여 또 그것들을 핵심적 구성요

전 모델이 형성되는 과정에서 발생한 모순과 갈등을 수습하는 가운데 초점이 되었다. 이 글은 여성지가 후발 근대국가의 내밀한 분열을 수습하는 한편으로 어떻게 그러한 균열을 노출하는지를 살펴본다는 점에서 1950년대 여성지의 역할과 성격에 관한 연구이기도 하다.

특히 1950년대 대표적 여성지『여원』을 대상으로 전후 성·연애 담론의 과잉 현상에 주목했다. 박완서는 1950년대 여성의 근대체험을 다룬 장편『그 남자네 집』2)에서 전쟁을 "길가다 강풍을 만나 치마가 활짝 부풀어 오른 계집애처럼 붕 떠오르고 싶은 갈망과 얼른 치마를 다둑거리며 땅바닥에 주저앉고 싶은 수치심"(37면)이 겨룰 만큼 여성의 관능적 욕망이 일깨워짐으로써 "오래된 조선 기와집이 표류하는 배처럼 출렁"(53면)거리게 된 사건으로 이미지화한다. 이는 가부장제의 서사적 관습, 즉 전후 여성의 성적 개방을 서구적 근대화로 인한 여성의 전통적 미덕의 상실로 표상해 온 방식을 패러디한 것이다. 실제로 '박인수 사건'이나 '자유부인 논쟁'이 보여주듯이 1950년대 사회는 근대화 과정에서 가시화된 여성의 욕망과 전통적인 부계사회 간의 갈등이 첨예해, 여성의 몸과 섹슈얼리티를 둘러싼 논의가 증폭된 시대였다. 이러한 과정에서 자유부인, 유한 마담, 여대생, 계부인, 알바이트 여성, 아프레 걸, 독신 여성, "미망인" 등 여성에 대한 다양한 명명(命名)이 이루어지면서 '여성' 혹은 여성성은 기호가 된다.

'자유부인'이나 '유한 마담' 식의 냉소적 지칭이 암시하듯 '명명하

소들로 삼는 것이었다. 따라서 1950년대의 근대화는 전통-근대의 이항대립적 도식을 극복하고, '경제적 근대화를 위한 비경제적 조건'의 형성에 주목하고, 반근대화 내지 재전통화까지 포함하는 복합적이고 역동적인 과정으로 접근할 때만 제대로 이해될 수 있다."
2) 박완서,『그 남자네 집』, 현대문학, 2004.

기'는 강요된 젠더 이데올로기의 모형 속에 명명된 것을 상징적으로 감금하는 힘을 발휘함으로써 지배의 도구가 된다. 이들은 실제와 무관하게 부풀려지고 왜곡되었다는 점에서 젠더 이데올로기가 만들어낸 부정적 기호였다. 이러한 1950년대식 작명법은 기실 남성의 자리를 위협해오는 여성에 대한 남성의 공포를 드러낸다. 1950년대는 남성들의 사망과 실종으로 인한 극심한 '여초 현상'이 빚어지고, 장기적인 인플레로 인해 가장권이 약화되면서 "우리 민족에게 이 시대는 남성 무능의 시대와도 같습니다"[3]라는 고백이 나올 정도로 남성성이 위축된 시기였다. 무엇보다 1950년대 남성들은 전쟁터의 공포와 죄의식을 씻어내지 못한 채 현대적 적응을 요구받았다. 그들은 거세위협에 시달리는 식민지의 가부장들이었다. 당시의 공업화는 미국 독점 자본의 자기실현을 위한 체제적 성격을 벗어나지 못했으며[4] 미국문화는 전통적 공동체를 무너뜨릴 만큼 일상 속에 침입했다. 남성들은 친숙한 공동체로부터 추방당한 채 거대한 상실감에 허덕이며, 훼손된 주체성을 복구해야 했다. 무엇보다 그들은 남성의 자리를 위협해오는 여성으로 인해 남성성을 상실할 위기에 놓였다는 자의식에 시달리는 존재였다.

> 오늘날 한국의 여성은 가정에 있어서는 말할 것 없고, 사회와 국가적으로도 경제권을 잡았다. 상권을 잡고 정치권을 잡고, 사교권을 잡았다. 학계에도 교육권을 잡고 문학계에도 여자가 선편(先鞭)을 다 잡았다. 음악계에도 여성의

---

[3] 임영종(국회의원), 「인격존중으로 해소」, 『여성계』, 56.4. "우리 민족에게 이 시대는 남성 무능의 시대와도 같습니다. 걷잡을 수 없는 물가고는 모든 남성들의 능력을 그의 아내의 눈 앞에서 비참하게 떨어뜨립니다. 외국화폐의 가치는 외국남성을 자기 나라 남성과 비교하는 저울대는 아니건만 아무도 걷잡지못할 힘이 우리나라 남성들을 무능하게 하였습니다."
[4] 김대환, 「1950년대 한국경제의 연구」, 진덕규 외, 『1950년대의 인식』, 한길사, 1981.

중진이 기라(綺羅) 별같이 많고 화단엔 화단대로 여류가 있고 언론계, 법조계에도 여성이 있다. 더구나 연극, 영화, 무용계는 그들의 독단장이니 애당초 말할 나위도 되지 않는다. 한국 남성들이 해방된 열 다섯 해 동안에 좌우로 갈려서 실전으로 싸우고, 북으로 납치를 당하고 전쟁에 무수하게 죽고 정당이 조직되어 정치로 싸우고, 토지 개혁이 되어 천지개벽이 되고 서투른 장사에 일확천금을 꿈꾸다가 패가망신을 하였을 때, 오직 여성들만은 아수라장(阿修羅場)같은 속에서 집안을 유지해야 하고 가계를 세워야 하고 자녀를 가르쳐야 하고, 백절불굴의 정신으로 살아가야 한다는 인생의 경험을 체험했으니 여자는 이만큼 각성했고 이만큼 투철(透徹)했고 이만큼 전진해서 오늘의 지위를 차지한 것이다. 이제는 웬만큼, 똑똑지 못한 남성은 여인의 손에서 얻어먹고 살게 되었다. 정히「女人天下」의 감이 있다. ㅡ박종화,「해방 후의 한국여성」,『여원』, 59.8, 73면.

위의 긴 인용문은 전후 여성들의 사회적 지위에 대한 객관적 증언이 아니라 여성의 약진에 대한 남성의 불안과 공포를 징후적으로 보여줘 문제적이다. 해방 후의 시간의 흐름이 여성의 진보와 남성의 퇴보로 규정되고 있으며, 역사라는 공적 장에서 좌절하고 가정 안에서도 전통적 위상을 박탈당한 남성의 상실감과 무력감이 압도한다. "이제는 웬만큼, 똑똑지 못한 남성은 여인의 손에서 얻어먹고 살게 되었다. 정히「女人天下」의 감이 있다"는 탄식은 이념 전쟁에 대한 허무와 냉소, 헛되이 시간을 써버렸다는 자조, 역사의 실패에 대한 한숨과 눈물을 담고 있다. 이렇듯 전후의 남성은 역사적 트라우마로 고통받을 뿐만 아니라, 여성화된 모더니티 사회에서 과거로 돌아갈 수도 미래로 나아갈 수도 없어 부유하는 존재였다. 반면에 남자들이 부재한 전시하의 후방에서 여성들은 유능한 근대적 주체로 성장했다. 먹고 살기의 욕망을 최대의 과제로 던져준 전쟁은 여성에게 생계 담당자의 지위를 부여함으로써 일시적으로나마 공사영역의 경계를 무너뜨렸다. 무엇보다 이는 젠더를 탈안정화시키는 데 결정적인 역할을 함으로써 봉건적 가부장제에 균열을 냈다.5) 이렇듯 여성의 득세를 통해 남성성 상실의 위기감을 고조시키는 어법은 전형적인 가부장제의 수사학으로서, 영웅적인 남성이 주도하는 가부장적 근대화 의지를 역설한다. 남자의 멜랑콜리한 감수성은 거세의 징후가 아니며, 위기론은 기실 선동과 설득의 전략이다.

이렇듯 1950년대 남성성 위기론은 가부장제 사회에서 문제적인 여성들을 조종하고 가부장적 질서 안으로 통합시키는 일련의 규율담론이 형성되는 지점과 맞닿아있다. 당시 현대여성의 성(연애)담론의 한 가운데 있었던 '아프레 걸'은 기실 현대여성에 대한 부정적 지칭이었다. 여러 논자들은 "육체적", "타산적", "개방적" 등 여러 수식어를 통해 이들을 정의하고자 했는데, 이러한 성적 개방성과 물질에 대한 추구는 근대적 삶의 특질이다. 이 글은 아프레 걸이 전쟁과 전후 국가 근대화 과정에서 발생한 여러 가지 충돌과 갈등을 해결하고 국민들의 사회적 통합을 이끄는 가운데 중요한 매개물로 활용된 이방인, 타자였다는 점을 밝힐 것이다. 아프레 걸은 여성의 육체에 허영, 사치, 창부성, 양풍모방, 이기주의 등 온갖 부정적인 기표들이 덧붙여지는 과정에서 탄생한 소문 속의 유령, 담론의 구성물이다. '아프레 걸' 담론은 사회적 무질서 혹은 위기론을 생산해 내면서는 한편으로 신정조론·신연애론

---

5) 당시 여성지에 실렸던 수기는 다수의 "전쟁미망인"들로 하여금 사회가 요구하는 성적 통제를 받아들이고, 어머니 노릇을 수행하도록 유도하기 위해 고안된 산물이었다. 그러나 "미망인" 수기는 종종 그녀들을 따라다니는 연약함과 불우함의 관사를 허위로 만들어버림으로써 편집자의 의도를 벗어난다. "전쟁미망인"들은 남편에 대한 애절한 그리움을 드러내는 한편으로 자활해가는 자신에 대한 자부심을 드러내거나 수많은 고초들을 극복해가는 과정을 서술함으로써 고난을 통한 자기 성장을 보고한다.

을 통해 성욕을 관리하며 순결한 여성상을 생산해내는 데로 나아간다.

이 연구는 결국 1950년대 사회의 식민후기적 분열을 드러낼 것이다. 한국인들의 인식 속에 깊이 박혀 있는 자기 주변화 혹은 자기비하는 예나 지금이나 한국인의 의식이 감당할 수 없는 무게를 지녔을 만큼 식민화 과정에서 서구는 매혹과 선망의 대상이어서 식민 후기의 주체는 스스로 자기를 비하하면서도 반식민적 민족주의 담론을 공고히 함으로써 혼성취향의 괴로운 양가감정을 은폐하려 한다.6) '아프레 걸'은 이렇듯 전통과 서구, 자본주의와 가부장제, 식민주의와 민족주의가 분열증적으로 동거하는 지점이었다. '아프레 걸'은 비민족의 낙인이 찍히는 등 혐오의 대상이었지만 다른 한편으로 관능적인 이미지로 채색된 서양에 대한 물신주의적 매혹을 의미한다. 여성잡지는 이들에 대한 비난 여론을 주도했지만, 실제 서구적 치장을 한 부유한 여성들의 화보를 실어 시각적인 매혹감을 자아냈다. 또한 서구 영화가 미풍양속을 부추긴다는 비판적 논설을 싣는 한편으로 진한 애정씬을 담은 사진을 내걸어 미국영화를 선전함으로써 부지불식 간에 식민후기적 자기 분열을 폭로했다.

2. 여성잡지와 젠더의 재정의

여성교양지인 『여원』7)은 해방과 전란으로 균열이 간 젠더 관계를

---

6) 최정무, 「미국, 무의식의 식민화, 그리고 자기 분열」, 『당대비평』, 삼인, 2001봄호, 19~20면.
7) 최근 1950년대 여성잡지의 주요 담론을 추출해 모은 『한국현대여성의 일상문화』가 총 8권으로 출간되었다. 편저자들은 종전에서 제 2공화국에 이르는 시기동안 발간된 대표적인 여성잡지는 『여성계』, 『여원』, 『가정』, 『새가정』인데, 『새가정』은 기독교인들의 교양증진

재질서화했다. 당시 여성지는 대중적 문화교양지이자 시사잡지였다. 오늘날 여성잡지는 여성의 문화적 교양을 높이기 위한 잡지라는 이름이 무색할 만큼 상업성이 강하다. 그러나 1950년대 여성잡지는 문예, 의식주와 건강, 자녀지도 등 어머니 역할, 현대적 부부생활, 스타스토리나 영화 소개, 명사의 칼럼, 독자상담, 시사적 성격이 강한 특집 등 그 구성이 다채로웠을 뿐만 아니라, 연구논문, 취재기사, 번역물, 설문조사, 인터뷰 등 다양한 형식을 선보이는 생활문화 잡지이자 시사적 지식 잡지였다. 필자의 다수는 잡지 기자가 아닌 사회적 명사들이었으며, 감각적이고 쉬운 대중적 글쓰기보다는 사회적 현황 제시-원인 탐구-해결책 제시 식 등 논문형 글쓰기가 쓰였다. 여성지는 지식층 대중 독자에 의해 주로 소비되었다.

『여원』은 담론의 수준이 높고 편집이 세련되었다는 평가를 받은 명실상부 1950년대 대표 여성지였다. 1968년 1월 당시 젊은 기자였던 김병익은 『여원』의 타락을 질타하며 1950년대 『여원』을 회상한 바 있다. 그는 과거 『여원』이 "일본의 여성지들보다 더 건실하고 우리 사회와 여성들에게 더 바람직한 형태로 보였으나", 판을 크게 내면서부터 문제성이 없어졌는데 잡지의 크기와 부피, 화보, 그 안에 담긴 요리, 옷, 패물이 부담스러우며, 사실에 충실하기보다 인생파적 감상을 유도하는 글들이 많다고 비판한다. 그리고 "여성지가 외양은 여성 같지만 자

을 위해 발간된 것이어서 본격적인 의미의 대중적인 여성지는 『여성계』, 『여원』, 『가정』이라고 밝히고 있지만, 기실 『주부생활』(59년 9월부터 『여성생활』로 제호 변경) 역시 발간 기간이나 규모면에서 볼 때 50년대를 대표할 만하다. 당시 여성지의 상당수는 분실되어 『여원』을 제외하고는 온전한 전체를 볼 수가 없는 형편이다. 이로 인해 각 잡지의 구체적인 발간 시기, 판매부수를 확인하기는 어려웠다. 본고는 『여원』을 중점적으로 논의하되, 필요에 따라 『주부생활』, 『여성계』 등을 참조하겠다.

기성별에 집착하지 않는 것이 보다 현명해"다고 충고한다. 『여원』이 "외양은 여성 같지만 자기성별에 집착하지 않는"8) 잡지로 간주될 수 있었던 이유는 무엇일까? 먼저 주부의 계획적이고 규칙적인 생활, 능률적이고 합리적인 생활개선의 필요성이 국가근대화에 대한 열망과 함께 논의되었기 때문이다. 현대적 가정과 현대적 주부는 계몽된 국가의 표상이었기 때문에 여성지는 공공적 가치가 있는 매체로 여겨졌다. 여성잡지는 근대적 스위트홈의 미덕을 선전하고 적극적이면서도 생활력 강한 현대적 가정주부상을 창출하는 등 일상을 근대적으로 정비할 것을 촉구하면서 중산층 지식계층의 욕망과 라이프스타일을 대변했다. 그러나 여성과 관련된 다양한 의제들을 신속하게 생성해냄으로써 시사잡지로서의 성격을 갖추었다는 점을 무시할 수 없다. 특히 여성잡지는 현대여성의 성(연애)담론을 시대적 토픽으로 채택함으로써 공론의 장이 될 수 있었다.

여성잡지는 댄스홀, 미국 영화, 아베크 족 등 근대적이고 미국적인 도시문화가 형성되는 가운데 형성된 감각적이고 소비적인 문화에 대한 규제의 필요성을 제기하며 현대여성을 전후 서구화·현대화된 삶에 은닉된 위험을 암시하는 표상으로 재현했는데, 특히 여성의 섹슈얼리

---

8) 김병익(동아일보 기자), 「편집자에게 보내는 편지」, 『여원』, 68.1, 110면. 1950년대 『여원』의 편집후기란은 『여원』이 발간되자마자 동이 나듯 팔렸고 독자의 인기에 힘입어 증면을 거듭했다고 보고하고 있는데, 이는 『여원』의 대중적 인기도를 추측하게 한다. 독자투고란에는 『여원』만의 선명하고 세련된 표지와 화보에 대한 칭찬이 실려 있기도 하다. 무엇보다 당대 여성들의 회고에 따르면 『여원』은 지식여성의 대표적인 잡지였다. 그러나 김병익의 지적대로 『여원』은 1960년대에 들어 사회적 쟁점을 제시하는데 주력하지 않는 상업주의 잡지로 변모해간다. 광고지면이 급격히 늘어난 것을 물론이고, 뚜렷한 편집방침을 찾을 수 없으리만큼 기사는 사소화하거나 서로 간의 관련성이 없었다. 한국미의 재발견 시리즈나 고향탐방 등 지역과 전통에 관련한 기사가 과거 『여원』의 시사 잡지로서의 흔적을 드러내는 듯 하지만, 기실 그것 역시 낯선 것을 소비하는 차원에 머물렀다.

티의 개방성은 첨예한 관심의 대상이 되었다. 한 예로 『여원』창간호 (55년10월)는 의식주 생활개량과 관련된 내용보다 현대여성의 성담론을 주요 의제로 채택해 여대생들의 연애와 성 문제를 집중 조명했다. 「현대여성은 지성을 상실했는가」, 「왜 그들의 정조는 법이 보호못했나」등 '박인수 사건' 관련 논설이 발행인의 창간사 다음 페이지에 실려 있을 만큼 성담론은 중요하게 취급되었다. 특집 「연애와 인생」, 좌담회 「학생시대의 연애가부(可否)론」에서 명사들은 젊은 여성의 성/연애에 대한 우려를 표명했다. 해방 공간의 여성지가 '부인운동'의 장을 겸하며 문학적 읽을거리를 비롯해 오락을 제공했다면 전후 여성지의 특집란은 긴장감과 선정성을 짙게 풍기는 제목을 달고 서구화의 결과 여성이 타락했으며, 이는 사회적 혼란을 야기하고 있다고 비판했다.9) 따라서 이제 여성에 대해 말한다는 것은 서구화된 삶에 대한 비판적 성찰 혹은 주체적 근대화에 대한 진지한 모색을 의미하게 되었다. 비록 여성을 사적 영역에 깊숙이 밀어 넣었다는 한계가 있지만, 여성지는 부부 간의 사랑과 존중을 유도하고 주부 노릇의 가치와 중요성을 강조함으로써 여성의 지위를 높이는 데 기여했다. 근대적 생활개량은 여성의 여가 시간을 늘려 자기를 실현하기 위한 절차로 조명받기도 했다. 그러나 여성지는 무엇보다 타락한 여성들을 교정함으로써 가부장적 근대화를 정초하는 데 협력했다. 여성지들은 여성의 '교양'을 증진시킬 목적으로 발간되었는데, 박마리아에 따르면 여성의 교양 혹은 교

---

9) 여성지 특집란의 큰 제목은 다음과 같이 주로 섹슈얼리티에 관한 것으로서 선정성에 따른 긴장감을 짙게 풍겼다. "성도덕의 생태 재검토", "비판대에 오른 현대여성의 재반성", "오늘의 매춘문제 비판", "오늘의 정조문제 비판", "새로운 성모랄을 찾아서", "여성의 위기는 어떻게 극복할 것인가?", "20대 여성의 긴급동의" 등이 그 예다.

양미는 일상을 합리적으로 근대화해 나가되, 전통적인 여성미를 잃지 않는 것을 의미했다. 그녀는 "한 나라의 문화는 언제나 고유한 것이 있기 마련이며 그것을 소화하고 또 건설하는데는 큰 노력과 시간이 필요한 것이다. 이런 관점에서 우리는 한국 고유의 문화(여성을 위한 풍속)을 유지하도록 특히 오늘날같은 혼란한 세태에서는 장차 선도층이 될 젊은 여성들이 이 방면에 각별한 유의가 있어야 되겠다"10)라고 여성잡지 혹은 여성지식인의 역할을 밝혔다. 발행인 임영신 역시 『여성계』 창간 5주년 기념호에서 여성독자에게 "특히 외래풍이 가장 많이 범람하고 있는 요지음에 있어서 지나친 사치를 삼가야겠습니다"11))라고 호소했으며, 대담 「여성문화를 말함」에서 한국여성이 깨인 점이 많으나 "그 깨였다는 것이 미국의 천박한 면부터 배우는 것같애 한심합니다. 그러므로 아직도 여성계몽의 필요성은 절실히 느껴집니다"라고 밝혀 여성지 발간의 목적이 천박한 미국문화를 는 사치스러운 여성의 계몽에 있음을 암시했다. 『주부생활』의 사장 최혁길 역시 "몇 사람 뜻있는 친구들이 모인 자리에서 요지음의 세태(世態)를 개탄하던 실마리가 가정주부의 생활문제에 미치게 되자 실상 그녀들에게는 참다운 벗이 되며 지혜의 보물이 될만한 것이 하나도 없다는 데 야릇한 의분심을 느끼게"12) 되었기 때문이라고 해 가정주부에 대한 계몽이 잡지 발간의 계기였음을 암시하고 있다.

  1950년대 여성지는 이렇듯 여성·여성성에 대한 재정의를 통해 해방

---

10) 박마리아, 「미국풍속과 그 소비책」, 『여성계』, 56.5, 73면. 이 글은 풍속의 미국화를 우려하며 여성의 댄스홀 출입과 노출이 많은 의상을 비판하고 있다.
11) 임영신, 「창간 5주년을 맞이하여」, 『여성계』, 56.11, 27면.
12) 최혁길, 「창간 1주년을 맞는 새해에 즈음하여」, 『주부생활』, 58.1, 57면.

과 전쟁으로 인해 문란해진 사회적 질서를 바로잡는 한편으로 성역할 규범을 재강화했다. 근대적 스위트홈의 이상이 출현하면서 여성은 현대적 가정을 이끌어가는 주체가 되었다. 1950년대는 여성에게 '가정으로의 귀환' 명령이 내려진 시기이다. 그러나 이는 여성들이 노동시장에서 축출되어 가정부인으로 되돌아갔다는 것을 의미하지는 않는다.[13] 여성의 경제활동은 전란이 가져온 극심한 가난, 전후 장기간의 인플레 탓에 적극 권장되었다.[14] 「서울의 지붕 밑」(『여원』56.10)이라는 제호의 기사는 회사와 학교로, 관청과 반찬 가게로 출근하는 맞벌이 부부 두 쌍과, 남편을 유학 보내고 인형제작을 하거나 재봉일로 감옥에 간 남편 대신 많은 식구를 부양하는 여성가장들을 긍정적으로 조명하고 있다. 그러나 여성의 경제적 노동은 남편의 무거운 짐을 덜어주는 의미를 갖는 것이었지, 여성 자신의 필요나 욕망충족을 위한 것으로 여겨지지 않았다. 여성 노동은 가정의 행복을 위한 것일 때만 가치가 있었다. 가정은 여성의 제 일차적 장소였다. 따라서 여성이 가정주부로서의 역할을 등한시하고 바깥 일에만 매달리는 것은 가정의 평화를 위협하는 일로 간주되었다. 때문에 부업이 권장된 데 비해 직장

---

13) 루스 밀크먼 지음, 전방지·전영애 옮김, 『젠더와 노동』, 이화여자대학교 출판부, 2001. 전후 가정 중심의 가치가 부활함으로써 여성들의 일부는 가정으로 돌아갔지만, 실제로 많은 여성들은 작업장에 남아 있었다. 전후 여성노동의 특징은 성별 분리 현상이 심화되었다는 점이다. 전시의 여성 동원은 전통적인 성별 노동 분리를 일시에 파괴했고, 여성들은 기초 산업 내의 '남성 직무'에 대거 참여하게 되었고 여성들은 그러한 일들을 충분히 해낼 능력이 있음을 증명했지만, 자본주의 기업들은 값비싼 남성 노동자를 고용한다. 이에 따라 여성들은 전통적 여성직무로 복귀하거나 아니면 노동시장에서 퇴장하게 된다.
14) "여성이 어떻게 가정살림을 일으켰는가"(생활수기), "나는 이렇게 돈을 벌었다"(여성 좌담), "여성의 생활력과 행복의 장기계획"(특집), "부부가 같이 벌도록 하자"(논설) 등 일하는 여성에 관한 기사는 빈번히 등장한다. 이 중 좌담-"나는 이렇게 돈을 벌었다"(『여성계』, 59.4)는 "미망인", 가정부인, "노처녀"가 직업적으로 성공하기까지의 과정을 공개함으로써 여성독자의 경제활동을 독려하고 있다.

여성은 경계의 대상이 되었다.15) 특히 고학력 중산층 여성들은 남성들의 영역을 침범한다는 이유로 남성화된 여성으로 간주되었다. 또한 독신여성은 '가정성' 바깥에 서 있다는 이유로 이기적이거나 우울증을 앓는 존재로 재현되기 십상이었으며, 전쟁 고아나 소외계층의 어머니가 되었을 때만 긍정적으로 인식되었다.16)

여성잡지 발간의 주체가 거의 여성이었지만,17) 특집·논단 등 권위 있는 목소리를 낼 수 있는 란의 필자들은 대체로 성공한 남자였다. 이들의 신분은 교수, 문인, 공무원, 기업인, 정치인, 교장, 교사, 종교인 등 특정한 분야에 국한되지 않고 다양했는데, 이는 이질적인 목소리가 흘러넘치게 하기 위해 고안된 전략이 아니었다. 당시의 여성잡지는 전문가 체계가 자리를 잡지 않아, 의료·법률과 같은 특수 분야를 제외하고는 성공한 남성들 누구나가 필자가 되어 여성에 대한 칭찬과 비난의 권한을 부여받았다. 신분과 '말씀'은 남성이라는 특권적 위치와 결합해 일상 속에서 가부장적 규범들을 자동적으로 형성해내며, 남성을 발신자로 여성을 수신자로 위치지었다. 반면 여성필자들의 대다수는 친정부적 여성명사이거나, 패션, 미용, 편물, 산부인학 등과 관련된 "특수직" 전문가로 정보제공자에 머물렀으며 다수의 여성들은 수기·수필·독자투고란과 같이 비중이 낮은 지면이나 문예란 같은 특수한 영역을 담당했다. 이러한 잡지의 구도와 체계는 그 자체로 가부장적인 배

---

15) 특집「직장을 가지려는 여성에게」,『주부생활』, 59.4. 직장여성에 관한 기사에는 여성다움을 잃지 말아야 조언이 따랐다. 또한 직장은 탈선의 장소로 그려져 여직원을 유혹하는 상사와 뒤늦게 임신하고 후회하는 직장여성의 고민에 관한 기사와 수기가 자주 선보였다.
16) 사실 전후는 여초 현상이 심각했기 때문에 독신여성이 생길 수밖에 없었는데, 이러한 객관적 사실은 '의도적으로' 간과되었다.
17) 앞서도 언급했지만,『여성계』의 발행인은 임영신이고 편집주간은 조경희였으며,『주부생활』의 편집주간은 최정희였다. 또한 세 잡지의 편집기자의 상당수는 여성이었다.

치라 할 만한데, 특히 상담란과 독자편지란은 대체로 잡지와 독자 간의 관계가 위계화·젠더화되어 있음을 보여준다. 상담란에서 여성들은 순결을 잃은 여자, 첩, 불륜녀, 남편의 외도에 마음을 끓이는 고민녀로 등장하고, 남성 교수나 문인이 진리판단의 주권을 쥔 상담자가 되어 여성을 교화하고 인종의 미를 설파했으며, '독자 편지'란의 독자는 잡지와의 관계, 즉 권위 있는 필진과의 관계에서 저자세를 취했는데 이는 당시 여성지가 다양한 발언이 경합하는 장이 되거나, 비판적 독자를 키워내지 못했음을 암시한다.

3. 한국적 발전모델과 공공의 적 '아프레 걸'

전후 국가 재건 과정에서 공공의 적으로 떠오른 존재가 바로 '아프레 걸'이다. 조풍연에 따르면 원래 아프레 걸은 "제이차대전 후 사회의 혼란, 빈곤, 불안, 공포, 반항, 폭력, 파괴, 무정견을 거쳐서 구질서에 반항하고 방황하는 한 떼의 젊은 세대를 지칭하는, 불어 아쁘레 게르에서 온 말"[18]이지만 한국에서 아프레 걸로 여성명사화하면서 미국의 퇴폐적 문화를 무비판적으로 추종하는, 정조관념이 없고 물질주의적인 여성을 가리키는 말로 통용되었다. 특히 아프레 걸의 육체적 개방성이 부각되어, "아프레는 그 원의가 가지는 '새로움'보다는 다분히 오늘날 와서는 부도덕함이요. 지나친 육체 해방파에 속하는 불건전한 사조"[19]로 간주되었다. 아프레 걸은 도시에 사는 십대후반이나 이십대

---

18) 조풍연(한국일보 기획위원),「아프레 게르와 처녀성」,『주부생활』, 59.4, 224면.
19) 곽종원,「명랑 활발을 아프레와 혼동하고 있지 않은가?」,『여원』, 56.10, 72면.

의 여대생으로서, 물질적 향락을 위해 돈 많은 중년남자와 연애하고, "보이푸렌드"와 섹스하고도 책임을 묻지 않을 만큼 "쿨"하고, 서양풍으로 한껏 멋을 부린 사치스러운 존재를 가리킨다. 그러나 아프레 걸은 객관적 지시대상이 뚜렷하기보다는, 소문과 상상 속에서 가공되고 부풀려진 존재로서 그 정체가 뚜렷하지 않은 채 "전쟁 미망인", 자유부인(유한 마담), 유엔 레이디, 계 마담, 알바이트 여성, 독신 여성, 고학력 직장여성 등을 지칭하는 말로 외연을 확장해 가는 '과잉성'이 특징이다.[20] 여성잡지들은 특집 등 비중이 높은 지면을 통해 아프레 걸의 타락한 "생태"를 비판하며 사회적 질서를 바로잡을 필요성을 제기했다. 그리고 고백 수기,「여대생은 밤에 나온다」식의 르포성 취재기, 가십성 기사나 코너를 통해 아프레 걸의 성적 방탕을 선정적으로 묘사했지만, 그것은 진위를 알 수 없는 창작성 기사에 가까웠다.

1950년대는 이렇듯 타락한 여성의 호명을 통해 "제도적인 근대화, 가치에서의 '전통' 지향이라는 '한국적' 발전 모델"의 기틀을 마련할 수 있었다.[21] 성적 타락은 무분별한 양풍모방의 징후로서 전통의 위기

---

[20] 아프레 여성에 대한 글들은 대개 소문을 사실화하는 식으로 쓰여져 있다. 한 예로 다음과 같은 진술을 들 수 있다. "이것은 실제로 있었다는 이야기인데 필자의 눈에 띄우는 아프레 기질 중에서 가장 들어나게 느껴지는 특징과 관련이 있는 이야기이기에 잠간 소개하겠다. 어느 여자대학생이 돈많은 어느 사내와 一년이 넘도록 열렬한 연애를 하였는데 그 남자인즉 자가용 세단차를 가졌고, 그 차를 자기 손수 운전을 하는 현대적인 교양을 갖추었고 얼굴도 상당히 미남이며 식사는 반드시 양식, 취미는 땐스, 돈도 물쓰듯하고…이만하면 현대여성으로 반할만도 하렸다. 그래서―년동안을 사괸 끝에 정작 결혼을 하려고 그 여자면의 가정에서 남자의 정체를 알아본즉 틀림없는 총각은 총각인데 어느 부호집 자동차운전수였다는 것이다. 내가 보기에 어쩐지 이즈막 여자들에게서 느껴지는 인상으로 이 넌쎈스의 여주인같은 부류의 사람이 상당히 많은 것 같은 느낌이 든다"-정병욱(고대 교수),「무쇠라도 녹일 정열을 가져야」,『여성계』, 57.1, 63면.
[21] 김은실,「한국 근대화프로젝트의 문화 논리와 가부장성」,『우리 안의 파시즘』, 삼인, 2000, 116면.

로 해석되었기 때문이다. 앞서도 말했지만, 이 시기 특유의 지배적인 서사는 아프레 걸의 등장을 해방 후 물밀듯이 밀려들어온 서구문화의 왜곡된 이해로 인한 사회적 혼란이자, 전통적 미덕이 파괴된 징후로 간주한다는 것이다. "근자에 와서 도회지의 일부 젊은 여성들의 지나친 몸차림과 육체적인 자유주의"는 "8·15 이후 물밀리듯한 구미의 풍조를 소비하지 못한 채 모방하는 폐단에서 오는 과도기적 행동"22)이라는 식의 해석은 팔일오 해방에서 육이오 전쟁에 이르는 근대적 시간의 흐름 속에서 한국인의 정체성 상실의 위기를 여성의 몸과 섹슈얼리티의 개방으로 표상함으로써 여성의 순결을 전통적 가치로 재규정했다. "원래 이 나라는 예의염치에 밝은 동양군자의 나라이었다고 한다. 그런데 언제부터 이 모양이 되었는지 거리에는 창부가 범람하며, 유부녀는 간통을 다반사로 삼고, 소위 여자 대학생이라는 처녀들은 불량배와 작반하여「댄스홀」출입이 빈번한 나머지는 여관 투숙을 예사로 하고 있다"23)는 식의 주장, 즉 현대여성의 "육체적 난행"이 "예의염치에 밝은 동양군자의 나라"의 전통적 미덕을 파괴하는 것이라는 논법은 한국의 근대화가 반근대화내지 재전통화를 포함하는 과정이며, 여성의 육체와 섹슈얼리티가 서구화와 관련한 온갖 사회적 부정성을 흡수하고 조정하는 장임을 암시한다.

   이렇듯 전통론의 부각은 한국의 미국과의 관계가 새로운 단계에 진입했음을 의미한다. 일제 식민지 시기 미국은 선린우방의 이미지였지만, 전후 한국 사회에서 민주주의와 자유, 그리고 물질적 풍요의 표상인 다른 한편으로 경박하고 타락한 문화의 표상으로 부각된다.24) 50년

---

22) 곽복산(학원장),「여성의 해방과 자유」,『여성계』, 56.8, 116면.
23) 이건호(고대교수),「처녀순결론」,『여원』, 55.11, 32면.

대 사회의 미국에 대한 의식은 극도로 분열중적이었다. 기실 50년대는 근현대사에서 가장 서구지향적인 시기였다. 국가는 미국의 경제적·정치적 원조를 받고 있었을 뿐만 아니라 개명지식인과 엘리트 중심으로 퍼져나간 미국문화에 대한 선망은 일상문화를 서구화했고, 그러한 가운데 한국적인 것은 낡은 것이고 악한 것으로 규정되었다.[25] 이렇듯 한국적인 것이 혐오와 열등의 기호가 됨에 따라 신생국가로서 민족 정체성을 확립하는 일환으로 전통의 신화가 창출되는 등[26] 지배권력은 제한된 범위에서나마 고유의 전통이 지니는 효용에 착안했다. 이러한 상황에서 아프레 걸 담론은 미국에 대한 식민지인의 선망의식과 극도의 자기비하의식 그리고 그것을 감추고자 하는 우월감이 만들어낸 표상이었다. 무엇보다 아프레 걸이라는 이국적 명명법은 서구와 민족의 경계를 분명히 하기 위한 것이어서, 아프레 걸은 순결한 민족공동체를 해치는 무질서로 재현되었다. "한손에는 영어강습손가 뭔가 하는데서 쓰는 영어책을 들고 또 한손에는「스크린」이니「무비」니 하는 영화배우들의 사진이 가득찬 영어잡지를 들고 명동거리를 활보하"며, 남자를 꼬셔 외국유학이나 가려하며, 댄스홀을 드나들며 서양인을 흉내낸다고 비판받는 등 아프레 걸을 수식하는 말들은 화려한 이국성의 기호들

---

[24] 장세진, 「전후 아메리카와의 조우와 '전통'의 전유」, 『현대문학의 연구』, 한국문학연구학회, 2005. 이 글은 50년대의 담론의 장에서 "아메리카라는 표상을 둘러싸고 이전의 식민지 시대와는 질적으로 달라진, 어떤 거대한 전환과 비약의 국면"이 발견된다는 점에 주목하며 50년대 전통론의 등장을 "'아메리카'라는 기표의 독립성, 아니 그 기표의 '(의사)독립성'"과 "'특수자'로서의 '우리'라는 상상력의 도식"과 관련해 설명한다.
[25] 김경일, 「1950년대의 일상생활과 근대성, 전통」, 『한국의 근대와 근대성』, 백산서당, 2003, 197면.
[26] 김경일은 전통과 근대에 대한 정치권력의 인식이 상호배제적이고 일면적인 것이었다고 해서 지배권력에게 고유의 전통이 아무런 효용을 갖지 못한 것은 아니었다고 지적하며, 이승만 정권 주도의 관제 행사-전국 활쏘기 대회, 장사 씨름대회, 시조대회, 과거시험 재현 등-에 주목한다.

이었다. 그들의 육체 역시 "미끈미끈한 다리에 탄력 있는 엉뎅이, 날씬한 허리에 뿔룩하게 나온 앞가슴" 등으로 묘사되며 풍만한 서양여성과 비교되었다.27)

다른 한편으로 아프레 걸은 물질적 쾌락주의자로서 허영과 사치의 표상이었다. "이즈막 여성들이 남자를 보는 각도가 그 남자와 사랑한다면 정신적으로 얼마만큼 행복할 수 있을까 하는 것을 생각하기 전에 우선 자동차를 가졌는가, 은행의 당좌잔고가 많은가, 양식을 사줄 수 있는가, 땐스홀에 같이 갈 수 있는가 이런 등속부터 먼저 따지고 드는 것 같아 보인다. 교양이나 인격은 부수적인 조건이요 남성의 정열을 물질로써 표시할 수 있는 곳에 좀 더 매력을 느끼는 이것이 아프레 기질의 새로운 타입이 아닌가 생각된다는 인상을 받는다"28)는 서술은 이를 증명한다. 사치는 여성성과 결부됨으로써 물질적 추구 자체가 공공의 선을 해치는 개인의 이기심으로 간주되었다. 여성/사적영역/개인/소비는 근대적 주체의 정립 과정에서 추방되고 억압되었다.

그런데 기실 아프레 걸, 즉 현대여성에 대한 비판적 담론은 전후 극심한 개인주의 풍조를 규제하기 위한 것이었다. "생활의 안정을 찾게 되니 큰 것을 잊고 적은 것을 위해 혈안이 되고 공보다 사를 위한 생으로 끌려가고 있었던 것도 사실이다. 여성들은 호구지책에서만이 아니라 향락과 허영의 본능을 마음대로 만족시키기에 급급하여 국책에 어긋나는 밀수품 수입에 찬조자가 되어"29)갔다는 논설은 이를 증명한다. 아프레 걸은 무엇보다 값비싼 수입품이나 사치성 의복을 사들이는

---

27) 문재안, 「아프레 걸의 생태－해방된 육체(肉體)」, 『여성계』, 57.5, 148면.
28) 정병욱(고대 교수), 「무쇠라도 녹일 정열을 가져야」, 『여성계』, 57.1, 63면.
29) 최이순, 「육이오 사변을 통하여 여성은 무엇을 배웠나」, 『여원』57.6, 62면.

중산층의 과시적 소비자들로 재현되었다. 여성잡지들은 빈번히 사회 명사들이 참여한 좌담회를 열어 여성의 교양 있는 멋내기에 관한 진지한 논의를 펼치며 아프레 여성들의 사치풍조를 비판했는데, "몸뻬로부터 해방되자 들어온 베르벳드, 나이론 양단의 유행은 여성을 타락시키고 말았다"는 비판이 터져나올 정도였다. 당시 만연한 공무원의 부정부패를 질타하는 글 중에는 부정부패 공무원들의 의복 중에는 대체로 화려한 수입품이 많은데, 이들의 부패 뒤에는 실상 절제할 줄 모르고 허영심 강한 아내가 있다는 추측성 논설이 실리기도 했다.

> "한국역사가 시작된 이래 오늘과 같이 중첩하는 대 변동기를 겪은 적은 일찍이 없을 것이다. 八·一五 해방과 더불어 各人의 개성을 존중히 여기며 각자의 자유를 찾아야 한다는 民主主義의 도입으로 인한 사상적 변천은 우리들의 생활철학과 태도를 근본적으로 급변 하게 만들었다. 거기다가 六·二五 동란으로 인하여 마음의 안정을 잃은 우리민족은 크고 긴 높은 생활목표보다는 눈 앞에 보이는 現實的인 卽 瞬間的으로 즐길 수 있는 값싼 享樂에 만족을 느끼는 경향에 물들어 버렸다. (중략) 사치도 내자유, 성생활도 내자유, 큰소리로 백주에 떠들면서 첨단의 걸음으로 길거리를 방황하고 있는 자녀들이 범람해 있다. 그 자유가 민족과 국가의 이해와 상반 되는 경우에는 진정한 자유가 아니라 방종인 것을 다시 배워야 할 것이다."
>
> ─이태영,「현대여성은지성을상실했는가─현대여성의정조관념을검토한다」,
> 『여원』, 55.10, 26면.

이태영은 "박인수 사건"과 관련해 현대여성의 정조 상실을 비판하면서 전후 서구적 민주주의와 함께 유입된 자유주의 혹은 개인주의의 위험을 여성의 성적 방종으로 표상하고 있다. "사치도 내자유, 성생활도 내자유"라고 외치는 타락한 여성에 대한 비판은 한국전쟁 이후 한국 사회에 만연된 "사회성 내지 공덕심의 상실"을 경계하고 사회윤리를 세우는 과정에서 불거졌다. 한국전쟁은 박경리의 「불신시대」가 보여주듯이 명분과 예의를 중시하던 종전의 가치관을 버리고, 생존을 위해 실용적인 것과 물질적인 것을 중시하는 새로운 가치관을 갖게 했다. 전쟁의 아수라가 휩쓸고 간 후 찾아온 허무의식은 한편으로는 한국인들을 찰나주의자가 되게 만들었으며 다른 한편으로는 자기 자신만이 유일한 자기의 구원자일 수 있다는 생각을 불러일으켜 이기주의가 만연하게 되었다.30) 절박한 생존의 욕망에 비해 염치, 예의를 따지는 것은 정신의 허영으로 여겨졌으며, 치부나 성공을 위해 부정을 서슴치 않아 '빽'과 '돈'과 '사바사바'를 모르면 바보 취급을 받았다. 따라서 국가재건은 사회윤리를 바로잡음으로써 가능하다는 사회적 신념이 형성되는데, 이러한 과정에서 개인주의와 소비는 서구화에 따른 왜곡된 문화로 규정되었다. 특히 사치풍조의 원흉으로 여성이 지목되고, 이것이 다시 여성의 섹슈얼리티와 결부되면서, 여성 혹은 여성성으로 젠더화된 소비는 무절제한 욕망이나 개인주의를 함축하며 생산과는 대척적인 자리에 위치지어졌을 뿐만 아니라 공적 가치에 대한 위협을 뜻하게 되었다.

4. 아프레 걸의 교화 : 숭고한 사랑과 연애의 에티켓화

앞서 살펴보았듯이 1950년대는 현대여성을 창부화함으로써 가부장

---

30) 정상환, 「한국전쟁과 인구사회학적 변화」, 『한국전쟁과 사회구조의 변화』, 백산서당, 1999, 33~38면.

적 근대화를 시작했다. 사회 명사들은 공통적으로 "소위「아쁘레·게일」이란 것이 시민 생활을 불안에 빠뜨리고 특히 젊은 세대에게 절망감을 주는 경우가 많"은 등 "폭행과 범죄가 속출하"[31] 게 만들기조차 하는, 사회적 혼란의 근원이라고 지적했는데, 특히 아프레 여성들의 분방한 섹슈얼리티, 즉 성모랄의 부재에 대한 강도 높은 비난이 이어졌다. "아푸레적 여성관으로 하룻밤 잠자리를 갖더라도 그들은 사람의 심장을 뽑아버리지 않은한 영원으로 이어지는 애정의 부수를 거부할 수는 없"[32]다며 남성을 아프레 여성의 성적 유희의 희생자로 간주했다.[33] 아프레 걸 여성을 창부화하는 이러한 논법은 이른바 1950년대 아프레 걸이라 할 수 있는 "박인수 사건" 관련 여성들에 대해 법원이 "정숙한 여성의 건전한 정조만을 법은 보호한다"[34]는 판결을 내리고, 박인수를 피해자화했던 것과도 관련이 있다. 1950년대 사회는 성모랄을 강조하며 남녀 모두에게 순결을 지킬 것을 권했지만, 기실 정조는 여성의 모랄이었다. 여성의 정조는 국가 발전의 바로미터로 간주되었기 때문이다. "전후파적인 위험사상에 물들어 철없이 날뛰는 일부여성들"이 "건강한 부분까지를 침식해 들어가"는 것을 막기 위해서는 성의 모랄, 즉 여성의 정조가 지켜져야 한다는 주장이 가능할 수 있었던 것은 여성의 몸을 가족과 공동체의 귀속물로 간주되었음을 암시한다.

---

31) 조풍연,「새로운 성모랄을 찾아서」,『여성계』, 57.5, 140면.
32) 김우중,「현대 남성이 요구하는 여성의 정조관—정조는 한 남성에게만 주는 애정의 윤리」,『여성계』, 58.4, 94면.
33) 이어령,「사랑 喪失에의 항변」,『여원』, 57.7, 180면. 이어령은 아프레 여성의 사치, 유행에의 추종, 육의 개방, 생활의 구속과 책임으로부터의 도피 등이 기실 전쟁의 상흔을 말소하기 위한 "역설적 향락", 즉 일종의 위악적 행동이라고 함으로써 그녀들을 창부화하는 지배적 담론과 거리를 두었으나, 이들의 행위를 전후 우울증의 징후나 일탈로 간주함으로써 가부장제와의 갈등에 담긴 전복적 의미에 주목하지 않았다.
34) 권순영,「왜 그들의 정조는 법이 보호못했나」,『여원』, 55.10, 108면.

"한 나라가 건전하고 아름다우려면 먼저 그 나라의 여성들부터가 아름답고 건전해 그 정신 아래 개인과 가정을 다스려 나가고 이러한 가정이 모여 이룩한 사회 또한 건전하고 아름다울 수 있"[35]다는 서술은 1950년대 사회에서 진리명제로 통용되었다.

이렇듯 정조론이 대두되는 가운데 새시대의 연애론이 등장했다. 연애론의 과잉 현상은 주목할만한데, 이른바 사회적 명사들은 각종의 좌담이나 논설을 통해 건전한 연애와 데이트에 관해 논했다. 그들은 연애에 관한 학적 고찰에서부터 "애인으로부터 키쓰의 권유를 받으면 어떻게 할까요?"라는 질문에 대한 답변에 이르기까지 새시대의 연애문화를 정초하는 역할을 했다. 연애는 개인의 사적 영역에서 일어나는 사건이 아니라, 팔이오 해방 이후 유입된 미국문화로 인해 더럽혀진 민족이 순결하게 재생하기 위한 것이었다. 즉 연애는 민족의 집단적인 정화를 꾀함으로써 국가의 발전을 기획하는 문화정치학이었다. 특히 그것은 아프레 걸로 지칭된, 서구화된 현대여성들을 조정해 전통적 가부장제의 규범을 부여하기 위한 것이었다. "우리 민족이 자유연애란 멋진 말을 배운 것은 갑오경장이후였다면 8.15민족해방은 남녀평등권이란 정치적 구호와 함께 여성해방을 위한 또 하나의 위대한 모멘트를 이루는 것이었다"[36]는 서술에서 알 수 있듯이 연애와 남녀평등이라는 박래품이 주는 위협을 극복하기 위해 여성에게 정조라는 봉건적 성윤리가 부여될 필요가 있었다. "구미(歐美)의 부박한 향락지상주의" 같은 사랑은 "한국의 실정에 부합되지 않는 초진보적인 행동"이자 "사랑이라기보다는 사회질서를 문란하게 하는 일종의 장난에 지나지 않"[37]

---

35) 전숙희, 「현대 여성이 요구하는 남성의 정조관―제 3의 정조관」, 『여성계』, 58.4, 89면.
36) 윤병로, 「연애지상주의에 대한 의문」, 『여원』, 59.5.

는 것으로서 한국적 사랑을 만들어나가기 위해서 정조를 더욱 지켜야 한다는 언술이 빈번하게 등장했다. 김기두는 "생활을 위하여 수천환 또는 수백환의 화폐와 간단히 교환되는 양공주의 정조 뿐만 아니라 순간적인 육체적 향락을 위하여 무심코 던져주는 아쁘레 여성의 정조 또는 허영의 댓가로서 지불되는 소위 값싼 소위 명동숙녀의 정조, 타오르는 중년의 정욕에 사로잡혀 분별없이 배급되는 소위 마담족의 정조"를 들며, "정조를 생명과 같이 아껴온 우리의 선조들"과 "정조를 헌신짝과 같이 버리는 오늘날의 그 자손들"38)을 대조했다.

이렇듯 서구식 자유연애와 조선식 정조의 기괴한 결합이 빚어낸 모순과 허위를 봉합해낸 것이 바로 숭고한 사랑의 담론이다. 당시 사회 명사들에 의해 쓰여진 수많은 연애론은 "진실한 연애와 도취에 잠기는 일시적인 연애(조매리)", "사이비 연애와 진정한 연애(노천명)", "위대한 연애와 자유연애란 연애 유희(윤병로)"라는 이분법을 확고히 하는 것으로부터 시작되는 게 정석이었는데, 진정한 사랑의 공통적인 특징은 정신적인 데 있었다. 극도로 정신주의적인 연애론이 등장하면서 욕망은 관리되기 시작했다. 특히 연애론은 결혼 후에야 육체적 교류를 하는 것이 이상적이라는 혼인중심주의와 결합해 성과 연애를 분리했다. 주요한은 연애란 "성의 신비경을 깨끗한 정서로써 추구해가는데 있어서 발전과정을 빠짐 없이 밟고가는데 고상한 쾌감을 느끼는 이성 간의 상관관계"로서 "연애가 결혼을 전제로 이루어질 때 그것은 수단화되며, 결혼을 무시한 것은 하나의 유희에 불과하게 되므로 "결혼의 가능성을 다분히 함유하면서 그것대로의 절대적 의의를 가지고 있는

---

37) 이인희(동덕여대강사), 「진정한 사랑은 강력합니다」, 『여원』, 58.6, 238면.
38) 김기두, 「여성과 정조」, 『여원』, 58.11, 160면.

것"39)이라고 했다. "참으로 사랑을 소중하게 아는 이는 그 사랑을 결혼으로 이끌려고 노력하는 것이며 따라서 완전한 결합에 이르기까지는 모든 육의 충동을 억압하려고 하고 또 억압할 수 있는 것"40)이라는 인식은 자리잡아갔다.41)

진정한 연애와 불순한 연애를 가르는 절대적인 기준은 '도색성'이었다. 사회명사들은 성애를 "바탕으로 하면서도 그것을 감추고 마침내 그것을 잊어버리는 곳에까지 도달하는데 연애의 상승과 비약의 고귀성"42)이 있다고 하였다. 이헌구는 "연애는 인간정신의 정화이다. 여기에는 끝없는 노력이 따른다. 불덩어리와 같은 정열로 사랑하는 사람의 심신을 녹여 버리고야 마는 강렬성도 필요하지만 들에 피어 있는 꽃을 끝까지 꺾지 않고 그대로 바라보다가 떠난 후면 기리 마음 속에 그 자태를 그릴 수 있는 서정과 이성이 필요하다"43)며 연애의 미추를 성적 욕망의 문제와 결부시켰다. 진정한 연애가 갖추어야 할 또 다른 조건으로 탈물질성이 제시되었다. 김광주는 "현대여성들은 연애를 결혼의 전제조건－배우자를 선택하는 극단 방법이거나 심하면 상대방의 경제적인 물질적인 힘을 빼앗기 위한 도구로 밖에 생각하고 있지 않다"44)고 지적하며, 물질주의를 배격할 때 연애의 이기주의를 극복할 수 있다고 했다.

---

39) 주요한(시인·새벽사 사장), 「연애와 직장」, 『여원』, 56.4, 53~57면.
40) 오화섭(연대 교수), 「연애와 욕망」, 『여원』, 56.4, 53면.
41) 1950년대는 스위트 홈의 조건으로 부부의 원만한 성생활을 꼽는 언설이 등장하는 등 여성을 성적 욕망을 가진 존재로 인정했지만, 미혼 여성의 성은 극도로 규제했다. 연애론은 기실 미혼 여성의 성적 욕망을 규제하기 위한 장치였다.
42) 조지훈(시인·고대교수), 「연애미학서설」, 『여원』, 56.4, 28면.
43) 이헌구(평론가), 「연애와 인생」, 『여원』, 55.10, 161면.
44) 김광주(소설가), 「연애·고민·이기」, 『여원』, 56.4, 37면.

이렇듯 연애가 극도로 아름다우며 숭고한 정신적 결합으로 신비화, 추상화됨으로써 육체와 성은 연애의 불순물로 지목되었다. 연애는 종교적 고행에 버금가는 신성한 것으로 추앙되었다. 따라서 현실과의 연관관계가 멀수록 숭고하고 가치있는 것이 되었다. 독신으로 산 "여류" 시인 노천명은 "진정한 연애에 있어서 그 사랑은 오래 참고 견디며 상대방을 괴롭히지 않으며 무례히 행하지 않으며 조건을 붙이지 않으며 받으랴고 안 하는 희생적인 것"으로서 현실의 온갖 고난을 초극할 수 있는 "일종의 훌륭한 종교"45)인데, 그 숭고함의 극치를 짝사랑이나 플라토닉 러브에서 찾을 수 있다고 했다. 이렇듯 독신생활이 사랑의 지극하고도 완전한 형식으로 간주될 수 있었던 것은 사랑에서 성적이면서도 물질적인 육체를 배제한 결과였다. 무엇보다 숭고한 사랑, 즉 정신적 가치는 여성성의 내적 자질과 거부되어 서구의 문학텍스트 속의 여성주인공들이 대표적인 사랑의 아이콘으로 등장했으며, 사랑론은 낭만적이고도 수사적인 요소가 강해 문인들이 주된 집필자로 등장했다. 정신으로서의 연애는 남녀 모두에게 성적 죄의식을 심어줬지만, 특히 연애의 진수는 무성적인 여자의 순결한 육체와 완벽한 이타성에 있었기 때문에, 연애담론은 아프레 걸들의 훈육 장치로 활용되었다.

다른 한편으로 여성지는 에티켓 강좌나 기사를 통해 사교법에 관한 구체적인 조언을 들려주는 지침서로서 새로운 역할을 창출했는데, 「당신의 연애를 성공시키는 비법」「당신의 데이트를 인상 깊게 하는 법」「이성간 교제의 맹점과 지침」「사랑의 고백은 어떻게 하나」「약혼 기간의 남녀 사교법」등이 그것이다. 데이트의 기술과 예법에 관한 담화 역

---

45) 노천명, 「연애는 반드시 결혼의 전제여야 하나」, 『여원』, 56.4, 41면.

시 "아무래도 이성간의 친구란 자유로운 상태 속에서도 때때로 욕정에 마음이 끌리게 되는 수도 있고 우정으로서의 성실과 순수성을 잃고 파탄을 일으킬 때도 없지 않"기 때문에 "사려(思慮)깊은 행동으로 교제"를 이끌어나가기 위한 욕망제어장치였다.46) 에티켓화한 연애는 세밀하고도 까다로운 지침을 통해 일상 문화 속에 가부장제적 질서를 구현해냈다. 사교법으로서의 연애는 성별에 따른 역할과 규칙을 발명하고 학습하게 했는데, 이를 테면 남자는 "마음에 드는 여자를 만났을 때는 언제든지 그 여자에게 데이트를 청할 수 있"지만, 여자는 "농구시합 입장권이 있으니 같이 가고 싶다고 제의하여서는 안"되며, 남을 통해 "저를 찾아주시면 좋겠어요 소식을 듣고 싶은데요"47)라고 말해야 했다.

  이렇듯 숭고한 연애론과 에티켓화된 연애론은 욕망을 규제할 세련되고 효율적인 장치로서 상호보족물이었다. 에티켓화한 연애는 추상적인 사랑의 담론이 일상의 장에서 지켜지게 하는 장치였으며, 사랑의 담론은 지루하고 까다로운 법칙이 되어버린 연애에 낭만적 감정을 부여했기 때문에 양자는 서로의 결핍된 부분을 채워줄 수 있었다. 양자는 모두 욕망의 승화나 억제를 유도함으로써 연애를 '명랑하고 진실한 남녀의 사교의 시간'으로 만들어갔다. 숭고한 사랑의 이상은 남녀관계의 유희성을 제거하고 진실성을 부여하며, 사교법은 남녀관계를 "명랑하게" 만드는 장치였다. 그것은 결국 여성들에게서 성욕을 박탈하는 것이고, 남녀 관계 안에서 여성을 지극히 수동적인 존재로 객체화하는 것이었다.

---

46) 전규태, 「데이트의 자유와 기술을 주라」, 『여원』, 60.8, 236면.
47) 김용은 역, 「당신의 데이트를 인상 깊게 하는 법」, 『여성계』, 58.2, 169면.

R 신부님.

신부님께서도 아시다시피, 제게는 사랑하는 여인, S가 있습니다. S와 저는 서로 진심으로 사랑하며 앞날을 기약하고 있습니다.

생각대로 한다면 지금 당장이라도 S와 결혼하고 싶지만 저의 경제력이나 사회적인 지위가 도저히 미치지 못하는 형편이므로 당분간은 결혼을 단념하지 않을 수 없는 터입니다.

그런데, 결혼하기 전에는 성욕을 느끼지 않도록 그렇게 조물주가 사람을 만들었더라면, 저의 품행은 좀더 방정해지고 또 고민도 아주 적어졌으련만, 불행히도 성욕은 결혼과는 아무런 관련도 없이 수시로 느끼게끔 마련입니다.

S와 단 둘이서 만났을 때, 저는 그녀를 천사처럼 순결하고 거룩한 존재로 떠받듭니다.

그러다가 어느 순간, 자신도 알 수 없는 충동이 일어나면, 그 천사를 으스러지도록 힘껏 내 품에 껴안고 마음껏 학대하고 싶어지기도 합니다.

- 「풀 길 없는 성의 고민」, 『여원』, 60.3, 224면.

이 고백의 편지는 성적 욕망에 시달리는 무명의 고민남이 신부님에게 보낸 것으로, 성적 엄숙주의와 위선의 시대가 왔음을 알린다. 또한 다른 한편으로는 몸과 섹슈얼리티를 둘러싸고 남성성과 여성성의 자질과 관계 역시 달라졌음을 암시한다. 편지 속에서 남성은 격한 성적 욕망에 사로잡혀 있으며, 자기의 욕망을 통제하는 가운데 고뇌하며, 그것을 풀 해법을 찾는 이성적이며 능동적 존재라면, 여성은 욕망의 얼룩조차 찾을 수 없는 순결한 천사로서 수동적이라 할 수 없을 정도로 하나의 사물과 같이 그려져 있다. 이제 성욕은 남성의 특권으로 간주되며, 여성은 무성적 존재가 되었다. 여성은 성욕을 가진 육체를 박탈당했을 뿐만 아니라 사물로 전락함으로써 독립성조차 거세당했다. 욕망을 절제하다보면 어느새 천사를 학대하고 싶다는 남자의 고백은 성에 대한 극도의 죄의식이 여성에 대한 숭배와 훼손의 양가감정을 낳는다는 것과 욕망을 박탈당한 여성의 무력한 처지를 보여준다. 아프레 걸들은 이렇듯 우아하고 까다로운 연애의 시간을 통해 순결한 천사로 개종해야 했다.

5. 맺음말

아프레 걸 담론은 봉건적 젠더 규범에 반발하는 도시 여성들의 근대적 주체성을 과잉성애화함으로써 가부장제에 대한 전복 의지를 무력화시키고자 했다. 아프레 걸은 "육체적", "타산적", "개방적"[48]인 존재로 간주되어 사회명사들은 현대여성에게 "프라그머티즘의 노예로써 자신의 앞날을 그릇치는 경박을 배우기보다 물질에의 유혹을 용감하게 물리치는 이지적인 여성"[49]이 되라고 충고했다. 기실 아프레 걸은 소비와 성의 주체로 등장한 근대 여성에 대한 남성의 두려움이 만들어낸 환영인데, 관습적으로 성적 욕망과 물질적 욕망이 남성의 것으로, 감성이 여성 젠더의 내적 자질로 규정되어 왔다는 사실은 이러한 판단을 뒷받침한다. 기실 '아프레 기질'이란 낭만적 연애를 냉소하고, 수동적으로 남성을 기다리지 않으며, 부와 권력을 욕망하는 현대여성을 부정적으로 지칭한 것이다. 1950년대의 국가는 이렇듯 아프레 걸을 공공의 적으로 만듦으로써 전통적 가부장을 위시로 한국적 발전모델을 구축할 수 있었다. 한국의 근대화프로젝트는 물질/현대/서양/남성 그리

---

48) 김동리, 「자아구출의 길을 역행」, 『여원』, 57.7, 187면.
49) 정병욱(고대 교수), 「무쇠라도 녹일 정열을 가져야」, 『여성계』, 57.1, 63면.

고 정신/전통/ 동양/여성이라는 분리된 가치 구조물질을 구축함으로써 서구를 모델로 하는 경제 개발방식이 기존의 사회관계에 주는 위협을 해결할 수 있었다. 이러한 과정에서 전통의 상실과 식민화된 민족, 사회의 공공선을 해치는 천박한 욕망과 개인주의가 아프레 여성의 몸에 각인되었고 여성 젠더는 개인성, 욕망, 소비, 섹슈얼리티, 비이성적 몰두 등 근대적 생산이나 가치와 대척되는 자리에 놓이게 된 것이다.

이를 의식한 듯 여성평론가 정충량은 "전후파라 불리우는 여성에게 세상에서는 가장 악에 해당하는 모든 조항을 이들에게 부여한다"[50]며, 남성논자들에 의해 주도된 아프레 걸 담론에 대한 메타비평을 시도했다. 그녀는 "대개가 낡은 도덕에 속박되고 싶지 않고, 그렇다고 새로운 무엇을 가지려고 하면 사회적 장애와 자신의 빈곤에서 올바른 귀결점을 발견하지 못하는 것이 오늘의 전후파여성이라 하겠다"[51]고 함으로써 이들에게 과장스럽게 덧씌워진 사치와 허영 그리고 창부성의 이미지를 벗겨낼 필요성을 제기했다. 그러나 이러한 비판은 단편적으로 이루어졌으며, 정충량 역시 아프레 걸 여성의 욕망에 담긴 전복적 의미를 읽어내는 데 인색했다. 아프레 여성은 전통사회를 위협하는 왜곡된 서구문화의 추종자로, 위험스러운 이방인으로 과장되게 재현된 것과 달리 봉건적 규범에 회의하면서도 근대적 주체로 자립할 수 없었던 과도기 사회의 신여성이었지만, 근대적 여성 주체의 정립과 관련해 아프레 걸의 모색의 의미를 짚어본 경우는 없었다. 현대여성의 모색은

---

50) 정충량, 「전후파 여성의 어제와 오늘」, 『여성계』, 58.9, 73면.
51) 정충량, 「아프레 여성의 정조관을 비판한다」, 『주부생활』, 58.9, 108면. 정충량은 『여원』의 인생상담코너를 맡았으며, 세 잡지 모두에서 활발하게 활동했는데, 남성필자들과 다른 시선에서 여성들의 경험과 입장을 대변한 1950년대의 유일한 여성평론가이다.

아프레 걸이라는 명명이 부여되는 순간 포르노화되었다. 그녀들은 전쟁의 허무와 다시 전쟁이 일어날지도 모른다는 공포 그리고 식민지 근대성이 안겨준 불안을 자극하고 위무하는 상상의 산물이자, 시대적 소비재였다.

이렇듯 1950년대 여성잡지는 전통적 민족국가의 경계를 붕괴시키는 침입자로 여성을 표상하는 다른 한편으로 여성을 "알수없는 동경과 포근한 위로와 다함없는 갈망"[52)]을 자아내는 순결한 구원자이자 정숙하고 순후한 전통의 기호로 재현함으로써 가부장적인 여성담론을 주도해나갔다. 특히 '여성에게 있어 정조는 생명이다'는 식의 노골적인 가부장제 담론이 숭고한 사랑과 연애의 에티켓 담론으로 진화하면서 지극히 전통적이면서도 서양 천사같은 순결하고 이타적인 여성상이 등장하게 된다. 이를 통해 짐작할 수 있겠지만, 여성잡지는 이질적인 가치들이 동시 거주하는 분열과 혼란의 증거였다. 공적 언설과는 달리 여성잡지는 서구적인 것, 즉 부유하면서도 섹시한 현대여성의 아름다움과 우월함을 선전하는 장르였다. 미국식 의식주, 미국영화 등 서구적인 것은 이상적 가치였다. 여성잡지는 서구적인 것에 대한 동경과 그로 인한 죄의식에 내몰리면서, 혹은 자기비하적 열등감을 은폐하듯 전통적 여성에 대한 강렬한 향수를 내비쳤다. 혐오스러운 아프레 걸은 이미 일상 깊숙이 들어와 있는 서양문화에 매혹된 자의 알리바이였다. 이를 증명하듯 아프레 걸을 비판하는 글들은 대개 영어를 과도하게 남발하고 있을 뿐만 아니라, 선정적으로 그녀의 육체를 부조함으로써 이 거부감의 이면에 매혹이 존재한다는 것을 감추지 못했다.

---

52) 박두진, 「여성에게 영광있으라」, 『여원』, 58.3.

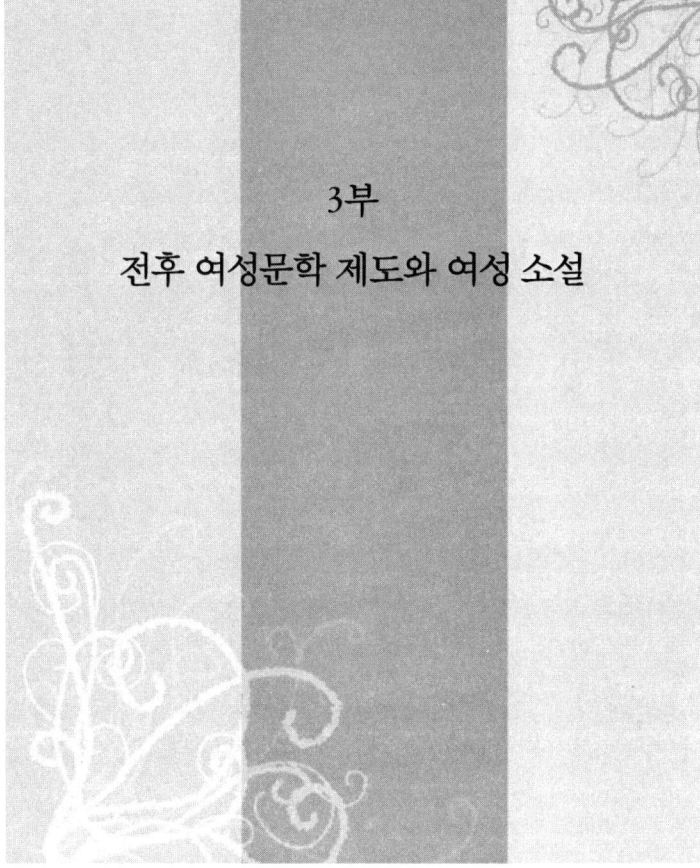

3부
전후 여성문학 제도와 여성 소설

전후 여성문학 장의 형성 연구
- 여성잡지와 여성문학의 공생을 중심으로

김 양 선

1. 여성문학 제도라는 문제 설정

　최근 여성문학연구의 뚜렷한 흐름 중 하나는 우리 근대문학사와 문학제도를 젠더 정치학의 관점에서 재구성하는 것이다. 근대문학사를 추동한 내적 동인을 여성(성)의 배제/포섭과 같은 젠더정치학에 입각해 분석하게 되면 근대문학 장이 탄생, 구성, 확립되는 과정에서 여성의 개입과 배제가 어떻게 이루어졌으며, 문학장 속에서 '여성'이라는 개념이 어떻게 구축되었는가를 알 수 있다. 그것은 여성문학이라는 장(場)의 형성, 여성문단과 여성문학 정전으로 대표되는 문학제도의 형성과 정착과정을 분석하는 작업이기도 하다.
　본격적인 논의에 앞서 다음과 같은 문제를 제기해볼 수 있다. 첫 번째, 여성문학사 서술에서 여성문단의 형성과 정착 등 문학제도 연구가 왜 필요한가. 요컨대 여성문학 제도라는 문제 설정은 타당한가. 두 번째, 여성문학 제도와 여성문단의 형성 연구가 포괄할 수 있는 연구 대상과 범위를 어떻게 설정할 것인가이다.

우선 근대 여성작가의 탄생은 근대 문학제도의 형성과정과 밀접한 관련성이 있다. 근대 초기 매체를 통한 글쓰기 활동, 문학이 독자적이고 자율적인 제도로서 분화된 징표라 할 수 있는 1920년대 문학동인지와 문예지의 등장 이후 본격적인 문학적 글쓰기 행위는 성별과는 무관하게 당시 근대 지식인 집단이 성취한 부분이라 할 수 있다. 하지만 근대문학과 문단은 여성들의 문학행위를 첫째, '작품없는 작가생활'과 같은 비문학적이고 비전문적인 활동으로 폄하하거나, 둘째, '여류문단', '여류문학'으로 명명하고 그것에 '감상적', '낭만적', '소녀 취향'과 같은 열등한 자질을 부여하는 차이와 배제의 정치학을 구사했다.[1] 그 과정에서 '여류'라는 수식어가 붙지 않는 남성들의 문학은 일반적인 대명사 '문학'을 자신의 것으로 지칭함으로써 자기 정체성을 확보했다. 때문에 근·현대문학사와 근대 문학제도가 남성중심적으로 전개되어 온 것에 대한 비판적 관점과 더불어 강고한 문학제도 이면에 존재하는 여성문학의 존재와 의미를 적극적으로 해석하는 젠더화된 관점이 필요하다.

하지만 근대문학제도의 형성과 정착을 젠더 위계질서에 입각해 일방적으로만 해석하는 것은 온당하지 않다. 필자는 다른 글에서 문단의 중심논리에 적극적으로 동조함으로써 여성문학의 장(場)을 형성하고 지배한 여성 작가군들이 있었고, 때문에 여성문학 장의 형성에는 경합과 협상, 배제 등의 다양한 전략들이 작동했다는 점을 밝힌 바 있다.[2]

---

[1] 이에 대해서는 다음의 글을 참고할 수 있다. 김양선, 「여성작가를 둘러싼 공적 담론의 두 양식」, 『한국 근대문학의 형성과 문학장의 재발견』, 소명출판, 2005 ; 심진경, 「문단의 여류와 여류문단」, 같은 책.

가령 1930년대 문학장과 저널리즘이 가장 선호한 작가들인 최정희, 모윤숙, 노천명은 나혜석, 김명순 등의 제1기 여성 작가들과는 차별화된 제2기 여성 작가들로 자기를 규정한다. 이들은 일제 말기 친일 담론을 이끌었을 뿐만 아니라 실제로 적극적인 단체 활동으로 일본의 총동원 체제에 협력했다. 이들은 특유의 '여성적' 면모로 남성중심의 문단에서 일정정도 지분을 얻었으며, 친일 담론 역시 '여성성'을 전시 체제에 맞게 재규정해서 드러내는데 주력했다. 이 작가들은 해방 이후 치열한 각축 끝에 새롭게 재편되었던 문단 질서에도 안정적으로 편입된다. 한국 전쟁기 종군작가 활동, 반공주의를 표방한 매체에서의 작품 경향을 살펴볼 때 이들은 국가주의에 협력하고, 여성성을 이러한 국가주의에 맞게 전유함으로써 여성문학 장을 지배했다고 볼 수 있다. 요컨대 여성문단이 제도적으로 형성된 시기가 1930년대이고, 여성 문단 내에서의 위계화, 서열화는 1950년대 전후(戰後) 시기까지 지속되면서 오히려 공고해졌다.

여성문학 장은 1960년대 이후 여성작가들의 등단 경로가 신춘문예, 여성잡지, 문학잡지 현상공모 등으로 다양해지고, 그에 따라 다양한 작가군들이 등장하면서 변화하게 된다. 문학 장의 변화, 제도의 변화는 양식과 글쓰기 주제의 변화를 가져왔다. 이와 같은 점들로 미루어 봤을 때 여성문학을 일관된 관점에서 지속성과 변이 양상을 추출하기 위해서는 문학제도 연구가 선행되어야 한다. 여성문학 제도라는 문제 설정이 가능하고 또 필요한 이유도 이 때문이다.

본고는 이와 같은 문제의식에 입각해서 전후 여성문단[3)]의 형성과정

---

2) 김양선, 「일제 말기 여성작가들의 친일담론 연구」, 『어문연구』 127호, 한국어문교육연구회, 2006.9.

을 살피고, 여성문학이 어떤 경로를 거쳐 제도화되었는지를 규명하고자 한다. 대상 시기는 잠정적으로 1953년부터 1969년까지로 설정했다. 오정희(1968년『중앙일보』신춘문예,「완구점 여인」)와 박완서(1970년『여성동아』장편소설공모,『나목』)의 등단이 여성문학 장에 이를테면 1970년대적 특성이라 부를 수 있는 또 다른 변화를 가져왔다는 점을 전제로 했기 때문이다. 특히 본고는 전후 발간된 여성지인 『여원』이 전후 여성문단의 형성과 여성문학의 제도화에 기여한 점을 실증적인 자료를 들어 밝힐 것이다.『여원』,『여성동아』는 각각『여원』신인문학상, 여성동아 장편소설 공모 등의 제도를 통해 신춘문예나 문학지 추천 중심의 기존 등단제도에 변화를 가져왔을 뿐만 아니라 독자문예란을 만들어 여성(작가)들의 글쓰기 영역을 확장했다. 따라서『여원』을 비롯한 전후 여성잡지들은 여성작가군의 확대, 여성작가들의 글쓰기 장 확보,『여원』신인문학상 제정을 통한 여성작가 발굴, 연재소설을 통한 여성문학의 대중성 확보에 크게 기여했다. 또한 여성작가들은 문학작품 외에 시론, 탐방기, 고민해결 상담난 등의 다양한 담론 장에서 글쓰기를 실천함으로써 자기 위상을 확고히 하고 당대 여성들이 지녀야 할 교양이나 지켜야 할 규율을 제시하는 역할을 했다. 때문에 전후 문학제도와 여성문단의 형성과정에서 여성잡지가 끼친 영향력은 무시할 수 없을 정도이다.

---

3) 여성문단의 형성과정을 입체적으로 조망하기 위해서는 한국전쟁 기간 동안 여성작가들의 사회활동과 글쓰기의 특성, 작품에 드러난 반공주의 양상도 살펴보아야 한다. 또한 한국전쟁기와 전후 여성문단의 연속성을 입증하기 위해서도 한국전쟁기 여성작가와 작품에 대한 연구는 반드시 필요하다. 필자는 한국전쟁기 여성작가들의 종군작가활동 및 담론과 작품에 나타난 반공주의 양상에 대해 다음의 글에서 밝힌 바 있다.
김양선,「반공주의의 전략적 수용과 여성문단의 형성-한국전쟁기 여성문학 장의 동향을 중심으로」,『어문학』101집, 한국어문학회, 2008.

2. 전후 여성문단의 형성과 『여원』의 전략

문학 행위가 개인과 집단의 사회적 행위라면 문학도 일종의 사회제도로 볼 수 있다. 문학제도란 문학작품의 발생, 소통, 소비, 재생산의 역사를 해명하는 것이다. 즉 문학제도 연구는 근대비평의 발생과정, 문단이 형성되는 사회적 이유, 상업적 대중소설과 정통소설의 분화현상, 문학사의 정전 확정과 변화, 문학 저널리즘의 문제 등 문학사의 실질적인 변화요인을 연구하는 것이다.[4]

같은 맥락에서 여성문학제도가 포괄하는 범주는 여성작가들의 등단경로, 여성작가들의 사회 활동과 문단 활동, 매체와의 관련성 및 대중적 글쓰기의 양상, 여성독자와 이들의 문학소비 및 수용 양상 등이 될 수 있다.

지금까지의 통상적인 여성문학사 구분에 따른다면 나혜석, 김명순, 김일엽을 제1기 여성작가, 박화성, 강경애, 이선희, 백신애, 최정희, 모윤숙, 노천명을 제2기 여성작가들로 분류할 수 있다. 본고가 주로 살펴볼 전후 여성문학제도에는 소위 제3기 여성작가들인 임옥인(『문장』, 1940), 한무숙(『신시대』, 1942), 손소희(『백민』, 1946)(이상 1940년대 해방 전후 등단)를 비롯 강신재(『문예』, 1949년), 박경리(『현대문학』, 1955–1956), 한말숙(『현대문학』, 1956) 등 다수의 여성작가들이 포함된다.

1950년대 중반 이후 여성작가들의 수는 대폭 늘어난다. 등단경로 역시 잡지/문예지 추천(박경리, 구혜영, 송원희, 한말숙, 손장순, 이정호,

---

[4] 이현식, 「한국 근대문학 형성의 사회사적 조건」, 『제도사로서의 한국 근대문학』, 소명출판, 2006, 36면.

최미나, 송숙영 등), 신문사 장편소설 현상공모(이석봉, 이규희, 김의정, 전병순 등), 신춘문예(정연희, 박순녀 등) 등으로 다양해졌다.5) 이처럼 전후에 여성작가군이 기하급수적으로 늘어난 이유는 여러 가지 측면에서 찾아볼 수 있다. 첫째, 1950년대 한국전쟁 이후 문예지, 종합잡지 등 출판물들이 늘어났고 이 출판물들이 여러 다양한 작가들을 원했기 때문이다. 둘째, 글쓰기 욕망 및 역량을 지닌 고등교육을 받은 여성들의 수가 늘었기 때문이다. 이같은 점은 『여원』 신인문학상에 응모하거나 당선된 예비작가들의 이력에서도 확인되는 바인데 교사, 기자 등이 많으며 전업주부라 하더라도 여학교(고등학교) 이상을 졸업한 것으로 기재되어 있다.6) 여성잡지는 문화나 교양에 관심있는 고학력 여성독자를 흡수하게 되는데 이 여성독자들이 자신들에게 친숙한 매체인 여성잡지를 통해 작가되기를 실현한 경우라 할 수 있다.

그럼에도 불구하고 여성지는 특유의 대중적, 상업적 성격으로 인해 문학제도가 제시하는 기준 중 하나인 본격문학의 범주 속에서 논의되지 않았다. 그 와중에 『여원』이 택한 전략은 독특하다. 『여원』은 창간호에 '여류문예작품현상모집' 공고를 내고, 단편소설, 시, 수필 분야로 나누어 작품을 모집하였다.7) 심사위원 명단에는 백철, 조연현, 최정희

---

5) 여성작가들의 등단경로에 대한 좀더 자세한 서지사항은 다음의 글을 참고할 것.
이선옥, 「『여원』의 중심담론과 여성들의 글쓰기-여류현상문예를 중심으로」, 『여성문학연구』19호, 한국여성문학학회, 2008.6.
6) 가령 『여원』 창간기념 <여류현상문예> 당선자의 프로필을 보면 단편소설 1석 당선자 박정자(경남 고성여자중학교 근무), 2석 박기원(서울신문, 경향신문 기자를 거쳐 현재 가정생활), 수필 1석 진소회(사범학교 졸, 교편생활)로 되어 있다. 『여원』 1주년 기념 <여류현상문예> 당선자 프로필에는 단편소설 2석 당선자 최예순(전직교원), 시 1석 박정희(서라벌예대 문창과 2년 휴학 중), 2석 김선영(서울 사범학교 본과 3학년 재학 중), 가작(초등학교 교원), 수필 1석 최미나(서라벌예대 중퇴)라고 되어 있다. 당선자 대부분이 고등학교 이상 졸업자이며, 교원이나 신문기자 경력이 있거나 여대생이다.
7) 『여원』 1956년 1월호는 <『여원』창간기념 여류현상문예>에 소설 64편, 시 206편, 수필 39

(소설), 서정주, 조지훈, 모윤숙(시), 마해송, 조풍연(수필)이 들어있다. 당시 문단을 대표하는 작가들을 동원함으로써 등단제도로서의 위상을 확립하려 한 것으로 해석할 수 있다. 특히 최정희(소설), 모윤숙(시)이 심사위원 명단에 들어가 있는데, 이들이 제2기 여성작가로서, 식민지 시기뿐만 아니라 해방과 한국전쟁 이후 지속적으로 여성문학 장을 대표한 인물임을 보여주는 것이다. 이처럼 『여원』은 『여원』신인문학상 심사위원으로 김동리, 안수길, 정비석 등의 소설가, 서정주, 조지훈, 박두진, 김현승 등의 시인들뿐만 아니라 박화성, 장덕조, 최정희, 임옥인, 모윤숙, 김남조 등 제2기 여성작가들을 적극 끌어들였다.8) 『여원』신인상 제도가 일회성에 그치지 않은 것은 첫째, 『여원』이 폐간되기까지 총 14회9)에 걸쳐 지속적으로 운영된 점, 둘째, 박기원(1956.1), 최미나(1958.1), 전병순(1960.1), 허근욱(1959.9) 등 『여원』으로 등단한 작가들이 1960년대 여성문학 장에 안정적으로 편입되었던 데서도 알 수 있다. 즉 『여원』은 여성-신인들이 등단할 수 있는 장을 독자적으로 운영함으로써 기존 문학제도와는 다른 길을 걸은 것이다.

여성작가들은 좌담회에 나가거나 회고록10) 등의 필자로 등장하여 자신들의 글쓰기 행위에 대한 이야기를 함으로써 여성독자들의 호기

편이 응모되었다고 밝히고 있다. 특히 단편소설 분야에 2석으로 당선된 박기원은 어후 1960년대 여성문학 장에서 활동하게 된다.
8) 1959년 1월호 발표를 보면 소설 분야 심사위원이 박화성, 장덕조, 손소희로 모두 여성작가로만 구성되기도 했다.
9) 분야는 시, 소설, 수필 장르로 동일하며, 1956년 1월호부터 1969년 1월호까지 매년 1월호에 발표되었다.
10) '화성문학 40년의 적나라한 자서전기'라는 문구가 붙은 박화성의 『눈보라의 운하』와 모윤숙의 회고록 『회상의 창가에서』가 대표적인 예이다. 더욱이 박화성과 모윤숙이 식민지 시기 소설과 시 장르를 대표하는 작가로서 전후에 여성문단에서 가지고 있는 위상을 생각해 보면 『여원』이 여성문학 장의 창출에 영향을 끼쳤음을 미루어 짐작할 수 있다.

심을 충족시켜 주기도 했다. 가령 1956년 1월 호 기사에는 최정희의 「여류작가가 되려는 분에게」와 노천명의 「여류시인이 되려는 분에게」가 나란히 실려 있다. 내용은 여성작가로서의 성적 특성보다는 세상살이의 어려움, 사람됨, 개성 등을 언급하는 일반론에 머무르고 있다. 1956년 7월호에는 「나는 이렇게 해서 작가가 되었다」라는 제명 하에 손소희, 임옥인, 최정희가 자신의 등단 동기와 과정을 밝히고 있다. 내용은 이 작가들이 다른 지면에서 등단 경위를 밝힌 것과 중복되어 별다른 것은 없다. 다시 말해 『여원』에 실린 작가들의 문학론이랄지 작가론은 본격적인 문학론으로서의 성격을 띠기보다는 문학에 관심있는 여성-독자들을 어디까지나 교양의 차원에서 흡수하는 정도의 수준에 머무르고 있다. 문학을 여성-교양의 주요 영역으로 인지하고 좌담회나 작가 탐방기, 독자문예란 등을 통해 여성독자들의 지적 호기심을 충족시켜주는 것은 식민지 시기 여성잡지인 『신여성』, 『여성』에서도 흔히 볼 수 있다. 전후 여성잡지 역시 이와 같은 특성을 별다른 변화없이 계승하였다.

　여성작가들의 좌담회는 식민지 시기 종합지나 문예지에서의 좌담회와 비슷한 면모를 띠고 있다. 1960년 10월호 「좌담회-문학하는 여성에게」(사회 손소희, 참석자 박화성, 김남조, 박기원)를 보면 "제6회 여류 신인상 모집에 제하여 여성과 문학이라는 제목으로 좌담회를 개최한다"고 되어 있다. 내용은 '문학을 시작한 동기, 나의 문학수업과 감명깊었던 명작들, 작가의 체험, 문학과 가정은 양립될 수 있는가, 문학소녀에게 주는 어드바이스' 등으로 구성되어 있다. 이 좌담회는 여성지에서 여성작가와 여성문학을 여성독자를 포섭하기 위한 주요 전략으로 삼으면서도 소위 '문학적'인 것을 가볍게 다루는 전형적인 면모를 보여준다. 시기적으로 거리가 있지만 『현대문학』지에 실린 좌담회 「여류작가의 애환」(『현대문학』, 1966.7, 사회 조연현, 참석자 박경리, 한말숙, 김남조, 홍윤숙, 임옥인, 손소희, 강신재)은 문예지에서도 독자적인 주제로 묶여질 만큼 전후 여성작가 집단의 위상이 무시 못할 정도에 이르렀음을 보여준다. 주제는 '문학을 하게 된 동기, 시에서 출발, 문학과 협잡, 가정은 인생의 기반, 귀여움받는 여류, 여류의 작가적 장단점, 비평에의 불신, 예술윤리위에 대하여, 여류문인협회의 진로'이다. 여성작가들이 대부분 시에서 출발해 소설 면으로 선회했다는 점을 밝히고 있는데, 그 연유를 따지는 대목이 주목을 요한다. 참석자들은 "현재까지 여류시인들은 직설적인, 주정적인 서정적인 자기생활"에서 벗어나지 못했다는 반성을 겸해 여성작가와 소설 장르 간의 상관성을 "여성은 생활적이고 남성은 정신적"이기 때문에, 혹은 "잔소리쟁이이기 때문"에 소설가가 많다고 말하고 있다. "여류작가가 신문소설의 대부분을 차지하고 있는 상황"을 우려하는 목소리도 나온다. 참석자들은 소설 장르가 대세인 점을 인정하면서도 대중소설 영역을 여성작가들이 장악하고 있는 데 대해 우려를 표하고 여류작가이기 때문에 문단에서 귀여움을 받는다는 식의 생물학적 환원론을 스스로 인정한다. 이런 발언들은 여성작가들이 기존 문학제도가 요구하는 성별의식을 내면화했음을 보여주는 징표라 할 수 있다.

1963년 11월호에 실린 「창간8주년 기념 지방강연회 보고」는 당시 여성작가들이 사회에서 차지하는 위상을 알려주는 지표역할을 한다.[11] 영남지역—박경리, 박기원, 허근욱, 호남지역—손소희, 전병순,

충남지역-최정희, 조경희, 추은희, 강원지역-장덕조, 정연희가 강사로 나선 이 대규모 강연회의 주 청중들은 여학생, 가정주부, 직장여성 등이었다고 한다. 주제는 주로 여성과 문학, 여성과 교양 등이다. 당시 여성들의 교양을 함양하는 대표적인 지표로서 문학이 역할을 했다는 점, 소위 문학을 동경하는 여성 독자층이 많았다는 점을 알 수 있다.

『여원』은 문학을 제외한 다른 기사에서도 여성작가들을 필자로 적극 활용하면서 전후 여성문단의 형성에 모종의 영향을 끼쳤다.12) 『여원』이 여성작가들을 주 필진으로 삼아 중산층 여성이나 여대생 독자들을 대상으로 사회적 문제나 여성 교양을 의제화했음은 1963년 12월호 '100호 기념 특집'에서 그간 필자에 대한 통계를 제시하는 데에서도 잘 드러난다. 통계에 따르면 남성필자 73%, 여성필자 27%이며, 직업별로는 소설가, 교수, 삽화만화가, 시인 순이라고 되어 있다. 여성지임에도 불구하고 남성필자가 여성필자에 비해 비중이 월등하게 많은 것은 이 잡지가 '교양함양'에 목적을 두고 일정 정도의 지식을 갖춘 계층을 주 독자로 상정하고, 남성필자들이 지닌 담론의 권위에 의존했기

---

11) 1965년 4월호 「르뽀특집-여성의 사회견학(부제목 신에 여류작가들의 보고)」는 저널리즘이 신진 여성작가들의 새로움과 여성작가로서의 희귀성을 활용하는 예를 보여준다. 한말숙, 홍성자, 구혜영, 박기원, 김아란, 전병순 등의 필자가 경찰백차, 가정법원, 영화촬영소, 교도소, 윤락여성선도소 등을 체험하고 쓴 글을 게재하였다. 또한 1968년 9월호에는 '여류작가'들이 논산훈련소를 체험한 체험기가 실려있다. 여류소설가로는 최정희, 임옥인, 손소희, 구혜영, 박순녀, 송원희, 최미나, 허근욱, 전병순이, 여류시인으로는 홍윤숙, 조애실, 추은희, 김윤희가, 수필가로는 조경희, 전숙희가 참가했다. 1960년대 여성문학 장의 대표격인 인물들이 총망라되어 있는 것이다. 이와 같은 기획은 당대 여성문학 장이 국책에 동조함으로써 체제내화된 면모를 단적으로 보여준다. 실제로 전병순이 대표집필한 글에서는 '한국군대는 문명군'이며, 우리는 '대한민국에 충성을 다하겠다고 다짐'하는 내용이 나오는데 이는 국가 담론에 대한 무비판적인 동일시를 보여주는 예이다.
12) 『여원』의 시기별 변화 추이를 보면 1950년대에는 여성문학과 여성작가 관련 담론들이 많은 데 반해, 1960년대 중반 이후 잡지의 체재가 의식주를 비롯한 일상적이고 소비적인 문화에 대한 정보 중심으로 바뀌면서 문학 관련 꼭지는 크게 줄어든다.

때문인 것으로 보인다. 여성 필자의 경우에도 소설가, 시인, 수필가의 비율이 높다. 여성문학인들은 작품활동을 통해서뿐만 아니라 좌담회, 탐방기, 독자상담난, 권두언 등 다양한 코너에서 여성-교양 담론을 주도하였다. 따라서 여성작가가 지식인으로서 여성 교양 담론의 권위자로 인정받았다는 점은 여성문학 제도를 확립하는 데 모종의 영향을 끼쳤을 것으로 추측된다.

이상에서 살펴 본 바와 같이 『여원』은 문학내적으로는 '『여원』신인문학상' 제도를 통해 신진여성작가를 배출하고, 기존의 제2기 여성작가들인 최정희, 박화성, 모윤숙 등을 심사위원으로 활용함으로써 여성문단의 형성에 기여했다. 문학외적으로는 여성작가들을 좌담회, 강연회, 시론, 독자상담난의 주요 필자로 포섭함으로써 여성 독자들의 요구에 부응하였다. 이처럼 『여원』이 여성작가를 활용하는 양상은 당시 『사상계』, 『신동아』 등의 종합교양지, 『현대문학』, 『문예』, 『자유문학』 등의 문예지가 여성작가와 여성문학을 배치하는 데 소극적이거나 여성작가들이 대중성과 상업성에 영합하였다고 비판하는 것과 대비된다.

3. 『여원』과 여성문학 장의 형성

『여원』은 전후 여성작가들이 작품을 발표하는 지면을 제공하였을 뿐만 아니라 이들을 여성문학 장의 주역으로 적극 호명하면서 포섭과 배제의 전략을 구사하였다. 가령 좌담회 「여류예술계의 전망」(1956년 1월) 중 '각 계의 최초는?'이라는 항목에서는 여성작가 중 최초에 해당하는 인물들, 현재 활동 중인 작가들의 목록을 제시하고 있다. 이 목록은 여성문학 장이 포섭한 작가들이 누구인지, 현재 활동 중인 여성작가에 대해 어떻게 파악하는지 현황을 파악하는 데 도움이 된다. 가령 "시는 김일엽, 김탄실, 장정심, 김우남(김오남), 모윤숙 씨 등이 처음에 나왔고, 작고한 백국희라고 있다. 소설로는 김말봉, 박화성 씨가 등장했고, 이들보다 먼저 강경애 씨가 있다. 현재 중견으로 활약하는 이들로는 모윤숙 씨 뒤에 이선희, 최정희 씨가 나오고, 장정심, 주수원, 김오남. 그 다음 대가 장덕조, 임옥인, 손소희, 한무숙, 강신재, 전숙희 씨가 있고, 시에서는 김남조, 이봉순 씨를 들 수 있다"고 정리하고 있다. 나혜석, 백신애를 제외한 1930년대 여성작가군을 포괄하고 있으며, 당대 활동 중인 여성작가들의 계보를 요령있게 정리하고 있다. 또한 '각 분야 신인들과 앞으로의 전망'이라는 항목에서는 김남조 씨가 전도가 유망하다는 것, 소설은 "사변 전에 강신재가 나온 후 6,7년간 소설가가 안 나왔다가 박경리가 나왔다"는 점에 이례적으로 주목하고 있다. 1955년 12월 호에서는 한 해를 총결산하면서 소설에서 임옥인, 손소희, 강신재가 많은 활약을 했고, 『현대문학』지에 박경리가 추천을 받은 사실을 밝히고 있다. 박경리의 등단이 강신재 이후 여성문학 장에 의미있는 사건이었음을 보여주는 대목이다.

『여원』이 신진여성작가 중에서도 박경리[13]에 대해 호의적이었다는 징표는 몇 가지 더 있다. 1958년 4월호에는 「문학을 하며 산다는 것」이라는 제목으로 한무숙과 박경리 두 '여류' 수상 작가의 대담이 실려 있다. 한무숙은 「감정이 있는 심연」으로 아세아재단의 아세아문학상을,

---

13) 박경리는 『여원』에 장편 『성녀와 마녀』(1960년)를 연재했으며, 『시장과 전장』(1964)으로 『여원』주최 제2회 '한국여류문학상'을 수상하였다. 『여원』이 강신재 이후 새로운 여성작가의 동향에 적극적으로 반응했다는 또다른 증거라 할 수 있다.

박경리는「불신시대」,「영주와 고양이」로 현대문학사의 신인문학상을 수상하였는데 "여류작가 둘이 동시에 문학상을 받은 일은 유례없는 일"이기에 다룬다고 밝히고 있다. 같은 해 7월호에서는 제1회『여원』현상문예입선자인 박기원의「애련」과 2회 입선자인 허남이의「산록」을 싣고 있다. 이처럼『여원』은 등단제도와 문학상이라는 기존 문학제도를 수용하면서 새로운 여성문단 창출을 시도했다.

『여원』은 당대 활동 중인 여성작가들뿐만 아니라 여성문학 장의 형성에 기여한 식민지 시기 여성작가들의 존재를 부각하는 담론들을 배치함으로써 여성문학의 계보작성에 관심을 보였다.「특집 : 남성 눈으로 본 여성평전 20인」(1962년 10월)에서는 김일엽, 박화성, 모윤숙, 최정희가 여성문학인의 대표격으로 소개되었고,「특집 : 한국 최초의 여성들」(1966년 10월)에서는 여성작가들 중 '문단의 신여성, 시인 김명순'과 '『신여자』의 주간, 잡지 편집. 김일엽'을 소개하였다. 특이할 만한 점은 작품보다는 사생활로 인해 남성필자들의 악의섞인 비평의 대상이 되었던 김명순을 비교적 객관적인 시각에서 다루었다는 점이다. 가령 "자만심은 강할망정 선량하고 절대로 경박한 창부 타입의 여자가 아니요, 성적인 면에서는 지극히 담백했다고 하는 분이 많다", "쓰라린 개척자의 생활을 신기한 장난기로만 바라볼 뿐 이해하고 이끌어갈 빛을 내게 해줄 아량이 없었던 그 시대의 남성들에게 책임이 있지 않을까?"라는 평은 식민지 시기 여성작가들이 정당한 평가없이 남성적 시각에 의해 재단되었던 점을 비판하고 있다. 이처럼『여원』은 문단의 '최초'를 반복적으로 밝힘으로써 이른바 '기원에의 욕망'을 드러낸다. 그동안 여성문학사에서도 배제되었던 제1기 여성작가들을 호명하는 것, 식민지 시기 여성작가들의 존재를 언급하는 것은 이 잡지가 여성문학 장 내지 계보에 관심을 기울였음을 뜻한다.

『여원』은 여성작가들의 장편소설들을 꾸준히 연재함으로써 1950·60년대 문단의 또다른 지배적 경향이라 할 수 있는 소설의 대중화에 기여했다. 『여원』 수록 여성작가 장편소설들의 목록을 제시하면 아래와 같다.

    최정희『흑의 여인』
    김말봉『방소탑』
    장덕조『현가』, 『연지』
    박경리『성녀와 마녀』
    강신재『청춘의 불문율』, 『그대의 찬손』, 『오늘은 선녀』
    박화성『바람늬』, 『눈보라의 운하』
    허근욱『내가 설 땅은 어디냐』
    김일순『애원은 비취처럼』
    정연희『목마른 나무들』
    이규희『꿈의 배반』
    박순녀『숲속에 가슴속에』
    최미나『흐느끼는 백조』

언뜻 보아도 박화성, 김말봉, 장덕조, 최정희에서 임옥인, 손소희로 이어지는 식민지 시기, 해방 이후 여성문학 장의 중심에 있던 작가들이 망라되어 있다. 신진 여성작가들인 박경리, 정연희, 이규희, 박순녀,

최미나는 이후 1960년대 여성문학 장의 주요한 인물로 자리한다.

연재소설들이 끼친 영향은 여성문학 제도의 한 축을 이루는 여성독자들의 반응[14])에서도 감지된다. 1957년 10월호 '독자의 편지' 중에는 "연재소설이 독자에게 주는 독서열의 앙양을 참작하시와 질적으로 우수한 연재소설을 한 두 개 더 실어주십시오"라는 내용이 있다. 같은 해 12월 호에도 연재소설을 셋 이상 실어달라는 독자의 요구가 실렸다. 여성지가 장편연재소설을 한 호당 2-3개 실었던 것은 장기적으로 독자를 확보하기 위한 전략이었을 것이며, 여성작가 또한 높은 원고료, 집필 기회 확보 등 경제적인 이유에서 장편소설 집필을 선호했을 것으로 추정된다. 그런데 이 장편소설들은 1960년대 소설 전반의 특징인 장편화, 대중화를 이끈 동인이자 여성작가 및 여성문학의 정체성을 이루는 뚜렷한 특징이기도 했다.

『여원』을 비롯한 여성지들이 여성작가들의 장편소설 집중화, 대중적 글쓰기를 주도했고, 이런 현상이 당시 문학제도에 모종의 영향을 미쳤다는 점은 다음과 같은 글에서도 확인된다.

> 여류작가들이 인기상승의 호경기를 구가할수록 남류작가(?)들은 어쩐지 고요한 동면 속에 빠지고 있지 않은가. 바야흐로 여류문학의 전성기에 접어들어 남류문학(?)이 위축되어 맥을 못 추게 되었다는 얘긴가.
> 본래 여류문학이란 것이 우리 문단의 특산물인지 몰라도 그것이 더욱 인기 품목으로 등장한 비결은 어디에 있었을까. 여기에 대한 분명한 진단은 오늘의

---

14) 여성독자들은 문학시장의 소비자이자 글쓰기 욕망을 지닌 주체이기도 했다. 1963년 10월 '편집자에게 보내는 편지'에는 '문학소녀'에 대한 흥미로운 글이 실려 있다. 독자문예란에 입선되는 사람이 항상 같으며, 이들의 시는 『여상』, 『가정생활』에도 실리므로 문예란을 늘려 일반인에게도 공개하라는 내용이다. 문학에 관심있는 여성독자들이 자신들의 작품을 싣고 다른 사람들의 작품을 평가하는 주요 수단이 여성지였음을 보여주는 것이다.

문학현실을 위해서 절실한 문제이기도 하다. 말하자면 여류문학이 어째서 남류문학보다도 더 값비싼 대가를 받게 되었는가 하는 수수께끼를 풀어보자는 얘기다.

이 실마리는 여류들의 창작물들이 어떠한 마력으로써 독서계를 파헤쳐 가는가를 찾아내는 것으로 이해될 수 있으리라. 본시 작가가 자기의 영토를 확대해가는 첩경이 매스콤에 재빨리 편승해야 한다는 얘기는 거의 낡은 상식이다. 많은 여류들이 이같은 불문율에 민감히 적응해가는 기질이 남류보다도 선천적으로 예민한 탓일까.

(중략)

남류작가들이 본격문학이란 좁은 영토 속에서 답보하고 있을 때 여류들에겐 많은 여성지와 대중지로 그 영토를 얼마든지 뻗어갈 수 있었다는 객관적 사정을 감안할 수 있을 것이다.

거기에다 여류들이 애초에 순문학이나 본격문학에 참여했다고 하더라도 오늘의 매스콤의 생리에 누구보다도 앞질러 영합해갔다는 증거가 아닐까. 실상 오늘의 인기소설이란 것이 거의 에로물이고 그 작가가 일부 여류들이란 것을 상기한다면 지나친 얘기라고 묵살하기 어렵다. (윤병로,「여류문학이 가는 길」,『현대문학』, 1969.7)

위 글은 여류문학의 전성기가 도래한 이유를 "여성지와 대중지로 그 영토를 얼마든지 뻗어갈 수 있었다"는 데서 찾으면서 이 같은 현상을 부정적으로 바라보고 있다. 필자는 남류작가의 본격문학(순문학) : 여류작가의 대중문학을 이분법적으로 설정[15]하고 여성작가들을 후자의 범주에 넣고 있다. '여류문학', '여류작가'라는 명칭 자체가 남성 중심의 문학제도가 생물학적 성차 관념에 기반해 만들어 낸 용어라는 것은 주지의 사실이다. 그런데 위 글은 여기에 더해 '남류문학', '남류작

---

15) '한국여성의 독서 경향을 재검토한다'라는 제하의 좌담회(1957년 10월)는『여원』소재 소설에 대한 독자들의 반응이 이원적임을 밝히고 있다. 학생독자는 순수문학작품을, 일반 여성들은 대중성이 있는 작품을 선호하고 있으며, 연재소설에 대한 기대가 크다는 것이다. 이후『여원』이 장편연재소설을 매호 2-3편씩 수록한 것으로 보아 대중성을 선호한 일반 여성들의 요구를 어느 정도 수용했다는 것을 알 수 있다.

가'라는 명칭을 새로 만들어내면서까지 여성문학의 부상을 조소어린 태도로 경계하고 있다. 이같은 접근태도는 기실 당시 기존문단의 지배적인 입장일 터인데 여성문학의 부상에 따른 위기감을 역설적으로 드러낸 것이다.

4. 한국여류문학상과 여성문학전집, 여성문학 정전의 형성 원리

전후 여성문학 장은 1965년 9월 8일 <한국여류문학인회>가 결성되고 이들이 『한국여류문학전집』, 『한국여류문학33인집』(편집위원 강신재, 김남조, 손소희, 전숙희, 조경희, 홍윤숙, 신구문화사, 1964) 등 이른바 독자적인 정전만들기16)를 하면서 공고해진다.

『현대여류문학 33인집』은 "현대 여류문인 33인의 자선(自選) 앤솔로지"로서 "박화성 여사의 회갑을 기념하는 모임에서 이 날을 기념하기 위해서"17) 출간되었다. 여성문학과 관련된 선집, 전집은 식민지시

---

16) 정전이란 학교 교과과정 속에서 공인된 텍스트, 모방할 만한 가치가 있다고 인정받은 텍스트를 뜻한다. 정전 형성의 문제는 작가뿐만 아니라 텍스트의 가치를 생산 또는 재생산하고 그 가치를 소유하려는 독자나 학교, 출판사와 같은 제도와 밀접한 관련이 있다. 정전에 해당하는 텍스트는 사회 역사적 맥락, 당대 지배 이데올로기에 따라 '재' 평가되면서 선택, 배제된다. 정전을 구성하는 지배적인 이데올로기 중 하나가 젠더정치학이라 할 수 있다. 정전과 여성문학 간의 배타적인 관계에 주목하는 일군의 페미니스트들은 '정전' 자체가 남성중심적인 이데올로기에 따라 구성된 것이므로 여성문학은 정전을 만들기보다는 정전 자체를 해체해야 한다는 주장을 펴기도 한다. 다시 말해 여성주의의 관점에서 정전을 바라볼 경우 남성중심적인 정전에 대응하는 여성중심적인 대안적 정전의 확립을 주장할 수도 있고, 정전 자체를 해체하자고 주장할 수도 있다. 하지만 우리 근대 문학사와 문학제도에서 여성문학이 자기정체성을 확립해가는 과정을 탐사하고, 궁극적으로는 여성문학사의 형성 원리를 파악하기 위해서는 정전의 해체나 대안적인 정전 이전에 근대문학의 정전 확립 과정에서 여성문학은 어떻게 선택/배제되었는지, 여성문학이 자체 정전을 확립하면서 채택한 원리는 무엇인지를 먼저 규명해야 할 것이다.
17) 1964년 7월호 「『여원』 도서실」 기사 내용을 참고할 것.

기에 발간된 『현대조선여류문학선집』(조선일보출판부, 1937), 『여류단편걸작집』(조선일보사, 1939)이 최초라 할 수 있다. 전자는 시, 소설, 수필 장르를 망라하고 있고, 후자는 소설 작품만을 묶은 것이다. '여류'라는 이름으로 비슷한 시기에 전집 내지 선집이 두 번 간행된 것은 당시 근대문학제도에서 '여류'가 근대문학 장의 일부로 편입되었음을 알리는 징표라 할 수 있다. 하지만 그와 같은 편입이 불안정한 것임은 동일한 작가라도 수록된 작품이 다소 다른 점, 소설이나 시처럼 작가의 본령에 해당하는 장르보다는 수필 장르의 수록 편수가 훨씬 많다는 점에서도 확인된다. 물론 작가에 따라서는 작품의 질이나 편수가 기대에 못 미치기 때문이기도 하지만 여성작가에게 적합한 장르로 수필이 선호된 것은 당대 문학 제도나 정전에의 편입이 순조롭지 않았음을 반증한다.[18]

전후 여성문학 선집/전집에 해당하는 『현대 여류문학 33인집』과 『한국여류문학전집』은 『여원』이 주도한 '여류문학상'과 더불어 여성작가들의 정전 형성 욕망을 드러냈다는 점에서 의미가 있다. 식민지 시기 여성문학 선집/전집의 경우 출판사와 편집자에 의해 작가와 작품이 수동적으로 취택된 상태에서 발간되었다면, 전후 선집/전집은 여성작가들이 편집자로 참여하여 자발적으로 만든 것이며, 장르에 대한 개념도 식민지 시기에 비해 좀더 명확하다.

『현대 여류문학 33인집』에 실린 작가와 작품의 목록은 전후, 1960년대 여성문학의 지형도를 단적으로 보여준다. 작가와 작품 목록은 아래

---

[18] 필자는 두 선집에 실려 있는 작가와 작품들의 목록 및 특징을 아래 글에서 밝힌 바 있다. 김양선, 「근대 여성문학의 형성 원리 연구-정전의 형성과 '여성성'의 제도화 과정을 중심으로」, 『어문연구』136호, 한국어문교육연구회, 2007.

와 같다.

<소설>
강신재「황량한 날의 동화」
김의정「발판」
박기원「황혼」
박화성「부덕」
손소희「감이 익는 오후」
손장순「배리(背理)의 심연(深淵)」
송숙영「언챙이」
윤금숙「정」
임옥인「후처기」
장덕조「저돌(猪突)」
전병순「박포씨(博圃氏)」
정연희「어느 하늘 밑」
최미나「매화틀」
최정희「귀뚜라미」
한말숙「방관자」
한무숙「유수암」
<시>
김남조「겨울바다」외
김선영「설야에」외
김숙자「항아리의 변」외

김지향 「자유」 외
김혜숙 「3월」 외
김후란 「비익」 외
모윤숙 「5월 넥타이 씨」 외
박영숙 「실명시인」 외
추은희 「가을의 시」 외
허영숙 「관음보살님」 외
홍윤숙 「풍차」 외

<수필>
김일순 「혼자 남은 쨍아」 외
김향안 「카페와 참종이」 외
전숙희 「슬픈 여인들끼리」 외
정충량 「바다의 추억」 외
조경희 「비」 외
천경자 「서커스의 향수」 외

얼핏 보기에도 식민지 시기에 비해 작가군이 크게 늘었으며, 시나 수필 장르에 비해 소설 장르에 작가와 작품들이 다수 배치되어 있다. 식민지 시기와 연속성을 가진 작가는 박화성, 최정희, 장덕조(이상 소설)와 모윤숙(시)인데 이들은 식민지 시기에서 전후로 이어지는 여성문학 장의 형성과 정착에 주도적인 역할을 한 인물들이다. 이 선집 자체가 박화성의 회갑을 기념하여 만들어졌다는 점, 1년 뒤인 1965년에

<한국여류문학인회>라는 여성작가 집단 최초의 모임이 결성되었고 1대 회장이 박화성이었다는 점에 미루어볼 때 전후 여성문학 장은 식민지 시기 여성문학 장과의 연속성 속에서 자기 정체성을 확보했다고 볼 수 있다.

『한국여류문학전집』(1967)[19]은 이와 같은 특성을 좀더 분명히 드러낸다. 전집에 실린 서문은 다음과 같다.

> 여류문학의 개척기에서부터 오늘에 이르기까지의 사십여 년이라는 오랜 세월에서 줄기차게 뻗어 내려온 남존여비의 완강한 관습과 지극히 인색한 사회의 모든 여건에도 꺾임이 없이 꾸준히 자기의 문학을 키우고 확대시켜 온 우리 여성 문학인들의 창작 활동은 자기미화의 향기로운 개화라기보다는 차라리 자기연소로 이루어진 피와 땀의 결정인 바로 그것이었다.
> 이제야 우리는 그 최초의 결정체로서『한국여류문학전집』을 내게 되었다. 여성만의 작품으로 이렇게 알찬 전집 여섯 권이 간행된 것은 우리 문학사상 처음 일일 뿐만 아니라 현대 문학의 태동기에서부터 오늘까지에 여성작가들이 창작해 온 작품 수록의 집약이란 점에서도 가히 기념비적인 일이라고 자부하고 싶은 것이다. (후략)

즉 서문은 '여성만의 작품으로' 전집 간행, '현대문학의 태동기에서부터 오늘까지에 여성작가들이 창작해 온 작품 수록의 집약'이라는 점을 강조하고 있다. 다른 말로 하면 근대여성문학의 기원을 설정하고 정전을 형성하고자 하는 욕망을 강하게 드러낸 것이다. 그런 만큼 어떤 작가와 작품이 수록되었는지 살펴보는 것은 의미가 있다.

---

[19] 이 문학전집 체제에서 확연히 드러나는 것은 시 장르의 축소와 소설 장르의 대폭 확대이다. 전후 여성작가들의 수가 대거 늘어난 것과도 관련이 있을 것이다. 또한 이전 시기와는 달리 장르별 경계를 명확히 하고 있음은 시인이나 소설가의 수필작품은 싣지 않은 데서 드러난다.

특히 『한국여류문학전집』1권은 식민지 시기 여성작가들의 작품만을 수록하고 있다.20) 따라서 여성문학 정전의 확립이라는 측면에서 어떤 작가, 어떤 경향의 작품들이 선택되었는지, 그것이 식민지 시기 정전들과 모종의 관련성이 있는지를 파악할 수 있다. 작가와 작품들의 목록은 아래와 같다.

『한국여류문학전집』1권 – 중단편소설(1)
박화성 : 하수도 공사, 비탈, 한귀, 홍수전후, 고향없는 사람들, 증언
강경애 : 지하촌
백신애 : 적빈
최정희 : 정적일순, 지맥, 찬란한 대낮
장덕조 : 정청궁 한야월, 곡성, 창백한 안개, 30년
김말봉 : 망령, 바퀴소리, 여심

1권에 실려 있는 작가들은 박화성, 강경애, 최정희, 백신애, 장덕조, 김말봉이다. 박정애의 지적처럼 나혜석, 김일엽, 김명순 등 1기 여성작가들의 존재는 배제되었으며21), 2기 여성작가들 중에서도 작고한 강

---

20) 식민지 시기 여성작가 작품들의 정전화와 관련하여 또 하나 흥미로운 점은 『여원』이 1967년 <한국의 명작>란에 이선희 「계산서」(6월), 백신애의 「적빈」(8월), 강경애의 「모자」(9월)를 연속해서 소개하고 있는 것이다. 특정 시기에 1930년대 여성작가들의 작품들이 집중적으로 소개된 것 역시 여성독자들의 문학적 교양함양과 여성문학사의 정전에 대한 관심을 반증한다.
21) 박정애는 195·60년대 여성작가들이 1세대 여성작가들인 나혜석, 김명순, 김일엽과의 동일시를 거부하고, 박화성, 최정희, 모윤숙으로 대표되는 2세대 여성작가들을 인정함으로써 '여류'의 아비투스를 공유했다고 본다. 본고의 기본적인 문제의식이나 논지 역시 박정애의 주장에서 크게 벗어나지 않는다. 박정애, 「'여류'의 기원과 정체성 – 50 – 60년대 여성문학을 중심으로」, 인하대 대학원 박사학위논문, 2003, 144~145면.

경애와 백신애를 제외하고는 해방과 한국전쟁 후에도 지속적으로 활동했던 작가들의 작품이 전집에 수록되어 있다. 2권부터는 일제 말기나 해방 후 등단한 작가들의 작품이 실려 있다.

『한국여류문학전집』2권 – 중단편소설(2)

임옥인 : 월남전후
손소희 : 창포 필 무렵, 닳아진 나사, 감이 익는 오후, 그날의 햇빛은,
         암퓌둘기, 지단에서, 어느 휴일, 정·동(대결2)
한무숙 : 돌, 감정이 있는 심연, 천사, 그대로의 잠을, 유수암
윤금숙 : 허망, 단짝

『한국여류문학전집』3권 – 중단편소설(3)

강신재 : 파도, 젊은 느티나무
박경리 : 전도, 불신시대, 풍경(A), 풍경(B), 환상의 시기, 평면도
정연희 : 정점, 창구있는 묘지
한말숙 : 장마, 노파와 고양이, 상처, 방관자
손장순 : 깍두기 씨, 미세스 마야
전집은 1–4권 소설, 5권 아동문학, 희곡, 수필 모음[22], 6권 시 분야

---

[22] 각 권 수록 작가들의 명단을 보면 1960년대 여성문학의 지형도가 넓어졌고, 그만큼 글쓰는 여성집단이 늘어났다는 점을 알 수 있다.
　4권 – 구혜영, 박기원, 송원희, 최미나, 김의정, 전병순, 박순녀, 김녕희, 이정호, 이규희, 이석봉, 안 영, 오지영
　5권(아동문학, 희곡, 수필) –

로 구성되어 있다. 소설 장르에 표나게 치우쳐 있는데 그 중 2-3권은 일제 말기나 해방 후, 전후 바로 등단한 작가들의 작품을 주로 수록하였으며, 4권은 1960년대에 막 등단해서 작품활동을 시작한 작가들의 작품을 대개 1편정도 수록하였다. 즉 『한국여류문학전집』은 여성문단의 원로부터 신진에 이르기까지 작가, 작품을 골고루 실었다는 점, 가능하면 많은 작가들을 섭렵하였다는 점이 특징이다. 이와 같은 전집의 체재에서 알 수 있는 것은 발간을 주도한 <한국여류문학인회>가 문학집단으로서의 정체성을 확보하기 위한 일환으로 이른바 선택과 취사의 원칙보다는 포섭과 종합의 원칙을 취했다는 것이다.23) 물론 1960

아동문학-신지식, 이영희, 남미영
희곡-김자림, 박현숙, 송숙영
수필-이명온, 조경희, 전숙희, 정충량, 김일순, 천경자, 전혜린
한편 전집 제6권에는 시만 수록되어 있는데 해방 전 여성 시인들 중에서는 모윤숙과 노천명의 작품만 수록되어 있다. 해방 전 선집에는 수록되었던 군소 여성시인들은 배제되었다. 또한 특이하게도 이 권에만 모윤숙이 쓴 '서문'이 수록되어 있다. 다른 권에는 없는 서문이 시집에만 배치된 것은 해방 이후 여성문학 장에서 모윤숙이 지닌 위상을 간접적으로 보여준다. 그가 쓴 서문에 따르면 시란 "민족과 시대를 떠나서 존재할 수 없다". 시는 곧 민족의 정서라는 그의 발언은 일제 말기, 해방 후, 한국전쟁 기간 동안 지배담론, 국가 주도의 담론에 적극 동조했던 행보와 맞닿아 있다. 이처럼 모윤숙은 시의 공공성을 내세우면서도 한편으로는 여성성을 특유의 자질로 규정하고 있다. 가령 "신사임당이나 허난설헌, 황진이 들에게서 볼 수 있는 저 여성적이며 모성적인 언어를 오늘의 시인들에게 전적으로 요구할 수 없게 되었다"는 발언은 여성성과 모성성을 현실적 맥락에서 파악하기보다는 언급한 전근대적인 여성에게서 찾고 있음을 보여준다. 모윤숙의 여성성에 대한 인식은 지배적인 담론에서 강조하는 여성성, 여성의 역할에서 벗어나지 못한 것이다.
23) <한국여류문학인회>는 창립회원의 자격을 데뷔 이후 3년 이상의 활동 경력을 가진 여류문인으로 제한하여 시인 29명, 소설가 22명, 수필가 7명, 아동문학가 2명, 희곡작가 2명 등 모두 62명이 참가했다고 한다. 『한국여류문학전집』은 사실상 이 회원들의 작품들을 거의 모두 수록하고 있다고 봐야 할 것이다. 때문에 등단 3년 차 이상이라 하더라도 1권-3권까지의 작가들을 제외하고는 작품 이력이 짧기에 4권의 경우 한 작가 당 한 작품씩만 수록된 모양새를 하고 있다.
정규웅, 『글동네에서 생긴 일-60년대 문단이야기』, 문학세계사, 1999, 165~167면. 박정애, 앞의 논문에서 재인용, 23~24면.

년대부터 문학전집과 선집의 간행이 빈번해지기는 했지만『한국여류문학전집』의 경우 출판사를 바꿔가며, 여성작가들이 늘어남에 따라 권수를 늘려가며 여러 차례 간행되었다는 점이 다르다.24) 그만큼 출판 시장과 독자의 요구가 있었다는 것이고, <한국여류문학인회>가 전집 발간 사업을 지속적으로 주도함으로써 여성작가들을 결속시키고 여성문학을 제도화하는 데 영향력을 행사했다는 이야기가 된다.

독자적인 전집 발간과 더불어 '한국여류문학상'은 여성문학 장을 공고히 하고, 여성문학 정전을 창출하려는 욕구를 보여주는 지표가 되는데, 그 주체가 바로 잡지『여원』이다.『여원』은 발간 100호 기념으로 '한국여류문학상'을 창설한다. 기획의도는 "여류문학의 전통을 계승하고 여류문단의 난만한 개화를 위하여"이고, 심사원칙은 "한국여류 기성작가로 해당기간에 신문, 잡지, 단행본으로 발표된 소설 중 심사위원회가 선정한 1편에 수상한다는 것, 심사위원은 5인 이상으로 구성한다"는 것이다. 이미 '여류신인문학상'을 통해 대중잡지 그것도 여성 독자 대상 잡지로서는 희귀하게 여성작가들이 문학 장에 진출하는 통로 역할을 했던『여원』은 이제 이미 여성문학 제도에 안착한 작가군을 대상으로 문학상을 만듦으로써 정전 형성의 욕망을 강하게 드러낸다. 이 여류문학상은 잡지가 폐간되던 때까지 6회에 걸쳐 수상되었으며, 그 목록은 아래와 같다.

제1회(1964. 10) : 최정희『인간사』25)

---

24) 필자가 확인한 바에 따르면『한국여류문학전집』은 <한국여류문학인회> 편으로 해서 3회에 걸쳐 발간되었다. 1967년 전6권(삼성출판사), 1979년 전10권(한국교양문화원), 1983년 전5권(『여원』출판국)이 발간된 것으로 보인다.

제2회(1965. 10) : 박경리 『시장과 전장』
제3회(1966.11) : 강신재 『이 찬란한 슬픔을』[26],
제4회(1967.10) : 손장순 『한국인』
제5회(1968.11) : 전병순 『또 하나의 고독』
제6회(1969.11) : 임옥인 『일상의 모험』

위 작가와 작품 목록에서 알 수 있는 사실은 <한국여류문학상>이 전후 여성문학 장을 대표하는 작가들을 확정짓는 역할을 했다는 것이다. 1회 수상자인 최정희는 이미 박화성과 함께 여성문단의 좌장으로 대접받았으며, 임옥인, 강신재, 박경리, 손장순, 전병순은 이미 여성문학 선집, 전집에 채택된 작가들로서 1960·70년대 여성문단을 주도적으로 이끈 인물들이다. 또한 소설 중에서도 장·단편 구분을 명시적으로 하지 않았음에도 불구하고 결과적으로는 장편소설만 선정되었다. 가령 4회 수상작가인 손장순의 경우 장편 『한국인』과 단편 「상처」가 물망에 올랐는데, 「상처」가 작품으로서는 완결성이 있지만, 『한국인』은 "작가의 의욕과 노력은 높이 사나 작가의식이 미약(황순원)"하고, "평면적인 구성, 순화되지 않은 체험적 요소 등 미흡한 점이 많으(조연현)"나 장편이고 스케일이 크고 작가의 의욕을 높이 사 당선작으로 뽑았다는 평이 나와 있다. 즉 형식이나 내용상의 결함에도 불구하고 장편소설이 선호[27]되었다는 것을 알 수 있다. 당시 비평계 일각에서 '여

---

25) 1960.8~10월, 『사상계』 연재, 1963.11~1964.3, 『신사조』 연재.
26) 1966년 12월호에는 염무웅의 「강신재론」이 잇달아 실려 있는데, '단어 하나를 고심하며 선택하고 서구적인 조소적 문체로 이루어져 가는 그녀의 언어감각'이 뛰어나다는 평은 강신재론의 전형에 해당한다.
27) 가설이기는 하나 『여원』의 장편연재소설이 거둔 성과, <한국여류문학상>의 장편 편중

류작가'들이 인기소설, 연재소설을 양산하고 있다는 입장이 개진되었던 것도 이와 같은 여성문학 장의 움직임과 관련이 있을 것이다.

물론 이처럼 '여성문학 전집'과 '여성문학상'이라는 두 가지 경로를 통해 여성작가들이 권위를 인정받게 되고 여성문학 장이 형성되는 과정이 기존 문학제도와는 다른 양상을 띠었다는 점을 명확히 밝히기 위해서는 이 작가들의 작품에 나타나는 모종의 경향성을 추출해낼 수 있어야 한다. 하지만 수상작들이 모두 장편인데다가 대상 시기와 인물의 진폭이 넓은 만큼 본고에서 작품 분석을 상세히 하기는 힘들다. 다만 수상작들에서 드러나는 공통적인 경향성을 다음과 같이 몇 가지 제시하고자 한다. 첫째, 작품이 담지한 시대적 배경과 이념은 한국의 근·현대사와 밀접한 관련이 있다. 수상작들은 대개 식민지 시기, 해방 전후, 한국전쟁기, 전후부터 4·19 혁명까지를 연대기적으로 제시하면서 등장인물과 이념의 부침현상을 다루거나 전후에서부터 4·19혁명 시기 가치관의 혼란 상태를 다루고 있다. 가령 최정희의 『인간사』는 식민지 시기 사상운동에 투신했던 일본 유학파 군상들의 후일담적 성격이 짙은데 이들이 전향과 연애 등으로 인해 갈등하는 양상, 일제 말기, 해방기, 한국전쟁기와 전후에 사회변동이나 이념에 따라 이합집산을 거듭하는 양상을 그리고 있다. 박경리의 『시장과 전장』은 한국전쟁 발발 직전부터 한국전쟁기까지가 배경이다. 손장순의 『한국인』과 전병순의 『또 하나의 고독』은 전후 지식인 집단 내지 중산층 집단의 성적, 물질적 욕망을 전후와 4·19라는 사회적 변동과 관련하여 서사화하였다. 4·19 시민혁명과 잇따른 5·16 군사쿠테타는 시민이나 작가들에게 환

현상은 1970년대 『여성동아』가 장편소설 현상공모제를 만들어 여성작가군을 배출하는 역할을 했던 데에도 영향을 미쳤을 것이다.

희와 환멸의 경험을 동시에 안겨주었을 것이다. 또한 1960년대 중·후반은 우리의 근대가 가져다 준 독특한 역사적 경험을 정리하고 새로운 질서를 구축하고자 하는 쇄신에의 욕망이 싹텄던 시기였다. 소설의 장편화, 다양한 인물군상과 연대기적 서사구조의 등장, 당대적 사건에 대한 관심 등은 이와 같은 새로운 질서 수립 욕망의 소설적 반영이라 할 수 있다.

둘째, 시대 변화에 적극적으로 대응하거나 소극적으로나마 자기가 처한 처지를 성찰하는 여성인물들이 등장한다. 『시장과 전장』에서 정신적인 결벽성에서 벗어나 생존을 적극적으로 도모하는 지영, 『한국인』에서 불행한 결혼생활에서도 자기애를 잃지 않는 희연, 『또 하나의 고독』에서 기혼남자인 민영재와 불륜 관계에 있지만 이성적으로 자기 방어를 하는 여교사 최수진 등은 고등교육을 받은 지식인으로서 자신이 처한 상황을 객관적으로 분석하고 성찰하는 인물들이다. 하지만 이 작품들을 본격적인 여성의 서사로 보기에는 미흡한 면이 없지 않다. 『시장과 전장』을 제외하고는 근대-민족의 역사/이야기(History)라는 거대담론이 여성의 이야기(Herstory)와 긴밀히 조응하지 못하고, 당대 풍속에 대한 보여주기가 주를 이루기 때문이다.

셋째, 그럼에도 불구하고 이 작품들이 '여류문학상'이라는 공통분모로 묶일 수 있는 근거는 어디에 있을까. 이 작품들은 상층 엘리트 집단 내지 지식인 집단의 욕망과 윤리를 전형적인 멜로드라마적 구성으로 풀어낸다. 젊은 세대 그리고 여성은 기성세대, 남성에 비해 도덕적으로 우위에 있다. 대중들에게 익숙한 형식인 연애 서사로 전후 혹은 4·19 시민 혁명 이후 새로운 질서에 대한 열망을 전달하고 있기에 대중성과 계몽성이 결합된 양상을 띤다. 더욱이 여성/젊은 세대의 부상은 여성 독자들에게 도덕적인 만족감을 충족시켜 주었을 것으로 짐작된다. 이 점은 기존의 문학제도와는 다른 차원에 위치한 1960년대 여성문학의 제도적 국면을 보여주는 사례라 할 수 있다.

물론 '한국여류문학상' 수상작은 『여원』이 내건 '여류문학 계승'이라는 명분보다는 신문/잡지 연재 — 한국여류문학상 수상 — 단행본 출간(제 몇 회 여류문학상 수상작이라는 레떼르와 함께)의 순서를 밟으면서 상업적인 성공의 길을 걸었다는 점도 무시할 수 없다. 여성문학 장이 기존 문학제도와는 독립적인 '문학상' 제정을 하는 과정에서 소설편중 현상, 장편화, 상업성과 계몽성의 결합과 같은 일정한 경향을 띠었다는 점은 1960년대 문단 내부에서 '여성작가'와 '여성문학'이 소비되는 양상을 보여주는 예라 하겠다.

5. 여성지와 여성문학의 공생

전후, 그리고 1960년대는 여성작가에 대한 편견이 계속 재생산된 시기였다.

> 여류작가는 작가인 동시에 철두철미 여자여야 한다는 것이다. 바로 그 여자가 남자 이상으로 타락해서는 안 된다는 것이다. 남자보다는 좀 순결하다고 할 때 여류작가의 작품을 읽을 의미가 생긴다는 것이다. (정창범, 「여류작가의 경우」, 『현대문학』, 1969.5)

위 예문은 여성작가에게 '여자여야 한다', '순결해야 한다'는 성별

표식을 강제하는 당대 지배적인 담론을 단적으로 보여준다. 실제로 여성작가군의 급격한 증가에도 불구하고 이 시기에 비평의 영역에서 여성문학은 제대로 다루어지지 않았으며,28) 다른 문예지나 종합지에서도 본격적인 여성문학, 여성작가 관련 글은 찾아보기 힘들다. 한 해의 문학계 동향을 정리하면서 간단하게 언급하거나 그나마 여성문학을 다룬다 하더라도 대중성이나 상업성과 관련하여 부정적으로 담론화되었다.

  그렇지만 전후 여성문학은 기존 문학제도에 대해 나름의 응전력을 구사했던 것으로 보인다. 식민지 시기부터 활동하기 시작해 해방 이후까지 지속적으로 활동했던 일군의 여성작가들은 여성문학 장 내에서는 제1기 여성작가들과 군소여성작가군들을 배제하고, 독자적인 여성작가 집단을 결성함으로써 여성문학 내부의 위계화와 서열화를 주도했다. 『한국여류문학전집』은 남성이 주도하는 정전이 아닌 여성 주도의 독자적인 정전이라는 점에서 의미가 있다. 또한 식민지 시기 전집에 수록된 여성작가들의 작품 목록이 해방 이후 정전화 과정을 거친 작품 목록과 크게 다르지 않다는 점 역시 지속성이라는 측면에서 눈여겨 볼 대목이다.

  또한 여성문학 장은 여성지라는 대중적인 매체를 통해 남성문학 장과는 다른 영역을 확보했다. 그 와중에 『여원』을 비롯한 여성지는 여성작가와 작품을 적극 활용하고 스스로 여성문학 장의 제도화를 꾀함으로써 다른 매체와의 차별성을 꾀했다. 여성지와 여성문학, 여성작가의 공생은 전후 여성문학이 새롭게 성취한 영역인 것이다.

---

28) 『여원』지의 단골 필자인 정충량의 경우 '평론가'로 명명되고 있으나 문학평론이 아닌 사회평론 글이 대다수이다.

'여류현상문예'와 주부담론의 균열

이 선 옥

1. 여류현상문예의 등장

전후 시기를 거치면서 1960년대는 여성작가의 시대라 불릴 만큼 여성작가가 양산되는 시기였다. 아동문학가 이영희는 이 시기의 여성문학을 평가하면서 '전후에 강해진 것은 여성과 양말'이라는 말이 있을 정도로 전후 20년간 여성들은 하나의 공든탑을 이룩했다고 말한다. 전후 여성의 자아는 여성의 쾌감의 발견을 통해 발효되기 시작하였으며, 주요일간지 연재소설 집필작가가 모두 여류일 정도로 여성작가의 활약이 두드러진다고 진단하고 있다.[1] 이처럼 여성작가의 활동이 활발했음에도 불구하고, 문학사에서 기억되는 작가는 극소수에 불과하다. 왜일까. 여성잡지에 수록된 많은 작가들이 사라진 이유는 무엇일까. 여성잡지의 대중화와 함께 수필, 수기류가 여성 독자에게 인정받았고, 대중연애소설도 인기를 끌기 시작했다. 여성적 장르라 불리는 수필,

---

1) 이영희, 「(여성문화) 다듬어진 땅 더 기름지게」, 『여원』, 65.8.

수기류나 로맨스 장르가 생산자와 유통산업, 독자층이 형성된 상태에서 소통되는 시기가 된 것이다.2) 그럼에도 불구하고 당시 여성잡지에 실렸던 수필과 수기류만이 아니라 전문작가의 연재 장편 역시도 문학사에서 대접받지 못한다.

"60년대 문단에 갑자기 여류들이 각광을 받았다. 남성작가들을 능가하는 왕성한 발표열은 숱한 베스트셀러를 냈지만 과연 그것이 작품다운 작품, 부끄럽지 않은 발전이었는지 반성해 보자."(「여류작가에게 주는 고언」, 『여원』, 70.1, 232면)라는 도전적인 문구로 시작한 김우종의 글은 여성작가에 대한 당시의 부정적 시각을 잘 보여주고 있다. 그는 1960년대 여성작가의 부각 요인으로 "섹스, 센티멘털리즘, 여류잡지의 부움, 여류들이 둘러입고 다니는 치맛자락의 위력"(233면)을 들고 있다. 우선 문학적 특징을 지적하는 섹스와 센티멘탈리즘에 대한 분석을 보면, '눈물의 문학'이라 할 만한 얄팍한 센티멘탈리즘에 "섹스를 다루는 데 있어서 남성작가들보다 훨씬 대담무쌍한 실력"(234면)을 보여주고 있어서 남성작가들의 소박한 성취를 능가한다는 것이다. 특히 섹스 묘사와 관련해서는 전병순이 성묘사 문제로 법정까지 갔었던 사건과 김영희의 창작집 『고독한 축제』의 표지가 여자의 성기 그림이었던 사실을 예로 들면서 남성작가들을 기절초풍하게 만들었다고 비판하고 있다. 그리고 이러한 특성의 문학이 부각된 배경은 여성잡지의 붐과 '쥔 없는 여류문인들'의 '홈·바'의 위력, 정부기관의 초대 등 '여

---

2) 이 글에서는 '여성들의 글쓰기'라는 표현과 '여성적 글쓰기'라는 용어를 구분하여 사용하였다. 여성작가들의 등장과 여성들의 글쓰기 대중화가 진행되지만 아직은 장르적 특성으로 형성된 시기는 아니라는 판단에서 '여성적 글쓰기'와는 구분하여, 이 시기를 여성들의 글쓰기가 대중화된 시기로 표현하였다.

류'로서의 사회적 호명이 잦았기 때문이라고 말한다. 좀 극단적인 평가로 보이지만 여성문학에 대한 폄하와 비판은 일반적인 흐름이었던 것으로 보인다. 여성문학에 대한 당시의 좌담회에서도 비판적 평가와 우려가 주를 이루고 있다. 문학을 지망하는 여성들이 급속히 늘어나고 있었음에도 불구하고 신변잡기로 흐르는 경향이 있다거나(「좌담 – 여류작가의 애환」, 『현대문학』, 1966.7, 41면), "사회적인 것에 대한 무관심이 여류작가의 결정적인 약점"(강인숙, 「한국현대여류작가론」, 『현대문학』, 1968.1, 358면)이라는 평가가 두드러진다. 이러한 평단의 흐름 속에서 여성 개인의 감정이나 욕망의 드러내기가 민족이나 사회적 의미를 요구하는 문학제도와 화해로운 성과를 내기는 어려웠으리라 짐작된다.3)

이러한 195·60년대 여성문학의 유행 현상과 여성 독자의 생산 과정에 대해 살펴보고, 『여원』에서 구성하고 있는 여성성(역할, 성격, 이미지, 성관계의 특성 등)에 대한 중심 담론과 여성들의 글쓰기가 어떠한 관련성을 맺고 있는지 분석하고자 한다. 중심 담론과 여성들의 글쓰기 간의 충돌 혹은 균열은 이 시기 여성성의 구성을 둘러싼 서사적 경쟁을 살펴볼 수 있는 주요한 방법론이 될 것이다. 여성성을 둘러싼 서사들은 특히 국가의 이념이 재구성되는 시기 격렬하게 진행되는데 여성성의 구성이 단순히 여성에 대한 논의일 뿐만 아니라 공적 영역과 사적 영역의 재구성, 한 사회의 가치 위계의 재구성 등과 밀접하게 관련되어 있기 때문이다.

분석대상과 시기는 195·60년대 여성잡지 『여원』에서 실시한 '여류

---

3) 졸고, 「열광, 그 후의 침묵과 단절의 의미 – 4·19 세대 여성작가」, 최원식 외, 『4월 혁명과 한국문학』, 창작과비평사, 2002 참조.

현상문예'를 통해 당선된 소설을 중심으로 한다. 전후 195·60년대는 여성문학이 대중화, 제도화되는 시대적 특성을 지니고 있다. 이 시기 여성성의 구성과 문학제도, 장르적 특성의 상관관계가 수립 정착하는 과정은 이후 현대문학에서 여성문학이 존재하는 방식의 기본틀을 형성하게 된다. 따라서 이 시기에 대한 실증적 조사와 의미 분석이 매우 중요하다고 생각한다. 새로운 등단제도나 문예지, 여성지가 여성작가들을 양산하는 시대에 등단하는 작가들은 그 이전의 작가들과 다른 독자 기반과 장르적 특성을 지니게 된다고 예상되기 때문이다.

2. 문인지망생 주부의 양산과 여성 독자의 형성

『여원』이 내세웠던 이상적 주부가 고등학교 혹은 대학교육을 받은 교양 세력이라고 할 때 이들의 자기 실현 욕구가 표현될 수 있는 출구가 있어야 하는데, 그 출구의 역할을 한 것이 문학이라고 볼 수 있다. 『여원』이 종합지임에도 유독 문학관련 기사와 작품이 많이 실렸다는 사실[4]도 당시 문학이 교양 있는 여성의 소양으로 제공되었음을 알 수 있다. 특히 『여원』은 현상소설 공모를 통해 여성작가를 등단시키는 산실이었으며 다양한 장르의 문학 작품을 실어 여성문학의 대중화에 상당한 기여를 한 것으로 보인다. 따라서 『여원』이 여성성의 구성이나 여성적 글쓰기의 장르적 특질을 구성하는 데 많은 영향을 끼쳤을 것으

---

4) 『여원』 100호 기념 통계에 의하면, 창간 이후 8년 동안 게재 기사 건수별로 볼 때 소설 34%, 수기 4%, 수필 3.5%, 시 0.5% 총 42%가 문학 기사이다. 그 외에는 특집 21.5%, 교양기사 14.5%, 의식주 9%, 광고 8%, 좌담 대담 3%의 순으로 기사가 실렸다.(『여원』 100호 기념, 「『여원』의 분석과 통계」, 『여원』, 63.12, 109~110면)

로 짐작된다.

대표적인 1950·60년대 여성소설가의 등단경로를 보아도 『여원』의 위상이 중요해지고 있음을 알 수 있다. 이 시기 등단제도를 보면 신춘문예와 신문사 장편공모, 문예지, 여성지 등 다양해진 경로를 볼 수 있는데(표1) 그 중에서도 여성작가가 등단하는 주요 잡지로는 『현대문학』과 『여원』이 가장 눈에 띈다. 195·60년대 등단 여성소설가들의 등단경로를 살펴보면 다음과 같다.

〈표1〉 195·60년대 등단 여성소설가 목록5)

구혜영(31년 생) : 「안개는 걷히고」(『사상계』 신인문학상 당선, 55.7) / 김영희(36년 생) : 「수평의 서단(西端)」(『현대문학』, 61.11) / 김의정(30년 생) : 『인간애의 길』(『경향신문』 장편소설현상모집에 당선, 61.3) / 김지연(42년 생) : 「천태산 울녀」(『매일신문』 신춘문예 당선, 67.4) / 김진옥(27년 생) : 「우주의 심곡」(『월간문학』, 69.9) / 박경리(27년 생) : 「계산」(『현대문학』, 55.8) / 박기원(29년 생) : 「귀향」(『여원』, 56.1) / 박순녀(28년 생) : 「케이스 워커」(『조선일보』 신춘문예 당선, 60) / 박시정(42년 생) : 「초대」(『현대문학』, 69.3) / 손장순(35년 생) : 「입상」(『현대문학』, 58.1) / 송숙영(35년 생) : 「원근법」(『현대문학』, 59.3)/송원희(30년 생) : 「화사」(『문학예술』, 56) / 송정숙(36년 생) : 「사생아」(『현대문학』, 63.3) / 안영(40년 생) : 「월요 오후에」(『현대문학』, 65.3) / 이규희(37년 생) : 『속솔이뜸의 냉이』(『동아일보』 장편현상문예 당선, 63) / 이석봉(28년 생) : 『빛이 쌓이는 해구』(『동아일보』 장편모집에 당선, 63) / 이세기(40년 생) : 「화자」(『현대문학』, 67.10) / 이정호(30년 생) : 「인과」(『현대문학』, 61.2) / 전병순(29년 생) : 「뉘누리」(『여원』, 60.1, 전희순으로 등단) / 정연희(36년 생) : 「파류상」(『동아일보』 신춘문예 당선, 57.1) / 최미나(32년

> 생) : 「등반」(『여원』, 58.1) / 한말숙(31년 생) : 「별빛 속의 계절」(『현대문학』, 56.12) / 허근욱(30년 생) : 「내가 설 땅은 어디냐」(『여원』, 59.9)

  『여원』은 교육받은 교양세력으로서의 여성이 급속히 성장하는 시기에 '알뜰 주부'를 이상적 모델로 제시하였고, 일정한 교양을 갖춘 전문적 주부의 상을 역할 모델로 삼았다. 여성교양지가 살림지식과 과학지식, 세계상식을 주 정보로 삼는 이유도 이들의 전문성을 강조하는 방식으로 보인다. 이들이 자기발현 욕망을 주부라는 역할과 병행시킬 수 있는 주요한 방식이 '문인지망생'이 되는 일이었다. 문학이 집안에 갇힌 여성들이 개인적 수작업으로 할 수 있는 몇 안 되는 직업이었음6)을 상기해 보면 주부 담론과 문학이 여성지에서 함께 다루어지고 있음은 자연스러운 일로 보인다. 현재까지도 문인지망생 주부가 문인들의 아르바이트 대상이 되고 있는 현실을 염두에 두면 이들의 등장은 주목해 보아야 할 현상이다.

>   "스스로 선택한 가시 면류관을 몇 번이나 한탄하였다. 그러나 창작에 몰입하는 기쁨은 법열과 같은 것인지 베어버릴 수 없는 집요한 애착이었다. 나에게 무엇이 있는가를 자문할 적에 이 단 한 가지의 삶의 보람마저 없다면 공동(空洞)보다 더 큰 허무와 무의미를 어떻게 처리해 나갈 것인가를 생각할수록 옷깃이 여며지는 것이다."(최미나, 「형극의 길」, 당선소감, 『여원』, 58.1, 261면)

---

5) 권영민,『한국현대문인대사전』, 아세아문화사, 1991에 실린 여성소설가를 중심으로 정리했으며, 박기원, 전병순의 등단년월은 『여원』 검토 후 문인사전의 정보에 오류가 있어 바로잡았다.
6) 쥬디스 뉴튼·데보라 로젠펠트, 「유물론적 여성해방비평을 향하여」, 한국여성연구회 문학분과 편역, 『여성해방문학의 논리』, 창작과비평사, 1990, 82면.

수필로 등단한 이후 소설로 재등단한 최미나는 『여원』이 발굴한 대표적인 작가이다. 그녀의 당선소감에는 문학이 삶의 '허무와 무의미'를 벗어날 수 있는 유일한 길이었다는 고백이 담겨 있다. 대학 교육을 받은 새로운 여성 지식층이 급증[7]하였지만 이들의 사회적 진출이 불안한 상황에서 문학은 상당한 매력을 지니는 출구로 인식되었을 것이다. 실제 현상문예를 통해 등단한 작가들의 이력을 보아도, 현직 교사와 학생뿐만 아니라 교사 출신이거나 기자, 은행원 등의 직업 경험이 있는 주부가 자주 눈에 띈다. 직업을 가지기도 어렵고, 설령 현재 직업이 있다 해도 가정과 병행하기 어려운 상태에서 한시적이거나 불안정한 경우가 많았을 것으로 짐작된다. 이들이 가정 생활과 병행할 수 있는 직업으로 작가를 지망하고 있었음을 짐작할 수 있다.

　『여원』이 '여성종합교양지'를 잡지의 성격으로 내걸고 창간한 이후 주로 다루어온 내용을 구분해 보면, '생활', '세계', '문화', '문학'으로 나누어 볼 수 있다. 김익달의 창간사(창간호, 55.10)에서도 여성들의 문화의식이 얕고서는 국가사회의 번영발달을 바랄 수 없기 때문에 "모든 여성들의 지적 향상을 꾀함과 아울러 부드럽고 향기로운 정서를 부어 드리며, 새로운 시대사조를 소개"하고자 한다는 여성교양 함양의 목적이 드러나 있다. 구성상의 특징은 조금씩 변화하지만 '특집, 화보, 문학, 만화, 생활교양, 해외소개, 문화소식'이 중심을 이룬다. 이러한 교양 지식을 바탕으로 직업적 세계와 연결될 수 있는 주요한 통로가 문학인이 되는 것이었으리라 짐작된다. 이들 반영하듯 『여원』은 다양한 문학작품들을 싣고 있으며, '『여원』수필', '『여원』수기', '독자문예',

---

[7] 1960년 당시 대학의 등록학생 수는 남 80,770/여 17,045로 남학생이 여학생의 약 4배가 넘는 것으로 나타나고 있다. 이화수, 「4월 혁명의 정치행태학적 분석」, 『사상계』, 66.3, 195면.

'여류현상문예', '작가 추천 작품', '수기현상모집' 등 문학 글쓰기를 통해 독자참여를 유도하고 있다. 이러한 독자문예는 작가를 지망하는 여성들의 욕망에 부응해 판매부수를 올리는 전략으로도 도움이 되었을 것이라 판단된다. 100호 기념 기사에서도 여성잡지사에서 최초로 100호를 돌파했고 "6만 독자의 지지를 받게 된 것은 무엇보다도 여류문단 독현(讀賢)의 은덕에 있음을 자각하는 바"라고 밝히고 있다.8) 여류문학을 읽는 독자들이 잡지의 중심 독자임을 밝히는 대목이다. 이러한 정황을 미루어 짐작해 보면,『여원』은 195·60년대 여성작가와 여성독자를 형성하는 데 상당한 기여를 했을 것이라 생각되며, 여류현상문예의 당선작 역시도 이 시기의 여성문학의 여성성 구성이나 장르적 특징을 볼 수 있는 주요한 작품이라 판단된다.

3. 여류현상문예의 소설 당선작 분석

『여원』 '여류현상문예'는 1955년 10월 창간호에 공모 광고가 실린 것으로 보아 이 잡지의 전략 사업으로 기획되었을 것이다. 1956년 1월 1회 발표를 시작으로 1970년 15회까지 매년 1월 당선작 발표를 빠뜨리지 않았고, 응모 숫자도 매회 각 장르 당 50여 편에서 200여 편을 넘나드는 것으로 나타난다. 개괄적으로 당선작과 심사위원, 응모편수 등을 보면 다음과 같다.

---

8) 「여원지령 100호기념 한국여류문학상창설」,『여원』, 63.12, 102면. 100호 기념으로 '한국여류문학상'을 창설하여 매회 시상하였다.

<여류현상문예 당선작>

	소설	시	수필
1회 1956	당선1석(상금 3만원) 「가막섬 우화」-박정자	1석 해당작 없음	1석(상금 일만원) 「미용기」-진소희
	2석(상금 이만원) 「귀향」-박기원	2석(상금 5천원) 「지난해랑 잊어버리고」 -김해숙	2석 「슬픈 훈련」-이석순
	가작(상금 일만원) 「스마트라」-박선자	가작(상금 2천원) 「영이에게」-이상은	가작 「여성미」-이혜석
심사	백철, 최정희, 조연현	서정주, 모윤숙, 조지훈	마해송, 조풍연
응모	64편	206편	39편
2회 1957	1석 해당작 없음	1석(상금2만원) 「노을」-박정희	1석(상금1만원) 「옥양목과 우리 하늘」 -최미나
	2석(상금 2만원)「탈각」 (「삭발」개제)-최예순	2석(상금5천원) 「달」-김선영	2석(상금 5천원) 「비 개인 가을아침에」 -조삼주
	가작 해당작 없음	가작(상금2천원) 「산딸기」-하향녀	가작(상금2천원) 「가을과 써커스」 -하향녀 (시「산딸기」가작 당선자)
심사	백철, 최정희, 정비석	서정주, 조지훈	송지영, 이명온, 조풍연
응모	57	183	59
3회 1958	당선「등반」-최미나 (본명 최은례, 2회 수필 당선자)	당선「반월」-최희숙	당선작 없음

	가작「광장」-박수복	가작1석 「코스모스」-윤화자	가작1석 「초산기」-이종순
	가작「청첩장」-허남이	가작2석「편지」-정미영	가작2석 「박꽃」-하계진
			가작2석 「추기병상수감」-김혜미
심사	김동리, 박영준, 장덕조	서정주, 김동리	마해송, 전숙희
응모	51	187	62
4회 1959	당선「귀결」-박정희	당선「산위에서」-박현영	당선「죄인」-심남주
		가작「유월에」-김두희	가작 「발가락의 의미」-김현옥
심사	김동리, 박화성, 최정희	서정주, 김용호	조풍연, 전숙희
응모	42	216	47
5회 1960	당선「뉘누리」-전병순	당선 「당신 창문 곁에서」-김근숙	당선「송아지」-정정자
	가작 「방천뚝사람들」-정양	가작 「기폭 아래서」-이경아	가작1석 「수상3제」-김연실
			가작2석 「한강」-안경자
심사	김동리, 최정희, 황순원	서정주, 김용호, 박기원	조풍연, 전숙희
응모	26	93	35
6회 1961	당선「불안」-장예종	당선「가을」-윤계숙	당선 「교단주변」-강정희
	가작「역류」-김순애		가작「얼굴」-정소영
	가작 「총명의 종말」-홍징자		
심사	박화성, 장덕조, 손소희	서정주, 김용호, 김남조	조경희, 전숙희

	응모	75	150	75
7회 1962		당선 「공원근처」-최정숙	당선 「아가」-최금숙	당선작 없음
		가작 「잃어버린 동화」-정영자	가작 「설야외 1편」-장안수	가작 「어느날 오후」-문옥선
		가작 「미소로 끝난 대화」 -박해엽	가작 「박」-손리숙	가작 「생일」-녹윤
			가작 「송도」-홍혜린	
	심사	박화성, 장덕조, 손소희	서정주, 박목월, 김남조	편집부
	응모	88	174	120
8회 1963		당선작 없음	당선 「풀빛화관」-이운아	수필부문 폐지
		가작 「빙하시대」-이난숙		
	심사	최정희, 장덕조, 손소희	서정주, 김용호, 박목월	
	응모	125	230	
9회 1964		당선 「늪주변」-김채숙	당선 「연가」-조정자	
		가작 「어머니와 아들」-김윤자		
	심사	김동리, 박화성, 곽종원	서정주, 김용호, 박목월	
	응모	105	180	
10회 1965		당선 「닮은상」-조정연	당선 「꿈을 위하여」-최정자	
	심사	김동리, 박화성, 강신재	박목월, 김용호, 신석초	
	응모	131	278	
11회 1966		당선 「진공지대」-박혜숙	당선작 없음	
			가작 1석	

'여류현상문예'와 주부담론의 균열

		「슬픈 설화」-석정자	
		가작2석 「난로가에서」 - 김지영	
심사	박화성, 안수길, 강신재	서정주, 박목월, 김종문	
응모	173	191	
12회 1967	당선 「적설」-이청우	당선 「꿈과 사랑의 노래」 -문광미	
심사	안수길, 곽종원, 강신재	서정주, 조지훈, 김남조	
응모	252	180	
	소설	시	시조(신설)
13회 1968	당선(상금 1만원) 「세발 자전거」-이단영	당선(상금 5천원) 「꽃의 제단」-강은교	당선작 없음
	가작1석 「붉은 소용돌이」-이혜숙	가작 「생활의 장」-배미순	가작 「매화」-김정자
	가작2석 「축제의 한낮」-이수연	가작 「밤에 떠우는 音符」-송영희	
	가작3석 「날아간 풍선」-정은경		
심사	김동리, 박경리	조지훈, 박목월	이영도
응모	168	156	51
14회 1969	1석(상금 3만원) 「우계(雨季)」-김정숙	1석 (상금 1만원) 「양산도」-한수정 「과원」-홍윤정	1석(상금 1만원) 「너 앞에」-정표년
	가작1석 「낯선 거리」-이윤희	가작 「병풍」-김차옥	가작1석 「일지매」-김정자

		가작2석 「오술이」-김현숙		가작2석 「야국」-박정숙
				가작 3석 「눈오는 날에」-방말자
				가작 4석 「속무」-김승아
	심사	안수길, 한무숙	박두진, 김현승	이영도
	응모	42	87	37
15회 1970		당선(상금 4만원) 「부재」-박진숙	당선(상금 2만원) 「가을의 새」-배미순	당선 「남향시초」-한상숙
			가작「원시림의 새」-박수림	
			가작 「나무의 성」-정일선	
	심사	안수길, 전병순	박목월, 박두진	이영도
	응모	밝히지 않음		

전체 등단작가의 숫자는 소설 당선자 30명, 시 당선자 32명, 수필 18명, 시조 7명 등 87명이다. 여기에 장르를 바꾸어 재당선된 작가 2명을 감안하면 전체 85명의 작가를 등단시켰다. 문예지라 할지라도 결코 쉽지 않은 숫자의 작가를 등단시킨 것이다.

소설을 중심으로 분석하고자 하는데, 우리에게 잘 알려진 작품들도 아니고 접하기 쉬운 작품들도 아니어서 주요한 작품들의 줄거리 소개와 함께 분석해나가고자 한다. 『여원』 '여류현상문예' 소설 당선작(30편)의 주제 분포를 보면, 12편이 유부남과의 애정, 첩, 후취의 불안을 다룬 작품으로 다수를 차지하고 있다. 그 다음으로 전후의 고아나 처녀 가장이 된 여성의 가난과 불안한 삶을 다룬 작품이 7편이다. 여성의 감정이나 욕망의 새로운 발견이라 할 만한 주제를 그린 작품은 5편으로 그 뒤를 잇는다. 거의 대부분의 작품이 이 세 주제에 집중되어 있어서 당시의 급격한 사회적, 정치적 분위기와는 완전히 분리된 세계로 보인다. 전쟁 경험, 전후의 가난 등은 사회적 분위기와 연결되는 주제이지만 이 작품들은 정치적 사건이나 민족주의 논의 등과는 거리가 멀다. 이러한 사회적 소재 역시도 성폭행 혹은 생활고와 같은 여성적 삶과 관련되어 있다. 사회적, 정치적 소재들도 여성의 시각이라는 프리즘을 통해 주제화되었다고 볼 수 있다. 중심을 이루는 주제도 결혼과 사랑, 특히 전후의 상황이었던 유부남과의 사랑, 가족제도의 변화, 생활고로 인한 불안, 매춘 심리 등 성과 사랑, 결혼과 가족, 생계 등 여성의 직접 경험과 관련을 맺고 있다. 이 세 주제를 중심으로 여류현상문예 당선작들에 나타난 여성의 체험과 여성성의 특성 등을 살펴보기로 하겠다.

1) 결혼제도의 위기와 경제적 불안의 소설화

앞서 분류한 주제의 특성을 보면, 현상여류소설에서 중심적으로 다루어진 주제들은 여성의 체험과 밀접한 관련을 맺고 있다. 여성이 자기 체험에 대한 고백적 글쓰기를 하려는 경향이 있다는 점을 지적한 리타 펠스키는 "여성의 고백적 글쓰기는 그것에 대해 말하고 씀으로써 억압받거나 불가시적인 것으로 여겨왔던 여성 경험을 확인하려 한다"[9]고 말한다. 『여원』으로 등단한 작품들이 유독 여성의 직접 체험과

---

9) Rita Felsky, *Beyond Feminist Aesthetics*, Harvard University Press, 1989, p.112

밀접한 주제들을 다루는 이유도 이러한 고백적 성향과 무관하지 않은 것으로 보인다.

가장 많은 작품들이 다루고 있는 유부남과의 애정이나 첩, 후취로 살아가는 여성들의 불안한 삶을 다룬 주제는 전후 여성들의 상황과 밀접한 관련이 있다. 전쟁으로 많은 남성들이 사망 혹은 실종된 상황에서 여초 현상이 빚어졌고, 결혼제도는 불안한 상태에 처하게 되는데 현상소설들도 이러한 정황을 반영하고 있다.

허남이의 「청첩장」(『여원』 58.2)은 작품으로는 아직 미숙하지만 사랑과 결혼에 대한 여성의 불안을 상징적으로 드러내는 작품이다. 이 작품의 주인공 인애는 교원 경력 10년의 여학교 교사이다. 그녀에게는 3명의 남자가 있는데, 첫 번째 남자는 6·25로 변사하였고, 첫 남자의 친구인 석구를 사랑하게 된다. 그러나 그에게는 오랜 병중에 있는 아내가 있고, 둘의 사이는 친구를 가장하고 있다. 새롭게 만나게 된 철민과 결혼을 해보려 하지만 석구의 그림자가 너무 크다. 철민은 사십에 가까운 나이의 강사로 젊어서 학병으로 끌려가 무질서한 생활을 한 결과로 폐병에 걸려 결혼을 미루게 된 인물이고 석구는 병든 아내와 아이들을 짊어진 불행한 가장이다. 둘 사이에서 흔들리던 인애는 석구 아내의 부고를 듣게 된다. 그러나 유학을 떠나는 석구와의 이별로 작품은 끝을 맺고 있다. "역시 청첩장을 메꾸는 것은 좀더 기다려 봐야하겠어"(330면)라는 인애의 다짐으로 보아 주인공의 미래는 열린 결말로 끝나고 있다. 이 작품을 주목하는 이유는 "사랑과 결혼을 따로 떼어서 생각하는 것은 위험한 사고방식이지요?"(327면)라는 주인공의 물음 때문이다. 안정성이 파괴된 결혼제도 하에서 여성들이 사랑과 결혼의 분리에 대해 고민하기 시작했다는 점이다. 상황적인 고민이든 혹은 주체적인 선택이든 사랑과 결혼의 견고한 결합이 무너지고 있다는 사실은 여성들을 불안으로 몰고 가고 있다.

　이청우의「적설」(『여원』, 67.1), 이단영의「세발 자전거」(『여원』, 68.1) 등도 유부남과의 사랑을 다룬 작품들로「적설」은 독특하게 "대학생들의 풍속도의 일단면을 펼쳐보이면서 그들의 정감, 고민, 애정, 사고 등 여러 면의 감정생활을 엿보게 해주는 작품다운 작품이었다."(307면)는 강신재의 평을 받았다. 이 작품은 하숙집, 책방, 다방, 출판사, 화랑으로 이어지는 대학생들의 일상적 공간을 배경으로 관념의 세계와 배회하는 삶이 그려지고 있다. "아주 무료할 때 곧잘 찾아가는 정숙의 다락방으로 인도되는 그 층계, 아주 돈이 부족할 때 번역거리를 얻으러 빈번히 드나드는 저 가화출판사의 층계들은 모두 삐걱거리는 소리들을 낸다. 이런 것을 보면 내가 만나는 세계와 일상은 <삐걱거림>뿐이다"(318면)라는 대목에서 주인공의 삶이 불안정한 상태임을 그려내고 있다. 삐걱거리는 층계들처럼 '나'(수진)의 삶은 기묘하게 어긋나는 상태이다. 나는 심리학과 현기옥교수와 사랑에 빠지지만 유부남이고 교수인 그와의 관계 또한 삐걱거림의 연장이다. 사랑은 소유가 아니라 소통이라는 관념론을 펼치는 교수와 다정한 은사라는 결론을 내리는 이들의 위장된 결론으로 작품을 끝맺고 있다.

　위의 작품들이 지식인 여성들의 사랑과 결혼에 대한 불안한 자의식을 드러내고 있다면, 또 한편으로는 여성을 첩으로 몸 파는 여자로 몰락시키는 생계의 불안이 존재한다. 박수복의「광장」(『여원』, 58.3), 김윤자의「어머니와 아들」(『여원』, 64.1), 이혜숙의「붉은 소용돌이」(『여원』, 68.1) 등의 작품에서는 첩의 불행이나 처첩갈등, 그러한 여성의 운명적 비극을 다루고 있다. 「광장」은 작부였다가 첩으로 삶을 유지하던 주인공이, 본처의 아들에게 겁탈을 당하고 결국은 원치 않는 임신에 낙태수술을 받다가 의료사고로 죽게 된다는 비극적 이야기이다. 가난은 늘 여성들을 첩으로 전락시킬 위험이 있다는 인식 때문인지, 가난한 여성의 문제를 다룰 때 유독 몸을 팔게 되는 여성의 상황이 자주 그려진다.

지식인 여성들의 삶도 경제적 불안은 마찬가지여서 최미나의 「등반」(『여원』, 58.1)과 조정연의 「닮은 상」(『여원』, 65.1), 박해엽의 「미소로 끝난 대화」(『여원』, 62.2)는 지식인 여성의 삶도 언제든 나락으로 떨어질 수 있다는 것을 보여줌으로써 처첩의 관계가 하나의 순환적 고리로 연결되어 있음을 드러낸다.

「등반」은 미술학도였던 청상과부(장산주)를 주인공으로 여성의 삶이 얼마나 불안정한 상황인가를 보여준다. 주인공 장산주는 지금은 상업그림으로 근근이 살아가는 청상과부이다. 남편은 급성 복막염으로 죽고 유복자 아들을 데리고 살아간다. 첫사랑 영진이 유학에서 돌아오고 그녀를 돌봐주려 하지만 그녀는 자신의 아이를 바라보던 그의 얼굴 표정에 순간 드러나는 주름을 잊을 수가 없다. 그를 피해 이사를 하고 외로운 마음에 댄스홀을 다니게 된 산주는 어느날 남자와 호텔에 가게 되지만 임검이라는 소리에 놀라 도망치는 남자를 보며 자신의 삶을 깨닫게 된다.

조정연의 「닮은 상」(『여원』, 65.1)은 할머니, 어머니, 나로 이어지는 몸 파는 여자들의 인생을 다룬 소설이다. '나'(이명한)는 아버지를 모르는 출생의 비애를 안고 있는 인물로 전쟁통에 남의 첩살이를 하게 된 엄마의 노력으로 대학생이 된다. 그러나 엄마의 급작스런 죽음 이후 생활고에 내몰린 '나'는 광적인 기분에 휩싸여 몸을 팔게 된다. 자신이 사랑하던 교수와도 잠자리를 하게 된 명한은 엄마의 인생처럼 아버지를 알지 못하는 아이를 임신한 채 거리로 나선다. 여성의 삶이 운명처럼 반복된다는 점을 드러내주는 작품이다.

박해엽의 「미소로 끝난 대화」(『여원』, 62.2)는 자궁암인 어머니를 떠나보내는 과정을 그린 작품으로 피빨래 묘사가 실감나는 작품이다. 이 작품 역시도 유부남과의 관계가 사랑인지 불륜인지 애매한 상태에서 주인공 혜원이 수술비를 그에게서 빌리려는 순간 매춘이 되어버리는 상황을 다루었다. 사랑이 아니라 매춘으로 변해버린 관계를 시니컬하게 바라보게 된 그녀는 호텔을 뛰쳐나와 거의 환각상태에서 교통사고로 죽게 된다.

이 작품들은 불안해진 결혼제도 속에서 성과 사랑, 결혼의 관계를 고민하는 여성들의 모습을 보여준다. 전후의 상황에 대한 여성적 체험이라 할 수 있는 주제인데, 결혼제도의 안정성이 회복되거나 혹은 완전히 제도 밖으로 탈출하는 어떤 선택도 하지 못하고 있다는 점이 특징이다. 그 때문에 여성들의 심리적 정황은 불안으로 그려지고 있다.

전후 상황에 대한 여성적 체험의 또 다른 모습은 고아나 처녀 가장이 된 여성의 가난과 실업의 문제를 다룬 작품으로 드러난다. 이난숙「빙하시대」(『여원』, 63.1), 김정숙의 「우계」(『여원』, 69.1), 이윤희의 「낯선 거리」(『여원』, 69.2) 등이 대표적인 작품이다.

이난숙의 「빙하시대」(『여원』, 63.1)는 플롯화가 덜 되고 문장도 거칠다는 심사평을 받았다. 그러나 월남한 가난한 처녀 가장의 이야기로 전후 여성의 경제적 상황을 보여주는 전형적인 소재로 보인다. '나'(송윤숙)는 신경통을 앓는 어머니와 상이군인인 남동생을 부양해야 하는 처녀 가장이다. 생활고를 이기지 못해 빠여급으로 취직하려던 나는 겁탈당할 상황에서 도망쳐 나온다. 그러나 집으로 돌아온 나를 기다린 소식은 남동생이 사고로 사람을 죽였다는 어이없는 소식과 어머니의 죽음이다.

김정숙의 「우계」(『여원』, 69.1)에 등장하는 주인공 '나'는 인기 성우 신혜빈이다. 그녀는 파산지경인 지방출판업자의 가난한 맏딸로 생활을 위해 시도 사랑도 가질 수 없는 우울한 현실에 처해 있다. 그녀는 시인으로 등단한 문을 오랫동안 사랑하지만 그러나 그 역시도 현실적인 선택을 앞두고 있어서 두 사람은 감정을 확인하면서도 서로의 현실적인 삶으로 이끌려 간다. 줄거리는 상투적이지만 서술 방식의 새로움이 돋보이는 작품이다. "우리들의 감정을 이렇게 지금 유리컵에 붓고 싶구나. 그래서 그 감정의 농도, 색채, 온도 등의 정확한 실체를 느끼고 싶구나"(150면)라는 문(文)의 말처럼 이 소설은 '나'의 내적 감정을 드러내는 데 충실하다. 그와의 이별조차도 사건이기 보다는 감정의 흐름으로 다루어진다. "열시 반은 넘어 있었다. 곡예를 하듯이 몸짓들이 내 앞에서, 옆에서, 뒤에서, 옆에서, 앞에서, 뒤에서 흐느적거렸다. 밤차를 타야지. 머리가 어지럽다. 밤차를 타야지."(151면) 그녀의 어지럼증과 고향 바닷가로 돌아가고 싶은 욕망이 비오는 거리에서 어지럽게 흔들리는 서술로 이 작품은 끝을 맺고 있다.

이윤희의 「낯선 거리」(『여원』, 69.2)도 앞의 작품과 유사하게 생활고로 대학을 중퇴하고 잡지사 기자로 취직한 '나'(경원)의 가난과 불안을 다룬 작품이다. 나는 "날씨가 흐려지면 으레 신경통처럼 와닿는 불안"(338면)을 안고 사는 인물이다. 그녀의 불안이 생활고나 실업에 대한 두려움같은 현실적 고민에서 기인하는 것인지 내면적인 고독에서 비롯되는 것인지 명확하지는 않다. 그러나 "견딜 수 없는 불안의 확산, 내 표정을 받아들인 그의 몸짓에서 나는 그것을 감지 할 수 있었다"(337면)는 표현처럼 불안이 확산되고 있는 상황임은 짐작할 수 있다. 주인공 '나'는 반강제적으로 출판사를 사직하게 되는데, 친구인 형식이 그 자리를 얻기 위해 뛰어가는 환영을 본다. 형식은 자신에게 공부를 포기하지 말라며 취직을 반대했던 인물이며, 그녀가 사랑했던 사람이지만 그 역시 동류의 인생임을 그녀는 느끼고 있는 것이다.

 이 작품들은 여성의 체험과 깊은 관련을 맺고 있다. 그러나 이 주제에 대한 심사위원들의 평가는 지나치게 자기 경험을 드러내서 수기류 같다거나 소설적 구성이 덜 되었다는 평가가 주를 이룬다. 곽종원은 "후보에 오른 12편은 대부분이 작자들의 경험을 토대로 한 수기 비슷한 인상이 짙었"(심사평, 67.1, 308면)다고 평가하면서 소설적 구성을 요구하였다. 플롯화는 심사평에서 자주 등장하는 판단의 기준이었다. 그래서인지 초기의 작품들은 1인칭보다 3인칭을 선호한다. 체험과의 거리두기를 보여주려는 강박적 선택이 아닌가 싶다. 그에 비해 1960년대 후반으로 갈수록 1인칭 서술상황이 강화됨을 알 수 있었다. 자전적인 것에 대한 폄하 분위기와 자기 경험의 드러내기 사이에서 흔들리고 있음을 엿보게 된다. 전면적인 자기 드러내기를 하지 못하고 무엇인가 객관화에 대한 억압적인 글쓰기를 보여주지만 그럼에도 불구하고 자신의 삶에 대한 비평적 거리보다는 의식적이든 무의식적이든 '경험의 드러내기'가 더 두드러져 보인다.

2) 욕망의 발견과 불안

여류현상문예 작품에 등장하는 여성들은 감정적으로 불안하고, 낭만적인 정서를 드러내고 있다.[10] 위의 작품 분석에서도 부분적으로 언급하였지만 이 작품들의 정서적 특징은 불안과 낭만적 세계인식으로 특징지울 수 있다. 성과 사랑, 일, 생계 모든 것이 불안한 상황에서 여성들이 자기 현실을 인식하는 방식의 특징은 낭만적 정서로 판단된다.

박기원의 「귀향」(56.1)은 주인공 인규의 허무, 불안 의식을 다룬 작품이다. "사상적으로 행동할 수 없는"(258면) 자신 때문에 해방후 일본으로 밀항을 한 인규는 다시 구라파로 떠나려던 상황에서 고국의 전쟁 소식을 듣는다. 얼마 후 선희의 죽음에 대한 소식을 그녀의 동생으로부터 듣게 된다. 그가 조국에 두고온 여인 선희는 그에게는 "마치 제 혼과 몸의 일부인양, 언제나 제 속에 자리잡고 있는"(260면) 존재인데 "조국과 선희에 대한 감정을 똑같이"(260면) 마음에 담고 있는 것으로 그려진다. 그런 선희의 죽음으로 인규는 귀향을 하게 된다. 그녀의 일기를 통해 그는 그녀의 삶과 "감정의 세계"를 읽게 되는데, "밀물같이 밀렸다 흐터졌다 하는 이 감정! 발작적으로 허전하고 불안하고 원망스럽고 또 허무하고!"(264면)라고 쓰여진 그녀의 일기는 그의 감정을 우회적으로 보여주는 것이기도 하다. 그녀의 무덤을 찾고는 다시 떠나는

---

[10] 「(특집) 여성의 불안」(『여원』, 62.3)에서는 '여성이 남성보다 더 많은 불안을 갖고 있다'는 키에르케고르의 견해를 소개하면서, 사춘기의 불안, 연애·결혼, 임신·출산 등 더 많은 불안 요소를 가지고 있다고 지적한다.

인규의 마음은 "큰 일을 치른 것같은 홀가분한 마음과 함께 무언지 더 했어야 할 것같은 께름직한 마음이 피곤과 함께 억압"(266)하는 느낌이다.

알 수 없는 불안, 허무, 발작적 감정 등은 이 시기의 여성소설에서 두드러지는 정서로 보인다. 작품들은 이러한 여성인물의 자기 감정을 발견하는 과정을 다루기도 하는데 최예순의 「탈각」(『여원』, 57.1)은 특히 감정의 발견이라 할 만한 주제를 다루고 있다. 백철은 선후평에서 "주제는 서구의 근세 문학에 흔히 볼 수 있는 것이지만 그것을 전개한 심리 수법은 퍽 새롭다"(232면)는 평을 내리고 있다. 주인공 '연이'는 엄격한 집사 아버지 밑에서 교회당에 갇혀 살다시피 성장한 인물이다. "열아홉이라는 나이가 들 때까지 교회당의 높은 천장에서 비치는 고색(古色) 보랏빛 그늘에서만 살아온"(229면) 연이는 "일년 열두 달 검정 양복밖에 모르는 아버지"(229면)의 감시 하에서 감정이라는 것을 전혀 모르고 살아 왔다. 그녀의 아버지가 그녀에게 지나치리만큼 엄격한 이유는 집을 나간 아내 때문이다. "금전과 애욕에 눈이 어두어"(232면) 집을 나간 아내는 현재는 다방 마담이 되어 남자들 사이를 누비고 있다. 그러던 어느날 연이에게 사랑의 편지가 도착했고, 그로 인해 연이는 새로운 감정에 눈 뜨게 된다.

> 『이 세상에는 제가 모르는 곳에 더 뜨거운 것이 숨을 쉬고 있는 것 같애요』『게 뭐냐』『저도 몰라요. 아버지는 저에게 그런 것을 가르쳐 주지 않으셨어요.』『너는 하느님의 딸이 아니냐』『아냐요. 사람의 딸입니다.』(238면)

'더 뜨거운 것'이라고 표현되는 사람의 딸로서 가지는 감정을 발견한 그녀는 결국 아버지의 집을 떠난다. 그녀의 어머니가 그랬던 것처럼. 감정의 발견은 이 시기 여성 작가들의 주된 관심이었을 것이다.

'불안한 감정'과 '뜨거운 것'이라 표현되는 여성의 감정은 흔히 여성의 센티멘탈리즘으로 해석되고 비판되는 여성문학의 특징이다. 그러나 이러한 정서의 구조가 드러나는 이유는 무엇일까. 내적 욕망의 발견 때문으로 보이는데 억압된 욕망을 발견하지만 실현될 수 없는 현실적 조건은 여성이 욕망을 발견하는 것 자체를 불온한 것, 불안한 것으로 만들어버린다.

홍징자의 「총명의 종말」(『여원』, 61.2)은 파괴적인 열정을 지닌 언니의 삶을 동생의 시선으로 바라본 작품이다. 동생은 상식적인 시선을 지닌 인물이고 언니는 사랑에도 감정에도 솔직하고 충동적인 인물이다. 언니의 삶이 파괴되어 가는 과정을 현실적인 감각의 동생의 시선으로 그려내고 있다.

최정숙의 「공원근처」(『여원』, 62.1)는 1인칭 소설로 아직 구성은 어색하지만 '나'의 내면풍경을 탐구하는 새로움이 있다. 공원에서 만난 사람들은 물에 빠져죽으려 했던 소녀와 죽은 애인이 자살한 장소인 공원을 찾아온 남자 등이다. 이들에게 느끼는 묘한 유대감은 허무, 고독, 죽음 충동을 투영한다. '나'(성아)의 상황은 유부남과의 사랑과 이별로 인해 깊은 상처를 받은 상태이다. 어두운 밤 공원에서 엄습하는 죽음의 공포에서 주인공은 퍼뜩 삶의 욕망을 향해 뛰어나온다. '타나토스' 죽음의 공포에서 비롯되는 생의 열망을 그려내서 "현대적인 감각", "감정의 세계가 넓고 다채로왔다"(235면)는 심사평을 받았다.

김채숙의 「늪 주변」(『여원』, 64.1)은 독특하게 섹슈얼한 욕망을 깨달아가는 과정을 보여주는 작품이다. 이국적이고 늪같이 축축한 이미지로 그려진 '석현'은 외국여자와 사는 이국적 이미지의 동경의 대상이다. 주인공 상희는 그를 사랑하게 되고 그와 함께 떠날 것을 결심한다. 그러나 언니의 방해로 오해한 채 헤어지게 된다는 간결한 줄거리이다. 작품은 욕망을 이미지하는 데 집중하고 있으며, 어느 정도 성공한 것으로 보인다.

박혜숙의 「진공지대」(『여원』, 66.1)는 고3인 딸의 시선으로 부모의 갈등과 애증의 관례를 그려낸 작품이다. "부모간의 불화의 원인을 경제적인 면과 성격적인 면 내지 육체적인 면에서 설정한 것은 치밀한 계획"(194면)이라는 평가를 받았다. '나'는 '도미노'(都美魯)라는 '튀기'같은 이름을 가지고 있는데, 이 이름은 엄마의 소녀적 취미가 만들어낸 천박한 이름이었다. 불행하게도 이런 이름을 달고 평생 살아가게 된 '나'의 시선으로 그려진 엄마는 사치와 낭비, 자신의 아름다움을 찬양해줄 남자가 필요한 인물이다. 엄마를 창녀시하는 자신에게 몸서리쳐지기도 하지만 엄마는 그런 사실을 전혀 모른다. 언제나 과장된 자기 감정에 충실한 그녀는 "감정을 연극배우처럼 겉치레로 풀로 붙인 것처럼 달고만 있어서 조금만 눈여겨 보면 그 진의를 대번에 알아낼 수 있었"(201면)는데, 마흔 세살의 나이에도 전혀 어른이 되지 못 하기 때문이다. 그러나 대학생이 된 나는 어느날 아버지의 방 앞에서 사랑을 구걸하는 엄마의 모습을 보게 된다. 감정적이고 나약한 엄마와 성적 육체적으로 엄마를 거부하는 아버지의 무언의 학대를 알게 된 순간 '나'는 엄마에게 여자로서의 깊은 연민을 느끼게 된다. 결국 엄마는 자살하게 되고 엄마를 죽이고 싶을 만큼 사랑했다는 아버지의 고백으로 끝을 맺는다. 성적 갈등을 다루었다는 주제적인 측면보다 이 작품에서 흥미로운 부분은 엄마의 '감정'에 대한 성격화이다. 감정의 과잉이라고 할 수 있는 이러한 인물의 성격화는 여류현상문예 작품들이 발견하는 여성성의 일단을 보여준다. 자기 욕망에 대한 드러냄이 현실적 성찰의 매개없이 개인적 불안과 감정의 과잉으로 표현될 수밖에 없는 인물에 대한 발견이라는 점이다.

박진숙의「부재」(『여원』, 70.1)는 "이야기 줄거리라는 것도 별로 없다. 그러나 그 심리적이면서도 감각적인 문장과 능숙한 어휘구사, 관찰력, 훈련된 감수성, 개성적인 표현들만으로도 충분히 독자를 끌고가서 재미도 준다"(208면)는 평을 받았다.「진공지대」가 자신의 욕망을 감정의 과잉으로 표현할 수밖에 없는 인물을 연민의 시선으로 그려냈다면, 이 작품은 여성간의 매개와 성찰이 좀더 진전된 소설이다.

이 작품은 "양장점에 들어가보고 싶어진 것은 순전히 그 쇼오파의 탓이었다"(214면)는 신선한 도입부로 시작된다. "고달픔과 더위, 그 답답한 더위, 내가 느끼는 것은 현기가 아니라 더위였고 끈적거리는 땀내로 견딜 수 없어했다"(218면)는 표현처럼 갇혀 있는 여성의 심리적 정황을 표현하는 서술방식이 주목된다. 주인공 '나'(기영)는 가난한 고학생으로 가정교사 겸 가정부로 김선생집에서 아르바이트를 하게 된다. 홀아비인 김선생을 사랑하게 된 그녀는 마음을 접기 위해 고향으로 돌아가지만, 그곳에서 만난 '양장점 마담'을 통해서 자신의 상황을 다시 바라보게 된다. 아직은 미숙한 부분이 있지만 사랑의 갈등과 귀향, 개심 모티프는 신경숙의「풍금이 있던 자리」를 연상시키는 구조여서 매우 흥미롭다. 주인공이 고향에서 만난 양장점 마담은 일류대학을 나와 독신으로 사는 고독한 인물이다. 이 인물의 유폐적인 삶과 고독은 '나'로 하여금 다시 생활로 돌아가겠다는 결심을 하게 만든다. 게으르고 늘 소설인가 희곡인가를 끄적거리는 양장점 마담의 삶은 '나'의 도피적인 마음을 되돌리는 계기가 된 것이다. "그렇다 내 휴가는 여기에 없다. 한 눈을 팔고 있다 시방 나는. 나의 진정한 휴가는 이 포도나무 아래에, 기숙이의 방안에, 다크 그리인의 소오파에 아무데도 없다. 저 넌더리나던 생활, 그 생활 속에, 보이지 않는 건강한 시(詩) 속에 나의 휴가는 있었던 것이다"(225면)라는 마지막 대목에서 '나'는 생활로 돌아가 다시 싸울 각오를 다진다.

인물들이 나의 내적 시각으로 그려지고, 모든 관계도 '나'의 시각에 의해서만 서술된다. 그리하여 내적 풍경이 강화된 서술상황이 만들어진다. 1인칭 서술상황은 사건보다는 주인공의 내적 발견을 용이하게 하는 서술방식이다. 1인칭 서술상황을 선택하여 이 작품은 여성의 자기 성찰이 가능한 서사구조를 만들어내는 것이다.

이 작품들을 살펴 보면, 아직 미숙한 작품들도 있지만 흥미로운 사실을 발견할 수 있다. 수필분야가 중간에 슬그머니 공모 장르에서 빠진다거나 심사평은 문장 표현과 소설적 구성에 대한 요구가 중심을 이루는 등[11] 여성의 자기 고백적 글쓰기의 특징에 대한 부정적 평가 속에서도 얼핏 얼핏 여성의 욕망에 대한 표현 욕구들이 등장한다는 점이다. 언니의 파괴적 열망을 다룬 「총명의 종말」이나 '늪'이라는 이국적

---

11) 장르 서열이 시대 권력에 따라 재편된다는 분석은 하루오 시라네·스즈키 토미, 왕숙영 옮김, 『창조된 고전』, 소명출판, 2002, 23~30면. 여류현상문예 공모장르 중에서 수필이 빠지고 시조가 신설된 경우도 이러한 장르 서열의 재편과 관련이 있다. 시조부흥운동과 민족주의의 관련에 대해서는 추후 재해석이 필요한 부분이다.

인 신비함으로 이미지화된 여성의 성적 욕망을 다룬 「늪주변」뿐만이 아니라 현상여류소설 전반에 드러나는 '불안' 의식 역시도 여성의 실존적, 상황적 불안에 대한 인식12)이 시작되고 있음을 말해준다. 억압되어 있던 욕망의 발견 자체가 불안 혹은 감정의 과잉으로 드러날 수밖에 없기 때문이다. 그렇다고 자기 경험의 전면적 드러내기로 진전되지는 못 한다. 『여원』 역시도 기존의 문학제도와 같은 남성적 시선을 지니고 있으며 그러한 시선으로부터 자유롭지 못하기 때문이다. 특히 감정의 과잉에 대해서는 감상성에 대한 비판에 압도되어 여성의 불안의식이나 감정의 구조에 대한 객관적 평가를 어렵게 만든다. 여성이 남성적 서사의 모방을 그만두고 여성적 글쓰기를 시작하기에는 아직 여성작가들은 제도의 힘에 눌려 있는 상태에 있다고 판단된다. 「부재」의 경우 여성들간의 관계에서 자기 발견을 해나가는 구조를 발견할 수는 있지만 성찰의 내용이 모호하고 무조건 현실로 돌아가서 열심히 살자는 상투적인 결말로 회귀하고 있다. 여성의 관계 속에서 성찰하기보다는 아직은 외적인 시각 혹은 남성적인 시각에서 여성의 욕망을 바라보는 상태에 있다고 판단된다.

4. 주부 담론과의 균열과 갈등

여류현상문예 작품의 특징을 이 시기 『여원』의 중심 담론과 비교해

---

12) 「특집 여성의 불안」(『여원』, 62.3)에서는 여성의 불안을 생애주기로 설명하고 있는데, 이는 삶의 불연속성에서 오는 여성의 실존적 불안에 대한 이해가 시작되고 있음을 말해준다. 상황적 불안은 전쟁의 상처 전후의 가난을 떠맡게 된 여성의 상황과 같은 사회적 상황에서 오는 불안을 의미한다.

본다면, 여성들의 글쓰기가 '알뜰 주부'의 역할이나 성격과는 상당한 차이가 있음을 알 수 있다. 작품이 드러내는 여성의 체험이나 감정의 특성은 알뜰 주부의 과학성·합리성과도, 내조를 잘하는 따뜻하고 현명한 아내와도, 적극적 교육자로서의 어머니와도 무관해 보인다. 이런 현상을 어떻게 설명할 수 있을까.『여원』의 중심 이념이 이 시기의 남성중심의 지배 담론과 관련되어 있다면, 여성들의 글쓰기는 그러한 지배 담론과 충돌하고 있다는 해석이 가능하다.『여원』담론을 이끈 필자들이 주로 남성이었다는 사실13)과도 무관하지 않을 것이다.

『여원』(1955.10~1970.4)과 『여상』(1962.11~1967.11)은 195·60년대의 여성 혹은 여성성을 상징하는 대표적 잡지라 할 수 있다. 전쟁으로 절대성이 흔들리기 시작한 여성성을 재규정하고 급속한 산업화에 적합한 여성상을 담론적으로 구성해내는 데 중심적인 역할을 한 잡지이다.14) 그 중에서도『여원』은 여성을 '주부'라는 새로운 호칭으로 명명하고, 1960년 1월호에 가계부를 최초로 부록으로 제공하면서, 이후 가계부 쓰기를 전파하기도 하였다. '알뜰', '교양', '합리' 등을 모토로 삼으면서 가정주부상을 이상적 여성상으로 제시하였으며, 수기공모와 여류현상문예당선작 등을 통해 기성문학제도와는 또 다른 여성 등단 제도로서의 역할도 하였다.

---

13) 창간 이후 8년 동안 동원된 필자의 연인원수는 8902명, 이들 중 남성이 6479명, 여성이 2423명으로 남성필자가 73%, 여성필자가 27%를 차지한다.(『여원』 100호 기념,「『여원』의 분석과 통계」, 63.12, 109면) 문학 분야 필자가 주로 여성이었던 것을 감안하면 실제 담론의 필자는 대부분 남성이었을 것이다. 이러한 필자 비율은 1960년대 후반으로 갈수록 여성 필자가 조금씩 늘어나는 것으로 보이지만 담론의 주 필자가 남성이었음에는 변함이 없다.
14)『여원』(1955.10~1970.4)은 학원사에서 발간하다가 1956년 6월부터 여원사를 설립 발간하였으며,『여상』(1962.11-1967.11)은 신태양사에서 발간하였다.『여상』은 1968년 2월호까지 발간된 것으로 기록된 자료도 있으나 1967년 11월호까지 구득할 수 있었다.

잡지를 분석할 때 가장 큰 어려움은 다양한 관점들이 혼재되어 있다는 점이다. 우리의 일상을 반영하듯 잡다한 기사들이 공존한다. 따라서 잡지가 단일한 중심담론으로 구성되어 있다는 판단은 위험하다. 실제 15년 동안 매월 발간된 잡지가 단일한 목소리일 수 없으며, 단일한 이념으로는 많은 독자를 수용할 수도 없다. 두드러지는 특집들만 보아도 새로운 가족윤리나 직업여성 담론, 여성해방이론의 소개(시몬느 보봐르, 베티 프리단 등의 여성해방 이론도 소개되고 있다.), 성담론에 이르기까지 다채로운 기사들을 볼 수 있다. 그럼에도 불구하고 담론들의 겹층들이 충돌해가면서 어떤 경향성을 만들어갈 때 우리는 『여원』이라는 텍스트에서 쇠퇴하는 이념과 부상하는 이념 그리고 중심 이념의 부침과 형성과정을 읽어낼 수 있다.15)

어떠한 이념적 경향성으로 중심 이념을 구성해가는가를 보았을 때 가장 두드러지는 것이 주부 담론이다. 1961년 8월호를 예로 들어 보면 이러한 경향성을 엿볼 수 있다. 이 호에는 「현대 프랑스 여성의 고민」이라는 기사에서 프랑스의 남녀평등이념과 성의 자유 등을 소개하며, 시몬느 보부아르의 『제2의 성』을 소개하고 있다.16) 그러나 연이어서 5·16 혁명의 혁명정책을 반영한 「주부생활의 재검토 10장」이 특집으

---

15) 레이몬드 윌리엄즈는 문화의 이념을 분석하는 개념으로 쇠퇴하는 이념과 중심이념, 부상하는 이념의 충돌과 경쟁으로 분석한 바 있다. 이 글의 분석은 이러한 분석틀의 도움을 받았다.(레이몬드 윌리엄즈, 이일환 역, 『문학과 이념』, 문학과지성사, 1982, 152~159면)
16) 1961년 7월호에는 「(생활의 지혜③)베티 후리댄: 여성으로서 할 일」이라는 기사에서 중산층 여성의 우울증과 공허감에 대해 설명하고 있다. 여성의 진정한 해방은 "그것은 자신에게 물어봐야 하고 딴 사람의 경험도 소용이 없으며, 모방할 모델도 없기 때문에 처음부터 자신이 그 해답을 구해야만 한다. 그 해답을 남성의 세계에서 구하려 할 필요도 없고 여성의 세계에만 얽매일 필요도 없다"(97면)는 그녀의 이론을 소개하면서 여성의 자아 찾기를 역설한다.

로 이어진다. 특집에는 "우리의 생활을 혁명하는 것은 주부의 임무"라고 강조하면서 절약과 애국심, 준법정신과 애국심, 봉사와 애국심을 주장한 정충량의 글과 위생지식 부족, 근로정신 부족, 독립정신 박약, 성교육 부재로 인한 인구증가 등의 민족성의 문제를 개선하기 위해 주부들이 노력해야 한다는 의학박사 유병서의 글, 그리고 박기원, 손소희, 박화성, 조경희 등 문인들이 주부들에게 주는 생활개선 제언이 실려 있다. 앞의 기사와 이 특집은 서로 충돌하지만 잡지라는 특성 때문에 쉽게 받아들여진다. 이처럼 애국심과 관련된 '주부 담론'은 1961년을 기점으로 부각되기 시작해서 구체화되고 확산된다. 담론을 자연화하는 방식도 노골적인 애국심에의 호소보다는 점차 '행복'의 조건으로 세련되어진다. 행복의 조건에는 '가족계획'[17]도 포함되어 있으며, 주부와 가장, 아이들로 구성된 핵가족을 새로운 이상적 가정으로 등장시킨다. 이러한 새로운 이상적 가족 이미지는 '스위트 홈' 즉 '행복'이라는 기표로 포장될 때 자연화되고 내면화될 수 있다. 1964년부터 실시된 『여원』사 제정 '홈 송 가사현상모집'과 '생일노래공모' 등도 주부담론과 이상적 가족 이미지를 내면화시키는 장치들이라 볼 수 있다.

  핵가족에서 주부의 역할은 살림과 내조, 아이들 교육으로 구성되며 —직업을 가진 주부들도 주부라는 정체성은 동일하기 때문에 죄의식을 드러내거나 질책하는 글들이 자주 실린다— 이 역할들은 과학적이

---

[17] 「(특집)가족계획에 대한 긴급동의」(1969.9)에서 한국남은 맬더스의 인구론 즉 인구는 기하급수적으로 증가하는데 식량은 산술급수적으로 늘어난다는 이론을 소개하면서 산아제한의 필요성을 역설하고 있다.(「국민에서 방법과 도구를 다오」) 그 외에도 홍순창, 한일영 등 의학박사의 피임방법에 대한 글이 실려 있고, 편집부의 글에서도 재건운동 본부의 16개 실천안 가운데 가족계획이 중요하다고 소개하면서 피임법을 자세히 알려주고 있다.

고 합리적으로 이루어져야 한다. 과학성과 합리성은 지적 교양을 지닌 새로운 교육계층 여성들을 주부역할에 만족할 수 있게 하는 또 다른 장치가 되는데, 주부의 역할을 잘하기 위한 다양한 지식뿐만 아니라 이상적 주부 모델이 제공되기도 한다. 「(연재 르뽀르따쥬)살림 잘 하는 주부」가 그 예로 1964년에서 1965년에 걸쳐 연재되기도 한다.

주부 담론과 관련하여 좀더 심화된 논의가 필요한 부분은 '행복', '과학성과 합리성'이라는 내면화 장치와 '전통'과의 만남이다. 어머니의 역할, 내조의 기법 등이 특집으로 다루어지는 등 주부의 역할과 성격에 대한 논의들이 점차 강화되는 경향과 함께 눈에 띄는 기사들은 신사임당과 전통적인 모성을 부각시키는 담론들이다. 「전통의 발판 위에 서라」(『여원』, 63.2)라는 특집으로 주부들이 전통만을 고집하는 것도 혁신만 하려는 조급함도 버려야한다고 지적한다. 민족적 자각과 세계문화의 조류를 함께 이해할 때, 즉 전통의 재해석이 이루어질 때 진정한 혁신이 이루어진다는 주장은 민족주의 국가 이념을 형성하는 과정과 맞물려 있다.

급속한 근대화를 택한 박정희 정부는 서구화와 정체성 혼란을 막을 수 있는 내적 영역의 형성 전략이 필요했을 터인데, '민족적 민주주의'라는 기묘한 민족주의를 강조하면서 민족의 '전통'이 서구화에 대응해서 지켜야 할 무엇이라는 전통의 창조에 착수하게 된다. 지켜야 할 그 무엇인 '전통'은 무한경쟁에 돌입한 남성이 아니라 여성이 지켜야 할 덕목으로 젠더화되고, 그리하여 여성은 '전통'이라는 이름으로 호명되는 것이다. 일본이나 중국, 한국의 지식인들이 만들어내는 동양적 정신에 대한 수많은 담론들은 '전통'이라는 이름으로 서구 제국주의와의 경쟁에서 불안해진 정체성을 안정적으로 만들려는 노력의 서사적 반영에 해당한다.[18] 신사임당이 민족의 어머니로 만들어지는 과정과 여성이 전통의 담지자로서 민족혼의 비유로 신비화되는 과정이『여원』에서도 점차 드러나기 시작한다. 그간 전통의 창조에 대한 논의들이 진전시켜왔던 분석처럼 전통은 현재에서 과거로부터 불러오는 담론이지 실제 과거의 사실이 아니다. 결국 과거가 아니라 당대의 여성성을 무엇으로 규정하는가를 말해주는 근거라고 볼 수 있다. '민족의 어머니'라는 상징적 이미지와 '과학적 합리적 알뜰주부'의 현실적 이미지가 여성성을 구성하는 주요한 두 이미지로 보이는데, 개인의 성공 혹은 개별 가족의 성공을 지향하는 주부와 국가적 역할을 강조하는 민족의 어머니는 서로 충돌하는 이념임에도 불구하고 마치 화해로운 역할처럼 그려진다. 그러나 1950·60년대의 잡지인『여원』에서는 아직은 민족의 어머니 담론은 부상하는 이념이라 판단된다. '알뜰 주부' 담론이 중심 이념으로 형성되는 한편 새로운 전통 담론들이 부상하는 상태라 볼 수 있다.

초창기부터 고정 포맷으로 변함없이 다루어진 기사가 의식주 생활 개선을 위한 '생활기사'라는 점도 중심 이념과 관련이 있는 부분이다. 부엌 개량에서부터 옷 만들기, 합리적인 식생활, 원예에 이르기까지 다양한 살림살이의 지혜가 제공되고 있다. 특히 옷 관리법이나 칼로리 계산법, 부엌의 개량 등에 대한 자세한 수치의 제공은 살림살이가 어떻게 과학과 연결되는가를 잘 보여준다. 어떤 독자를 대상 독자로 삼

---

[18] 민족주의 서사가 중산층 여성을 여성성의 중심으로 불러내는 이유에 대해서는 졸고, 「젠더 정치와 민족간 위계만들기」,『여성문학연구』15호, 한국여성문학학회, 2006. '2장 민족주의 서사와 여성성의 재구성' 참조.

고 있는지 분명히 드러나는 특징이라 할 수 있다. 새로운 교양 계층인 주부가 주 독자층이라는 점은 '식모'에 대한 기사에서도 뚜렷하게 나타난다. 1958년 8월 좌담회 「식모: 생활개선을 위한 주부들의 공동연구」에서는 식모들의 인권 보호와 처우 개선, 합리적인 관리 방법 등을 논의하고 있다. 오랫동안 연재된 만화 정운경의 왈순 아지매 역시도 '식모'의 시각에서 '중류 주부'의 허영심을 경계하는 내용이 주를 이루고 있다. '식모'라는 타자의 시선으로 바람직한 '주부'상을 구성하는 것이었다. 또한 1968년 '살림 잘 하는 주부상'을 제정하여 1970년 폐간까지 3회 수상자를 내기도 한다. 이 상은 그간 『여원』이 전개한 가계부 적기 운동의 결실로 만들어지게 되었다.

『여원』의 현상문예작품들은 이처럼 중심 담론으로 부각하는 주부 담론과는 충돌하지만 아직 여성의 자기 발견의 서사로는 진전되지 못한 여성문학의 맹아라 볼 수 있다. 이들의 작품 경향이 문학제도 안에서 발전하지 못하고 아마추어리즘으로 점차 소진되어 가는 현상도 이러한 중심 담론과의 갈등과 무관하지 않을 것으로 보인다. 물론 여성의 쾌락이나 자기 욕망의 복원만이 여성문학이라고 주장할 수는 없다. 그러나 다양한 여성적 글쓰기의 가능성이 어떤 부분에서 침묵되고 어떤 부분이 허용되는가에서 침묵은 말해지는 것보다 훨씬 더 많을 것을 말해주기도 한다. 이러한 현상에서 우리는 여성들의 존재적, 상황적 불안이나 여성적 욕망의 발견 등이 전후 텍스트 공간으로 떠올랐다가 다시 순치되는 과정을 겪고 있음을 읽어낼 수 있다. 그럼에도 불구하고 체험의 드러내기나 욕망의 발견 등 자기고백적 글쓰기의 특징을 보인다는 점에서 이 작품들은 '여성적 글쓰기'의 초기 단계라 볼 수 있다.

또한 장르적 특징에서는 수필이나 수기류와 혼동되는 장르해체적 특성도 엿볼 수 있다. 그러나 장르 위계 속에서 수필이나 수기류는 시나 소설에 비해 하위 장르로 인정되었고, 자연스럽게 여성들의 글쓰기도 하위 위계로 평가된다.

195·60년대 여성에 관한 중심 담론을 이끌었던『여원』의 여류현상문에 당선작들을 분석해 보았을 때, 자전적 경향이나 기존 제도와의 충돌 등을 확인할 수 있었다. 특히 소설이 수필이나 수기류와 경계를 넘나드는 특성이 이후 여성적 글쓰기의 장르로 어떻게 정착해가는가를 추적 분석해 본다면 한국문학에서 여성적 글쓰기의 한 특징을 설명할 수 있을 것이다.

1960년대 연애소설 연구
– 『여원』 연재소설을 중심으로

송 인 화

1. 1960년대와 연애소설

본 고는 1960년대 『여원』에 연재된 여성작가들의 연애소설을 대상으로 사랑이야기가 구조화되는 방식을 당대 연애담론과의 관계 속에서 살펴보고자 한다. 1960년대는 연애소설의 시대라 할 만큼 연애를 소재로 한 소설들이 특징적으로 많이 창작되었다. 여성작가의 경우 연애를 소재로 하지 않은 작품은 거의 찾아볼 수 없을 정도로 '연애'가 차지하는 비중은 매우 크다. 이는 기존의 논의에서 지적되는 것처럼 단순히 대중성의 확장이라거나 남성중심적 이데올로기에 포획된 결과로만 해명하기는 어렵다. 그러기에는 급격한 늘어난 연애소설과 또 여성독자들의 지속적인 독서경향을 모두 해명하기 어렵다. 따라서 1960년대에 연애가 무엇인가 하는 연애에 대한 사회 문화적 이해가 먼저 필요한데, '연애'는 사회나 역사를 초월하는 초시대적 감정이 아닌, 당대 사회, 문화, 정치적 담론과 그들의 긴장 관계 속에서 형성되는 복합적인 문화구성체이다.[1] 따라서 문화구성체로서 '연애'가 구성되고 일상에 구조화되는 방식은 시대와 문화적 상황에 따라 다르게 나타나며 사회적 담론들과 중층적으로 교차하는 긴장 관계를 맺고 있다.

이러한 점에서 '연애'가 1960년대 담론, 특히 개인 주체를 구성하는 교양담론의 중심에 위치하게 된 것은, 또한 지속적으로 대중적 수용력을 갖게 된 것은 당대 근대화 과정과 밀접하게 연관되어 있다. 1960년대가 국가주도적 근대화프로젝트에 의해 압축적 경제개발이 진행됨으로써 다기한 모순을 노출했지만, 대중의 생활 현실 곧 일상의 영역에서 근대성이 구조화되었다는 점에는 이견이 없다. 도시화와 임노동자의 증가, 사생활의 중시와 개인 및 자유에 대한 이념의 등장, 중산층이라 명명할 수 있는 경제, 사회적 계층의 증가, 핵가족화, 그리고 공/사 영역의 구분 및 성역할 분리의 강화 등 생활의 영역 속에서 근대성의 징후들이 드러났고 '연애'는 이러한 요건들을 배경으로 그것들과의 관계 속에서 구성, 재생산되었다. 이러한 과정에서 근대적 구성체로서의 '가정'과 '모성'이 등장하고 여성은 사적영역인 가정에 한정된 삶을 살게 된다.[2] 자본주의적 근대의 징후들이 일상적 삶의 구석까지 뿌리를 내리며 가족과 결혼은 물론 그것을 지탱하는 이념과 상징체계들을 제

---

[1] 이에 관해서는 앤소니 기든스, 배은경·황정미 옮김, 『현대사회의 성, 사랑, 에로티시즘』, 새물결, 1996; 재클린 살스비, 박찬길 옮김, 『낭만적 사랑과 사회』, 민음사, 1985; 『가족과 성의 사회학』, 박숙자 등 편역, 나남, 1995; 조혜정, 「결혼, 사랑, 그리고 성」, 『새로 쓰는 사랑이야기/, 또 하나의 문화, 1991; 조은·이정옥·조주현, 『근대가족의 변모와 여성문제』, 서울대학교출판부, 1997 참조.

[2] 일제강점기에도 '연애'는 중요한 문화코드였지만 대중적으로 구조화되지 않았다는 점에서 1960년대와 차이가 있다. 이전 시기는 소수 지식인 특히 여성 지식인들을 중심으로 한 선진적 이상으로 주창되었을 뿐 보편적인 생활을 구성하는 핵심적인 기제였다고 보기는 어렵다. 반면 1960년대 연애는 일반인의 생활현실 속에서 가족과 가정을 규율하고, 개인과 사회적 자아를 구성하는 일상적이고 대중적인 문화 코드로 나타났다는 점에서 보다 보편적인 영향력을 갖는다.

도화하는, 이러한 1960년대 근대화 과정에서 개인 주체와 자율, 자유의 이념을 내면화한 '연애'는 교양담론은 물론 근대적 주체 구성을 주제화한 당대 소설의 중심 서사로 자연스럽게 나타나게 되는 것이다.

나아가 1960년대 연애는 전통적인 집단의 가치 대신 개인의 선택을 중시하고 부모의 결정에 의한 강제적 결합이 아닌 자유로운 선택에 기초하며, 그러한 선택에 의한 연애가 결혼으로 이어지는 연애-결혼 관계를 형성하고 있다는 점에서 '낭만적 사랑'의 범주에 포함시킬 수 있다[3]. 그리고 그런 만큼 그것은 전근대적인 억압을 균열시키는 해방의 계기를 포함하고 있다. 낭만적 사랑을 통해 여성은 자발적으로 연애 대상을 선택하고, 그와 사랑하며, 결혼함으로써 근대적 주체로서의 체험을 확보하게 되는 것이다.[4] 더욱이 낭만적 사랑은 건전성의 윤리를 확보하고 있다는 점에서 생활 속에 빠르게 받아들여질 수 있었다. 그것은 연애와 결혼을 통합할 뿐만 아니라 성(Sexuality)을 결혼이라는 제도 안으로, 가정 안에서의 부부의 성으로 가지고 들어옴으로써 윤리적 명분을 획득하는 것이다.[5] 순결과 절제의 윤리성이 확보되고 이를 통해 '가정'이라는 새로운 공동체가 등장하면서 낭만적 사랑으로서의 1960년대 연애는 자본주의적 근대의 사랑으로 일상의 영역 속에서 공고한 위치를 갖게 된다.

이처럼 개인 주체와 근대의 이념이 내부 계기로 작동됨으로써 1960

---

[3] 기든스는 낭만적 사랑과 연관된 관념복합체가 등장하면서 사랑과 자유가 처음으로 결합되었고, 그 속에 자유와 자아실현을 결합시켜 가면서 18세기 이후 자본주의 근대의 특정한 사랑의 방식으로 존재하였다고 본다.(앤소니 기든스, 앞의 책, 84~85면)
[4] 송인화, 「1960년대 연애서사와 여성주체-정연희『석녀』를 중심으로」, 『한국문예비평연구』제25집, 한국현대문예비평학회, 2008.4
[5] 앤소니 기든스, 앞의 책, 84면.

년대 빠르게 부상한 연애는 그러나 여성에게 해방의 계기로만 작용하지는 않았다는 점에서 문제적이다. 1960년대『여원』에 나타난 연애담론은 여성들이 결혼 대상자를 선택하는 과정에서의 자율과 자유, 그리고 그러한 과정에서 확보되는 개인 주체의 체험까지만 인정하고 있다. 그보다 훨씬 압도적으로 정조를 여성의 전유물로 강조하고, 여성성과 남성성의 성별 경계 속에서 차별적인 성역할을 여성에게 강요함으로써 평등한 인격적 관계 속에서 정서적 유대감을 형성하는 진정한 연애를 인정하고 있지는 않다. 결혼 이후 여성을 상대로 한 연애담론은 더욱 보수적인데, 혼외관계인 외도의 원인을 여성의 성적 매력의 결핍이나 인내심의 부족으로 몰아감으로써 연애관계의 파탄 원인을 결정적으로 여성에게 돌리는 것이다. 특히 중산층의 욕망을 집약적으로 구성한 '가정(home)'은 여성의 갈등과 모순적 위치를 무마시키는 특권적 가치로 등장하면서 여성 억압을 가중시키는 도덕적 명분으로 기능한다. 근대적 지식체계를 동원한 양육 방식과 가정관리, 현숙한 아내와 정조, 그리고 인내와 내조의 당위적 윤리가 강요되면서 여성은 전근대적 억압과는 다른 차원의 자본주의적 근대의 억압적 질서 속으로 편입되는 것이다.

이러한 1960년대 연애담론과 소설의 사랑이야기가 어떻게 관계하는지를 살펴보고자 하는 것이 본 고의 의도이다. 구체적으로는 1961년부터 1968년까지『여원』에 연재된 여성 작가의 소설을 대상으로 소설로 재현된 사랑이야기가 여성의 주체화 과정에 기여하는 방식, 당대 지배담론과의 관계 속에서 사랑이야기가 맺는 비판적 혹은 수동적 수용의 양상 등을 알아보고자 한다. 낭만적 사랑이야기(Romance)가 근대 소설의 등장과 밀접하게 관련되어 있고 그것이 표현되는 대표적인 양식이 소설이라고 할 때『여원』에 연재된 연애소설의 사랑이야기는 크게 보아 연애담론의 한 부분이라 할 수 있다. 그러나 소설이 가지고 있는 미학적 성찰의 조건 속에서 연애소설의 사랑이야기는『여원』에 게재된 담론의 계몽적 의지와 일정한 거리를 확보하고 있다. 본 고는 지배담론을 내면화시키면서 동시에 비판하는 이러한 역동적 관계에 주목하며 시기적으로 사랑이야기가 어떻게 변화하는지를 살펴보려고 한다. 소설로 재현된 사랑이야기가 1960년대를 통과하면서 어떻게 지배담론과 관계하는가 하는 변화의 과정을 추적함으로써 1960년대 연애소설의 의미를 탐색하고자 하는 것이다. 그동안 1960년대 연애소설은 물론『여원』에 연재된 소설에 대한 체계적인 연구가 거의 없었다는 점에서 이러한 연구는 의미가 있을 것이다.

2. 청년의 사랑, 성찰적 근대성의 성취

1961년에서 1964년까지[6]『여원』에 연재된 여성작가들의 소설은『애원은 비취처럼』(김일순, 1961.3~1962.4),『목마른나무들』(정연희, 1961.10~1963.4),『그대의찬손』(강신재, 1963.1~1964.2) 등이 있다.[7]

---

[6] 시기구분은 작품 자체의 변화를 기준으로 나눈 것이다. 65년 전후로 구분되는데 이는 식량 및 생필품 부족으로 인한 생활고, 월남전 참전, 한일회담타결 등 사회변동의 맥락 속에서 담론들의 변화가 가능한 시기이기도 하다.
[7] 박화성의『눈보라의 운하』(1963.4~1964.6)는 자전소설로서 전기적 사실을 기술하고 있고, 1960년대 여성작가군보다 한 세대 위여서 논의에서 제외하였다. 1960년대 여성작가군에 대해서는 이선옥,「열광, 그 후의 침묵과 단절의 의미」,『4월혁명과 한국문학』, 창비, 2002,

이 중 『목마른 나무들』과 『그대의 찬손』은 영화로도 제작되어 대중적인 인기를 얻었던 작품이다.8) 그러한 점에서 대중성이나 멜로물의 관점에서 접근되기도 하지만 『여원』 연재 연애소설들의 전체적인 구도에서 볼 때 이 작품들은 후반기 작품과는 구분되는 청년문화의 성취를 보여준다. 연재소설로서 대중성을 확보하는 데 필요한 멜로서사적 특징들 즉, 감정의 과잉이나 도덕적 비학, 연애의 오락성의 요인을 포함하고 있지만9) 그것에 그치지 않는 전근대적인 문화와 제도에 대한 비판과 균열의 계기를 포함하고 있다. 작품들에서 연애는 가정이나 결혼으로 회귀하는 폐쇄적 회로를 벗어나 사회와 제도의 부정성을 전복하는 힘으로, 근대적 각성의 결정적 조건으로 나타나는 것이다.

『애원은 비춰처럼』(1961.3~1962.4)은 고구려 시대를 배경으로 한 역사소설로 란소저와 을불공자 사이의 애절한 사랑을 그리고 있다. 란소저는 하급관리의 딸이며 남편과 사별한 과부로 을불공자보다 두 살 많은 연상의 여인이다. 반면 을불공자는 고구려 현왕인 봉상왕의 조카로 용모가 수려하고 성품이 곧아 백성들로부터 사랑과 존경을 받는 인물이다. 두 사람은 란소저가 요양차 내려와 있던 유모의 고향마을에서 우연히 만나 첫눈에 사랑을 느끼게 되는데, 두 사람의 사랑에서 일차적으로 중요한 것은 란소저나 을불공자가 모두 서로의 신분이나 조건을 전혀 개의치 않은 개인적 사랑을 하고 있다는 것이다. 란소저는 을불공자가 왕족의 후손이라는 사실은 물론 이름조차 알지 못한다. 그녀가 을불공자를 사랑하게 된 것은 전적으로 호탕하면서도 섬세한 마음

282~302면 참조.
8) 『목마른 나무들』은 1964년에, 『그대의 찬손』은 1974년에 각각 영화로 제작되었다.
9) 대중서사장르연구회 지음, 『대중서사장르의 모든 것』, 이론과 실천, 2007, 10~45면.

씨 때문이다. 을불공자 역시 란소저를 그리워하지만 그녀의 신분이나, 나이를 모르고 또 전혀 염두에 두고 있지도 않다. 처음에 만나 서로에게 끌렸던 호감과 정서적 교감의 강렬함이 두 사람을 사랑에 이르게 한 것이고, 그것이 정치적 음모에 의해 7년이나 떨어져 지내면서도 강렬한 그리움으로 잊지 못하게 한 것이다. 개인의 인격에 대한 호감과 감응이 대상을 사랑하는 데 결정적 계기가 되는 낭만적 사랑에 의한 근대적 연애 방식을 보여주는 것이다.

그리고 이러한 근대적 사랑이 바로 봉건적 정권을 무너뜨리는 사회적 힘으로 전화된다. 천성이 잔학하고 비열하여 민심을 잃어버린 고구려 봉상황은 왕권에 대한 불안함으로 아우를 죽이고 도피 중인 아우의 아들인 을불공자와 스기야마저 죽이려 한다. 수족과 같은 신하들마저 그에게 등을 돌리고 왕자는 아버지에 대한 실망으로 타락하여 정권 교체의 희망은 두 공자의 회생에 달려 있다. 왕의 집요한 수색에 직면한 을불공자는 동생인 스기야를 란소저가 있는 곳으로 피신케 하는데 그가 을불공자의 동생이며 관군에서 쫓기는 처지임을 안 란소저는 자신에게 가해지는 심각한 오해와 위기를 무릅쓰면서까지 그를 위기에서 구해줌으로써 정권 교체의 결정적 조건을 제공하는 것이다. 사랑의 관계가 개인적 차원을 넘어 정치적인 전복의 힘으로 전화되는 것으로 청년의 순수한 사랑은 여기에서 전근대적인 억압을 균열시키는 근대성의 동력으로 실현된다.

이러한 과정에서 주목되는 것은 란소저가 1960년대 여성성의 위계적 경계와 순결이데올로기를 넘어선 적극성을 보여주고 있다는 것이다. 란소저는 관군의 체포망이 좁혀오자 스기야를 구하기 위해 강제로 자신의 처소로 그를 끌어 들여 함께 잠자리 장면을 연출한다. 사별한 지 얼마 되지 않은 과부로서 수절의 요구는 매우 강한 것이었고 하급 관리이지만 평민과 다른 신분에서 이러한 행동은 정절을 지키지 못한 천박한 여인의 품행으로 비난을 받는 것이지만 그녀는 그러한 순결 이데올로기에 얽매이지 않는다. 유모와 그의 딸인 매화가 란소저를 오해하고 무시하여도, 또 오히려 목숨을 구해주었음에도 불구하고 신분이 낮은 여인인 자신을 정인으로 끌어들였다는 사실에 불쾌감을 노골적으로 표현하는 스기야에 대해서도 그녀는 담담하게 대하며 자신의 행동이 정당했다는 내부적 소신 때문에 전혀 위축되지 않는다. 1960년대 체계적으로 제도화된 남성성과 여성성의 젠더적 경계에 -남성성: 논리적, 적극적, 행동적인 // 여성성:감성적, 수동적, 소극적- 비추어 볼 때 이러한 란소저의 적극적인 행동은 차별적인 젠더의 경계를 전복하는 역동성을 보여준다. 1960년대 여성의 사회적 참여는 가정을 위한 부차적인 경제활동으로서의 부업이나 남편의 내조 차원에서 허용되는 것일 뿐 그 자체로서는 적극적으로 인정받지 못했다. 더욱이 정조는 여성에게 여전히 목숨과 같이 지켜져야 하는 것으로 강요되었다[10]. 이러한 점에서 볼 때 란소저의 적극적인 행동과 그것이 이루어낸 정치적 결과, 그리고 순결이데올로기에 구속되지 않은 대담성은 1960년대 보수적 연애담론의 경계를 뛰어넘는다.

---

[10] 1960년대 성담론은 특히 남성중심적 관점을 강하게 드러내는데 남성의 경우 외도 등의 사회적 문제를 야기시킴에도 불구하고 생물학적인 특성이나 사랑의 충동으로 이해하는 반면 여성에게는 상황과 관련없이 순결을 강요하였다. 이는 가정 이데올로기에 기인한 것이기도 하지만 1960년대 한국 사회의 경우 유교적 윤리의 억압이 부가적으로 작용한 것이라 할 수 있다. 이에 관해서는 장미경, 「1960~1970년대 가정주부(아내)의 형성과 젠더정치:『여원』,『주부생활』잡지 담론을 중심으로」,『사회과학연구』제15집, 서강대학교 사회과학연구소, 2007 참조.

『목마른 나무들』(1961.10~1963.4) 역시 젊은 남녀의 사랑이야기를 그리고 있지만 그것이 근대적인 자아 각성의 계기가 된다는 점에서 사회적 의미를 획득한다. 작품은 신문사 기자인 서주연을 중심으로 약혼자인 오성우와 애인인 김재훈과의 사이에서 벌어지는 삼각갈등을 축으로 하고 있다. 서주연은 자신을 길러준 은인이자 믿음직한 보호자인 오성우의 세계를 떠나 김재훈과의 사랑을 통해 주체적 각성을 하고 독립적 자유를 확보한 개인으로 정립된다. 여기에서 연애는 미성숙한 여성을 자율적인 개인, 독립적 주체로 확립시키는 결정적 계기로 작용하면서 자유주의 이념과 긴밀하게 결합된다. 그럼으로써 사랑이야기는 남녀 간의 결합을 궁극적인 목적으로 하는 개인의 서사가 아닌, 자유와 개인의 이념을 실현하는 사회적 의미로 확장되는 것이다.

따라서 『목마른 나무들』의 사랑이야기는 1960년대 담론을 구성하는 사회적 이념 및 개념들과 복합적으로 관계하고 있는데 경합하는 개념들의 조합과 그것들의 대립적 갈등을 통해 지배담론의 성차별적 인식을 공격하고 있다. 작품에는 두 개의 계열적 개념체가 존재한다. 하나는 연애-감성 -퇴폐-고뇌-자유-개인-성숙으로 이어지는 개념체이고, 다른 하나는 가정-이성-건전-안정-부자유-집단(의 윤리)-미성숙으로 통합되는 개념체이다. 전자가 서주연-김재훈의 세계라면 후자는 서주연-오성우의 세계이다. 고아인 서주연을 맡아서 기른 오성우는 청교도적 인물로 '점잖은 신사'이며 인내와 성실, 그리고 이성적 판단을 가진 인물이다. 서주연은 오성우와 결혼할 경우 기존질서의 윤리와 기대에 부응함으로써 '안정'을 보장받을 수 있다. 반면 김재훈은 가난한 집안을 어렵게 이끌어 가는 고학으로 성공한 인물로, 부패한 기존 질서에 대한 울분과 변혁의 이상을 가진 인물이다. 여기에서 주연은 주변의 반대를 무릅쓰고 성우 대신 재훈을 선택함으로써 사회적 인정보다 개인의 자유를 선택한다.[11] 이는 사회적 도리와 도덕적 명분보다 개인의 감정과 선택으로서의 연애를 중시하는 것이고 연애를 통해 개인 주체의 정립이 가능하다고 보는 것이다. 연애의 실현 가능성에 대한 믿음, 자유와 자율에 대한 이상, 그리고 그것이 근대적 자아 정립을 보증하리라는 청년의 기대가 『목마른 나무들』의 사랑이야기의 구조를 만들고 있음을 알 수 있다. 보수적인 당대 연애담론 속에서 이러한 사랑이야기가 가능했던 것은 작품의 말미에 드러나는 것처럼 아직 청년의 이상이 가능했던 1960년대 초반 지식인들의 인식과 닿아 있다고 할 수 있다. 자유와 자율의 이념이 증폭되었던 4·19의 이상이 작용하고 있는 것이다. 당시 지배적인 관점에서 볼 때 주연이 재훈에게 가는 것은 도덕적인 비난을 감수하고 경제적인 안정을 포기해야 하는 '위험하고', '불온한' 선택이다. 하지만 주어진 부자유가 아닌 자율적 선택에 의한 자유를 욕망하는 것이고 그것을 통해 개인 주체의 현실성을 확보하고자 하는 것이다. 여기에서 연애는 근대적 자아 정립을 가능케 하는 결정적 계기로, 사회적 관계 속으로 여성을 확장시키는 중요한 매개가 된다.

나아가 '퇴폐'에 대한 전복적 해석을 통해 연애는 지배담론과 직접적으로 맞서게 된다. 서주연이 김재훈을 만나 사랑하게 되는 과정은

---

11) 이를 전근대에서 근대로의 치환으로 보는 것은 지나치게 단순한 이해이다. 오성우는 목사의 아들로 미국유학을 다녀온 인물이고 인격적으로도 근대적 합리성을 두루 갖추고 있는 반면 김재훈은 삼대가 한 집에 함께 살며 가족의 윤리를 중시하기 때문이다. 이들을 구분하는 가장 중요한 기준은 그것이 연애인가 아닌가의 문제이고 결정적으로는 연애를 구성하는 자유와 선택의 유무에 있다.

1960년대 여성의 성, 특히 직업여성에 대한 불안한 시선을 그대로 보여준다. 주변의 인물들은 서주연의 취직 이후 행보를 매우 불안한 시선으로 바라본다. 상대적으로 가장 자유로운 인물이라 할 수 있는 유교수조차 그녀의 연애를 심각한 위기로 인식한다. 그것은 '퇴폐에 가까운 기분', '미궁을 헤매고 있는 것', '탁한 공기', '흐느적 거리는 쟈즈의 리듬과 건들거리는 육체'로 인지되는, 불건전하고 타락한 세계인 것이다. 그러나 작품은 이러한 연애, 곧 퇴폐와 타락을 주체적 자아 형성의 긍정적 계기로 이끌어 냄으로써 그것에 가해진 도덕적 비난과 남성중심적 시선을 교란한다. '퇴폐'와 '방종'은 1960년대 초 여성의 성을 단속하는 보수담론의 지속적인 도구 개념이었고 '아프레 걸'은[12] 퇴폐적 여성의 대표적 표상으로 공격이 되는데 아프레 걸의 전형적인 여성인 서주연의 퇴폐를 근대적 성취로 재현함으로써 1960년대 성담론의 억압적 윤리를 비판하는 것이다. 연애=퇴폐의 체험을 통해 주연은 비로소 '자유'를 확보하고, '자기의 인생을 찾은 것 같은' 자기 정체성을 확보하게 된다.

> 그는 자기가 취하는 태도가 결코 도피라고는 생각지 않았다. 패배도 아니라고 스스로에게 다짐했다. 비가 걷힌 아침 햇빛이 차창으로 눈부시게 쏟아져 들어온다. 주연에게는 새로운 용기가 솟아나는 듯 싶었다. 그리고 이제 비로소 자기의 인생을 찾은 것 같은 생각이 들었다 (중략) 세상에 다시 태어난 듯한 기분이다. 홀가볍고 자유스러웠다.[13]

---

12) 김은하, 「전후 여성잡지와 아프레 걸(전후파 여성) 담론」, 『여성문학연구』16호, 한국여성문학학회, 2006.12, 177~210면.
13) 정연희, 『목마른 나무들』, 여원사, 1963, 310면.

오성우를 따라 미국에 가지 않을 것이라고 결심하고, 김재훈과도 결별한 후 기차를 타고 미지의 곳으로 향하며 서주연이 느끼는 심정이다. 주체적 결단에 따른 자유와 용기가 내면을 채우고 있음을 알 수 있다.

반면 작품에서 청교도적인 건전성은 오히려 이기적이고 비정한 것으로 비판된다. 의과대학을 졸업한 오성우의 동생인 오성희는 '연애하는 남녀들은 마치 불결한 동물처럼' 보는 전형적인 청교도적인 인물이자 순결이데올로기의 신봉자이다. 서주연을 판단하고 감시하는 규율의 시선이 되기도 하는 그녀는 그러나 자신이 낳은 아이를 고아원에 버리고 개인적 성공을 위해 미국유학을 떠나는 비정한 여인으로 제시됨으로써 억압적 윤리를 표상하는 인물이 된다. 오성희는 서주연의 연애를 막기 위해 만난 김재훈에 끌려 쟁취하듯 결혼을 하지만 재훈이 여전히 주연을 잊지 못한다는 사실에 자존심이 상해 이혼한 뒤 아이를 버리고 떠나는 것이다. 여기에서 순결과 정숙의 윤리는 자유를 억압하는 위선적인 것으로 부정되고 이와 대비된 퇴폐는 자유와 성숙의 긍정적 계기로 인정된다.

『목마른 나무들』에서 여성의 섹슈얼리티에 대한 인식은 상당히 선진적이다. 서주연은 김재훈이 성관계를 요구했을 때 "지금 이이에게 나를 준다는 것은, 내가 나를 버리는 결과가 되고 만다"는(135면) 판단하에 그것을 거부한다. 아직 자기 선택이 확실하지 않은 상태에서 성관계가 초래할 의존적 상황을 경계한 것이다. 반면 그녀는 오히려 자기를 사랑하지만 그녀 자신은 사랑하지 않는, 그래서 언제나 그녀가 우위에서 결정권을 가졌던 영진과 관계를 갖는다. 이는 낭만적 사랑의 의존성과 순결의 윤리로부터 자유롭고자 하는 의식을 표현한 것이라 할 수 있다. 이후 주연은 미국으로 가는 비자를 찢고, 재훈과의 관계를 청산하며, 정신적인 모델이었던 이윤이로부터도 독립한다. 결단의 순간마다 서주연은 집단의 윤리와 개인적 선택 사이에서 갈등하지만 궁극적으로 여성 섹슈얼리티의 자율성을 확보함으로써 근대적 주체의 조건을 확보하게 되는 것이다.

사실 순결의식에 대한 저항은 서주연보다 이윤이에게서 보다 강렬하게 체현된다. 이윤이는 서주연이 욕망하는 세계를 체현한 인물로 그녀가 닮고자 하는 대상이다. 양가의 딸로 태어난 이윤이는 음악대학을 졸업한 뒤 이름 없는 밴드마스터와 결혼하여 6개월 만에 사별한 미망인이다. 그녀는 남편의 후배인 김재훈과 만나 그의 아이를 낳아 어머니에 맡겨 기르며 두 번째 아이는 중절 수술을 한다. 하지만 그녀는 김재훈에 대해 정신적으로나 육체적으로 전혀 의존적이지 않다. 검은 드레스의 '시몬느 시뇨레'를 연상시키는 퇴폐적이고 육감적 이미지로 드러나면서도 지적인 분위기를 강하게 발산하는 그녀는 사랑을 하면서도 순결, 모성, 결혼이라는 상징과 제도로부터 자유로운 것이다. 작품은 아프레 걸의 전형인 이러한 이윤이를 서주연의 이상적 모방모델로 제시함으로써 미망인에 대한 불안한 시선과 순결이데올로기를 직접적으로 공격한다. 집 밖에 있는 부정한 여인이라며 미망인에 가해졌던 비난을 전복하고 그녀를 자유로운 정신과 육체를 가진 독립적 개인으로 세우는 것이다.

진정한 의미에서 주연이 욕망하는 것은 김재훈이라기보다는 차라리 그의 배후에 있는 이윤이라고 할 수 있다. "그 여자를 배경으로 한 김재훈이 매력있게 느껴지고… 그 여자가 떠오를 때마다 주연은 이상하게도 재훈이 못견디게 좋아(130면)"지는 것이다. 뿐만 아니라 그녀의 '담담하고도 냉소적인 태도에' 주연은 '거의 광적인 질투를 일으키는'(119면) 것이다. 여기에서 그녀의 질투는 재훈과는 전혀 상관이 없다. 그것은 일상의 윤리나 제도에 얽매이지 않은 이윤이의 초연함에 기인한 것이며 '자기세계'를 확보한 그녀의 주체적 모습 때문이다.

> 자기 하나만을 완전히 감쌀 수 있는 세계, 외적(外的) 세계를 서서히 관망할 수 있는 요새(要塞)와도 같은 자기만의 세계, 간섭받지 않는, 침해 당하지 않는 철저한 하나의 자기 세계에 대한 선망이었다.14)

'자기세계'는 근대적 개인의 내면성을 지칭하는 것으로 독립적인 주체에 대한 서주연의 강한 열망을 보여준다. 이러한 개인의 심상공간을 결정적으로 확보케 하는 것이 바로 성적 자율성이고 낭만적 사랑에 기초한 연애는 그것을 보증하는 계기가 됨으로써 『목마른 나무들』의 사랑이야기는 근대적 여성 자아 정립에 적극적으로 기여하게 된다. 물론 이윤이는 주연의 모방모델이고 따라서 그녀로부터의 정신적 독립이 다시 필요한데 여행하고 하고 돌아온 주연이 유교수를 만나 자신의 모든 판단과 선택이 오직 '자기 자신' 때문이라고 말하며 이윤이의 집 앞에서 심한 '외로움'을 느낌으로써 그것이 실현된다. 외로움은 독립적 주체가 세계와 마주서 느끼는 정서적 반응으로 서주연이 이윤이와 분리된 자기 세계를 확보했음을 보여준다.

이러한 과정에 나타나는 것처럼 『목마른 나무들』의 사랑이야기는 곧 헤어짐의 이야기이며 결별을 통해 서주연은 점차 성숙하게 된다.

---

14) 정연희, 위의 책, 233면.

할 수 있다. 이후 주연은 미국으로 가는 비자를 찢고, 재훈과의 관계를 청산하며, 정신적인 모델이었던 이윤이로부터도 독립한다. 결단의 순간마다 서주연은 집단의 윤리와 개인적 선택 사이에서 갈등하지만 궁극적으로 여성 섹슈얼리티의 자율성을 확보함으로써 근대적 주체의 조건을 확보하게 되는 것이다.

사실 순결의식에 대한 저항은 서주연보다 이윤이에게서 보다 강렬하게 체현된다. 이윤이는 서주연이 욕망하는 세계를 체현한 인물로 그녀가 닮고자 하는 대상이다. 양가의 딸로 태어난 이윤이는 음악대학을 졸업한 뒤 이름 없는 밴드마스터와 결혼하여 6개월 만에 사별한 미망인이다. 그녀는 남편의 후배인 김재훈과 만나 그의 아이를 낳아 어머니에 맡겨 기르며 두 번째 아이는 중절 수술을 한다. 하지만 그녀는 김재훈에 대해 정신적으로나 육체적으로 전혀 의존적이지 않다. 검은 드레스의 '시몬느 시뇨레'를 연상시키는 퇴폐적이고 육감적 이미지로 드러나면서도 지적인 분위기를 강하게 발산하는 그녀는 사랑을 하면서도 순결, 모성, 결혼이라는 상징과 제도로부터 자유로운 것이다. 작품은 아프레 걸의 전형인 이러한 이윤이를 서주연의 이상적 모방모델로 제시함으로써 미망인에 대한 불안한 시선과 순결이데올로기를 직접적으로 공격한다. 집 밖에 있는 부정한 여인이라며 미망인에 가해졌던 비난을 전복하고 그녀를 자유로운 정신과 육체를 가진 독립적 개인으로 세우는 것이다.

진정한 의미에서 주연이 욕망하는 것은 김재훈이라기보다는 차라리 그의 배후에 있는 이윤이라고 할 수 있다. "그 여자를 배경으로 한 김재훈이 매력있게 느껴지고… 그 여자가 떠오를 때마다 주연은 이상하게도 재훈이 못견디게 좋아(130면)"지는 것이다. 뿐만 아니라 그녀의 '담담하고도 냉소적인 태도에' 주연은 '거의 광적인 질투를 일으키는'(119면) 것이다. 여기에서 그녀의 질투는 재훈과는 전혀 상관이 없다. 그것은 일상의 윤리나 제도에 얽매이지 않은 이윤이의 초연함에 기인한 것이며 '자기세계'를 확보한 그녀의 주체적 모습 때문이다.

> 자기 하나만을 완전히 감쌀 수 있는 세계, 외적(外的) 세계를 서서히 관망할 수 있는 요새(要塞)와도 같은 자기만의 세계, 간섭받지 않는, 침해 당하지 않는 철저한 하나의 자기 세계에 대한 선망이었다.[14]

'자기세계'는 근대적 개인의 내면성을 지칭하는 것으로 독립적인 주체에 대한 서주연의 강한 열망을 보여준다. 이러한 개인의 심상공간을 결정적으로 확보케 하는 것이 바로 성적 자율성이고 낭만적 사랑에 기초한 연애는 그것을 보증하는 계기가 됨으로써 『목마른 나무들』의 사랑이야기는 근대적 여성 자아 정립에 적극적으로 기여하게 된다. 물론 이윤이는 주연의 모방모델이고 따라서 그녀로부터의 정신적 독립이 다시 필요한데 여행하고 하고 돌아온 주연이 유교수를 만나 자신의 모든 판단과 선택이 오직 '자기 자신' 때문이라고 말하며 이윤이의 집 앞에서 심한 '외로움'을 느낌으로써 그것이 실현된다. 외로움은 독립적 주체가 세계와 마주서 느끼는 정서적 반응으로 서주연이 이윤이와 분리된 자기 세계를 확보했음을 보여준다.

이러한 과정에 나타나는 것처럼 『목마른 나무들』의 사랑이야기는 곧 헤어짐의 이야기이며 결별을 통해 서주연은 점차 성숙하게 된다.

---

14) 정연희, 위의 책, 233면.

오성우와의 결별을 통해 전근대적인 보은의 윤리로부터 벗어나고, 영진과의 관계를 통해 순결이데올로기로부터 자유로워지며, 김재훈과의 결별에서 남성과의 의존적 관계 자체를 벗어나게 된다. 그리고 이윤이와의 결별을 통해 결정적으로 자기세계를 확보하게 되는 것이다. 이러한 성숙은 마지막에 4.19의 함성과 통합됨으로써 사회적 자유의 의미로 최종적으로 통합된다.

강신재의 『그대의 찬손』(1963.1~1964.2)은 앞의 두 작품과 마찬가지로 젊은 지식인 남녀의 사랑이야기를 그리고 있지만 정치권력의 전복이나 자유의 이념으로 의미가 확장되지는 않는다. 그보다 이 작품은 개인적 사랑에 집중하면서 사랑의 순수성을 통해 봉건적 윤리와 자본주의적 속물성을 비판하고 있다. 작품에는 두 개의 사랑이야기가 있다. 하나는 지인과 윤세의 사랑이며, 다른 하나는 미순과 태웅의 사랑이다. 지인과 미순은 쌍둥이 자매로 전쟁 중에 헤어져 미국선교사와 농부의 손에서 각각 자라게 되는데 두 개의 사랑이야기가 독립적으로 진행되면서 우연한 사건을 통해 교차되기도 한다. 윤세와 지인의 사랑이야기를 통해 윤세의 집안을 중심으로 한 자본주의적 속물성이 비판된다. 윤세는 공군사관학교 졸업반의 전도 유망한 청년으로 지인과 사랑을 하게 된 것은 청순하고 맑은 그녀의 인상에 끌렸기 때문이다. '첫눈에 반한 사랑'으로 그녀를 윤세가 사랑하는 데는 특별한 이유가 없다. 그녀의 나이, 학벌, 집안 등 현실적인 조건이 전혀 개입되지 않은 것이다. 그저 '오월의 미풍같이 쌀랑쌀랑 지나쳐 버리는 그녀의 말소리나 맑은 시선'이 윤세의 감각을 사로잡았고 그것이 그녀와 서로 통함으로써 사랑의 감정을 갖게 된 것이다.

사랑!
그에게 사랑이 왔다.
보석같이 빛나고 오월의 바람같이 향기로운 사랑이
그는 이제 이 세상에 더 바랄 것이 없다고 느꼈다.
(중략)
(지인은 나보다 더 순수하다. 아무것도 따지지 않고 나를 사랑해 주었어……).
그들은 정말 어떤 조목도 따져 보지 않고 서로를 사랑해버린 것이다.15)

전적으로 개인의 감각과 감정에 의해 이루어지는 낭만적 사랑임을 보여주고 있다. 여타 작품들과 마찬가지로 이 작품에서도 강렬하게 드러나는 강신재 특유의 감수성과 감각은 집단의 윤리와 의식에 통합되지 않은 '개인의 고유한 의식과 감정'으로 대상을 포착하고자 하는 의지를 드러낸 것으로 이를 통해 개별자의 인식이 효과적으로 표현되고 있다.

윤세의 집으로 대변되는 자본주의적 속물성은 이러한 낭만적 사랑의 순수성과 대비되어 비판된다. 재력가인 윤세의 집은 결혼을 통해 경제적 부에 걸맞는 사회적 지위를 확보하려고 한다. 윤세의 어머니 (전여사)는 '우리도 한 번쯤은 이렇다하는 집안과 연분을 맺어야' 한다는 생각에 윤세와 지인의 결혼을 반대한다. 윤세 형인 두 아들의 혼사에 즉, 두 며느리들의 집안에 만족하지 못하는 전여사는 '너만은 우리의 체면을 좀 세워 줘야 한다'고 아들을 설득하고 아버지인 한봉석씨 역시 은근히 그래주기를 바란다. 결혼을 가계의 사회, 경제적 계약의 관계로, 사회적 지위를 확보하는 수단으로 생각하는 것이다. 특히 큰

---

15) 강신재, 『그대의 찬손』, 신태양사, 1967, 51~52면.

며느리인 옥혜의 행태는 결혼에 대한 자본주의적 속물성을 가장 노골적으로 보여준다. 대학교수의 딸인 옥혜는 미국유학을 다녀온 엘리트 지식인이지만 가난함에 대한 콤플렉스로 자본에 대한 과도한 욕구를 가지고 있다. 그녀는 '가난은 패배이고 비굴'이라고 생각하며 남편인 윤준과 결혼한 것도 한씨 집안의 재력 때문이었다. 가난한 가정의 배우지 못한 아랫동서 때문에 자존심이 상한 그녀는 '보잘 것 없는 환경'에서 자란 지인을 반대한다. 그리고 자신의 사회적 위신을 세워줄 '집안 좋고 학벌 좋고 머리 좋고 예쁜' 전 미국대사의 딸인 이희영을 윤세의 배우자로 적극 추천한다. 국제부인회 등에 다니며 외국인들과의 관계 맺기에도 열성인 그녀를 작품에서는 나이트클럽댄서 출신으로 육감적인 둘째 며느리 미나보다 못한 부정적 인물로 그림으로써 그녀의 속물적 욕망을 냉소적으로 비판한다. 자본주의적 세속성이 윤세-지인의 순수한 사랑과 극적으로 대비되면서 부정되고, 낭만적 사랑의 가치가 청순한 남녀의 애정을 통해 적극적으로 인정되는 것이다. 이를 통해 사랑이야기는 부정한 사회의 모순을 성찰하고 정화하는 힘으로 작용하게 된다.

미순과 태웅의 사랑은 다른 방식으로 전근대적인 폭력성을 비판한다. 상냥하고 마음씨도 고와 '봄처녀'로 불리는 미순은 성주사의 수양딸로 김해에서 자란다. 중학교만 졸업하고 처녀가장으로 가족을 부양하고 있는 미순은 자기를 길러준 은혜에 보답하기 위해 사랑하는 사람인 태웅과의 결혼도 포기한다. 마을에서 가장 장래성 있는 청년인 태웅은 고등고시에 합격하여 미순과 결혼하려 하지만 양동생인 을순이 태웅을 좋아한다는 사실을 알고 미순은 을순과 양부모를 위해 대구의 부잣집 재취자리로 들어가는 것이다. 순종과 보은이라는 전근대적인 윤리에 따라 결정된 강제 결혼인 것인데 이를 통해 작가는 개인의 삶을 파괴하는 봉건적 결혼의 폭력성을 고발한다. 미순은 며느리를 종으로 부리는 시어머니의 압박과 고된 집안일에 지쳐 고통스러운 나날을 보내는 것이며 연애를 실현하지 못한 태웅은 미치광이가 되어 삶이 파괴될 위험에 놓이게 되는 것이다. 개인적 사랑의 실현을 방해하는 전근대적 제도와 인식이 정당한 삶을 파괴하는 억압적 힘으로 제시되고 낭만적 사랑의 정당성이 부각된다. 이러한 사랑이야기를 통해 『그대의 찬손』은 1960년대 모순적으로 공존했던 근대와 전근대의 부정성을 동시에 비판하게 되는데 이는 낭만적 사랑의 이상적 실현에 대한 믿음에 기초한 것이라고 할 수 있다. 개인 주체에 대한 자유주의적 신뢰, 그리고 그것에 기반한 낭만적 사랑의 실현가능성에 대한 희망이, 그것을 성찰적 동력을 확보한 해방의 계기로 끌어올릴 수 있었던 것이다. 이 작품은 앞의 두 작품에 비해 상대적으로 순결이데올로기에 조정되고 있고,16) 여성인물의 형상화에서 여성성의 경계가 견고히 지켜지고 있어17) 낭만적 사랑에 대한 절대적 신뢰에 따른 한계가 일정하게 발견되기도 한다. 하지만 보수적 성담론이나 가정이데올로기에서 비교적 자유로울 뿐만 아니라 기존 질서의 모순에 대한 비판적 성찰이 나타난다는 점에서 뒤에서 다룰 작품들과는 구분된다.

---

16) 작품에서 태웅에 의해 납치되었던 지인이 윤세와 결합하는 과정에서 순결을 잃지 않았다는 조건이 강조된다. 또 미순도 결혼을 했지만 남편의 도주하여 초야도 치루지 않은 처녀신부라는 사실이 태웅과의 결합을 가능케 하는 조건이 되고 있어 순결이데올로기의 영향을 받고 있음이 확인된다.
17) 이는 지인과 미순이 사랑의 과정에서 모두 윤세와 태웅에게 행동의 주도권을 주고 있는 데서 드러난다. 작품에서 남성들의 열정적인 구애와 행동이 현실적인 방해에도 불구하고 둘의 결합을 가능케 하는 중요한 요인이 되고 있다.

3. 연애의 멜로화, '가정(home)'이데올로기의 구성

1965년 이후 1968년까지 『여원』에 연재된 여성작가들의 소설은 『꿈의 배반』(이규희, 1964.7~1965.9), 『회전무대』(전병순, 1966.1~1967.4), 『흐느끼는 백조』(최미나, 1967.5~1968.5) 등 세 편이다.18) 이들 작품 역시 남성과 여성의 연애를 중심으로 하고 있다는 점에서 공통적이다. 오히려 앞의 작품들보다 연애와 성에 대한 이야기가 더욱 대담해지고 성적인 관계도 적극적으로 노출된다. 결혼 이후의 부부관계를 중심으로 하고 있다는 점에서 앞의 작품들과 소재면에서 가장 뚜렷한 차이를 보여주는데, 주로 '외도'가 갈등의 초점이 됨으로써 섹슈얼리티가 노골적으로 노출되는 직접적인 요인이 된다. 하지만 성적 이야기의 확장은 흥미를 자극하는 소재로만 기능할 뿐 앞의 작품들에 나타난 성찰성은 거의 찾아볼 수 없다. 지배담론의 부정성을 공격하는 대신 반대로 기성의 성담론과 가정담론을 전면적으로 수용함으로써 보수적인 연애담론을 구성하고 있다.

『꿈의 배반』은 친구의 아버지와 연애한 여대생의 파경을 그린 작품이다. 엄마의 친구의 남편이자 대학동창의 아버지와의 사랑을 그리고 있다는 점에서 소재적 파격성을 보여주는데 특히 그가 목사이자 사회사업가라는 점에서 호기심을 더욱 유발한다. 대학 졸업반인 수아는 현목사의 보육원 새마을에서 아이들을 가르치며 학비를 마련하고 있다. 돌아가신 어머니와 죽은 현목사의 부인은 절친한 친구여서 미리부터

---

18) 1965년 4월부터 양정신의 『이 어둠을 비추나이다』가 연재되지만 소설적 형상을 갖추지 않은 수기이며, 장덕조의 『연』, 박순녀의 『숲 속에 가슴 속에』는 1968년 후반기부터 연재를 시작하지만 1969년 이후에 대부분의 분량이 연재되어 논의에서 제외하였다.

잘 알고 지냈는데 현목사에게 수아는 복잡한 감정을 가지고 있다. 목사인 그의 인격에 대한 존경심, 아버지와 같은 육친의 정, 그리고 운명적인 만남이라고 느껴지는 이성적 연애감정까지 여러 가지 복합적인 깊은 감정을 가지고 있다. 현목사의 딸인 혜란을 포함하여 주변의 친구들은 모두 현목사와의 관계를 의심하며 경고의 말을 하지만 수아는 아랑곳없이 현목사와 가까이 지낸다. 그러던 중 비오는 날 갑자기 함께 산책을 하고 돌아온 현목사가 옷을 갈아입는 수아를 겁탈하여 현목사와의 관계는 비극적으로 끝난다.

이러한 이야기에서 알 수 있는 것처럼 아버지뻘의 후견인과 나누는 사랑이야기라는 파격적인 소재와는 달리 작품의 내용과 주제는 매우 진부하다. 아무리 인격적인 남자라도 갑작스러운 충동에 의해 실수를 할 수 있다는 것이고, 그것에 대비하지 못한 여대생의 어리석은 미숙함을 나무라는 것이다. 수아에게 가해진 겁탈의 고통은 제대로 육체와 성을 관리하지 못한 여인에게 돌아오는 윤리적 처벌로서 도덕적 비학의 훈육적 기능을 담당한다. 뿐만 아니라 성적 순결의 상실은 수아에게 결정적인 파경의 원인이 되고 이를 통해 비극성이 고조된다. 그동안 현목사에게 수아의 감정은 분명히 이성에 대한 애정이었다. 그래서 현목사가 수아와의 관계가 더 진전되는 것을 염려하여 마음에도 없는 보육원 정선생과 결혼하겠다고 하자 그것에 반대하며 정선생을 곱지 않은 눈으로 바라본다. 그런데 정목사의 갑작스러운 행위에 그동안의 모든 감정을 부정하고 그것을 '꿈의 배반'으로 규정하는 것이다. 처녀성의 상실이 사랑을 압도하는 것이고 비극성의 결정적 원인이 된다. 이는 『애원은 비취처럼』에서 순결 상실을 두려워하지 않는 란소저의 대담성이나, 『목마른 나무들』에서 순결의식의 억압성을 벗어나 서주연이 근대적 개인으로 각성하는 것과 비교해보았을 때 현저한 차이를 보여준다. 정조와 순결을 절대화하는 보수적인 성관념에 조정되고 있는 것이다.

  뿐만 아니라 작품은 전체적으로 '연애' 자체에 대해서 상당히 부정적이다. 『꿈의 배반』에는 많은 사랑이 교차한다. 서사의 중심을 이루는 현목사-수아를 비롯하여 혜란-영수, 수아 - 진구, 현목사 - 정선생, 그리고 과거에 기억 속에 존재하는 수아아버지-서모, 할아버지-서조모 등 많은 애정관계가 등장한다. 그런데 이들의 사랑이야기는 한결같이 '비극적'으로 끝난다. 혜란과 영수는 쾌락적이고 순간적 감정에 끌려 일탈적 가출을 하고, 수아와 진구의 관계는 퇴폐적 분위기를 발산하는 진구에게 수아가 제대로 마음을 주지 못해 본격적으로 연애관계를 형성하지 못한다. 또 현목사와 정선생 역시 애정 없는 현실적 이해로 결합하려 하나 불발에 그친다. 수아의 친가는 대를 이은 '외도'에 의해 오해와 자살, 그리고 폐가의 고통으로 스러져감으로써 연애에 의한 비극성은 한층 고조된다. 어느 사랑도 행복하지 않음은 물론 이전의 작품들에서 나타난 기존 질서의 억압성을 비판하는 활기도 찾을 수 없는 것이다. 그것은 병리적이고 불결하며 조심해야 할 어떤 것이다. 퇴폐적인 불건강함이 연애의 속성으로 고착되고, 사랑과 성은 불안정한 욕망과 동일시된다. 1960년대 성담론은 성에 대한 진지한 탐구보다 규율해야 할 대상으로, 순결의 훼손에 대한 공포로 채워져있는데 작품은 이러한 1960년대 성담론을 내면화하고 있다. 복수의 사랑이야기가 교차하고 있지만 그것은 모두 자극적 호기심을 유발하는 과다 노출에 불과할 뿐 근대적 자아의 내면을 형성하지도, 전근대적인 모순과 억압을 비판하는 성찰적 의미도 갖고 있지 않다.

지배담론을 내면화한 보수성은 '아버지'에 대한 인식에서 더욱 분명하게 확인된다.『꿈의 배반』에는 두 개의 대립적인 아버지상이 존재한다. 수아의 친가의 아버지로 대변되는 전근대적이고 동양적인 아버지와, 현목사로 재현되는 근대적이고 서양적인 아버지가 그것이다. 수아의 아버지는 토호집안의 아들로서 아버지의 방탕한 첩살림으로 어머니가 자살하자 이에 대한 반항으로 자기도 북만주로 돌아다니며 첩살림을 한다. 그러는 동안 가산은 탕진하고 해수병으로 쇠잔해진 초라한 모습이 된다. 봉건가문의 몰락을 보여주지만 그러나 수아의 아버지는 고향에 돌아온 후 무너진 가계를 일으키기 위해 땅을 찾고, 최선을 다해 자식을 돌보는 등 가부장으로서의 모습을 단단히 지키는 '아버지'로 수용된다. 젊은 시절의 '실수'에도 불구하고 그것은 제도의 희생으로 용서되는 것이다. 오히려 아들인 수룡의 반항을 묵묵히 받아내고, 딸 수아의 학비를 현목사에게 의탁할 수 없으니 대학원진학을 포기하라고 권면하는, 불행한 가장이지만 도덕적 권위와 결정권을 상실하지 않은 '아버지'로 나타나는 것이다. 현목사 역시 '아버지'로서의 존재감을 확고히 가지고 있다는 점에서 다르지 않다. 비록 수아의 벗은 모습에 충동적으로 그녀를 겁탈하는 '실수'를 저지르지만 그는 작품 전체를 통해 인격적으로 존경받는 목사이자 가정을 규율하는 아버지의 모습을 흔들림 없이 보여준다. 수아의 친아버지와 달리 그는 자식의 의견을 존중하고 부드러운 카리스마를 가진 서구적인 가정적 아버지(family man)의 형상을 가지고 있다는 점에서 다르다. 하지만 그 역시 딸인 혜란이 친구들과 밤늦게까지 돌아다니자 외출금지 명령을 내려 집 밖에 나가지 못하게 하고 결혼할 때까지 깨끗한 숙녀로 딸을 지키려 한다. 또 수아가 정선생의 잘못된 행동을 비난할 때도 목사다운 자세로 끝까지 용서하라고 권유한다. 그럼으로써 현목사는 가정과 사회의 도덕적 실체로서 '가부장'의 역할을 수행하는 것이다. 자녀의 윤리와 경제적 필요를 충족시키는 아버지의 책무를 견실히 수행하고, 마지막에 목사직을 그만둠으로써 그 역시 화해의 의미망에 포섭된다. 비록 수아의 아버지와 현목사는 서로 다른 시대에 속한 인물이지만 '아버지'의 실질적 조건을 그대로 가지고 있다는 점에서 다르지 않으며 작품의 무게 중심이 이들 아버지를 통해 형성되고 있다는 점에서 가부장주의에 대한 확고한 믿음을 발견할 수 있다. 물론 현목사의 형상은 1960년대 소설에 새롭게 등장한 아버지상이라는 점에서 주목을 요하기는 한다. 그는 자식의 의견을 존중하고, 교양과 학식을 갖춘, 또 경제적인 능력을 두루 갖춘 아버지 곧 '로맨스빠빠'[19]로서 권위적으로 가정을 규율하는 전근대적 아버지와는 다른 자질을 가지고 있다. 이들은 부모-자녀관계와, 부부관계의 평등성을 일정하게 개선하기도 한다. 하지만 부드러움이라는 감각적 정서가 부가되었을 뿐 작품에서 이들은 차별적인 성역할의 경계를 그대로 고수하고 있고, 가정에서 가치를 주재하는 절대적 위치를 차지하고 있어 전통적인 가부장과 크게 달라졌다고 보기 어렵다. '로맨스빠빠'를 통해 절제와 검약의 도덕이 정립

---

19) '로맨스빠빠'는 영화에서 먼저 등장하였다. 1960년 신상옥 감독이 만든 작품으로 자녀들이 아버지를 호명하는 데서 제목이 붙여진 이 영화는 2남3녀의 자식을 둔 보험회사 직원인 아버지의 실직과 가족 간의 애정을 그렸다. '가정'에 대한 판타지를 자극하며 부드러운 아버지의 등장으로 많은 관객을 동원해 대중적인 호응을 얻었다. 1961년 12월에 시행된 제1회 우수영화상에서 최우수작품상을 수상했다.

되고, 성적 규율을 담당하는 '가부장'의 역할이 보전되고 있는 것이다. 결국 '로맨스빠빠'는 시대적 명분을 상실한 봉건적 아버지 대신 서구적 '가정(home)'에 적합한 연애의 새로운 파트너로, 이상적 아버지로 재구조화된 아버지로서 1960년대 가부장의 위치를 재정립하고 있다.

　가정이데올로기의 억압성은『회전무대』에서도 확인된다. 결혼 10년차 주부의 부부간 갈등을 그리고 있는 이 작품은 지식인 여성이 이기적이고 방탕한 남편과 이혼하고 다시 재혼하는 이야기를 제시하고 있다. 이 작품 역시 혼외정사인 '외도'가 주요한 모티브로 등장하고 외도를 일삼는 남편과의 갈등, 아내의 가출과 재혼의 과정이 다채롭게 제시된다. 작품은 크게 두 부분으로 나누어진다. 전반부는 주인공인 최숙정이 출세에 눈 먼 남편의 비열한 행동과 외도에 대한 혐오감으로 가출, 이혼하는 이야기이고, 후반부는 결혼 전부터 호감을 가졌던 박교수와 재결합하는 과정을 그리고 있다. 전반부에서 숙정이 남편과의 갈등을 인식하는 시각이 매우 객관적이고, 이혼의 결정을 내리는 과정이 매우 단호하게 제시되어 동시기 연애소설 중 여성의 주체적 인식이 드러나는 드문 성과를 보여준다. 하지만 후반부에서 사랑에 대한 지나친 환상과, 재결합을 통해 가정으로 복귀함으로써 가정이데올로기가 전면적으로 수용되고 있다.

　최숙정은 대학 4학년을 중퇴하고 어머니의 권유로 애정 없는 결혼을 하지만 남편과의 결혼생활에 무의미함을 느끼고 이혼을 결심한다. 아이들이 걸리기는 하지만 독립 후 찾아가겠다고 생각하며 가출한다. 최숙정은 대학교육을 받은 지식인으로 자의식이 강하고 상황을 이성적으로 분석할 줄 아는 여성이다. 그녀의 남편인 신형기는 국회의원

선거에 몇 번 낙방하고도 성공을 위해 방법을 가리지 않는 후안무치한 인간이다. 그는 숙정의 과거 애인에게까지 뇌물로 접근, 경찰서장을 얻어내는 한편 습관적인 외도를 일삼으면서도 전혀 가책이나 미안함을 느끼지 않는다. 남편의 외도는 정도를 넘어선 것으로 자기 집에 방문한 아내의 친구를 겁탈하고, 집을 팔아 서울로 가서 권력을 쥘 '운동'을 하면서도 바람을 피운다. 숙정은 이러한 남편을 '한국남성의 전형'이라며 비판한다. 외도의 문제가 한국 사회에 일반화된 심각한 것이며, 아내 위에 군림하는 폭압적인 신형기와 같은 가부장적인 남편이 보편화되어 있다는 것이다. 작품에는 최숙정 외에도 사촌동서, 고모 등의 여자가 남편의 외도로 힘든 생활을 하고 있으며 심지어 존경받는 학자인 최교수마저 가정부인 수원댁과 불륜의 관계를 맺고 있다. 외도가 부부의 관계를 깨뜨리는 심각한 문제로 일상화되어 있는데 숙정은 외도가 일차적으로 한국의 가부장적인 문화에서 기인하는 것이라고 인식한다. 신형기를 '한국남성의 전형'이라고 거듭 말함으로써 개인의 문제보다는 사회적 문제로 접근하는 것이다. 그녀의 사고의 객관성은 남편들의 외도가 개선되지 않는 이유를 여성들의 부적절한 대응으로 이해하는 데서도 잘 드러난다. 직정적인 분노에 그치거나(동서), 깊은 시름 속에 일반적인 상황으로 치지도외하거나(고모), 모른 척 속으며 스위트홈의 안정을 가장한다는(가연의 집) 것이다. 오히려 숙정처럼 외도를 참지 못하고 이혼을 요구하는 여성은 참을성이 부족하거나 지나치게 예민한 '건방진' 여자로 비난받을 뿐이라고 자탄한다. 외도가 근대 가족과 부부관계를 근본적으로 파괴하고 아내에게 모멸과 부당한 인내를 강요하는 문제로 제도화되어 있음을 직시하는 것이다. 숙정이 '아내이기 이전에 인간'으로서의 존엄성을 주장하며 단호하게 이혼을 요구하는 것은 그녀의 이러한 지적인 사고에 기인한다. 여성의 진정한 독립이 경제적인 자립을 통해 가능하다고 판단, 상경 후 취직을 먼저 하는 것에서도 성숙한 현실인식이 드러나는데, 여성 억압의 상황을 객관적으로 접근하고 사회문제화 함으로써 독립적인 주체의 자질을 보여주는 것이다.

그러나 이러한 미덕에도 불구하고 『회전무대』에서 가출 이후 최숙정이 보여주는 행로는 주체적인 자아의 삶과는 다르다는 점에서 문제적이다. 경제적인 독립이나 생활에 초점을 맞추기 보다는 이전부터 호감 있었던 박영종교수와의 연애에 집중하면서 그와의 재결합에 몰두하는 것이다. 최숙정은 이혼 전 요양 차 잠깐 머물렀던 바닷가마을에서 아이들과 함께 놀아주던 박교수에게 좋은 인상을 갖는다. 상경 후 극장에서 일하며 외로움을 느낀 그녀는 박교수와 연락하여 그를 다시 만난다. 박교수 역시 부정한 행실에 대한 소문으로 아내와 별거 중임을 안 숙정은 더욱 적극적으로 그에게 다가가 둘만의 여행을 떠나고 함께 밤을 지낸 후 결혼을 결심한다는 것이다. 이러한 과정은 결국 집 '밖'으로의 가출이 다시 집 '안'으로 회귀하는 순환회로를 보여준다는 점에서 '가정'의 절대성을 웅변한다. 작품에서 이혼을 통해 고조되던 갈등은 재혼을 통해 화해에 이르게 되는데 여성이 다시 집 안으로 들어옴으로써 비로소 '안정'을 얻게 되는 것이다. 남편의 외도는 부정하지만 '가정'에 대한 가치는 그와 별도로 절대적으로 침해받을 수 없다는 것이고 아내의 자리 또한 가정 안에서만 안정될 수 있다는 의미를 구성하고 있다. 낭만적 사랑이 여성에게 근대적 개인으로 정립되는 현실적 통로를 제공하고, 자유와 자율의 가치를 발견할 수 있게 하는 해방의 계기를 내포하고 있지만 동시에 여성을 집 안의 역할에 한정하는 억압적 계기가 되었던 것인데 그러한 위험이 간과되고 있는 것이다. 1960년대 중반 이후 가정이데올로기를 통해 여성이 구성되는 방식이 여기서 확인되거니와, 개인 주체로서보다는 '가정'을 통해 자아가 구성되는 타자화의 과정이 목도된다. 결국 작품에서 사랑이야기는 개인의 각성과 주체적 정립보다 가정 내부로 회수되어 가정만들기 기획에 봉사하고 있는 것이다.

여기에서 달라진 것은 '전형적인 한국남편'인 신형기에서 '로맨스 빠빠'인 박영종교수로 남편의 유형이 바뀐 것뿐이다. 신형기가 '가정'에 대한 책임도 방기한, 전근대적인 '한국형 남편'이라면, 박영종은 교수로서 경제적 능력과, 아내의 불결한 소문도 용납하려는 관대함, 그리고 아이들에 대해서 자상한 배려까지 두루 갖춘 부드러운 이미지의 '가정적 남편'이다. 남편에 대한 의존성은 크게 달라지지 않은 채, 근대적 가정의 욕망을 구성하는 이상적 남편이 설정됨으로써 가정에 대한 환상은 배가된다. 결과적으로 최숙정이 만들고자 했던 것은 이러한 '가정'이고 『회전무대』에서 재현되는 사랑이야기의 최종적 목적도 '가정'으로 귀결된다.

『흐느끼는 백조』에 오면 가정의 가치는 더욱 절대화되고 모든 갈등은 '가정' 앞에서 부차화된다. 이 작품 역시 외도가 중심 갈등을 이루며 많은 외도이야기가 제시된다. 하지만 외도의 문제는 가정지키기라는 당위적 요구 앞에 상쇄되고 헌신과 순종의 부도(婦道)가 오히려 강조된다. 가정은 훼손 불가능한 '천국'으로 이상화되는데 민박사의 가정을 통해 구체화된다. 대학을 졸업하고 <현대여성>사 기자로 취직한 은하는 민박사의 사생아이다. 첫 번 취재를 우연히 민박사의 집으로 간 은하는 민박사의 완벽한 '가정'에 배반감을 느끼며 어머니 백여사와 동생 은정을 자신이 지켜야겠다고 다짐한다. 그런 이유로 사랑하는 임상진을 동생에게 양보하고, 10살 이상 차이나는 장유찬 사장의 재취 자리로 들어가지만 그에 대한 충격으로 어머니가 죽게 되고 임종을 앞 둔 백여사의 요청으로 은정과 상진은 결혼을 한다. 장유찬사장이 가정부와 밀회하는 장면을 목격한 은하는 집을 나오고 민박사부부의 결혼 기념일에 초대받아 갔다가 은하에 대한 충격으로 민박사도 죽고 만다.

이러한 이야기에서 은하의 어머니인 백여사와 민박사의 혼외관계는 비난받지 않는데 그것은 민박사의 가정을 훼손하지 않았기 때문이다. 백여사는 조용히 그늘의 여인으로 살 것을 결심하며 민박사의 손길만을 바라는 순종적인 비련의 여인이고 가정을 해치지 않는 범위 내에서 이루어지는 그녀와의 관계는 연민의 시선으로 제시된다. 민박사는 목사이자 대학 학장으로 사회적으로 존경받는 인물이다. 현모양처의 아내와 효자인 아들을 거느린 '이상적 가정'을 꾸리고 사는 인사로 잡지사의 취재 대상이 되는 등 민박사의 가정은 1960년대 '스위트홈'의 표상이다. 하지만 외도라는 혼외정사로 인해 민박사와 그 가정의 허위성이 여지없이 드러난 상황인데 그러나 이런 허위성은 공격되지 않는다. 민박사의 고매한 인격과 백여사에 대한 진정한 사랑, 실현되지는 않았지만 마지막에 자식에게 용서를 구하며 모든 사실을 고백하고자 하는 등의 시도를 통해 그것은 '어쩔 수 없는' 상황으로 너그럽게 용서되는 것이다. 오히려 그러한 민박사의 가정에 도전하는 은하의 행동이 절대적 권위에 대항하는 '무모한 반발'로 비판된다. 은하는 민박사와의 관계를 모르고 청혼하는 민박사의 아들을 이용해 민박사를 괴롭히며 그를 죽게 하는 것이다. 민박사의 죽음은 멜로드라마의 도덕적 비학의 결과이지만 직접적인 원인은 은하의 비뚤어진 성격에 의한 반발 때문인 것으로 제시된다. 스위트홈의 허상에 대한 정당한 도전이 아닌 절대가치에 대항하는 섣부른 만용으로 치부되는 것이다. 숭고한 가치로서의 '가정'을 훼손하려 했던 은하가 용서 받게 되는 것은 그나마 민박사의 부인에게 자신과 민박사와의 관계를 숨기고 그 가정을 지켜주었기 때문이다. 임종 시 은하와 은정에게 용서해달라고 외쳤던 민박사의 유언의 뜻을 알기 위해 민박사 부인이 은하에게 찾아왔을 때 은하는 서둘러 상복을 벗고 민박사와 아무 관계가 없다고 해명하는 것이다. 작품은 이러한 은하의 행동을 치기어리고 미숙했던 의식이 비로소 '성숙'에 이른 것이라고 말한다. 여성의 성숙이 가정을 인정하고 아버지의 세계를 훼손하지 않으며 인내와 순종의 부덕을 체화함으로써 도달한다고 주장하는 것이다. 이는 『목마른 나무들』에서 서주연이 보여주었던 근대적 주체의 성숙과 완전히 반대된다. 주연이 기존질서와의 갈등과 결별을 통해 자기세계를 확보함으로써 근대적 각성을 이룩했던 것과 달리 『흐느끼는 백조』에서는 여성의 성숙이 기존질서를 적극 수용함으로써 가능하게 되는 것이다. 아버지에 대한 은하의 반발은 '성격이 모가 있어 보이고 무엇보다 가정적이지 않다'거나 '성격 탓으로 고생할 것', '반발 없이는 살고 있다는 자각을 뚜렷이 느낄 수 없'다는 등을 발언을 통해 부정적으로 조명된다. 모순에 대한 지식인 여성의 정당한 도전은 가부장권의 질서를 위협하는 위험한 것으로 부정되는 것이다. 그만큼 작품에서 가정은 지배질서의 제도와 윤리를 체현하는 절대 상징으로서 그에 대한 어떠한 정당한 성찰도 봉쇄되어 있다.

지배담론에 전유된 보수적 의식은 모성에 대한 인식과 결혼관에서도 그대로 발견된다. 『흐느끼는 백조』에서는 많은 갈등이 모성을 통해 저절로 해결된다. 은정과 상진의 경우 은정의 어머니인 백여사의 유언에 의해 거의 강제로 맺어진 부부이다. 상진이 은정을 은하로 오해하고 포옹한 데서 시작된 두 사람은 자발적인 선택과 애정을 기반으로 하지 않음으로써 불균형한 모습을 보여준다. 은정은 상진의 말이 없으면 '못하나도 제대로 박지 못하고' 그의 눈치를 보며 그가 하라는 대로 순종한다. 상진은 그러한 은정을 답답하게 생각하고 혼례 후 사실상의 부부관계도 갖지 않는다. 이 사실 안 은하가 두 사람의 합방을 강제로 추진하여 은정이 임신하고, 아이를 출산하게 되자 두 사람은 돈독한 부부애를 과시하는 것이다. 의사인 상진은 은정의 출산에 안절부절 못하며 그녀를 끊임없이 걱정하고, 은정은 출산 후 더욱 어른스러워진 모습으로 나타나 불안정한 은하를 오히려 어린애처럼 걱정한다. 애정이나 인격적 관계가 없어도 아이의 출산만으로 부부갈등이 해결되고 성숙한 인격이 형성되어 공고한 가정을 만든다는 것이다. 반면 그동안 어머니 백여사와 동생 은정의 정신적인 지주였던 은하는 아이를 낳지 않았다는 사실만으로 유치한 어린아이로 갑자기 강등된다. 가정에 속하지 않고, 아이를 낳지 않은 여성은 그 자체만으로 성숙하지 못한 '위험한' 인간이 되는 것이다. 장유찬과 박여사의 관계는 더욱 심각하다. 가정부인 박여사와의 밀회를 현장에서 들킨 장유찬은 박여사와의 관계를 부정하고 이혼을 요구하는 은하의 주장을 들어주지 않지만 박여사가 아들을 출산하자 이혼이 성립되고 장유찬-박여사는 정상적인 가정으로 서게 되는 것이다. 아들을 낳은 박여사가 은하를 찾아와 당당한 목소리로 재혼을 하거든 '아이를 먼저 낳으라고' 권고하는 데서 모성의 위력은 두드러지게 나타난다. 가정을 지탱하는 중심이 부부의 애정과 인격관계보다는 아이라는 모성적 관계에 압도되는 것이다. 여성에게 결혼과 출산이 절대적 의미를 갖는다는 것인데 은하의 다음과 같은 탄식에서 그러한 뜻이 직접적으로 전달된다.

> 결혼에 실패하였다는 건 여인의 삶에 있어 지울 수 없는 쓰라린 패배의 페이지가 되는 걸까. 될 수만 있다면 아무도 모르게 영원히 덮어 두고 싶은 수치의 기록, 그녀는 갑자기 불구가 된 것 같이 초조하고 창피하여 매사에 자신이 없어지는 것을 느꼈다.[20]

이러한 결혼관은 개인의 자율과 자유에 기초한 낭만적 사랑이라고 보기 어렵다. 전근대적인 윤리와 인식이 그대로 들어와 있는 것이다. 실제로 작품에는 근대적 사랑보다는 전근대적인 결혼이 우세하게 나타난다. 부모의 유언에 의한 강제적인 결혼(임상진-은정), 경제적인 이해관계 속에서 이루어지는 정략결혼(은하-장유찬), 결혼이라는 법적 제도 밖의 혼외관계(민박사-백여사), 애정이 수반되지 않은 의무 관계(민박사-그 부인)만이 있을 뿐이다. 집단의 이해나 윤리에 구속된 강제적 결혼이 압도하는 것이다. 이를 통해 희생적인 여성상, 인내와 순종의 미덕, 현모양처의 이데올로기가 구성되고 여성의 주체적 욕망은 무시된다.

---

20) 최미나, 『흐느끼는 백조』, 『여원』, 1968.4, 416면.

4. 기대에서 체념으로

사랑은 사회와 역사에 따라 구성되는 문화적 구성체이다. 성, 연애, 결혼을 포함하는 사랑이야기는 경제, 문화, 정치적 맥락 속에서 담론들의 긴장과 갈등 속에서 생산되고 유포된다. 이러한 점에서 1960년대 사랑은 낭만적 사랑의 기획 속에서 이해될 수 있다. 낭만적 사랑은 자율적 선택에 의한 개인의 교감과, 연애를 결혼으로 이어가는 연애-결혼에 기반을 둔 사랑의 방식으로 개인과 자유의 이념이 일상에 구조화된 1960년대를 배경으로 하고 있다.

본 고는 1961~1968년까지 『여원』에 연재된 여성작가들의 소설을 대상으로 낭만적 사랑의 기획이 사랑이야기 속에 어떻게 구조화되고 있는지를 잡지에 실린 연애담론과의 관계 속에서 살펴보았다. 소설은 사랑이야기가 재현되는 가장 대표적인 양식으로 소설 자체가 연애담론이라고 할 수 있지만 소설이 가지고 있는 미학적 성찰의 계기가 어떻게 작용하는가에 따라 지배담론과 거리를 형성하게 된다. 따라서 연애소설의 사랑이야기가 어떻게 지배담론과 역동적 관계 속에서 구조화되는가를 시기적인 변화에 주목하여 알아보고자 했다. 낭만적 사랑의 기획은 개인과 자유의 이념을 통해 여성의 주체화 과정에 해방의 계기로 작용하기도 하지만 가정이데올로기와 결합하여 여성의 역할과 의식을 집 안에 한정하는 억압의 요인이 되기도 한다. 이러한 해방과 억압의 계기가 어떻게 중첩, 결합, 단절되면서 사랑이야기가 시기적으로 다르게 재현되는가를 살펴보고자 한 것이다.

1960년대 『여원』에 발표된 여성작가들의 연재소설은 모두 남성 혹은 남편과의 애정 갈등을 소재로 한 연애소설이다. 이들 소설의 사랑이야기는 1965년을 전후하여 『여원』 연애담론의 사회, 문화적 의미망 속에 포섭되면서 급격히 지배담론의 인식에 통합된다. 전반기의 작품들이 경제, 사회적 조건에 얽매이지 않은 지식인 청년들의 '순수한 사랑'을 보여준다면 후기의 작품들은 결혼 이후 부부관계에서 나타나는 갈등을 중심으로 특히 '외도'의 문제에 집중한다. 전자의 작품들에서 연애는 근대적 각성의 계기가 되거나, 사회를 변혁하는 정치적 힘으로, 또 자본주의적 속물성과 봉건적 관습을 비판하는 준거로 의미가 확장됨으로써 낭만적 사랑의 기획에 내포된 근대적 성찰의 계기를 일정하게 반영하고 있다. 순결의 억압성이 약화되어 있고 개인적 선택과 자유의 문제가 중시된다. 반면 후기로 갈수록 작품들은 복수의, 파격적인 사랑이야기가 제시되고 있지만 파격성이 지배담론의 억압을 공격하기보다는 흥미를 유발하는 소재로 사용되면서 '가정'을 절대화한다. 여성의 성은 과잉 노출되면서 호기심을 자극하는 멜로물의 대상으로 재현되고, 연애는 삶을 결정적으로 파괴하는 비극적 조건으로, 타락한 청년들의 오락 정도로 취급된다. 여성의 성은 지극히 불안한 것으로 '가정'을 통해서만 안정과 화해를 찾게 된다. 순결이 강조되고 정조를 잃어버린 여성의 잘못에 대한 도덕적 응징이 가해지면서 여성에 대한 억압이 점증적으로 강화된다. 여성의 위치가 열등하게 정해진 반면 남성은 서구적 이미지의 '로맨스빠빠'의 형상을 통해 가부장의 상징적 질서를 다시 세운다. 경제, 사회적 능력과 자식에 대한 배려, 정서적 감응력 등을 통해 부드러운 이미지로 나타나는 '로맨스빠빠'는 가족에게 군림하는 봉건적 아버지와 외적인 맥락이 다르게 구성되지만 차별적인 성역할, 윤리적 주재자로서의 권위, 가정에서 주인으로의 위치 등 '가부장'의 실제적인 내용은 계승하고 있다. 이러한 '로맨스빠빠'와 현모양처의 아내, 그리고 순결과 절제의 윤리성이 내부동력으로 규율하는 '가정'이 바로 1965년 이후 연애소설의 내용이 되는 것이다.

이러한 분석에서 알 수 있듯이 『여원』 소재 연애소설들은 1960년대 후반으로 올수록 지배담론과의 거리를 확보하지 못하고 보수화된다. 성과 사랑이야기는 증폭되지만 비극적 감정을 유발하는 소재일 뿐 『여원』의 연애담론과 소설의 사랑이야기는 가정이데올로기에 전유된 동일계열의 담론으로 통합된다. 그렇다면 미학적 성찰력을 상실한 이러한 보수화는 어떻게 설명될 수 있을까? 먼저, 국가권력의 강력한 통제와 그를 내면화한 담론의 문화, 정치적 구성 과정으로 이해할 수 있을 것이다. 건전가정 만들기 캠페인을 통해 '가정'을 절대화하고 스위트홈의 이미지 속에서 여성의 차별과 갈등을 폭력적으로 진압하려했던 기제가 작용한 것으로 볼 수 있다. 그러나 전반기에 보여준 청년의 활기는 이로써 해명되지 않는다. 1961년 혹은 최소한 1963년 이후 『여원』 담론을 보아도 국가담론에의 포획은 분명하게 확인되지만 이 시기 연애소설은 아직 청년의 활기를 보여주기 때문이다. 여기에서 국가권력의 수동적인 포획으로만 해명되지 않는, 담론을 만드는 미학적 주체의 문제가 떠오른다. 그렇다고 전반기 작가들인 김일순, 정연희, 강신재가 모두 작품이 발표될 당시 주부였기 때문에 앞의 작품들에 나타난 청년적 활기를 작가의 실제 삶의 조건으로 해명하기 어렵다. 그보다는 욕망의 실현 가능성에 대한 인식과 연결해볼 수 있다. 1960년대 중반까지 가정 밖의 삶에 대한 '이상'이 가능했다고 볼 수 있다. 집 밖에서 여성의 독립적 삶이 가능하다고 생각했고, 연애를 통해 남성과 평등한 인격적 관계가 이룰 수 있으리라고 믿었으며, '가정'담론에 유토피아적 이상으로 내포된 '스위트홈'의 형상이 '도달 가능한 욕망'으로 인정되었다. 이러한 여성의 주체적 삶에 대한 이상이 현실의 모순을 성찰하는 비판적 동력을 제공한 것이다. 당장은 아니지만 경제적 성과가 목도되는 시기에 그것이 실현될 것이라는 '믿음'이 청년의 활기로 작용한 것이다. 그런데 이러한 믿음과 욕망이 생활현실에서 반대로 확인되었을 때, 즉 '가정' 밖의 연애, 자유는 불가능하고, 그렇다고 실제 현실에서 스위트홈의 이상, 남편과의 낭만적 사랑도 가능하지 않다는, 확인된 기대의 좌절, 한계 상황에 대한 체념이 압도함으로써 현실을 그대로 수용하게 된 것이라 할 수 있다. 연애에 대한 비극적 정서의 확대, 가정 밖의 삶에 대한 불가능성의 인식, 가정 내에서의 위계적 성역할의 수용 등은 모두 확인된 욕망의 좌절이 만들어낸 결과라고 볼 수 있다. 논문의 주된 목표가 1960년대 지배적인 연애담론과 『여원』 연재소설과의 관계 및 시기적 변화양상을 고찰하는 데 있어 이를 본격적으로 탐구하지는 않았다. 향후 『여원』에 연재되지 않은 동일 작가의 다른 작품들 및 1960년대 다른 여성작가들의 작품들과의 분석, 비교를 통해 보다 정밀하게 검토되어야 할 것이다.

박경리의 『성녀와 마녀』에 나타난 전후의 성담론 수정 양상

이 상 진

1. 전후의 성 담론과 여성형상화

　1950년대는 남성들의 사망과 실종으로 인한 극심한 여초현상[1], 장기적인 인플레로 인해 남성성이 위축된 시기였다. 또한 전쟁의 공포와 죄의식을 극복하기도 전에 "사회의식이 극도로 혼란하고 온갖 패륜이 끓고, 부박한 미국식 퇴폐현상의 도가니 속"[2]에 빠져들어 남성의 거세 불안은 더욱 심해졌다. 이른바 '자유부인' 신드롬과 박인수 사건은 이런 분위기를 그대로 보여주는 사건이다. 실상 '자유부인' 신드롬은 전쟁의 종식과 개인주의의 대두, 급격한 미국문화의 유입으로 인한 전통의 해체, 새로운 여성 유형의 등장과 개인적 욕망의 분출이 드러난 결

---

1) 1958년 통계에 의하면 20-24세 연령층과 30-34세 연령층에서 여성의 수가 20만 명 정도씩 많았으며, 25-29세 연령층에서는 여성 174만 명에 남성 127만 명으로 여성의 1/4인 47만 명은 결혼 상대자가 없는 것으로 나타났다. 합동통신사, 합동연감 1959~1958, 467면. 이임하,『한국전쟁과 젠더: 여성, 전쟁을 넘어 일어서다』, 서해문집, 2004, 284면에서 재인용.
2) 곽종원,「봉건적 가풍과 새로운 가풍」,『여원』, 1961.4.

과였다3). 그러나 이런 특징은 위험한 행동으로 간주되어 여성의 성애를 관리하고 통제4)할 중요한 빌미를 제공한 셈이 되었다. '박인수 사건'은 바로 이런 감시와 통제의 강건함을 보여주는 분명한 징표였다. 이 같은 일련의 사건에 의해 '전후의 혼란과 패륜, 그리고 부박한 미국식 퇴폐현상'의 근원으로 '전후파 여성(아프레 걸)'5)이 사회의 표면에 떠올랐다. 이들은 경계와 교정의 대상이 될 수밖에 없었다.

이 같은 남성권위의 붕괴 위기에서 새로운 가부장적 질서를 세우는데 중요한 역할을 한 것이『여성계』,『여원』,『주부생활』등의 여성잡지였다. 또한 이런 논의가 대중적인 호응을 얻기 위해서는『자유부인』에서 알 수 있듯, 대중적인 연애소설의 공식이 매우 유효한 전략으로 작용했다. 박경리의『성녀와 마녀』는 매체과 서사공식의 측면에서 그 점을 매우 잘 보여주는 작품이다. 곧 이 작품은 전후의 여성계몽을 위한 성담론 잡지라 할 수 있는『여원』에 연재(1960.4~1961.5)되었고, 제목부터 가부장제 이데올로기 하의 전형적인 여성대립과 보수적 가치를 따르는 분명한 결말을 암시하고 있으며, 여성독자에게 가장 영향력 있는 멜로드라마의 공식을 취하고 있다. 이 점에서『성녀와 마녀』

---

3) 최성희,「자유부인, 블랑쉬를 만나다: 전후 한국여성의 정체성과 미국 드라마의 수용」,『미국학논집』37집, 한국아메리카학회, 2005년 겨울.
4) 우리나라에서 부부의 성에 대한 본격적인 담론이 형성된 것은 전쟁 이후인데, 여기에는 미국의 킨제이보고서의 영향도 있기는 하나, 당시 성담론의 특징이 여성들의 섹슈얼리티를 생식을 위한 성, 가족을 위한 성, 국가를 위한 성으로 통제하려 했다는 데서 찾을 수 있을 것이다.
5) 이 용어는 '종래의 예의 습관, 도덕 같은 것을 처음부터 돌아보지 않고 성행위에서 과거의 윤리관이나 정조관념을 깨뜨리고 대담 적극의 행동을 취하는 타입'(백철,「해방 후의 문학작품에 보이는 여인상」,『여원』, 1957.8)을 뜻하는 퇴폐적인 경향의 여성을 지칭하던 용어에서 고등교육을 받은 여성, 여학생, 직업전선에 뛰어든 미망인, 미군을 상대하는 성매매 여성 등을 공격하는 도구로 사용되어, 퇴폐적이고 서구지향적인 사회참여 여성이라는 의미로 확대되었다. 이임하,『계집은 어떻게 여성이 되었나』, 서해문집, 2004, 94면.

는 전후의 가부장 이데올로기의 충실한 문학적 형상화, 다시 말해 표면적으로 여성작가가 남성적 성담론을 단순하게 모방하고 재생산한 작품으로 보인다.

사실상, 박경리의 장편소설들 대개가 이처럼 대중 소설적 요소가 강한 것들이다. 하지만 그런 소설의 주제는 대중적 공식으로 풀어내기에는 다소 무거운 것들이다. 다시 말해 박경리는 인간의 자유의지와 운명, 낭만적 사랑과 가족의 문제, 운명에 대한 저항, 자연적인 성의 세계와 엄격한 도덕적 징벌 등을 함께 다룸으로써 전복의 욕망을 모호하게 감싸고 위장한다. 이 때문에 섬세하고 저항적인 독서가 필요하다. 그러나 지금까지『토지』를 제외한 박경리의 작품에 대한 연구는 대개가 1950년대 몇몇 문제적 단편들과 장편인『표류도』,『김약국의 딸들』,『파시』,『시장과 전장』에 집중되어 왔고, 이 연구에서는 주로 운명주의, 여성으로서의 자존감, 가족주의에 대한 피상적인 분석이 반복되어 왔다고 할 수 있다.6) 따라서 작품의 도처에 흔적으로 남은 작가의 욕망과 균열을 세밀하게 분석하고, 이를 바탕으로 작품 전체에 대한 새로운 해석코드를 찾아낼 필요가 있다.

이 글에서는『여원』에 연재된 대중적 연애소설로서, 전후의 가부장제 이데올로기를 가장 충실히 재현하고 있다고 판단되는『성녀와 마

---

6) 김명신은 1990년대 중반까지 박경리 소설에 대한 연구사 검토 결과,『토지』외에는 1950년대 단편 연구, 위의 네 작품에 대한 연구에 집중되었음을 밝혀내고 있으며,(김명신,「박경리 소설 비평의 궤적」,『『토지』와 박경리 문학』, 솔, 1996) 그 연구의 결과들은 주로 위와 같은 특징을 짚어내는 데 집중되고 있다. 여성주의적 시각에서 접근한 최근의 연구까지 역시 유사한 결론을 향하고 있다. (서영인,「박경리 초기단편 연구」,『어문학』66집, 한국어문학회, 1999 ; 이금란,「가족 서사로 본 박경리 소설 연구」,『현대소설연구』19호, 한국현대소설학회, 2003 ; 이나영,「박경리의 시장과 전장에 나타난 '개인의식' 연구」,『어문논총』38호, 한국문학언어학회, 2003 ; 이선미,「한국전쟁과 여성가장: '가족'과 '개인' 사이의 긴장과 균열」,『여성문학연구』10호, 한국여성문학학회, 2003)

녀』의 이중적 전략을 분석한다. 또 이 이중적 전략을 작가의 전기적인 특징에 대한 정신분석적 해석과 다른 작품과의 관련 속에서 재검토함으로써, 『토지』의 해석에 이르는 새로운 맥락과 여성주의적 시각의 유효성을 제시할 것이다. 나아가 1950·60년대 여성작가 작품에 대한 해체적 분석 가능성을 찾아냄으로써[7] 여성작가에 의해 조심스레 행해진 전후 성 담론의 수정양상을 발견하고자 한다.

2. 멜로드라마의 전략과 전후의 가부장 담론

1950년대 자전적이고 문제적인 단편을 쓰던 박경리는 1959년, 낭만적 취향이 짙은 장편 『표류도』로 독자로부터 예상치 못했던 호응을 얻었다.[8] 이로써 소위 인기작가의 반열에 끼게 되자, 『여원』에 『성녀와 마녀』를 연재하는 것을 시작으로 1960년대 초반에만 약 20여 편의 대중소설을 집중적으로 창작했는데, 주로 낭만적 취향과 통속적 경향이 농후한 작품들이다. 『성녀와 마녀』는 1966년 현암사에서 단행본으로 출간된 후, 1980년 지식산업사에서 나온 박경리 문학전집 12권에 『표류도』와 함께 묶여 출간되었고, 2003년에 MBC 아침 드라마로 개작되

---

[7] 이 시기 문제적인 여성작가 정연희의 경우, 『여원』에 연재한 대중 소설 『목마른 나무들』이 '전통적 윤리관과 새로운 여성주체와의 타협적 균형'을 보여주고 있다는 지적(김현주, 「'아프레 걸'의 주체화 방식과 멜로드라마적 상상력의 구조」, 『한국문예비평연구』21호, 한국현대문예비평학회, 2006.12), 또는 『목마른 나무들』, 『아가』, 『석녀』 등 1960년대 대중소설이 지배적인 남성성을 인정함과 동시에 이를 부정·해체·전복하는 이중적 담론을 사용하고 있다는 지적(최미진, 「1960년대 대중소설의 서사전략 연구 – 정연희의 장편소설을 중심으로」, 『한국문학논총』25집, 한국문학회, 1999.12.)은 이런 분석의 확대 가능성을 시사한다.

[8] 정희모, 「현실에의 환멸과 삶의 의지」, 한국문학연구학회, 『『토지』와 박경리 문학』, 솔, 1996, 42면.

어 방영된 (2003.9.22~2004.4.24) 후에는 인디북에서 재출간 되었다. 창작된 지 40여 년이 지난 후에도 드라마로 만들어지고, 새롭게 독자를 확보하고 있다는 사실은 이 작품이 대중 서사의 공식과 보편적 주제를 형상하고 있음을 보여준다.

이 작품의 대중적 공식은 한국의 대중적 근대소설이 그렇듯이 멜로드라마적 요소에 기본을 두고 있다.9) 피터 브룩스는 멜로드라마 양식의 전형적 특성을 '강력한 주정주의의 탐닉, 도덕적 양극화와 도식화, 존재와 상황·행위의 극단적 상태, 공공연한 악행, 선한 사람들에 대한 박해, 덕행에 대한 최후의 보상, 야단스럽고 과장된 표현, 모호한 플롯 구성, 서스펜스, 숨 막히는 반전'으로 규정한다.10) 한편 한국 멜로영화의 전통에서는 유형적이고 불변의 속성을 지닌 인물, 양극화된 인물 설정과 인물들 간의 감정적 대립, 사건 중심적 내러티브, 우연성과 운명성의 강조, 가정적·사회적 배경, 과다한 비극적 정서, 사랑과 도덕의 찬미, 그리고 이 모든 것을 관통하는 체제 유지적 가치 등이 특징으로 지적된다.11) 『성녀와 마녀』는 이 같은 멜로드라마적 요소를 고스란히 지니고 있는 전형적인 대중소설이다. 이 때문에 당시의 신가부장 담론의 충실한 반영으로 읽힌다. 여기에서는 이 같은 특징을 등장인물의 유형성, 극단적 행위와 과장된 표현, 당대적 대중문화 코드 삽입, 낭만적 사랑의 강조, 체제 유지적 가치 추구로 나누어 살펴보도록 하겠다.

---

9) 전영태, 「한국근대소설의 대중성에 대한 고찰-멜로드라마적 성격을 중심으로」, 『한국학보』33, 일지사, 1983.3.
10) 리타 펠스키, 김영찬·심진경 옮김, 『근대성과 페미니즘』, 거름, 1998, 193면.
11) 김훈수·김은정, 「한국 멜로영화의 장르연구 : 관습의 반복과 변형」, 『한국방송학보』통권 14-1, 한국방송학회, 1999, 122면.

1) 등장인물의 유형성과 과장된 행동패턴

멜로드라마에서 등장인물들의 행동은 대체로 윤곽이 단순한데, 그것은 난해하거나 복잡하면 작품의 도덕적 구분이 약화되기 때문이다. 곧 선하든 악하든, '개성'보다는 '유형성'이 강조된다.『성녀와 마녀』는 제목뿐 아니라 작품의 처음부터 성녀와 마녀의 대립적인 이미지를 직접적이고 단정적으로 서술하고 있다. 이런 이미지를 극단적으로 대립시키기 위한 잉여적인 표현과 전형적이고 평면적인 인물묘사는 대중소설의 읽는 재미마저 삭감시킬 정도로 지나치다. 우선 성녀형 인물로 나오는 하란에 대한 묘사를 보자. 하란은 시종일관 복종적이고 희생적이고 수동적인 여성으로 묘사된다.

> 조용한 하란의 모습. 모두 시끄럽게 지껄이고 있는 속에서 사뿐히 떠 있는 흰 꽃잎같이 청초한 모습이다. 흰 저고리에 수박색 치마가 더욱 그런 인상을 깊게 한다. 투명하리만큼 흰 얼굴에 짙은 그늘을 지워주는 속눈썹, 입술이 살그머니 열리면서 웃음을 참는 듯 이빨 두 개가 아랫입술을 깨문다. 꿈을 머금은 듯 소리 없이 웃음이 흐른다.[12]

뿐만 아니라 하란은 약한 성격과 외모(창백한 얼굴, 흰 손목 등)로 인하여 많은 남성들의 보호본능을 자극[13]하고 동정을 받는 것으로 서사화 된다. 안박사는 물론이고, 허세준, 한영진, 박현태 등 남성 인물의 대부분이 하란에게 호감을 가지고 보호하고 지켜주려 한다. 그녀의 소

---

[12] 박경리,『성녀와 마녀』, 인디북, 2003, 11~12면.
[13] 대중문화가 여성에게 주는 쾌락에 대해 연구한 카워드에 따르면, 연애소설에 나오는 여성은 대개 수동적이다. 또, 보통 연애소설은 위험 없는 안락의 세계를 약속한다. 즉(남성에게) 의존함으로써 안전을, 그리고 복종함으로써 힘을 갖게 된다는 약속을 한다. 존 스토리, 박 모 역,『문화연구와 문화이론』, 현실문화연구, 1994, 186~187면.

극적 성격과 우유부단함은 누구에게도 비난되지 않고, 다만 선의에 의한 갈등의 징표로 여겨질 뿐이다.

반면, 마녀형 인물로 나오는 형숙은 적극적이고 자기 주도적이며 신비한 매력을 지녔으나 파괴적이고 방탕한 부정적 여성으로 표현된다.

> 한번 쳐다보기만 하면 그 눈은 누구나 평생토록 잊을 수 없는 그런 무서운 아름다움을 지니고 있었다. (중략) 그는 눈뿐만 아니라 또 하나의 신비한 매력을 갖고 있다. 그것은 드물게 보는 훌륭한 소프라노의 소유자라는 것이다. 그의 목소리에는 눈에 못지않은 매력이 숨어 있었다.[14]

이러한 형숙의 이미지를 강화하기 위해 오국주라는 인물에 대한 부정적인 정보가 덧보태진다. 형숙의 어머니인 오국주는 '나면서부터 탕녀였고 애정이 무엇인가를 모르는 여자' '어떤 사내고 간에 망쳐놓고야 마는 이상한 습벽'(29면)이 있어서 안박사는 그녀 때문에 젊은 시절을 망쳤다고 고백한다. 이 말은 의사라는 직업이나 인품, 말의 어조 등에 의해 독자에게 깊은 신뢰를 준다. 이런 설정은 이 두 모녀를 '마녀의 피'를 가진 사람으로 규정하고 형숙의 미래를 부정적으로 재단함으로써 독자가 편견을 가지고 서사를 읽게 만든다.

멜로드라마는 거의 전적으로 악한의 조정에 따라 진행된다. 곧 철저하게 파렴치한 등장인물들 때문에 주인공(남성 또는 여성)이 초인적인 시련을 겪는다. 이 소설에서 가장 큰 영향력을 발휘하는 인물은 형숙으로, 형숙의 등장과 퇴장이 전체 인물들의 갈등을 휘저을 정도이다. 곧 형숙이 등장하면서 주변의 젊은 남녀관계가 혼돈상태가 되고, 형숙

---

14) 박경리, 앞의 책, 15면.

이 유학을 떠나자 평정을 되찾았다가, 귀국하면서 다시 같은 문제가 불거진다. 형숙과 함께 다른 인물의 관계를 바꾸어 놓는 또 다른 인물은 수영이다. 수영이 형숙에게 마음을 빼앗긴 까닭에 하란이 고통을 겪고, 이 문제 때문에 안박사와 허세준, 허세준의 약혼녀인 안수미가 심한 갈등을 겪는다. 또한 형숙과 수영15)의 관계 때문에 박현태는 결혼직전에 형숙에게 버림을 받기도 한다. 이러한 '반발의 연쇄작용'에 의해 이 작품은 비극으로 치닫는다.

멜로드라마의 주된 갈등은 환경 문제, 감정의 대립, 우연적인 사건에 의한 것이 대부분인데,16) 이 작품의 등장인물들은 주로 질시와 열등감, 장애에 대한 반발심 등에 의해 행동하고 이로 인한 갈등이 사건의 중심이 된다. 곧 사회·역사적 배경은 삭제되고, 감정적 대립과 우연한 사건이 동인이 되어 인물들은 매우 충동적 행동을 취한다. 뿐만 아니라 이 행동에 대한 서술은 작위적이고 직접적이며 매우 과장되어 있다. 그런가 하면 시종일관 지속되는 감정적이고 신파적인 내면 묘사는 이런 인물의 행동을 더욱 과장되게 만드는 대중적 표현들이라 할 수 있다. 가학적 남성과 피학적인 여성의 서사구조 역시 멜로드라마의 선정성을 보여주는 중요한 공식이다. 때로 폭력적인 수영과 이런 행동을 수동적으로 받아들이기만 하는 하란의 태도는 행동의 극단적 대립을 보여줌으로써 선정성을 더해준다.

---

15) 사실상 이 두 인물이 각각 일찍부터 천재적인 작곡가와 성악가로 인정받아 독선적이고 오만한 행동을 할 수도 있게 성격화된 점이나 예술가로 설정되어 교사로 설정된 하란이나 박현태 등에 비해 상대적으로 자유분방한 행동을 하는 점은 인물의 설정과 서사의 동인이 일치하는 부분이라 할 수 있다.
16) 김훈수·김은정, 앞의 글, 123면.

2) 서구지향성과 체제 유지적 가치 추구

이 작품에는 대중소설에서 흔히 보게 되는 빈부의 극단적 대조가 드러나지 않는다. 다만 안박사 집안과 형숙을 중심으로 한 상류층의 생활이 중심을 이루고 젊은 예술가들의 일상이 주로 펼쳐지는데, 특히 서구적인 문화코드가 지배적이다. 우선 안박사의 집은 장충단 공원 근처의 저택(사오백 평이나 됨직한 넓은 공간)으로 무도회를 벌일 수 있는 홀과 페치카, 넓은 정원을 갖춘 서양식 저택으로 묘사된다. 1장에 서술된 수미의 생일파티 장면은 서양소설의 어느 한 부분을 따온 듯 착각이 들 정도이다. 이 20대의 젊은이들은 생일파티를 위해 파티복을 입고 홀에서 연주하고 무도회를 벌이고, 자동차로 자연스럽게 이동하며 정원에서 대담한 애정행각을 벌인다. 다음은 생일을 맞은 수미의 모습이다.

> 수미는 오늘의 주인공답게 주름을 담뿍 잡은 바이올렛 빛 드레스에 진주 네클리스, 이어링을 하고 로만스 라인의 머리 맵시, 그런 것이 잘 조화되어 아주 귀여웠다.[17]

인용한 부분에서도 알 수 있듯, 이 작품에는 도어, 베드, 보이프렌드, 데카당, 코케트, 네크리스, 비어 등 외국어가 빈번하게 나온다. 또한 형숙이나 세준이 애정의 도피를 위해 미국이나 프랑스로 유학을 떠나는 것, 서구적인 이미지가 강한 양식당, 다방, 호텔의 모습이 주로 그려진다. 여기서 주목할 점은 1950년대에 이런 서구적 코드는 아프레 걸의

---

17) 박경리, 앞의 책, 11면.

부정적 표지와 관련된다는 점이다. 1950년대 양장의 착용은 미군을 상대하는 성매매 여성과 동일시되기도 했다. 곧 사치와 허영의 상징으로 취급되기도 한 것이다.[18] 그런가하면 이것은 1920·30년대 마녀형의 인물인 신여성의 형상화에서 서구 지향적 특징이 강조되었던 것과도 관계 깊다.[19] 이 여성들의 매력인 적극성과 낭만성은 '서구지향성'과 혼동되어 표현되고 있다. 따라서 이 작품에 드러나는 서구지향성은 당대의 대중적 코드인 동시에 형숙의 '마녀성'을 강조하기 위한 장치로 읽어낼 수 있다. 이것은 성녀의 상징인 하란이 거의 청초한 한복 차림으로 등장하는 것과 대조하면 더욱 분명해진다. 요컨대 당대 유행하는 대중적인 코드로서 이 서구 지향성은 이 작품의 장식적인 요소이자, 전후의 왜곡된 문화현상을 반영한 것이며, 이에 대한 두려움의 투사이기도 하다.

멜로드라마의 저변에는 사회를 유지시키려는 보수성과 다수인의 가치를 따르는 안정성이 자리하고 있다. 추상성보다는 내용에 치중, 사회정치적인 문제보다는 사회제도를 인정하는 도덕극에서 수용자들은 편안함을 느끼고 비록 사회정치적인 부분을 다루더라도 그것이 주요사안이 되기보다는 배경으로 물러나버리는 경우가 허다하다.[20] 이

---

18) 이임하, 앞의 책, 91~92면.
19) 1920·30년대 유행한 '모델 소설'에 등장하는 신여성은 방탕하며 이기적일 뿐만 아니라 비윤리적인 악인처럼 비춰지는데, 성적 타락, 이기심, 사회의식의 빈약에도 불구하고 분명히 매력 있는 존재로 형상화된다. 그것은 그녀들이 가진 섬세한 감각, 지적 능력, 적극적인 태도 때문이며 그들이 가진 서구지향성도 큰 역할을 하고 있다. 여기에 신분이나 교육, 외모에서 오는 특출함, 성적인 개방성 등은 치명적인 매력이 아닐 수 없다. 강현구, 「1920·30년대 모델소설의 새로운 독법과 매혹적인 악녀상」, 『한국문예비평연구』 16, 한국현대문예비평학회, 2005, 23~26면.
이런 특성은 1920·30년대 남성들의 불안과 두려움과 동시에 남성중심의 상징질서가 지닌 균열을 증명하는 것이다. 이 작품의 형숙이 지닌 마녀성은 사실상 1920·30년대 유행한 '모델소설'에 나오는 신여성의 형상화적 특성을 잇고 있다.
20) 이상진, 「대중소설의 반페미니즘적 경향」, 『한국현대소설사의 주변』, 박이정, 2004, 94~99면.

작품은 이처럼 시대적 상황은 완전히 삭제된 채, 인물의 도덕적 성격과 애정행각 그들의 충동적인 행동만이 지배하는 것처럼 보인다. 더구나 그 구조는 테니슨이 지적한 대로 멜로드라마가 가진 전형적인 '자극(provocation)→고통(pangs)→형벌(penalty)'의 패턴[21]을 보여준다. 다시 말해 형숙을 자극한 대가로 수영은 고통 받고, 하란 역시 수영과 형숙에 의해 고통을 받는다. 그리고 형숙은 자신의 행동의 대가로 총에 맞아 죽는 형벌을 받는다. 곧 표면적인 구조만으로 볼 때 이 작품은 분명히 권선징악의 구도로 되어 있으며[22] 처벌이나 죽음 등의 파국을 보여주는 결말을 선호하는 한국형 멜로드라마[23] 장르의 공식에 오히려 가깝다. 한편 형숙이 죽고 사랑을 잃어버린 수영이 집으로 돌아가게 되는, 곧 남성의 귀가로 가족문제가 해결되는 이런 방식은 가부장 이데올로기적 결말[24]로서 대중소설의 특징으로 흔히 지적되는 '체제 유지적 가치'를 따르는 것으로 보인다. 뿐만 아니라 '전후파 여성'의 전형으로 형상화된 형숙을 징벌하는 것은 1950년대 가부장 담론에 대한 강력한 긍정이라 할 수 있다.

---

21) G. B. Tennyson, 오인철 역, 『희곡원론』, 동아학연사, 1982, 119면.
22) 멜로드라마적 요소가 강한 대중소설은 서사적 신문소설과 함께 천편일률적으로 도덕적이다. 대중소설은 저자와 독자들 당대의 사회와 현재 속에서 선과 악의 투쟁을 기술한다. 이브 올리비에 마르땡, 임성래·김중현 역, 「프랑스대중소설사 서설」, 대중문학연구회 편, 『대중문학이란 무엇인가』, 평민사, 1995, 153~157면.
23) 김훈수·김은정, 앞의 글.
24) 조미숙, 「소설의 드라마화 연구－내러티브와 담론에 나타나는 이데올로기 양상 고찰」, 『돈암어문학』17집, 돈암어문학회, 2004.12. 24면.

3. 비극적 구조와 반어의 서사

박경리의 『성녀와 마녀』의 표면에서 읽혀지는 멜로드라마적 요소와 대중적 공식은 남성에 대한 자발적 순종과 절대적 의존을 보여주고 있다. 주인공 하란은 아름답고 부드럽고 조용하며 순종적이며 희생적인, 모든 남성의 이상적 여성이자 연민의 대상으로 형성화 된다. 반면 형숙은 소프라노 가수로서 독립적이고 당당하며 남성의 행복이나 가족을 배려하기보다는 자신의 행복과 향락을 우선시 한다. 또한 결혼이라는 제도를 통해 정상적인 성적 관계를 추구하지 않는 폴리가미적 태도를 지닌[25] 전형적인 '악녀'로 형상화되어 있다. 문제는 형숙이 '악녀'로 여겨지는 이유가 남성의 권력과 위계질서에 도전하고 위협하기 때문이라는 데에 있다. 자신의 아들을 망칠 여성이라는, 안박사의 저주 섞인 말 속에는 그런 위협에 대한 공포가 들어있다.

이 작품에서 두 여성이미지의 대립과 마녀의 파멸이라는 서사는 전후의 위축된 남성 이데올로기에 의해 주도된 성담론-'아프레걸'의 팜므 파탈[26]적 이미지에 대한 일방적 경계와 간섭에 의한-이 내면화된 멜로드라마로 읽힐 충분한 근거를 가지고 있다. 그런데 이 작품은 과연 그런가? 인물의 대립은 매우 과장되어 있고, 팜므 파탈적 여성 하나

---

[25] 송희영,「천사 아니면 마녀?-그림동화와 헐리우드 영화 속의 여성이미지」,『헤세연구』 12집, 한국헤세학회, 2004, 353~360면.
[26] 서구에서 '팜므 파탈'이 탄생하게 된 것은 기존의 가치관이 붕괴되면서 남성 중심의 가부장적 이데올로기가 정면으로 도전받게 되었기 때문이다. 이로 인해 여성에 대한 혐오와 증오심, 공포와 욕망이 뒤범벅이 된 남성은 사악한 팜므 파탈의 이미지를 만들어 내어 공격하였던 것이다. 따라서 아름답고 사악한 팜므 파탈의 이미지에는 사디즘과 마조히즘, 갈망과 거부, 쾌락과 죽음, 이 모순된 남성의 심리가 반영되어 있다. (이명옥,『팜므 파탈-치명적 유혹, 매혹당한 영혼들』, 다빈치, 2003, 182~184면) 한국의 전후사회 역시 이런 배경의 서구의 19세기 풍경과 유사하다.

에 매달린 수영의 태도는 지나치게 병적이고 심지어 공포로 가득 차 있다. 더구나 이 작품의 결론은 아무래도 석연치가 않다. 하란은 이제 세준에 대한 애정을 확인하고 그에 대한 그리움을 안게 되었고, 수영은 자신을 대신하여 죽은 형숙에 대한 미련을 버릴 수 없게 되었다. 이것은 분명 멜로드라마의 권선징악적 마무리와 거리가 있다.

이 부분에서 발견되는 작품의 균열은 작가가 완전하게 받아들일 수 없었던 가치에 대한 부정 혹은 수정의 지점이다. 이것은 '보다 접근이 힘들고 사회적으로 받아들여지기 힘든 의미층을 숨기거나 흐리게 만드는, 매끈하고 온건한 표면을 지닌 작품을 내놓음으로써'[27], 가부장적 문학적 관습에 순응하면서 전복시키는 19세기 유럽의 여성작가들의 작업과 유사하다. 이 여성작가들은 표면의 온순하고 순응적인 여성과 함께, 미친 여성 또는 괴물 같은 여성을 창조함으로써 가부장적 사회의 억압구조에 대한 순응과 거부의 이중적 태도를 보여주었는데, 박경리 역시 이와 비슷한 태도를 보인다. 이 장에서는 『성녀와 마녀』의 이면에서 읽을 수 있는 운명과 저항의 서사구조, 곧 작품의 이중적 전략에 대한 세심한 분석을 통해 남성에 의해 주도된 성담론을 어떻게 수정하고 있는가를 살펴볼 것이다.

1) 예고된 운명, 비극적 구조

『성녀와 마녀』는 전체 14장으로 이루어진 회장체 소설 형태로 되어 있다. 흥미로운 것은 작품의 전체 14장은 전반(1-7장)과 후반(8-14

---

[27] 원유경, 「다락방의 미친 여자들 - 샌드라 길버와 수잔 구바」, 한국영미페미니즘학회, 『페미니즘, 어제와 오늘』, 민음사, 2000, 98~99면.

장)이 닮은꼴로서 유사한 갈등이 반복되는 '모래시계와 같은 패턴'을 이루고 있다는 것이다. 이를 확인하기 위해 작품의 전체 구조와 내용을 간략히 표로 그려보면 다음과 같다.

장	내용	갈등구조
1. 피가 나쁘다	**수미의 생일파티**, 형숙의 정체	A, B
2. 귀로	세준, 하란에게 연정을 느낌	D
3. 공작	형숙에 대한 불안, 하란의 입원, 현태의 방문	A
4. 목격	수영, 형숙의 방탕한 관계 목격, 독점욕구	B, C
5. 역전	세준과 수영의 다툼, 수영 하란 겁탈	A, B, D
6. 결혼행진곡	하란과 수영의 결혼	B
7. 사랑은 멀고	현태가 형숙에게 이용당한 것 알게 됨, **형숙의 유학**	C, D 갈등의 1차 해결
8. 귀국독주회	2년 후, 형숙의 **귀국연주회**, 수영의 갈등	갈등의 재시작 A, B
9. 멀고도 가까워라	수미의 장례식, 수영의 외도	A
10. 눈을 밟으며	수미의 묘지, 하란과 허세준 만남	D
11. 해빙기는 왔건만	수영, 형숙에 대한 집착/하란과 세준	B, D
12. 어느 사나이	수영, 형숙을 따라온 사나이에게 위험 당함	A, B
13. 흔들리는 마음	세준의 전화, 흔들리는 하란/식당에서 수영과 형숙 마주침	A, D
14. 이합이 인생인가	**세준의 유학**, 하란 재취업, 형숙이 수영대신 총에 맞음, 집으로 돌아온 수영	갈등의 2차 해결

* 애정 갈등--A : 하란-수영 / B : 수영-형숙 / C : 형숙-현태 / D : 하란-세준

위의 표에서 보는 것처럼 이 작품은 하란과 수영, 수영과 형숙, 그리고 하란과 세준의 복잡한 애정갈등이 두 차례에 걸쳐 해결되는 구조로 되어 있고, 그것이 유사한 모티프를 통해 반복된다. 즉, '모임(갈등의 발단) → 만남(갈등의 증폭) → 결혼·죽음·유학(갈등의 해결)'의 구조가 정확히 반복되는 것이다. 1장에서 수미의 생일파티와 8장에서 형숙의 귀국연주회(혹은 수미의 장례)는 등장인물들이 모두 표면에 떠오르는 '모임'으로서 우선 의미가 있다. 그리고 이 모임에 의해 애정의 갈등이 생기고, 의도된 혹은 우연한 만남을 통해 이들의 애정 갈등은 강화된다. 이 갈등은 전반부에서는 하란과 수영의 결혼과 형숙의 유학으로, 후반부에서는 형숙의 죽음과 세준의 유학으로 표면적으로 해결된다. 곧 서사의 주된 갈등의 완전한 해소가 이루어지는 것이 아니라, 잠재된 갈등과 비극적인 가정의 분위기를 전달하는 것으로 끝나는 것이다.

또 다른 흥미로운 점은 1장에서 안박사가 고백한 사건이 전체의 서사를 예고하는 서장의 역할을 하고 있다는 것이다. 곧 안박사와 오국주 사이의 일은 그들의 2세인 안수영과 오형숙 사이에서 거의 똑같이 되풀이된다. '피가 나쁘다'는 말, '요부가 너를 파멸시킬 것이다'라는 저주 섞인 말로 둘의 만남을 반대한 안박사에 대한 반발과 저항은 병적이고 자학적인 애정 행각의 강력한 동인(動因)이 된다. 수영은 아버지의 말과 가정과 주변인들의 관계는 아랑곳하지 않고 한 여자에게만 매달려 점차 충동적이고 광기어린 인물로 변해간다. 결국 이들은 예고된 대로 부모의 불행을 반복하는 비극적 운명에 처하는데, 이 점에서 '오이디푸스의 예언과 도피, 그리고 운명의 발견과 전환'과 유사한 비극적 구조를 띠고 있다 할 수 있다. 이런 시각에서 작품의 구조를 바라보면, 성녀와 마녀의 대립과 성녀의 승리라는 표면 이야기와는 전혀 다른, 마녀에 대한 저주와 그 운명에 대한 저항의 비극적 이야기라는 이면 이야기가 중심에 떠오른다. 곧 작품의 표면만으로 볼 때 이 작품은 '자극(provocation) → 고통(pangs) → 형벌(penalty)'의 패턴의 멜로드라마이나, 이 이면의 의미를 생각해볼 때 '목적(purpose) → 열정(passion) → 인식(perception)'의 패턴28)으로 된 비극이 되는 것이다.

2) 충동과 불안, 위악과 반어의 서사

『성녀와 마녀』는 앞서 살펴본 대로 대중소설의 전형적인 공식을 지니고 있으며 한국형 멜로드라마적 요소가 강하다. 하지만 인물의 지나친 유형성과, 공란이 없는 서사 전개 등의 특성은 오히려 작품에 대한 자연스러운 몰입을 방해할 정도로 잉여적이다. 예를 들어 형숙에 대한 서술에서는 전반부에 '요부', '탕녀'라는 단어가 상투적 수사로 반복29)하여 나오며 하란과 대조적으로 서술하여 악녀성을 지나치게 강조한다. 또 인물의 성격을 간접적으로 형상화하기보다는 인물의 대화 속의 표현이나 서술자의 서술 등을 통해 직접적으로 인물을 규정함으로써 독자에게서 인물의 행동을 예측하고 분석할 기회를 박탈한다. 더구나 1장부터 안박사와 오국주와의 과거 사실, 형숙의 출생의 비밀까

---

28) G. B. Tennyson, 앞의 책, 119면.
29) 작품에서 반복적으로 서술된 부분을 대강 나열하면 다음과 같다. "형숙은 너를 파멸시킬 것이다. 그에게는 어미의 피가 그대로 흐르고 있다. 무서운 탕녀, 요부의 피가 말이다."(33면)/ "하란씨는 얼굴이 곱겠다, 마음씨가 착하겠다, 장차 현숙한 부인이 될 자질을 백퍼센트 형숙이야 그건 요부형이지."(59~60면)/"명문의 자제분이 무서운 탕녀, 요부의 피가 흐르고 있는 여자하고 결혼을 하다니, 그게 될 말이에요."(78면)/ '역시 형숙은 요부인가, 어미의 피를 받은 요부인가, 저렇게 태연하게 나를 짓밟을 수 있단 말인가?'(82면)/'정말 형숙은 아버지를 망친 그의 어머니와 같은 여자인가?'(84면)/'역시 요부다!'(85면)

지 모든 것을 드러내 놓고 시작되어 독자가 추측하고 채워 읽어야 할 정보의 빈자리가 없다. 과거의 사건과 관련되어 갈등이 야기되는 과거 지향적인 구조로 되어 있지만, 그 과거가 단계적으로 노출되지 않고 시작단계에서 모두 노출됨으로써 분석적인 진행이 되지 않으며, 미래 지향적인 새로운 갈등이 생겨나지도 않는다. 곧 잉여적인 정보의 제시와 단정적인 서술, 그리고 단일 갈등의 반복으로 인해 서사 전개에서 오는 긴장감이 오히려 떨어진다.

결국 이 작품은 일반적인 멜로드라마의 서사 동인인 긴장과 놀람, 안정된 결말에 대한 기대 대신, 인물의 충동적이고 광기어린 행동이나 대화에서 오는 불안감이 전체 서사를 지배한다. 이때 충동과 불안은 이미 주어진 운명에 대한 저항과 금기에 대한 도전에서 빚어지는 정서적 반응이다. 독자는 이 갈등이 언제 어떤 방식으로 끝날 것인가에 대해 예측하거나 '반전'을 기대하면서 계속되는 불안감과 서스펜스를 감당해야 한다.

그렇다면 그 불안감의 정체는 무엇인가? 수영은 아버지에게서 형숙의 출생비밀과 저주 섞인 염려를 들은 후 오히려 아버지의 말에 반발하듯이 형숙에게 빠져든다. 그러나 형숙이 경계해야 될 사람이라는 아버지의 말을 항상 상기하고, 이 때문에 갈등하며, 또 그런 자신을 합리화하기 위해 형숙을 증오하고 두려워하고 급기야 '죽이고 싶다'는 말을 반복한다.

"죽이고 싶다!"
"유치한 소리 하지도 마."
"마물이다!"

"이제 알았나? 그래도 수영이한테는 순정을 바치는 모양이던데?"
"무서운 독부다! 피를 말리는 요부다!"
"알구 있음 그만 아냐? 자넨 아버지구 남편, 답답할 거 없어. 잔말 말구 술이나 처먹구 집으로 가게."
"안 된다. 형숙이한테 간다."
"죽이러?"
"죽일 수 있다면 얼마나 행복할까."
"기가 막히네. 사내자식 꼴 더럽게 되어간다."
"맞았어. 더럽게 되어가지. 나는 형숙이의 하나의 종놈이야. 그 계집이 딴 놈하고 노닥거리는 것을 나는 얌전히 기다리고 있어야 한다. 울어도 보고 때려도 보고 애걸도 하구."
수영의 얼굴에는 자조의 웃음이 번져나간다.
"그러나 돌아서면 그 여자는 내 세계의 전부가 되고 그를 잃어버릴까 하는 공포 때문에 견딜 수 없다."30)

아버지가 내린 금기를 깨는 것은 아들에게 매우 힘든 일이다. 금기를 어기는 것은 사회화의 통로를 잃게 될 것이라는 두려움, 곧 남성성 상실에 대한 공포를 동반한다. 그러나 한편 탕녀로서의 형숙은 실상 자기 속의 또 다른 자기, 곧 아버지로 대표되는 사회를 거부하는 자기의 그림자일 수도 있다. 형숙에 대한 수영의 이중감정, 곧 벗어나고자 하는 마음과 잃어버릴까 두려워하는 마음의 공존은, '아프레 걸'의 규정과 경계, 계몽으로 일관된 구세대의 성담론에 대해 당시 신세대 남성이 가졌던 가치관의 혼돈과 자기 분열적 사회 분위기를 암시하는 것이라고 볼 수 있다.

한편 형숙은 안박사의 저주 섞인 말과 어머니의 과거에 대한 발견으로 충격을 받고, 자신의 '나쁜 피'에 저항하고 다시 순응한다. 곧 형숙

---

30) 박경리, 앞의 책, 190~191면.

의 모든 행동은 안박사의 말에 대해 복수함으로서 '나쁜 피'에 저항하는 것이지만, 결국 그 방법은 바로 그 '나쁜 피'에 순응하여 자신이 나쁜 피를 가진 사람임을 증명하는 모순적인 것이다. 형숙의 행동은 결국 수영을 사랑해서 나온 것이면서, 안박사가 말한 '요부'라는 말에 대한 저항으로 철저하게 자신을 위악적으로 만드는 것이었다. 그녀는 스스로 요부라고 칭하면서 마음에도 없는 남성들을 만나고 성적으로 문란한 생활을 함으로써 수영의 질투심을 유발한다. 현태의 평가대로 '수영을 사랑하면서 괴롭혀 주며 쾌감을 느끼'(243면)는 것이다. 또한 친하게 지냈던 수미의 장례식에 가서도, "늙은이[안박사]의 슬픔을 구경하러 왔을 뿐이야, 얼마나 신이 나는 복수인가."(167면)라고 생각할 정도이다. 하지만 이런 위악적 태도는 형숙이가 고백하는 다음 말에서 새로운 해석의 국면을 맞는다.

> "(전략) 옛날에 저는 선생님을 사랑하면서도 왜 그런지 선생님을 희롱해보고 싶었어요. 그땐 정신적인 요부였고, 육체는 그야말로 성처녀였나봐요. 자신이 만만한, 흐흠........"
> 형숙은 수영을 선생님이라 불렀다가 당신이라 했다가 하면서 웃었다.
> "그러나 그 이야기를 당신의 아버지한테서 들은 후, 지금은 육체의 요부가 되고 정신은 성처녀가 된 거예요. 흐흠......."31)

위에서 고백한 것처럼 형숙은 자신에게 붙은 낙인에 저항하여 복수하는 과정에서 결국 자신의 성스런 사랑을 증명하는 인물이다. 그녀는 자신을 방탕하고 성적으로 문란한 마녀로 둔갑시킴으로써 윤리적 지탄과 징벌을 유발시키고 죽음으로 그 대가를 치르는 위악적 인물이기

---

31) 박경리, 앞의 책, 224~225면.

도 하다. 그래서 수영을 위해 대신 죽는 결말은 처음부터 환영받지 못했던 그녀의 나쁜 피를 정화하는 일종의 제의와 같다. 이 사건으로 그녀는 마녀가 아니라 한 남자를 순수하게 사랑한 한 평범한 여성으로 돌아오게 되는 것이다.

형숙을 중심으로 한 서사가 그녀의 악녀성이 편견과 위악의 결과임을 증명하고 그녀의 순수한 사랑을 보여주는 방향을 향해 있다면, 하란은 중심으로 한 서사는 이와 반대의 방향을 향한다. 초반에 하란은 수영에 대한 자신의 사랑을 전혀 의심하지 않고 그의 가학적 사랑조차 참고 견딘다. 죽은 아버지를 대신하여 보호자가 된 안박사의 말에 순종하며 그 집안의 며느리가 될 사람임을 숙명처럼 생각한다. 그에게 마음을 주는 박현태나 허세준 등의 유혹에도 아랑곳하지 않는 것은 하란에게 이타적이고 순종적인 태도가 내면화되어 있기 때문이다.

그러나 마음으로 의지하던 수미가 죽고 안박사가 수영의 문제에서 관심을 거두면서 하란은 마음의 평정을 찾지 못한다. 더구나 이 상황에서 한때 수미의 약혼자였던 허세준은 하란에게 적극적으로 마음을 보이기 시작한다. 동시에 하란은 수영에 대한 사랑이 그저 환상이며 집착에 불과하다는 사실을 서서히 깨닫게 된다. 하지만 허세준에 대한 사랑의 실체를 자각하기까지 꽤 오랜 시간이 걸린다. 허세준의 사랑 고백이 여러 차례 있어도 그녀는 그에 대한 슬픔에 '일종이 감미로움'이 있는 것을 깨닫지 못한다. 그것을 그저 친근감이나 자신의 처지 때문에 생긴 슬픔 정도로 해석할 뿐이다. 허세준이 떠난 후에야, 죄의식도 자존심도 없이 떠난 사람을 그리며 '울음'으로 자신의 사랑을 대담하게 표현한다.

하란은 내 딛으려던 걸음을 멈추고 우뚝 서서 눈을 감는다. 현기증을 느낀 것이다. 너무나 생생하게 되살아난 어느 감각이 있었다. 허세준의 뜨거운 입술이었다. 그날 밤 남산에서 하란을 포옹하고 입술을 찾던 허세준의 열기 뿜는 입술의 감각이었다. 환상이라 하기에는 너무나 선명한 회상이었던 것이다.
(중략)
'아주, 아주 가버렸다.'
두 손을 모아 쥐고 뒷머리를 싸며 하란은 방바닥에 이마를 부딪쳤다. 어두운, 어두운 울음소리가 이 사이로 새어 나왔다.
(중략)
울고 있는 하란을 보자 신여사는 적이 놀라며 들먹거리는 하란의 어깨 위에 손을 얹었다. 그러나 하란의 울음은 멎지 않았다. 하란의 마음에는 아무런 죄의식도 자존심도 없었다. 실로 대담한 자기 표시였던 것이다. 외곬으로 흘러간 허세준의 애정처럼. 그러나 지금은 없는 사람인 그에게 하란은 대담하게 애정을 표시하고 있는 것이다.[32]

이 작품은 이렇게 하란의 욕망이 살아서 꿈틀거리기 시작하면서 끝난다. 처음에는 선악이 분명하고 서사의 동인까지 선명하였지만, 후반부에 갈수록 갈등은 더욱 복잡해지고 마지막에는 이처럼 누가 선인이고 악인인지의 구분조차 모호해진다. 정신과 육체의 성스러움을 두고 말한다면 앞서 형숙의 고백에서처럼 이들의 대립된 이미지는 오히려 전혀 다른 것이 될 수 있다. 결국 뻔한 도식과 노출된 서사라는 '매끈하고 온건한 표면'을 통과하여 마지막 부분에 이르면 서사전체를 전복시키는 열린 결말을 보게 된다.

모든 것은 옛날 그대로다. 다만 변한 것은 사람뿐이었다.
'형숙이'
수영은 창가에 서서 담배를 붙여 물며 나직이 불러본다. 형숙은 아무 곳에

---

32) 박경리, 앞의 책, 259~261면.

도 있지 않았다. 눈만 휘날리고 있었다. 차갑게 쓸쓸하게. 한편 하란은 묵념하듯 방에 그대로 앉아 있었다.
'돌아왔다. 허울만이 돌아왔다.'
허황한 바람이 지나가는 것을 하란은 느낀다.
'만나고 헤어지고 바라는 대로 살지 못하는 인간들이라면 이런 대로 질서를 찾을 수밖에 없다.'
(중략)
저녁식사 때 가족은 실로 오래간만에 식당에 모였다. 수영은 형숙의 영상을 안고 하란은 허세준의 추억을 간직한 채 이 상반된 인간과 인간이 모인 가정이란 질서 속에서 그들은 조용히 대면하는 것이었다.[33]

마지막의 이 장면은 대중소설의 재화합 모티프로 흔한 가족의 식사 장면이다. 하지만 하란의 느낌대로 '허울만이' 돌아온 가정 속에서 '이런 대로 질서를 찾는' 자리는 위장된 평화일 뿐 진실은 아니다. 이 부분은 결국 『성녀와 마녀』가 당시 가부장제 이데올로기를 반복 재생산하는 멜로드라마가 아니라 표면적인 의도 밑에 '사회적으로 수용되기 어려운 심층적 의미차원을 은폐하거나 모호하게 얼버무려 놓은 양피지적 작품'[34]임을 분명하게 보여준다.

4. 탕녀의 발견과 추방으로서의 글쓰기

1950년대 말까지 박경리의 단편소설들은 대개 남성이 부재하는 가족의 이야기에 초점이 가 있으며, 전쟁으로 해체위기에 놓인 가정을 통해 혼돈과 무질서의 사회를 고발하고 있다. 이때 고발의 주체는 그

---

33) 박경리, 앞의 책, 274~275면.
34) Toril Moi, 임옥희·이명호·정경심 공역, 『성과 텍스트의 정치학』, 한신문화사, 1994, 69면.

사회에서 소외되었으나 결코 시대고에 흔들리지 않는 자존심이 굳고 강한 여성 주인공이다. 1950년대말에서 1960년대 발표된 소설에서도 역시 작가는 소외와 자존심의 문제35)를 다루고 있는데, 이 시기에는 낭만적 사랑이라는 소재가 부각된다. 이 소재는 이 시기 작품의 서사를 더욱 풍성하게 하며, 작품의 대중성을 확보하는 데 중요한 요인이 되고 있다.

1960년대에 창작된 박경리 소설의 상당수는 남성이 다시 가정의 중심부로 자리한 가족관계를 보여준다.36) 그러나 그렇게 제자리로 온 남성은 가장으로서의 역할을 하지 못하고 금기와 가문 지키기에만 연연한다. 여기에서 다룬 『성녀와 마녀』는 이렇게 가정의 중심으로 돌아온 아버지의 '금기와 가문 지키기'의 집착을 여성에 대한 공포와 경계를 통해 역설적으로 보여주고 있다는 점에서 별도의 주목을 요한다. 어쨌든 이런 집안을 세심하게 살피고 지켜내는 것은 다시 여성(어머니)이며, 이 구도는 『토지』에 가서 가장 강력하고도 다양하게 재현된다. 박경리의 작품의 대부분은 이렇게 강하고 자존심이 강한 여성인물을 중심으로 한 서사를 보여주면서도, 보수적인 가부장제에 깊이 기대고 있는 듯 보인다.

그러나 지금까지 『성녀와 마녀』의 분석에서 알 수 있듯, 박경리는 매우 조심스레 보수적인 가부장제의 전통에 의문을 제기하고 있다. 이 같은 균열을 작품에서 쉽게 발견할 수 없는 것은 박경리가 전복의 의

---

35) 김해옥, 「'여성적 자존과 소외' 사이에서의 글쓰기」 ; 이상진 「여성의 존엄과 소외, 그리고 사랑」, 한국문학연구학회, 『『토지』와 박경리의 문학』, 솔, 1996.
36) 백지연, 「박경리 초기 소설 연구-가족 관계의 양상에 따른 여성인물의 정체성 탐색을 중심으로」, 경희대학교 석사논문, 1995, 33면.

도를 매우 복합적인 이미지 속에 은폐시키고 있기 때문이다. 따라서 작품의 도처에 감춰진 욕망의 흔적과 균열을 세밀하게 분석하고, 이를 바탕으로 새로운 해석코드를 찾아낼 필요가 있다. 이 장에서는 『성녀와 마녀』에 나타난 성담론 수정양상에 나타난 몇 가지 특징을 박경리의 다른 작품에 나타나는 균열 양상과 관련하여 검토해보기로 하겠다.

1) 탕녀의 징벌과 도덕적 자존심 회복

박경리의 작품에 등장하는 여성인물은 몇 개의 유형으로 나누어 볼 수 있는데, 그 유형은 1962년에 발표된 『김약국의 딸들』에 등장하는 딸들의 유형과 거의 일치된다. 곧 용숙이처럼 현실적이고 부도덕한 여성, 용란이처럼 자연적인 성에 몰입하는 순수한 여성, 용빈이처럼 양성구유적이고 지적인 여성, 용옥이처럼 가부장적 이데올로기에 충실한 여성 등이다. 작가는 앞의 두 여성군을 매우 부정적으로 그리고, 뒤의 두 여성인물들을 긍정적으로 그린다. 다시 말해 성애적이고 비도덕적이고 현실적인 여성에 비해, 지적이고 양성적이고 가부장적 이데올로기에 충실한 여성을 긍정적으로 바라보고 있는 것이다. 이런 특징은 다음처럼 정리될 수도 있다.

> 작가의 나르시시즘이 투영된 얼음같이 차갑고 단아한 미모의 여성들은 주로 '좋은 피'의 여성들이다. 신분상 품위 있는 여성들은 목숨이 위태로운 절박한 상황에서도 의연한 품성을 지니고 있다. 신분에 걸맞는 인품이라는 환상이 투여된 이들 여성은 주로 성녀과에 속한다. 마녀과에 속하는 여성들은 극악스럽고 생존본능에 충실한 천민출신들이거나 아니면 '나쁜 피'를 물려받은 여성들이어서 가부장적 질서를 교란하는 요부, 탕녀들이다.[37]

사실 박경리의 작품 속의 여성인물을 극단적으로 나눌 때 위와 같은 분류는 충분히 설득력이 있다. 문제는 왜 그렇게까지 반복하여 좋은피와 나쁜피, 혹은 마녀과의 인물과 성녀과의 인물 대립을 그리고 있으며, 마녀의 징벌에 집착하는가이다. 여성인물의 이분화와 징벌은 가부장적 사회에 대한 순응과 거부의 이중적 태도를 반영한다. 곧 표면의 온순하고 순응적인 여성과 함께 미친 여성 또는 괴물 같은 여성을 창조함으로써 작가 자신의 혁명적 충동을 투사하는 것이다. 이렇게 보면 여성 작가의 작품 속에 나오는 미친 여성, 악녀는 작가의 분신, 작가 자신의 분노와 불안의 이미지일 수 있다.[38] 그렇다면 작가의 악녀성은 어떤 것이며, 그것은 작가의 어떤 정신적 불안과 충동의 재현인가.

1950년대에 우리나라에는 낭만적 환상이 급격히 퍼졌는데[39], 특히 1950·60년대 여성작가의 작품은 거의가 이런 낭만적 사랑에 대한 유토피아적 환상이 지배적이다. 박경리의 경우도 예외는 아니다. 실상 박경리 소설 전체에서 낭만적 사랑은 반복하여 서사화되고 있다고 말할 수 있다. 1950년대 말에 발표된 박경리의 단편 가운데 「전도」, 「비는 내린다」, 「반딧불」, 「어느 정오의 결정」, 「벽지」 등은 대부분 유부남을 사랑하거나 언니의 애인을 사랑하는 경우를 그리고 있다.[40] 이 금지된 사랑은 낭만적 사랑의 환상과 쉽게 결합되고, 장편소설화 되면서는 대중성과 결탁하여 더욱 다양하게 변주되었다.

---

37) 이은경, 「저주는 나의 것, 김약국의 딸들」, 여성문화이론연구소정신분석세미나팀, 『다락방에서 타자를 만나다』, 여이연, 2005, 120면.
38) 원유경, 앞의 글, 99면.
39) 이는 전후의 붕괴된 사회적 위기상황, 뿌리 뽑힌 사회의 문화적 허함으로부터 도피하고자 하는 졸속한 대응일 수 있다. 김복순, 「분단 초기 여성작가의 진정성 추구양상」, 한국문학연구학회 편, 『페미니즘과 소설비평』, 한길사, 1997, 43면.
40) 정희모, 앞의 글, 49면.

초기 장편인 『성녀와 마녀』에도 역시 이 같은 낭만적 사랑의 서사가 그대로 나타나고 있다. 곧 완벽한 아름다움의 강조, 형숙의 남성 편력, 하란에 대한 세준과 박현태의 거의 무조건적인 사랑 등은 낭만적인 사랑의 결정이라 할 수 있다. 무엇보다도 형숙과 이들을 둘러싼 인물들은 서양 예술에 영향을 받은 예술가로 설정되어 있어, 보다 예민하고 섬세한 감성과 질투, 분노, 기쁨과 욕정에 대한 솔직하고 열정적이며 대담한 반응을 보이는데, 이 역시 낭만적 사랑의 서사를 긴장감 있고 개연성 있게 전개하기에 적절한 설정이라 할 수 있다.

부양가족을 거느린 미망인이었던 작가에게 불가능했던 사랑[41]은 간혹 절대적이고 낭만적인 외피를 입고 이렇게 서사화 된다. 이 작품에서 작가의 내면은 남편이 부재하는 가정을 지키는 착한 하란의 모습과 운명에 저항하며 낭만적이고 열정적인 사랑에 빠지는 위악적인 형숙의 모습으로 이분되어 나타난다. 그런데 이 낭만적 사랑은 시종일관 불안과 충동, 공포와 광기 속에 움직이며, 급기야는 남성에 대한 절대적 의존과 자발적 순종이라는 가부장적 담론과 결탁하고 결국 부르주아 가족 이데올로기와 윤리를 수용하는 지점에서 신속히 마무리된다. 이 부분에서 작가의 낭만적 사랑에 대한 욕망의 반영이자 그림자인 형숙과 그녀에 대한 징벌에 주목해보자. 작가는 작품에서 수도 없이 요부와 탕녀라는 말을 강조하고 그녀의 성적 문란함을 강조하며, 예정된 징벌을 향해 가차 없이 달려간다. 그리고 스스로 그 벌을 받는 것으로

---

[41] 작가는 남편이 사망한 3년 후 고향에서 K라는 인물과 불행한 연애를 했고, 배신적인 언질에 자존심을 다쳤던 경험을 말한 바 있다. 이 시절을 회고하면서 작가는 '연애의 신성을, 사랑의 순수를 신봉'했음을 고백하였다. 박경리, 「반항정신의 소산」, 『창작실기론』, 어문각, 1962, 393면.

서사를 마무리 한다. 곧 비극적인 결말을 통해 낭만적인 꿈에 대한 환상을 황급히 접어버리는 것이다. 이것은 자신의 낭만적 사랑의 경험을 반성하고 단죄함으로써 자존심을 회복하려는 무의식적 욕망이 작품으로 승화되어 나타난 것이다. 또 근본적으로는 허위적 세계와 속물화된 현실 세계에 대한 거부이며, 그것은 자기 자존심을 확보하고자 하는 박경리식의 정신적 에고이즘의 표현이다.42) 곧 자기 속의 탕녀를 추방함으로써 도덕적 자존심을 회복하고자 하는 분명한 의지를 드러낸 것이다.

중요한 것은 그 결말이 아니라 과정 속의 균열이다. 곧 분명한 윤리적 결말을 향하면서도 낭만적 사랑을 추구하는 까닭은 그 과정에서 작가가 자기의 욕망을 응시하고 성적으로 종속된 자기의 위치를 자각하게 되기 때문일 것이다. 다시 말해 악녀의 이미지에 덧씌여진 낭만적 사랑의 환상은 작가의 은폐된 욕망과 분리하여 생각할 수 없다. 다시 말해 그 속의 또 다른 머뭇거림, 형숙의 악녀성에 대한 변명과 반어의 서사가 보여준 전도된 의미는 작가의 내면을 다시 한 번 들여다 볼 것을 요구한다.

2) 나쁜 피, 혹은 운명에 대한 저항

『성녀와 마녀』는 탕녀의 단죄와 추방으로 끝난 소설이 아니다. 작품의 마지막에, 깨진 평화를 억지로 회복한 채 식사를 하는 '불안하고 허위에 가득 찬' 가족들에 대한 서술은 진실은 다른 곳에 있음을 암시한다. 그것은 가부장제로 인해 저주받은 여성들이 오히려 그것을 저주하

---

42) 정희모, 앞의 글, 53면.

게 됨으로써 가부장제를 공포스럽게 만든다는 여성의 무의식적인 욕망43)의 조심스런 표현이다. 탕녀로 낙인찍히고, 그것이 대를 이은 '나쁜 피'의 결과라는 운명의 발견, 그리고 탕녀로서 살아갈 수밖에 없을 것이라는 저주를 받은 형숙에게 초점을 둘 때, 이 작품은 유전과 운명, 그리고 이에 대한 저항의 이야기가 된다.

사실 유전과 운명은 박경리 소설의 자주 등장하는 소재이다. 이 작품에 이어 발표한 『김약국의 딸들』의 다섯 딸 이야기도 운명에 대한 이야기이며, 핏줄에 대한 편견이 서사를 지배하고 있다. 또 저주받은 가문과 저항의 서사는 『김약국의 딸들』뿐만 아니라 『토지』의 초반부를 긴장하게 만드는 매력적인 모티프이다. 그런가 하면 박경리의 작품 곳곳에는 유전적인 결함이나 혈통에 대한 불안이 서사의 중요 동인으로 작용한다. 예를 들어 『토지』의 서희는 할머니와 어머니의 대를 잇는 불륜에 대해 반항하고 불안해하며, 구천 역시 아버지 김개주에 이은 자신의 불륜에 저항한다. 전형적인 악인으로 등장하는 거복이는 아버지 김평산의 악마적 혈통을 타고 났으며, 임이네와 용이 사이에 태어난 홍이는 자신 속에서 어머니 임이네의 부정적 혈통이 나타날 것을 두려워한다. 『나비와 엉겅퀴』에는 정신질환으로 사망한 어머니의 혈통에 대한 불안을 가진 강은식, 은애 남매 이야기가 나온다. 이런 혈통적 불안은 신체적 결함(장애)으로 구체화되기도 하는데, 「쌍두아」의 영혜가 가진 불안감, 『토지』의 조병수의 혈통적 불안도 잘못된 유전 혹은 부정적 운명에 대한 작가의 집착을 보여주는 분명한 예가 된다. 이렇게 볼 때, 염무웅이 박경리 소설은 운명에 얽매인 인간의 고통스

---

43) 이은경, 앞의 글, 122면.

러운 삶을 보여준다44)고 지적한 것은 비단 토지만을 염두에 둔 말은 아니라고 할 수 있다. 그렇다면 작가는 왜 이렇게 인간의 운명과 이로 인한 고통스런 삶에 주목했는가.

> 나의 출생은 불합리했다. (중략) 증오하고 학대하던 남자의 자식을 낳게 해 줍시사고 애원을 한 어머니를 경멸했었다. 그것은 사랑의 강요였기 때문이다. 어머니의 그러한 모습은 내게다가 결코 남성 앞에 무릎을 꿇지 않으리라는 굳은 신념을 못박아 주고야 말았다. 그 신념은 무릇 강한 힘에 대한 반항이 되었고 그러한 반항정신이 문학을 하게 한 중요한 소지가 되었다.45)

박경리는 여러 차례에 걸쳐 자신의 불운한 태생에 대해 고백하고 있다. 부모의 불행, 자신의 탄생과 유년시절의 불우한 삶, 이 때문에 자존심과 반항의식이 깊어졌다는 것이다. 또한 작가는 동일시의 대상으로 어머니를 거부한 결과 자존심을 굽히고 현실과 타협하는 여성, 세속적인 욕망을 지닌 현실적인 여성에 대한 비난을 작품 속에 쏟아 부었다. 이 역시 자신의 혈통에 대한 저항의 일면이라 할 수 있다. 무엇보다 박경리는 1950년대에 위험한 여성으로 치부된 '전쟁미망인'이었다. 젊고 아름답고 재기 있는 전쟁미망인인 박경리에 대한 외부 시선은 당시 '아프레 걸'에 대한 경계와 계몽의 시선과 다르지 않았을 것이다. 그러나 한편 젊고 아름답고 재기 있는 여성 작가로서 박경리는 낭만적 사랑의 유혹을 견뎌내기도 또한 어려웠을 것이다. 이렇게 볼 때, 『성녀와 마녀』의 운명적 결함과 저주에 저항하는 서사, 그리고 낭만적 사랑에 대한 환상과 그 파기의 여운은 작가의 치명적 상처로 인해 무의식으로 가라

---

44) 염무웅, 「역사라는 운명극」, 『신동아』, 1973.11.
45) 박경리, 「반항정신의 소산」, 앞의 책, 389~390면.

앉은 욕망의 흔적이다. 뿐만 아니라 당대 여성과 여성 작가가 가질 수밖에 없었던 불안과 고뇌, 그로 인해 전통을 수정하고 재해석하기 위해 펜을 들어야 했던 숨길 수 없는 욕망의 표현이었다고 할 수 있다.

5. 맺음말

1950년대 남성 중심적 질서를 회복하기 위한 방안으로 현명한 어머니와 양순한 아내를 바람직한 여성상으로 키워내면서 동시에 현모양처의 타자로서 '위험한 여성'의 이미지를 생산하는 담론이 무성해졌다. 즉 사회는 여성을 정상적 질서와 규범을 존중하는 현모양처와, 질서와 규범에서 벗어나 늘 유혹의 눈길을 보내는 위험한 여성으로 이분화시켰다. 그리고 여성으로 하여금 가정이라는 성격을 지키고 교양있는 주부로서 남편을 내조하도록 하기 위한 계몽담론은 여성잡지들을 통해 주도되었다.

박경리의 『성녀와 마녀』는 이 논의의 한 가운데 있었던 『여원』에 연재된 대중적 장편소설로서 매체와 서사공식의 측면에서 당대의 가부장적 이데올로기의 충실한 문학적 형상화로 읽혀진다. 여성에게 가장 영향력이 있는 멜로드라마적 공식에 의해 당대의 서구지향적 가치와 가부장적 담론을 충실하게 재현하고 있으며, 특히 마녀적 여성에 대한 징벌과 원점 회귀라는 마무리는 남성중심적이고 보수적인 가치를 따르는 전형적인 대중소설임을 보여준다.

전후의 성담론과 문학작품에 나타난 탕녀의 이미지가 역사적으로 남성의 공포와 불안이 반영된 것이라면, 『성녀와 마녀』에서 나타난 탕녀에 대한 저주는 전후파 여성에 대한 경계와 계몽을 은유하는 것이라 말할 수 있다. 그런데 이 서사는 불안과 충동, 광기로 얼룩져 있으며, 인물에 대한 지나친 유형성은 오히려 반어적인 읽기를 가능하게 한다. 심지어 작품이 진행되면서는 선악의 구분도 모호해지고 마지막 부분에 이르면 서사전체를 전복시키는 열린 결말로 향한다. 이렇게 볼 때 당대 가부장 담론을 내면화하고 이를 단순 재생산하는 것으로 보여졌던 표면의 서사는 성담론에 대한 작가의 무의식적 욕망에 의해 균열되고 수정되고 있다는 새로운 분석이 가능해진다. 곧 작가는 성녀와 마녀의 대립과 마녀의 파멸이라는 뻔한 공식 속에 사회적으로 수용되기 어려운 심층적 의미차원을 은폐하거나 모호하게 얼버무려 놓은 것이다.

최근에 드라마화 된 『성녀와 마녀』는 소설과 달리 여주인공 하란이 의식의 각성을 이루어 성녀로서의 이미지를 벗고 능동적이고 활동적인 성격으로 변화하는 것으로 그려지며, 형숙의 마녀적 성격이 오히려 완화되고, 소설의 단순구성을 벗어나기 위해 오국주의 스토리가 더해진다.[46] 이것은 이 같은 균열과 작가의 이중 전략을 파악하여 서사로 구체화한 결과라고 할 수 있다. 이는 1960년대의 소설에서 작가가 침묵할 수밖에 없었던 부분을 소리 내어 말하고 있는 것으로 수십 년 사이 여성의 인식과 여성 작가의 위치가 어떻게 변화되었는가를 보여주는 징표이기도 하다.

이 작품에서 발견되는 이중의 전략, 혹은 성담론의 교묘한 수정작업은 작가 자신의 전기적 사실과의 관련성은 물론이고, 박경리 작품의 특징으로 지적되어 온 존엄성에 대한 추구, 운명론적인 특징, 낭만적

---

46) 조미숙, 앞의 글.

사랑에 대한 새로운 해석을 가능하게 하며, 보수적이고 가부장적인 가치에 침윤되어 있다는 오해를 불식시킬 수 있는 근거가 될 수 있다. 전쟁미망인으로 위험한 여성이었던 작가 자신의 마녀성을 추방하고 경계해야 했던 당대 이데올로기를, 운명적 결함과 저주에 대한 저항, 그리고 낭만적 사랑의 환상과 파기의 몇 겹의 의미를 덧씌워 해체시키는 이 전략은 박경리 작품 전체를 새롭게 읽게 할 수 있는 중요한 코드가 될 것이다. 뿐만 아니라 이와 유사한 낭만적 사랑과 여성담론을 서사화하고 있는 1950·60년대 여성작가의 작품에 대한 해체적 분석 작업을 가능하게 할 것으로 본다.

필자 소개

김복순

연세대 국문과 및 동 대학원 졸업. 문학박사. 현재 명지대학교 기초교육대학 교수. 저서로 『페미니즘 미학과 보편성의 문제』, 『1910년대 한국문학과 근대성』, 논문으로 「강경애의 '프로-여성적 플롯'의 특징」, 「'범주 우선성'의 문제와 최정희의 식민지 시기 소설」, 「페미니즘 시학과 리얼리티의 문제」 등이 있음.

원 출처 : 『여성문학연구』 18호, 한국여성문학학회, 2007.

김현주

연세대 국문과 및 동 대학원 졸업. 문학박사. 현재 연세대 학부대학 교육전문연구원. 저서로 『대중소설의 문화론적 접근』, 『페미니즘은 휴머니즘이다』(공저), 『1970년대 장편소설의 현장』(공저), 논문으로 「1970년대 대중소설 연구」, 「한국 대중소설의 전개와 독자의 문제」, 「욕망으로 은유된 자유의 공간」, 「아프레 걸의 주체화방식과 멜로드라마적 상상력의 구조」 등이 있음.

원 출처 : 『대중서사연구』 18호, 대중서사학회, 2007.

서연주

평택대 국문과 및 국민대 국문과 대학원 졸업. 문학박사. 현재 국민대, 한양대 강사. 저서로 『김승옥과 욕망의 서사학』, 논문으로 「김승옥 소설의 작가의식 연구」, 「손창섭 소설 연구」, 「분열된 욕망의 현실 조응 양상 연구」 등이 있음.

원 출처 : 『여성문학연구』18호, 한국여성문학학회, 2007.

장미영
(전주대)

전북대 국문과 및 동 대학원 국문과 졸업. 현재 전주대 교양학부 교수. 저서로 『식민시대 한국의 가족주의와 그 소설적 수용』, 『다문화사회 바로서기』, 논문으로 「소설의 문화원형콘텐츠화 방안」, 「판소리사설의 디지털서사화 방안」, 「여성결혼이민자를 위한 체감형 한국어교육콘텐츠 개발 및 구성」 등이 있음.

원 출처 : 『국어문학』제44집, 국어문학회, 2008.

이상화

상명대 국문과 및 동 대학원 국문과 졸업. 현재 상명대 강사. 논문으로 「일제 말 한국 가족사소설 연구」 등이 있음.

원 출처 : 『여성문학연구』19호, 한국여성문학학회, 2008.

장미영

한성대 국문과 및 숙명여대 대학원 국문과 졸업. 문학박사. 현재 숙명여대 강사. 공저로 『이청준 소설 벽 허물기 열두 마당』, 논문으로 「박경리 소설 연구-갈등양상을 중심으로」, 「박경리 소설에 나타난 죽음의 의미」 등이 있음.

원 출처 : 『여성문학연구』18호, 한국여성문학학회, 2007.

김정숙

충남대 국문과 및 동 대학원 졸업. 문학박사. 현재 청주대 국어국문학과 전임강사. 저서로 『한국현대소설과 주체의 호명』, 논문으로 「이문구 문학의 시원」, 「5·18민중항쟁과 기억의 서사화」, 「주석적 상상력과 독창적 언어의 경계적 글쓰기」 등이 있음.

원 출처 : 『어문연구』56집, 어문연구학회, 2008.

임은희

한양대 국문과 및 동 대학원 국문과 졸업. 문학박사. 현재 한양대 강사. 논문으로 「1920년대 소설 인물의 성의식 연구」, 「김동인의 초기 단편소설에 나타난 '성' 연구」, 「이효석 소설에 나타난 성의 재해석」 등이 있음.

원 출처 : 『여성문학연구』18호, 한국여성문학학회, 2007.

김은하

중앙대 문예창작학과 및 동 대학원 졸업. 문학박사. 현재 중앙대, 명지대 강사. 논문으로 「1970년대 소설과 저항 주체로서의 남성성」, 「근대소설의 형성과 우울한 남자」, 「애증 속의 공생, 우울증적 모녀관계」 등이 있음.

원 출처 : 『여성문학연구』15호, 한국여성문학학회, 2006.

김양선

서강대 영문과 및 동 대학원 국문과 졸업. 문학박사. 현재 한림대 기초교육대학 교수. 저서로 『1930년대 소설과 근대성의 지형학』,

『허스토리의 문학』, 논문으로 「여성 작가를 둘러싼 공적담론의 두 양식 -좌담회와 공개장을 중심으로」, 「근대 여성문학의 형성원리 연구-정전의 형성과 여성성의 제도화 과정을 중심으로」, 「일제 말기 여성작가들의 친일담론 연구」 등이 있음.

원 출처 : 『여성문학연구』 18호, 한국여성문학학회, 2007.

이선옥

숙명여대 국문과 및 동 대학원 졸업. 문학박사. 현재 숙명여대 의사소통센터 교수. 저서로 『한국소설과 페미니즘』, 『이기영 여성소설 연구』, 공저로 『친일문학의 내적 논리』, 논문으로 「젠더 정치와 민족간 위계만들기-처녀지, 초원, 대륙」, 「모성 다시쓰기의 의미-박완서론」, 「로맨스 서사와 젠더」 등이 있음.

원 출처 : 『여성문학연구』 19호, 한국여성문학학회, 2008.

송인화

연세대 국문과 및 동 대학원 졸업. 문학박사. 현재 한세대 교양학부 교수. 저서로 『근대소설과 여성주체』, 『이태준 문학의 근대성』, 논문으로 「강신재 소설의 여성성과 윤리성의 문제」, 「1960년대 연애서사와 여성 주체-정연희 『석녀』를 중심으로」가 있음.

원 출처 : 『여성문학연구』 19호, 한국여성문학학회, 2008.

이상진

연세대 국문과 및 동 대학원 졸업. 문학박사. 현재 한국방송통신대학교 국문과 교수. 저서로 『한국현대소설사의 주변』, 『한국근대작가 12인의 초상』, 『<토지> 연구』, 『현대소설론』(공저), 『테마로 읽는 한국소설』(공저) 등이 있음.

원 출처 : 『여성문학연구』17호, 한국여성문학학회, 2007.